风险社会

超越管理的视界

张康之 著

RISK
SOCIETY

Beyond the Perspective
of Management

中国社会科学出版社

图书在版编目（CIP）数据

风险社会：超越管理的视界 / 张康之著. --北京：中国社会科学出版社，2024.6

ISBN 978-7-5227-3558-0

Ⅰ.①风… Ⅱ.①张… Ⅲ.①社会管理—研究 Ⅳ.①C916

中国国家版本馆 CIP 数据核字（2024）第 100016 号

出 版 人	赵剑英
责任编辑	郭 鹏 马 明 高 俐
责任校对	刘少奇
责任印制	李寡寡

出　版	中国社会科学出版社
社　址	北京鼓楼西大街甲 158 号
邮　编	100720
网　址	http://www.csspw.cn
发 行 部	010-84083685
门 市 部	010-84029450
经　销	新华书店及其他书店
印　刷	北京明恒达印务有限公司
装　订	廊坊市广阳区广增装订厂
版　次	2024 年 6 月第 1 版
印　次	2024 年 6 月第 1 次印刷
开　本	710×1000　1/16
印　张	25.75
字　数	361 千字
定　价	139.00 元

凡购买中国社会科学出版社图书，如有质量问题请与本社营销中心联系调换
电话：010-84083683
版权所有　侵权必究

目　录

第一章　管理观念变革的迹象 ………………………………（001）
　　第一节　管理学的技术至上观 ……………………………（002）
　　第二节　科学与理性追求 …………………………………（022）
　　第三节　科学与价值的纠结 ………………………………（046）

第二章　组织合作属性的获得 ………………………………（072）
　　第一节　从官僚制组织到合作制组织 ……………………（074）
　　第二节　组织体制的集权与民主 …………………………（090）
　　第三节　超越分工—协作 …………………………………（110）

第三章　组织与环境的相互形构 ……………………………（130）
　　第一节　组织环境与任务环境 ……………………………（131）
　　第二节　组织与控制 ………………………………………（155）
　　第三节　倡导组织创新 ……………………………………（177）

第四章　行动的目标与目的 …………………………………（203）
　　第一节　重新认识因果关系 ………………………………（205）
　　第二节　行动是否必然要有目标 …………………………（228）

第三节　直接从目的出发的行动 …………………………（249）

第五章　预测与决策的问题 ………………………………………（273）
　　第一节　风险认知与预测 …………………………………（275）
　　第二节　探讨民主决策的可行性 …………………………（297）
　　第三节　能否实现科学决策 ………………………………（319）

第六章　财产、财富与资源 ………………………………………（340）
　　第一节　财产以及资源的占有 ……………………………（342）
　　第二节　时间资源的稀缺化 ………………………………（368）
　　第三节　资源利用与社会运行成本 ………………………（385）

主要参考文献 ………………………………………………………（404）

第一章

管理观念变革的迹象

　　管理学在发展中走上了技术依赖的路径,这是受到"管理就是控制"这一观念引导所致,是因为将管理与控制相等同了,使得管理学一直在技术至上的路径中去寻求改进管理的方式、方法。从20世纪后期开始,管理学这种技术至上的追求受到了来自各个方面的批评,特别是社会批判理论,对管理学的几乎所有方面的科学化、技术化努力都作了激烈的批判。但是,在如何加以改变的问题上,却一直未见积极的建设性意见提出。其实,我们必须在社会的根本性变革中去寻求管理学发展的出路,只有在社会变革的主题下,才能找到管理学发展的方向。

　　管理学的任何改变,都需要准确地踏在时代变迁的节律上。社会发生了变革,也就意味着与管理相关的一切都发生了变革,那么管理学也应有着相应的变革。人类社会是在20世纪80年代进入全球化、后工业化进程中的,这是人类历史的一次根本性的社会变革。在此过程中,社会也呈现出高度复杂性和高度不确定性的特征,我们据此提出了合作制组织建构的设想,就是对这一伟大的社会变革的回应。

　　在20世纪,管理学的产生是科学史上的一件大事,它意味着人类的一切有组织的活动都有了管理上的依据,而且管理也成了科学。自从管理学产生以来,人们就是将其作为一门科学看待的。科学意味着理性,证明了理性,也是理性的造物。就理性的概念而言,是由认识论哲学确立起来的,可以表述为纯粹理性。纯粹理性以科学理性、技术理性的面目出现并贯穿科学活动,展现给我们的是形式理性。在康德那里,与纯粹理性相对应的是实践理性。在后世,与形式理性相对应的则是实质理性。虽然实质理性的概念是含混模糊的,但人们一般是把价值理性归入实质理性的范畴中的。在工业社会,实质理性、价值理性的概念主要存在于理论叙事中,在实际的社会运行过程中,即使涉及公平、正义等问题,也需要在科学理性、技术理性的意义上去进行安排。随着人类陷入风险社会,应急响应式的即时行动对理性提出了新的要求,即要求用经验理性置换纯粹理性、科学理性等。经验理性是实践理性的一种表现形式,是高度复杂性和高度不确定性条件下行动中的理性。

  管理的问题是发生在组织中的,或者说,只有组织化的社会活动,才涉及管理的问题。官僚制组织所确立的是价值中立的原则,组织成员只有遵循这一原则才能做到公事公办,才能使组织在整体上拥有科学理性的属性。但是,在社会组织化的前提下,或者说,在组织的社会维度上,用形式理性排斥价值理性又是不可能的。无论是在科学研究中还是在社会治理实践中,都不可避免地受到价值问题的纠缠。在全球化、后工业化运动中,在风险社会及其高度复杂性和高度不确定性条件下,人们在行动中不仅不能排斥价值,反而需要坚持价值优先的原则。人的共生共在是这个社会中的基准价值,一切行动都只有贯穿了人的共生共在的价值,才是科学的。

第一节 管理学的技术至上观

  在"政治—行政"二分的语境下,或者说在更为根本的意义上,由于社会分化为公共领域和私人领域，人们要求对不同领域中的活动进行区分，因而发明出了诸多不同的概念。比如，"管理"与"行政"的区别，所反映的就是因为领域分化而要求根据领域的不同对管理活动进行区分。不过，在不同的学者那里，这种区分并不是非常严格的。有的时候，人们在使用这些概念时有着很大的随意性，往往会因为叙事的需要不同而随机性地选择不同的表述方式。

一般认为，管理学是一门研究私人部门中的管理活动的学问，所以，管理学极力将管理描述为不同于政治的技术活动，从而宣称自己是一门科学。其实，在一切管理活动中都包含着政治，管理从来也没有独立于政治。即便私人领域中的管理独立于狭义的政治，也一直是包含着广义的政治的。在某种意义上，可以把管理看作协调政治活动的一种专门性的活动。

阿尔维森和维尔莫特认为，"将管理描绘成一种卓越的技术活动，造成了一种中立的幻想：管理理论被净化，管理实践表面上远离了权力和利益体系，而权力和利益体系却不可避免地是管理出现和发展的一个条件和结果。在资本主义社会背景下，与所有权紧密相关的经济和政治风险已经由作为独特（并且相对而言拥有特权）社会群体的管理者的发展加以显现和散布。这些管理者主要是对所有权拥有者，而不是员工或消费者负责。管理层的崛起已经在劳动组织内，并且通过劳动组织，对资源分配中民主控制的缺乏加以制度化。这种责任的缺乏，增加了雇员、消费者和公民所面临的社会和风险。一旦管理者成为一个独立的社会群体，那么利益共同体的观念就会变得成问题，特别是在那些管理者对被管理者负有很少或者不负责任的地方。"[1] 也就是说，管理并不像其宣称的那样与政治无关，它本身其实就构建起了政治的一种特殊形式，而且它也制造出了并不断地在制造各种各样的

---

[1] ［瑞典］马茨·阿尔维森、［英］休·维尔莫特：《理解管理：一种批判性的导论》，戴黍译，中央编译出版社2012年版，第17页。

政治问题。当然，由于政治在人们的观念中已经有了既定形象，才使20世纪后期以来的学者往往用管理的"道德化"来表达管理政治化的主张。

一 控制追求中的技术至上

在社会治理以及组织管理的科学化、技术化追求中，"由于各种目的被给定而且方法的改进变成了目的本身，所以当决策被改进方法的技术兴趣主导时，关于政治和伦理的基本问题就被边缘化了"。[①] 特别是在伦理的问题上，不仅决策者可以不予考虑，而且系统化和结构化的管理体制也在整个管理过程中排除了伦理方面的考虑。因为排除了伦理，致使管理更多的是以规章制度为管理者撑腰。因为有了规章制度，也就能够有效地避免管理者受到伦理问题以及道德情感的纠缠，让管理者在做出违背良心的事情时也能够理直气壮。造成这种现实的原因是应归于管理学的。

管理学是在20世纪初期兴起的。当时，伦理的、政治的各学科都已经得到了较为充分的发展，各自都有着独特的"地盘"，新兴起的管理学为了证明自身存在的价值，必须表明自己与既有的学科之间存在着明显的不同。所以，管理学在兴起后，就一直在管理过程中驱逐传统的伦理学、政治学等，或者说，努力去将管理形塑成不同于伦理学、政治学视野中的社会系统。在某种意义上，可以认为，管理学的这一努力对于促进包括政治活动在内的社会活动的科学化、技术化都取得了令人惊异的成果。不仅管理活动实现了科学化、技术化，而且整个社会都被引入科学化、技术化的发展轨道。

应当说，管理学的努力得到了丰厚的回报，它不仅使这个学科成为人们普遍关注的学科，甚至让人们感觉到，在处理所有需要管理的

---

① ［瑞典］马茨·阿尔维森、［英］休·维尔莫特：《理解管理：一种批判性的导论》，戴泰译，中央编译出版社2012年版，第114页。

事项时都让人们有着对管理学的依赖感，似乎人的社会活动——无论是公共领域中的还是私人领域中的——都离不开管理学。而且，从20世纪社会发展中所取得的辉煌成就看，的确都包含着管理学所做出的贡献。毫无疑问，对管理活动、人的集体行动的组织方式等进行技术化的形塑，或者说，努力把具可操作性的技术引入这些活动中来，能够使各项活动变得更有效率、更有收益，进而给予社会发展以促动力量。正是这些，充分地证明了管理学在对管理科学和技术的重视中取得了非常了不起的贡献。

显然，人类的管理自觉是以管理学这门学科的出现为标志的，而管理学这门学科的兴起，的确对人类历史进步作出了巨大贡献。正是因为有了管理学这门科学，人类在20世纪才一下子呼唤出了无穷无尽的生产力，在所有方面都不断取得令人目不暇接的新成就。社会发展的成就让我们看到，无论是物质产品还是科学技术成果，都在管理的作用下呈现出了井喷之势。管理学不仅挽救了资本主义，也改变了人类历史，让人类在短短的百年间就创造出了许许多多类似于奇迹般的新成就。

管理学的灵魂中，包含着对效率的追求。事实上，也正是因为管理学对管理过程中的各个要素、环节、关系和行为的科学探讨，使得所有的力量都通过管理调动了起来，使每一个行为的效率都因为管理而得到了提升再提升，并汇成了推动整个社会发展的巨大驱动力。然而，管理学能够做到这一点，是建立在控制导向的前提下的。也就是说，所有管理系统及其要素、过程等，都因为是可控的而得到了不同凡响的控制效应。管理学无论是从社会学、政治学、心理学的立场还是从哲学、伦理、文化价值的视角去开展研究，都无非是要强化"管理就是控制"这样一个理念，所要实现的都是无所不及的控制。直到今天，我们所看到的管理学，也一直是一门关于如何开展和实现控制的科学。管理学的所有研究和探讨归结到一点，就是要发现或改进控制的技巧。

既然"管理就是控制",那么管理学就必然要求或必须默认管理系统是封闭的。即便承认管理系统的开放性,也要将其形塑成受控条件下的开放系统。总体看来,当管理学侧重于对管理系统的研究时,会更多地要求或默认管理系统是封闭的,或者,为了控制而把管理系统设计成封闭的系统。为了使管理系统成为封闭的系统,就必须求助于相关技术,即通过技术手段的应用而在这个开放的社会中把管理系统经营为封闭系统。尽管管理学的不同流派之间有着理论主张上的不同,但在把管理理解成控制这个问题上,是一致的。也许人们会说,侧重于管理过程研究的学者们会自觉或不自觉地持有一种开放性的观点,但那也是要求在可控的意义上去对待开放性的。所以,管理学的奥义就在于谋求控制。

　　然而,控制追求却使这门学科陷入了一种矛盾的境地:一方面,管理学有着面对研究对象和其他学科的开放性品质;另一方面,管理学所要实现的却是把一切管理活动都纳入可以控制的范畴之中,对其他学科的知识、方法、思想观念的引进也都是从属控制的目的。显然,控制的前提就是系统的封闭性,而为了保证系统成为可控制的封闭状态,就必须借用相关技术,通过技术为作为管理系统的组织划定边界。

　　虽然管理学是在20世纪成长起来的,但它是一门属于工业社会的科学。工业社会的基本特征就是社会尚处于低度复杂性和低度不确定性的状态。在低度复杂性和低度不确定性条件下,借助于科学和技术可以实现对社会及其构成的所有方面的控制,并通过控制达成合目的性的结果。即使对于那些看起来属于空想的目标,只要能够做到对实现目标的条件的控制,就可以把空想变成现实。

　　作为管理学研究对象的组织,它是被作为一个封闭系统对待的,或者说,需要被经营为封闭系统。即便是在管理学发展的后期已经把环境等因素纳入了视野之中,也提出了环境控制的要求,但在管理学的视野中,是将组织与环境分开来看的。组织是个封闭系统,只有对于一个封闭系统,才能实现控制。当对环境加以控制的时候,无非是将封闭系统的控制延伸到了环境。总体看来，管理学所研究的是整个组织过程在得到控制的情况下如何进行科学安排的问题，这就是"管理就是控制"这句经典论断的真实含义。

在"管理就是控制"的引领下，管理实践走上了控制的不归路。为了控制，急切地运用一切可用的技术，无论是工程技术还是社会技术，只要能够服务于控制和满足控制的要求，无不被管理学视作珍宝而引入管理过程中。当社会呈现出高度复杂性和高度不确定性的时候，管理的控制导向变得非常困难，甚至呈现出某种控制不再可能的迹象。可是，由于管理学既已形成的思维惯性，面对日益复杂化和不确定化的环境时，它仍然坚持管理活动的控制导向，总是努力通过技术的引进和不断更新去实现控制。在这方面，信息技术以及网络技术像"兴奋剂"一样促使管理学再度激动起来。似乎引进了这些新技术后，就能够重新实现对管理系统无一遗漏的控制，也同时做到了对环境的控制。然而，全球化、后工业化带给人类的是高度复杂性和高度不确定性，这意味着管理学需要终结控制导向。终结控制导向又必然取决于管理学的重建，即建构起不包含控制追求的管理学。

近代以来，人们在科学技术的发展中总能获得似乎无穷无尽的力量。在现实的社会生活和活动中，培根所说的"知识就是力量"往往被诠释成了科学技术就是力量。在中国，也被表述为"科学技术是第一生产力"。所以，管理学在对控制的追求中，自然而然地走上了对科学技术依赖的道路，事实上，是求助于管理系统中的技术力量而去实现控制的。

技术有着神奇的力量。在某些情况下，这种力量甚至会让人产生出"它是魔法"的幻觉。比如，技术进步可以把公共产品转化为私人产品，桥梁、电力能源等在工业社会的早期阶段往往具有公共产品的属性，而电子技术则提供了把它们转化为私人产品的条件。可能正是这个原因，促使马尔库塞表达了这样一个看法，"技术进步的持续状态已为政治内容所充斥，技术的逻各斯被转变成依然存在的奴役状态的逻各斯。技术的解放力量——事物的工具化——转而成为解放的桎梏：这就是人的工具化。"①

就管理系统而言，因为引入了技术而使人成了工具。而且，管理系统要比其他的社会系统更加典型地表现出技术于其中所发挥的作用。在管理系统中，我们可以看到这样一种运行逻辑：因为管理系统存在着控制追求，所以表现出了对技术的渴求，用技术来增强控制；因为技术的持续引入生成了对技术的依赖，从而造成了人的异化，即出现了技术统治人的局面。亦如米尔斯所说，"对科学的尊重，很久以来只是一种不假思索的态度而已，但现在，技术的精神气质和与科学相联系的工程想象力更可能是令人悲观和含义暧昧的，而非充满希望和进步的"。② 应当承认，科学技术对人类的贡献之大是如何称赞都不为过的，但我们又必须看到，科学技术并不是人类社会的全部，对于人的生存和生活而言，科学技术永远都只是手段。

为了解决科学技术引发人的异化的问题，米尔斯希望人们关注"科学的人文涵义和社会角色"，而不是把全部社会问题的解决都寄托于科学技术。现实却是，几乎所有能思想的动物都成了科学主义的俘虏。因而，"人们感到许多标榜为'科学'的东西其实是暧昧的哲学，被认为是'真正的科学'的东西也往往仅给出了人们生活的世界中各种现实的杂乱无章的碎片。人们普遍感到，科学的人，不再努力将现实描述为一个整体或勾画人类命运的真实轮廓。而且，'科学'对许多人来说，不大像是充满创造力的精神气质和作出取向的方式，倒更像是一整套'科学机器'，由技师操纵，由经济学家和军人控制，这些人既不代表也不理解作为时代精神气质和取向的科学。同时，以科学名义说话的哲学家们往往将它改造为'科学主义'，企图将科学的

---

① ［美］赫伯特·马尔库塞：《单向度的人：发达工业社会意识形态研究》，刘继译，上海译文出版社 2014 年版，第 135 页。
② ［美］C. 赖特·米尔斯：《社会学的想象力》，陈强等译，生活·读书·新知三联书店 2016 年版，第 17 页。

体验等同于人的体验，并声称只有通过科学方法，才可以解决生活的问题"。①

这种情况在管理系统中表现得尤其典型。当人拜倒在科学技术面前时，无疑是，科学技术成功了，而社会毁掉了。因为，社会不再是人们展示道德的空间，而是一部分人在科学技术的名义下欺骗、奴役另一部分人的场所。特别是，当每个群体都打着科学技术的旗号开展行动时，这个场所也就成了战场，从而把人类社会迅速地推入高度复杂性和高度不确定性的状态。这个时候，管理学对科学技术的崇尚，所发挥的就不再是积极作用，反而不断地引发诸多社会问题。科学技术的应用增强了控制能力，改善了控制局面。但是，当管理系统走上了控制增强的道路，一步步地实现了无所不在的控制，并总是能够实现控制目标，社会却处在一种控制紧张的状态，演变成了风险社会，随时可能受到危机事件的袭扰。

正是看到了这些方面，阿尔维森和维尔莫特对20世纪的管理学研究作了激烈的批评。在他们的眼里，管理学所提供的知识在管理实际中并无用处，如果使用了，所起到的也是消极作用。但是，管理方面的研究依然持续地得到了各种各样的资助和权威支持，原因就在于，管理知识已经成为一种统治工具。阿尔维森和维尔莫特说，"尽管频频被从业者当作无用的繁文缛节而忽视或拒斥，但是我们怀疑，'盲目的'传统学术研究还是经常获得支持，因为管理与科学的联合提供了一个颇有价值的权威和可敬畏的虚饰。同样的，管理顾问的报告能够有助于决策的合法化（否则，这些决策可能看起来是明显带有偏见甚至恶意的），在管理中对'科学'研究的追求，支持或者至少包容了不容置疑的管理优势与特权的合理性。这样的研究，也适用于对技术统治观念的认同，在技术统治观念中，所有的问题原则上都必须服

---

① ［美］C. 赖特·米尔斯：《社会学的想象力》，陈强等译，生活·读书·新知三联书店2016年版，第17页。

从于技术方案。实际上，似乎是'科学'的符咒被人们习惯性地当做一种意识形态加以使用，以消除行使管理权力的阻碍"。[1]

在此意义上，管理本身就是政治。虽然管理过程追求"价值中立"，但在总体上，管理成了统治工具，并造就了批判理论家们所说的"技术统治"。即便人类已经陷入了风险社会，还有一些学者鼓噪所谓"技术治理"，企图以此来邀宠于权威，争取更多的课题并实现个人的某些利益。

二 技术至上受到批评

在价值"祛魅"和"非人格化"语境中成长起来的管理学，成功地将一种管理理念灌输给了人们，那就是，"把管理描述为一项实现目标的中立的技术，其本身不带有道德承诺和道德结果。只要管理者在'理性'的基础上制定或采取管理方法（例如，职位或组织设计）以变得更加迅捷或高效，他们实际上就已经拥护了某一社会并使其合法化，在这个社会里，把人类当作手段而不是目的，是可以接受的"。[2]

如果说管理学形塑了这个社会，从而使这个社会具有"非人"的属性，那可能有些言过其实了。不过，对于这个工业的也是资本的社会，一直存在着那种把他人当作自我目的实现手段的个人主义精神。这种精神被管理学诠释到了极致。在这里，个人主义精神无非是被翻译成了这样的表述：管理系统的存在是目的，组织自身的存在是目的，老板或组织的最高控制人的利益实现是目的，这些目的往往被定制为组织目标。在组织为实现其目标而运行的过程中，其他一切涉入的人都是手段。可见，管理学是在个人主义文化框架下成长起来的，又用

---

[1] ［瑞典］马茨·阿尔维森、［英］休·维尔莫特：《理解管理：一种批判性的导论》，戴黍译，中央编译出版社2012年版，第40页。
[2] ［瑞典］马茨·阿尔维森、［英］休·维尔莫特：《理解管理：一种批判性的导论》，戴黍译，中央编译出版社2012年版，第24页。

自己的理论和实践参与了个人主义文化的建构。

毫无疑问,"非人化"发生在管理的科学化、技术化追求中,"在系统的理性观念中,个人被当作数字或者种类以及——更为普遍地——被当作物体或工具,这些物体或工具的价值就在于对'系统'的再生产。"① 其实,这不仅是管理系统中的"非人化",在政治以及社会生活中,在工具理性所到之处,人都是被作为工具看待的。更多的时候,或者说在政治以及社会的实际运行中,人只是统计学意义上的数字。

随着社会组织化程度的提升,几乎一切政治活动和社会活动都是以组织的形式和通过组织开展起来的,这也决定了管理渗透到整个社会的所有方面,并携带着工具理性去开展几乎所有社会活动,以至于我们强烈地感受到工具理性征服了这个社会。显而易见,在科学化、技术化被作为一种至上信念而受到广泛推崇的情况下,政治的、伦理的考量必须为工具理性让道,或者屈从于工具理性。这就是工业社会晚期的基本情况,它的直接后果就是激起了民众的无目的反抗,在政治上则表现为民粹主义。至少,是民粹主义出现的一个原因。

如果说工业社会后期的人们处在一种普遍性的莫名焦虑之中,如果说此起彼伏的躁动和骚乱、极端弱智的民粹主义宣泄等是非理性的社会现象,那么它其实是由工具理性所造就的,或者说,是由工具理性诱发出来的。工具理性可以说是理性的最精致的形式,倘若不是康德在认识论的叙事中使用过"纯粹理性"的概念,我们是倾向于把工具理性看作"纯粹的"理性的。因为,工具理性远比康德认识论意义上的理性更为纯粹。也正是因为工具理性剔除了价值理性,从而成为纯粹性的理性,在作用于社会的过程中,把人类领进了非理性的状态。

当"价值中立"成为人们普遍接受的意识形态时,"管理被公然

---

① [瑞典]马茨·阿尔维森、[英]休·维尔莫特:《理解管理:一种批判性的导论》,戴泰译,中央编译出版社2012年版,第150页。

地描述为一项公正的专业主义事务,而非政治。这样一种意识形态得以发展:在这种意识形态中,管理被看作人们是对'客观'因素作出的内行而且冷静的反应。交往行为时常被扭曲,这是由于问题被限定,而且要通过运用专业技能来解决"①。事实上,每一个管理系统中的权力运行都是十足的政治,而且在约束、限制和引导组织成员的行为方面,都是以集权政治的形式出现的。随着组织文化开始受到重视,管理者便开始通过操纵象征性符号,典礼仪式等神秘化的隐喻手段而实施控制。"在这种方式中,管理者通过对象征符号和典礼仪式的精心安排,力图构建对他们自己和(或)其组织起促进作用的形象。"② 单就形式而言,这也超出了政治的范畴。在某种意义上,倒是与宗教有几分相似。

所谓"价值中立",就是要将管理与作为管理生态的政治隔离开来,以求在民主政治的环境下以科学化、技术化的方式和以管理的名义实施集权。在实质上,这样做所造就的却是一种"亚政治"。或者说,它是"组织政治",即组织中的政治。集权政治与宗教往往是相通的,或者把政治制作成宗教,或者利用宗教开展政治活动。在管理系统利用"价值中立"原则这堵隔离墙将自己与民主政治隔离开来之后,也就经营起了集权政治,并走向了营造集权氛围的方向。

所谓组织文化、管理文化研究的兴起,正是迎合了管理演进的集权化需要。不过,这又反过来对"价值中立"原则构成了挑战。因为,在管理系统的政治色彩日渐变浓的情况下,人们却开始戴着政治的眼镜来观察管理系统,用政治的观念来重新理解管理。结果,"参与式管理"等要求也就被提了出来。综观 20 世纪的管理发展史,从"价值中立"原则提出时的与政治隔离,到 20 世纪末的参与式管理所

---

① [瑞典]马茨·阿尔维森、[英]休·维尔莫特:《理解管理:一种批判性的导论》,戴黍译,中央编译出版社 2012 年版,第 142 页。
② [瑞典]马茨·阿尔维森、[英]休·维尔莫特:《理解管理:一种批判性的导论》,戴黍译,中央编译出版社 2012 年版,第 142 页。

带来的民主回归，可以说绕了一个大圈子后再度证明管理与政治不仅是不可分离的，反而是纠缠在一起的。在此，我们虽然是在一般意义上谈论管理，但也包含着对每一个具体领域管理的基本判断。如果转而观察行政管理的话，就会发现，它演进的轨迹表现得更为典型，即非常典型地反映了我们上面描述的这种情况。

我们知道，在管理学的发展中，与组织文化研究大致同时兴起的管理伦理研究也一度引起人们的关注。其实，当我们认识到了管理与政治的那种难分难解的关系后，也应当说管理伦理的问题在根本上还是政治伦理的问题。所以，社会批判理论强调指出，"技术统治须依赖于对工具理性在社会规范框架中的历史嵌入性的一种否定或遗忘，它的兴盛也来源于此。技术统治意识越是促成和主导个人和社会的发展过程，人类相互作用的道德实践才能（包括科学知识的生产和应用）就越会模糊和下降"。[①] 如果说在 20 世纪初还有人感叹资本主义意味着"道德的人与不道德的社会"是一种社会现实的话，那么随着技术统治的全面胜利，"道德的人"也消失了。

一方面，我们说技术的价值在近代社会得到充分显现，认为无论给予多么高的评价都不过分，但我们同时又应看到，技术改变了世界并不是发生在直接的意义上的，而是需要得到诸如制度变革等社会治理变革与之相配合，是一个时期多种社会因素综合作用的结果，只不过技术进步在其中显得较为突出而已。就管理系统而言，汤普森认为，"所有目的明确的组织的核心，都是由一个或者更多的技术构成的。但是，技术核心总是无法完全代表组织为了取得所欲求的结果而必须做的事情。技术核心只是构成组织理性的一个必要成分而不是全部"。[②]

另一方面，我们也必须对技术的功能作出有限制的想象。比如，

[①] [瑞典] 马茨·阿尔维森、[英] 休·维尔莫特：《理解管理：一种批判性的导论》，戴黍译，中央编译出版社 2012 年版，第 112 页。
[②] [美] 詹姆斯·汤普森：《行动中的组织——行政理论的社会科学基础》，敬乂嘉译，上海人民出版社 2007 年版，第 24 页。

技术理性只在处理确定性的事务方面显示出优势，而对于不确定性的事务的处理则变得没有用处。面对不确定性事务，持有技术理性的人会像书呆子一样显得傻里傻气。如果就历史进步的总体过程来看的话，也同样会发现，单就人类社会某一方面的成绩来判断历史的进步，是不合适的。技术的进步不仅不是历史进步的全部，而且许多被认为是技术进步的成果也往往给人类社会带来了不可承受的消极后果。"当一项新技术破坏了人们大量需要的和不可再生、人类的和非人类的资源时，那么所谓进步实际就是一项拙劣的交易。"① 所以，历史的进步必须在总体上加以把握。

管理学的技术至上观还会带来一些它没有意识到的问题，那就是，"获得抽象的技术和技能是相对容易的，而在特定背景下，建立和维持权力和权威，以支持技术和技能的有效运用，则是一个完全不同的秩序上的挑战"。② 事实上，管理学由于过于注重在技术路线上去寻求管理绩效的提升，以至于表现出一种状况：对专业化造成的复杂性估计不足，或者说，管理学根本就没有考虑专业化引发的复杂性问题，而是试图提供适应于一切组织的普遍性管理原理。当然，就现实而言，几乎所有组织都是在官僚制的基线上建构起来的，这也在很大程度上对管理学寻求普遍性管理原理形成了强大激励。同时，由于经典时期的哲学同一性追求已经在人们观念的深层积淀了下来，让管理学研究表现出一种对普遍性知识的生产和普遍性原理的提出无比向往，似乎这样做成了科学研究应有的努力方向。

随着社会的复杂性和不确定性的增长，差异化成了哲学叙事的主题，而且现实中的组织也在努力挣脱官僚制的纠缠。在这种情况下，管理学的研究却未能实现应有的转向。正是因为没有实现应有的转向，

---

① ［美］格林伍德、［美］爱德华兹：《人类环境和自然系统》，化学工业出版社1987年版，第490页。
② ［瑞典］马茨·阿尔维森、［英］休·维尔莫特：《理解管理：一种批判性的导论》，戴黍译，中央编译出版社2012年版，第41页。

使管理学不能再适应现实的组织运行的需要，反而或明显、或隐蔽地在组织变革和管理模式变革中产生着阻碍作用。技术理性是在普遍性追求中成长起来的，所表现出的是无限的征服欲望，试图将征服触角伸向所及的所有地方。管理学所拥有的恰恰是技术理性，或者说，让工具理性以技术理性的形式出现，因而表现出征服一切集体行动体系的冲动。而且，管理学总是希望建构起某些普遍适应的"原理"和操作方案，让所有组织都像听从某种最高命令一样奉行之。在差异化的情况下，这对于组织的运行而言，是有害无益的。

面对复杂性和不确定性，运筹学所提供的数学模型是非常有用的。因而，它也已经成为"社会工程师们"非常推崇的一项社会技术。显然，在改善组织的各项管理中，运筹学确实得到了广泛应用，并发挥了良好的作用。但是，运筹学的应用同样是在工具理性的框架下展开的，对于人的道德以及各种价值因素，即便是作为变量引入，也只是作为影响因素来加以考虑的。而且，是要加以约束和控制的，而不是把道德等价值因素作为得以开展管理活动的框架。也就是说，运筹学所提供的知识是一种可供选择的方法，并不能对管理系统的性质构成影响。

应当说，运筹学给我们提供了一个思路，面对复杂性和不确定性的问题，是可以通过建立数学模型来加以把握的。而且，从诸如宇宙学、物理学等科学研究来看，数学模型在对具有复杂性和不确定性研究对象的把握方面，是极好的工具。在某种意义上，可以说数学模型就是为了复杂性和不确定性而生。不过，我们也看到，"弦理论"提出后，科学家对于期待合乎这一理论需求的数学模型的出现既有些望眼欲穿又始终带着几分怀疑。我们不难想象，即便物理世界中的所有复杂性和不确定性都通过建立数学模型而得以把握（比如，针对十一维空间或更多维空间建立起了数学模型），但在能否作为一种社会技术来加以应用的问题上，仍然是一个值得怀疑的问题。因为，当我们被限制在目前这样一个四维空间的情况下，关于更高维空间的数学模型如何得到实践证明，是我们无法付诸实施的。其实，即便在我们所在的这个四维空间中，社会的高度复杂性和高度不确定性也已经无法反映在任何一种数学模型中了。

如果说能够建立起统一的数学模型去对宇宙、地球中的所有事务加以把握的话，那么也就无所谓高度复杂性了。对于社会而言，只要还处于低度复杂性和低度不确定性状态，似乎能够在工具理性、技术理性、科学理性的框架和思维路线中对任何复杂问题建立起数学模型，然而在实践理性、价值理性的框架和思维路线中却无法构建数学模型，遑论针对高度复杂性和高度不确定性状态下的社会建立数学模型了。

与人相比，也许宇宙要简单得多。人的复杂性和不确定性是由人所拥有的价值以及人的价值感知和价值判断引发的。也许价值因素可以被作为一个变量而纳入数学模型中，却不可能让数学模型具有价值理性的性质。所以，在社会的高度复杂性和高度不确定性条件下，对社会以及直接与社会相关联的诸要素的认识和把握，需要回归经验，人的行动也应更多地基于经验展开。这样的话，那就是一种"非技术化"路径的开启，也意味着管理学既有的整个理解范式和解释框架将被扬弃。

三　超越技术至上的管理重构

一切组织都是以管理系统的形式出现的，组织中的技术是一种广义上的技术，包含在组织建构和组织运行的各个方面，也综合性地反映在组织的行动中。组织技术有硬件方面的技术，分为两个方面：设备、机器、工具等硬件属于输入性技术；组织的结构、机构设置、人事布局等属于组织自营的技术，也可能是从其他学科或领域中引进但经过了组织改造的社会技术。不过，单就组织而言，硬件方面的技术并不是主要的方面。组织结构、机构设置、人事布局、规章制度等虽然属于组织的硬件，但它们又是由诸多软件凝结而成的，或者说，是组织所拥有的各种各样的软件——如知识、技能、管理层的能力以及待人处事技巧等——的物化。

此外,组织文化等一些很难实现物化的因素,也会影响组织技术的状况,甚至所有被视为组织文化的因素都应当归入组织技术的范畴。至少,20世纪的组织文化研究带有强烈的操作性追求,是在技术理性的驱使下开展的组织文化研究。所以,组织技术是一个广泛的概念,对组织的存在、发展以及功能实现等,发挥着决定性的作用。这就要求我们应当拥有一种组织技术观,重视从技术的角度认识组织、经营组织、管理组织。不过,我们更需要看到一种历史演进趋势:在全球化、后工业化进程中,虽然技术意义上的专业化依然会走在不断强化的道路上,但社会生活的专业化则会出现某种逆转的趋势。特别是社会结构意义上的领域融合,将把哲学家拉入流动的社会生活之中,促使人们对人类命运以及对当前人类社会中的重大事项进行思考,并积极发表意见。

显然,在启蒙后工业社会的运动中,哲学是不会缺席的。这样一来,其他各门人文和社会的科学应当怎样做呢?是不是应当参与其中去发挥自己在专业方面的特长呢?答案应当是肯定的。管理学也应在这场启蒙后工业社会的运动中自觉地扮演好自己的角色。因而,这要求管理学不能满足于自己过往在组织技术发展中做出的贡献,而是要从自己的成绩中走出来,不要让那些成绩成为包袱。

20世纪后期,一度非常盛行的是组织文化研究。对此,阿尔维森和维尔莫特给予的评价是,它引导了"读者的注意力直接指向提炼管理控制'手段'的机会和范围——例如,通过重新设计工作或组织,经常通过调动表面上的人文价值(例如授权)。这些人文价值在维护现行的统驭结构的同时,希望对张力加以缓解。作为技术统治论者的管理者形象和理想在很大程度上得以完好保存"。[①] 应当说,在组织文

---

① [瑞典]马茨·阿尔维森、[英]休·维尔莫特:《理解管理:一种批判性的导论》,戴黍译,中央编译出版社2012年版,第50页。

化研究所追求的目标中，并不需要提出管理体制和组织结构发生变化的要求，而是在这一条件不变的前提下，通过灌输某些价值而去调动成员的积极性。然而，人们很快就发现，组织成员对此有可能产生了抗拒心理，并认为那种"洗脑"做法是在变着法儿地调戏他们。

从20世纪后期以来的组织运行以及管理实践看，关于组织文化建设的诸多建议只不过提供了一种模糊或缓冲技术统治的权术，而且它也是让管理者按照技术统治的思路去操纵和利用所谓组织文化的，而不是建立起能够保证管理者信奉文化和遵从道德原则的新的管理体制。所以，也就不可能收获可持续性的成效。即便出现了一些成功运用了组织文化并征服了组织成员心灵和精神的管理系统，也不可能在管理系统日益开放的条件下维持下去。

全钟燮认为，"为了更有效率和更有效能地使用工具，那些使用工具的人们不仅需要拥有技术技能，而且必须了解人类的技能，这样，他们才能够意识到自己的偏见和他人的价值观"。[1] 在工业社会低度复杂性和低度不确定性条件下，全钟燮所说的这两个方面的能力可以说是同等重要的。但是，在高度复杂性和高度不确定性条件下，也许"了解人类的技能"会显得更为重要。不过，我们必须说，仅仅认识到这一点，还只能说是在个人主义取向中形成的一种看法。如果组织活动不再从属于协作的框架，而是从属于合作的框架，那么这种个人主义取向就很难对我们探讨科学管理方式有多大助益了。

当然，合作制组织的活动和合作制组织中的活动也需要得到个人智慧的支持，但在合作制组织这里，如果仅仅是把因个人智慧所创生的技术和技艺制成原理、流程等加以推广，是远远不够的。合作制组织意义上的合作，更多地需要得到组织成员共有的价值观以及普遍的信任关系的支持。为了使这种价值观和信任关系被稳定地保留在组织

---

[1] [美]全钟燮：《公共行政的社会建构：解释与批判》，孙柏瑛等译，北京大学出版社2008年版，第180页。

之中，就需要有一种道德制度作为基础性的支撑力量。虽然关于道德出席的构想有着诸多困难，但在社会的高度复杂性和高度不确定性条件下，人的共生共在已经逐渐被人们意识到了。在这种压力成为共识的时候，肯定会形成一种探讨道德制度的合力。不过，在这个问题上，管理学迄今都没有打算去做些工作，包括20世纪后期兴起的组织文化研究热潮，都不是在这个方向上开展研究的。

哈贝马斯在哲学的意义上提出了一个"交往理性"的概念，认为道德是包含在交往理性中的，或者说，交往理性为"有道德的生活"提供了基础性的支撑。然而，技术理性所谋求的是系统控制，即按照设计好的方案对各个方面进行系统整合。所以，技术理性所表现出的是压抑甚至削弱交往理性。这样一来，呈现在人们面前的往往是这样一种景象："通过系统整合而达成的协调效果，将贬低和削弱面对面的生活世界中的道德秩序。在维护这一系统的努力中，由于功能理性对（在日常生活中得到发展和评价的）意义和理解的依赖与侵蚀，由脱离传统权威的现代主义觉醒所开启的改进生活世界理性的可能性遭到了压制，并且仍然无法践行。例如，通过设计强势的公司文化，甚至是通过向公民拓展（消费者）权利……所形成的休闲活动的商业化，使得生活世界的价值观被削弱和被殖民化了。即便是这种公民权利的扩大也有可能对生活世界造成负面的影响，因为它（进一步）增强了公民作为消极的政治和商品的消费者的意识，而不是强化现有的规范……个人越来越变为……由系统中技术的、工具的理性所塑造，而不是形成于生活世界的实践的，交往的理性之中。"[1]

在技术理性、工具理性的思路中所经营起来的组织文化不仅与伦理道德扯不上什么关系，反而是不道德的和反道德的。组织成员被技术理性形塑成的是一种异化体，如果组织成员在组织文化的"洗脑"后真的

---

[1] ［瑞典］马茨·阿尔维森、［英］休·维尔莫特：《理解管理：一种批判性的导论》，戴棼译，中央编译出版社2012年版，第117页。

把组织当"家"来看的话，那不是因为组织真的就变成了家，而是组织文化在"洗脑"方面大获成功。事实上，组织文化建设所采取的方式至多也就是为组织成员提供多一点娱乐或多一点放松身心的工具而已，根本就不会影响到组织成员的观念和基本情感，更不用说他们会受到蛊惑而误把组织当作道德场所，并愿意和乐意信任上司、同事。

道德生成于人的交往。为了对交往作出限定，哈贝马斯将其界定为包含着交往理性的交往。其实，在我们的合作制组织构想中，哈贝马斯所界定的交往构成了合作的一个方面。所以，在合作制组织那里，系统整合将被消解，或者说，不会出现系统整合的问题，更不用说系统控制了。一切合作都是存在于行动者之间的，正是在合作行动中，生成了道德，拥有道德和接受道德的规范。也正是因为有了道德，也就从根本上将技术理性、工具理性从人际关系中驱逐出去。也就是说，如果说合作制组织中存在着管理的问题，那么管理绝不是控制，更不会求助于技术手段去实施控制。

同样，如果把视线转向作为组织成员的个人，也会发现，只有当人是合作理性的拥有者而不是工具理性的载体时，他的能力、地位以及属于自然的天赋优势才会转化为他的道德责任，他才不会借由这些而去疯狂地向社会索取。所以，合作制组织不仅在组织的意义上，而且在构成了这个组织的成员这里，都是合作理性的拥有者。正是这些方面，说明合作制组织告别了工具理性、技术理性，并用合作理性置换了工具理性、技术理性原先占据的位置。但是，这绝不是说合作制组织将会向传统的意识形态投怀送抱。

韦伯在考察官僚制的时候，曾经发现存在着建立在卡里斯玛型和传统型支配行为基础上的组织类型。这两种类型的组织都具有人们常说的集权组织特征，它们都会表现出对意识形态的强化。韦伯希望建立起来的是合理—合法型的组织，这种组织遵循的是价值中立、非人格化的原则。合作制组织绝不是从官僚制组织开始的反向运动，即不会向卡里斯玛型和传统型的权威基础上的组织类型回归。合作制组织是出现在这样一种历史条件下的，整个社会都进入了告别意识形态预设的时代。在一定程度上，正是由于社会的非意识形态化，才使合作制组织摆脱了工具理性的纠缠。

合作制组织对组织理念的重视要高于技术，这是由它的环境以及所承担的任务的复杂性和不确定性等决定的。退一步说，如果合作制组织中也存在着技术和需要得到技术支持的话，那么它所需要的技术也是更具有复杂性的技术。直到今天，倚重于技术支撑的组织行为都是可复制的，或者，是在某种（些）技术基线上作了某些变通。这也说明，技术所支持的是那些可复制的组织行为。在某种意义上也可以反过来说，支持可复制组织行为的技术还是较为简单的技术，这些技术是不可能对合作制组织的基本特征产生多大影响的。

在技术的层面上，合作制组织因为其行为的不可复制性而对技术有着更高的要求，会提出一些更具复杂性的技术的要求。在组织整体的层面上，合作制组织会把合作理念放在最高的位置上。所以，在这种组织中，理念重于技术。也正是因为这一点，合作制组织会抛弃工业社会中的组织所拥有的那种刻意追求的各种服务于竞争、博弈的技术，会促进一切支持合作的技术充分发展，而且能够使这些支持合作和有利于合作的技术功能最大化。

一般说来，技术是工具，是从属于目的的，即为了目的的实现而得到应用。人的目的不同，也就意味着人们会倾向于发明和创造不同的技术。正如出行与种田所反映出来的目的是不同的，因而在采用什么样的工具方面也就不同。所以，从属于竞争需要的技术与从属于合作需要的技术会有所不同。即使我们强调技术的价值中性，那些从属于竞争的技术在为合作行动所援用时，也必然会作出一定的改进。

合作制组织也需要得到技术的支持，而且，在合作制组织建构中，工具理性不应受到削弱，反而应当得到加强。但是，工具理性需要与价值理性结合起来，从属于价值的考量，接受价值理性的统驭。不过，这仅仅是就组织结构、运行机制和制度设计而言，对于合作行动中的行动者来说，是不能在合作手段的选择方面受到工具理性驱使的，合作行动者是以主动的回应性去开展合作活动的，更多的是由借助于那些得到了内在化的规范去对行动者的行为加以制约，更多地取决于合作行动者对合作目的所作出的理解。

一旦对行动的观察和理解超出了主体行为选择的视野，一旦在行动者的意义上去认识行动过程，工具与目的的区分也就不再有意义。在合作行动中，工具与目的是一致的。而且，正是因为工具与目的的一致性，合作行动获得了一种总体性价值。对于合作行动而言，如果强行对工具与目的作出区分的话，也只能反映在行动过程的细节或微观事务上，而不是在对合作行动过程整体的分析和分解中获得的。在合作制组织这里，工具与目的的关系是处在随机变换中的，不存在恒定的工具。同样，除了作为合作制组织存在之根据的社会总目的——人的共生共在——之外，是不存在恒定的目的的。

第二节　科学与理性追求

科学的兴起，予人以对理性的信任，而且也会对一切合乎理性的存在物都表达信任。在科学所在的认识论语境中，理性是对感性的超越，人们也认为，所有认识活动都能够超越感性而达致理性。工业社会要求将人形塑成理性的存在物，然而，一旦人成为理性的存在物，也就达到了一种超越了感性的状态。这就是工业社会早期的人们所拥有的一种心态，包含着追求理性和超越感性的人的发展目标。到了19世纪，这种心态受到了质疑，对理性抱有乐观主义和理想主义的思想也受到了批判。这是因为，超越感性的道路并不顺畅，反而荆棘遍布。

在工业社会中，理性不仅是与科学等联系在一起的，也代表了一种价值、评判标准和文化精神。工业社会中的人们在关注和评价人的一切行为和行动时，总会自觉或不自觉地用理性及其标准去加以权衡。在对人的行为模式的设计及对人的行动方式的建构中，也努力根据理性的要求和运用理性手段去进行计划、规划。所以，在理论上和学术叙事中，我们会看到诸如"纯粹理性""实践理性""工具理性""科学理性""技术理性""价值理性"等许多关于理性的具体表述。在理性概念的家族中，出现了不同的谱系，也因谱系的不同而产生了矛盾、冲突等。

工业社会是一个理性的时代，对理性的发现、梳理、建构等极大地促进了社会发展，也使整个人类历史的进步轨迹因此而变得更加清晰。但是，在这个理性的时代，人们在几乎所有"小事"上都能够做到理性，而在关涉人类将有着一个什么样的未来这样的"大事"上，却变得不理性了，甚至没有用理性的态度去关注过这件"大事"。如果说理性代表人的精明，不理性代表人的糊涂，那么人的所有这些"小事精明，大事糊涂"的后果就是把人类领进了风险社会。随着人类进入风险社会，理性以及对理性的追求总是自感尴尬，因为风险社会中的一切似乎都是感性的。这就意味着，如果我们执着于理性还是感性的问题，就会产生"心魔"，并成为行动的障碍。

一　相伴而生的科学与理性

在社会化大分工中，科学构成了社会的一个系统，处在与其他社会系统的互动中，促进了社会发展和历史进步。同样，在社会大分工的逻辑中，科学又被分成了不同的门类。与其说每一门科学都有着自己特定的研究对象，毋宁说科学在面对同一个对象时各自选取了自己特定的视角。诚如哈耶克所说，"任何知识科学，不管是理论的还是历史的，只能研究从现实世界中选择出来的某些方面；理论科学中的选择原则，是把这些方面纳入有逻辑关系的规则体系的可能性。同一件东西，对于这一门科学来说可能是个钟摆，对于那一门科学是个铜块，对于第三门科学则是一面凸镜。我们已经知道，一个钟摆有化学和光学属性这个事实，并不意味着我们在研究钟摆的规律时，必须用化学或光学方法去研究它——虽然当我们把这些规律运用于具体的钟摆时，我们也许必须考虑到某些化学或光学定律。同样，正如已经指出的，一切社会现象都具有自然属性这个事实，并不意味着我们必须用自然科学的方法研究它们"。①

接着哈耶克"钟摆"比喻的思路，我们可以认为，冶炼制作钟摆的铜块时，是在某一门科学的视野中发生的行动，而在制作钟摆时，则转移到了另一门科学的视野之中。但是，就钟摆是时钟的构成部分而言，它以其"质量"驱动着时针，起到了计时的作用。这样一来，我们的话题就发生了转移，即转移到时钟上来，并看到了时钟的进化，出现了电子、量子而不是铜块钟摆，甚至未来的计时器还有可能直接运用"弦"的振动，即将"弦"作为钟摆。对于这些钟摆而言，应当放置在哪一个或哪一些学科视野中？也许我们至多只能作出一个模糊的判断，说那些钟摆应当放在自然科学的视野中去观察和理解。实际上，我们已经无法准确地将其归入既有的某一门科学门类的视野中了。如果这个问题再度扩展开来，我们就会想象到，自然科学与社会科学长期以来拥有自己专属领地和专属视野的局面会被打破。比如，我们至少可以断定，将量子理论或量子科学看作物理学的一个分支学科或物理学中的一种理论，或者说，将量子理论或量子科学归于自然科学的范畴，都严重地制约了关于量子世界的科学研究。回到钟摆这个问题上，如果我们所拥有的不是抽象的"原时"，而是将所有的时间都看作"事件时间"，那么时间就不是一个单纯的自然科学问题，而是一个需要以社会科学的视角去观察的问题。

如果我们推翻了既有的所谓自然科学和社会科学的框架，科学家的视野也许立马就开阔了，甚至由物质、精神、唯物主义、唯心主义等哲学概念所构成的包袱也能全部抛开，从而使研究者轻松上阵。我们认为，科学的发展已经走到了这一步，那就是需要告别工业社会这个历史

---

① ［英］弗里德里希·A. 哈耶克：《科学的反革命：理性滥用之研究》，冯克利译，译林出版社2019年版，第67页。

阶段中的科学分类方式。事实上，在全球化、后工业化进程中，工业社会的社会化分工模式正在遭受冲击。以经济领域为例，人们可能会认为，"全球价值链"表现出分工更加细致入微。实际上，在这个价值链的每一个环节中，科学研究、产品开发、生产等都具有很强的综合性。从某个角度看，它属于一种分工—协作机制，但换一个角度去看，立马就会发现它呈现出了超越分工—协作的性质。既然科学的门类划分也是根源于工业社会的分工—协作框架的，即属于分工—协作的范畴，那么分工—协作在全球化、后工业化进程中所呈现出的新的变动也必然会反映到科学研究中来。之所以现代社会建立起了分工—协作模式，之所以科学也从属于这个分工—协作模式，都是理性安排的结果。

工业社会意味着一个理性的时代，现代科学被认为是理性的，或者说，理性是科学的特征。但是，我们却拥有了"科学"和"理性"两个概念。这又说明，我们把科学与理性看作两个东西，并用两个概念来指称它们。至于科学与理性的关系，在很大程度上是通过思维方式联系起来的。认识论哲学成功地作了分析性思维方式的建构，而现代科学则因为有了这种思维方式得到了迅速发展。虽然现代哲学可以归类到认识论哲学的范畴中来，但在思维方式的运用上，除了实证主义等少数哲学流派之外，可以认为，人们并未完全被分析性思维方式所征服，至多只能说分析性思维方式在这个社会中处于主导性的地位。

在科学研究中，分析性思维方式处于绝对的支配性地位。分析性思维也被称为理性思维，从工业社会的实践来看，这种思维方式适用于广泛的社会活动和科学研究，却受到了日常生活的排斥。列斐伏尔认为，"模糊性是一个日常生活范畴，也许还是一个本质范畴。模糊性绝不会穷尽它的现实：从模糊意识，到引起进一步行动、事件、结果、没有警告的情境"[①]。当社会呈现出高度复杂性和高度不确定性

---

① [法]亨利·列斐伏尔：《日常生活批判》，叶齐茂等译，社会科学文献出版社2018年版，第17页。

时，模糊性也超出了日常生活的范畴，在社会生活和活动的各个领域、各个方面都遍布着模糊性。这个时候，决策如果从属于现实主义而不是理想主义的原则，就必须正视模糊性。一旦人们在决策中正视了模糊性，那无疑是否定了传统的依据理性决策的做法。

虽然我们在工业社会语境中形成了对理性的推崇，但在是否存在着理性的问题上，也许是可以转一下念头的。根据列斐伏尔的看法，严格说来，"'非理性'本身是'不存在的'，当然，在人的层面，'非理性'一直都是异常活跃的"。[①] 是因为人们作出"理性"与"非理性"的区分，才出现了高扬理性和拒绝非理性的问题。从思维的进化看，如果说关于"理性"与"非理性"的区分对哲学、科学的发展是积极和有价值的，那么在这种区分的前提下，用理性排斥非理性则可能是可质疑的。如果非理性不是专指某些表现在人身上的"非人"状态，其实是应当将人的许多被认为是非理性的思维活动归入理性的范畴中来的，即归入实践理性、经验理性的范畴。

我们不仅应当将诸多被近代以来的人们看作非理性的因素归入实践理性、经验理性的范畴，而且要看到理性与非理性也是可以实现相互转化的。列斐伏尔对日常生活的研究，是从理性的发生、发展过程的角度考察了"非理性"如何向理性转化的。列斐伏尔说，"我们揭示了这种非理性发展所遵循的重要规律：非理性在经过一系列改造和替代之后，以新的形式出现在理性人的生活之中"。[②] 列斐伏尔认为，理性与非理性是相互转化的，因为，"人的需要和活动不包括'一定量的'与生俱来的辩证的理性，如果真有这种生而有之的辩证理性，那么，它无论如何都是没有意义的。所以，辩证的理性依赖于有条不紊地制定出理性思维（辩证思维），去认识这个丰富的'人的原料'，

[①] ［法］亨利·列斐伏尔：《日常生活批判》，叶齐茂等译，社会科学文献出版社2018年版，第173—174页。

[②] ［法］亨利·列斐伏尔：《日常生活批判》，叶齐茂等译，社会科学文献出版社2018年版，第174页。

反过来，再得到理性思维的认可。辩证的理性必须学习和组织这种人的材料，影响人的生活产生生活理性的过程，人在这个过程中成为理性的"。①

即便是在科学家、政治家等群体中，开展长期的理性训练，也许恰恰是为了形成某种非理性能力，即形成某种不是理性的而是非理性的决策和科学创新活动能力。就此而言，将人的那种在决策和创新活动中的能力说成是理性的或非理性的，都未尝不可。列斐伏尔是倾向于把那些理性的人所拥有的"非理性"归入实践理性的范畴中的。"从构成某种理性不能控制的不合理的事情来讲，整个人的需要和直觉——人的'情感'，须臾不可缺少的活动，都是辩证的理性的基础和内容。对于一个具有认识和控制大自然能力的'自然存在'来讲，即对于一个理性的存在来讲，这些须臾不可缺少的活动成为他的需要和能力。这些须臾不可缺少的活动是人的实践活动的一部分，形成了人控制自然的第一步。这样，这些须臾不可缺少的活动很大程度上成了辩证过程的一部分，所以，是理性的，甚至在具体理性创造中成为工具。"②

与列斐伏尔稍有不同，我们并不纠结于理性与非理性的生成和转化的问题，而是关注它们的功能适用性的问题，其一，在认识与实践统合的意义上，我们认为，在不同类型的活动中，理性与非理性各胜其长；其二，人的活动的环境的复杂性和不确定性程度决定了人们在思维上运用模式化思维还是非模式化思维，而模式化思维恰恰是人们所认为的那种理性的显现和应用方式，在非模式化思维的背后，则是人们所认为的非理性因素发挥了作用；其三，同样从复杂性和不确定性的角度去看历史并把历史区分为不同的阶段，我们认为，在低度复

---

① ［法］亨利·列斐伏尔：《日常生活批判》，叶齐茂等译，社会科学文献出版社2018年版，第174页。

② ［法］亨利·列斐伏尔：《日常生活批判》，叶齐茂等译，社会科学文献出版社2018年版，第174页。

杂性和低度不确定性的历史条件下,理性具有很强的化解复杂性和不确定性的功能,而在高度复杂性和高度不确定性的条件下,当理性的这种功能去势或失灵时,就不得不求助于非理性。这一点也同样适用于人的认识以及实践对象的复杂性和不确定性状况。

从科学研究的角度看,拓扑学的观念在科学研究中的引入,使得科学研究有了一种逃离传统理性主义范式的迹象。与传统的理性主义不同,基于拓扑学的思维要求人们看到对象的拓扑结构而不是线性结构,反对抽象的通约等简单化的做法。这实际上就等于要求认识过程直面复杂性。应当说,在低度复杂性和低度不确定性的社会形态中,如果运用拓扑学的观念的话,其实已经表现出了社会科学的一大进步,从而使社会科学走出了传统理性主义简单化的线性思维。但是,当我们看到高度复杂性和高度不确定性条件下的观察者与行动者的不可分离的状况时,还会发现,社会科学中的这种通过简单地引用拓扑学观念去重新理解社会的做法,还是不能够发挥推动社会科学研究实现根本性转变的作用。这是因为,一方面,在高度复杂性和高度不确定性条件下,社会科学的认识、理解、意义建构和知识生产功能都将统一到行动之中,而不是在行动体系以及行动之外完成后再赋予或传授给行动者。这就决定了拓扑学与传统的理性模式一样,都不再适用。另一方面,在高度复杂性和高度不确定性条件下,人们所面对的不只是一个表象世界,不只站在表象世界的拓扑结构之中,而是面对着一个具有完整性的整体世界。

虽然科学革命早在17世纪就发生了,也基本上完成了否定神学的使命,但英语单词中的"科学"一词直到19世纪末才有了现在所具有的含义,即从哲学家的阴影中走了出来。在社会转型把人类带入后工业社会时,可以预见的是,我们依然会使用"科学"这个词,但它的含义将会发生变化,不再是具有分科特征的学问。那时,关于用来衡量科学的所有理性标准,也许都将不再被人们提起。所以,我们并不认为认识论的思维方式会恒定地与科学联系在一起。

当科学这个词有了新的含义时,其思维方式也将不同于现代科学。不仅如此,人文研究与科学研究之间的分界也许会变得模糊起来。比如,在人工智能的发展中,机械论的观点越来越显现出退场的迹象,或者说,虽然存在着关于机械原理的应用以及机械方面的安排,但哲学意义上的机械论则受到根本性的扬弃。在人工智能的研究中,将会看到技术向人文关切求亲的举动,而且变得越来越热切。这必然会对科学的发展产生巨大影响,致使科学不仅不愿意脱离人文方面的思考,反而会积极地把人文思考纳入科学研究中。由于科学是与理性相伴而生的,一旦科学的概念发生了变化,那么理性也就需要重新定义。或者说,我们关于理性的观念需要改变,即承认理性的基础性和主导性的形态将不再是工业社会中的人们所认为的那种理性。

二 行动的理性化追求

吉登斯说,"行动的理性化是指行动者对自身活动的根据始终保持'理论性的理解',这同样是例行性的,一般也都不必大惊小怪……即使说行动者拥有这样的理解,也并不意味着他们能对行为的具体部分以话语形式给出理由,更不等于以话语形式详细阐明这类理由的能力。不过,其他有关资格能力的行动者还是期望,倘若他们问及行动者,后者一般总能对自己的大部分所为作出说明,这一点也是根据日常行为评判一个人是否具备资格能力的主要标准"。[①] 科学研究往往是在理论的指导下进行的,而所有理论又都是在科学研究中制作出来的。如果把科学研究也作为一种行动看待,在理论的指导下从事科学研究,就意味着理论具有作用于人的行动的功能。在延伸的意义上,所有的行动都需要得到理论的指导。不仅如此,理论还被赋予提升人的行动能力的预期。

---

① [英]安东尼·吉登斯:《社会的构成:结构化理论纲要》,李康等译,中国人民大学出版社2016年版,第5页。

在工业社会中，理论是被赋予诸多功能的。其中，最为重要的和最为突出的就是武装了人，让人因为理论而拥有了理性。也就是说，理论具有促使人理性化的功能。可是，如果说人具有思维和行动能力，并能够对自己的行动作出说明，或者说能够理解自己的行动，那么在人成为行动者的基础性条件中，是不是一定有着理论的介入？对此，却不能够作出断然肯定的回答。即使对人们通常使用的"理论"一词进行降等，就像把黄金说成石块一样，也不意味着理论相对于行动者来说是能够均等地获得和占有的，更不意味着理论是人成为行动者的必要条件。

吉登斯认为，理论决定了行动者的"资格能力"，也就是说，理论是人能否成为行动者的资格条件。这无疑是说，人之所以能够成为行动者，是因为他从理论中获得了一种理性能力。不过，这种理性能力并不能反过来保证他一定是一位合格的行动者。单纯地拥有了理性，并不是成为合格的行动者的充分条件。的确，这是所有对理论的功能进行过深入思考的人都会拥有的观点。不过，如果对这一点进行追问的话，就会看到，其一，"理性化"一词中的理性可以有多种形式，比如，可以是科学理性、价值理性或经验理性等，因而，从属于什么理论和在何等程度上拥有了理性，就会成为一个问题；其二，如果行动包含着开拓性的内容，往往是先于理论的，在无法证明这种行动合于理论的情况下，我们能否将其归为非理性的行动？如果不能把偏离理论和不能得到理论支撑的行动说成是非理性的，或者说，认为那种行动也是理性的，无异于对理论所具有的理性化功能提供了加以怀疑的依据。

在风险社会及其高度复杂性和高度不确定性条件下，很多行动所要处理的都是全新的任务。这意味着，人们也许在开展行动时需要摆脱理论的束缚。对于这种行动而言，为其确立理性化的标准也许就是没有必要的，更不用说把理性化看作由理论带来的了。我们承认行动的理性化是必要的，但在风险社会及其高度复杂性和高度不确定性条件下，行动的理性化绝不可能是工业社会中的人们所说的理性化，即不是由科学理论带来的理性化。因为工业社会中的科学是一种抽象的、片面的科学，工业社会中的理论所带来的理性只是一种形式化的理性，工业社会中行动的合理性也只是一种形式合理性。

抽象和片面的理论是具有排斥性的，形式理性会将行动导向只做表面文章的方向。在风险社会及其高度复杂性和高度不确定性条件下，让行动接受抽象的、片面的理论指导，对行动提出这种形式合理性要求，有害无益。在风险社会及其高度复杂性和高度不确定性条件下，能够在人的社会生活以及行动中发挥作用的理性将是经验理性。如果对行动提出合理性要求，也只意味着合乎经验理性。

西蒙之所以提出"有限理性"的概念，表明了一种理性的无奈。虽然哲学以及社会科学在理论上对理性的证明是非常有力的，能够让人信服，但在实践中，抽象的理性遭遇了现实的复杂性与不确定性。西蒙说："理性的限度来源于人类头脑没有考虑一项决策的价值、知识和相关行为的各个方面的能力。与其说人类的抉择模式是从多个备选方案中进行选择，不如说更接近于刺激—反应模式。所以人类理性是在心理环境的限度内发挥作用的。这个环境迫使个人不得不选择一些要素，作为个人决策必须依据的'给定条件'。不过，引发决策的刺激本身可以受到控制，来实现更广泛的目的，而且个人决策序列也可以整合成一个考虑全面的整体计划。"[①] 主客观条件的限制，往往会使理性变得似乎不可能。然而，人对那些主客观条件又能够施加影响甚至进行控制，从而使自己的目的得到实现，这又证明了理性的功能。将这两个方面综合起来，所形成的就是"有限理性"。

从西蒙的论述所作出的证明看，显然过于简单和没有学术含量，却又是实实在在的现实。对于决策科学和组织管理而言，西蒙无疑提

[①] [美]赫伯特·A. 西蒙：《管理行为》，詹正茂译，机械工业出版社2004年版，第101页。

供了一条现实主义的"中庸"之道。不过,"有限理性"这个概念其实只是在理性的形式层面上所找到的折中方案,并未在理性的实质层面上展开思考和提出有价值的设想。显而易见,在近代早期张扬理性的时代,主客观方面的约束条件并未引起人们的充分重视,而且在那个革命的时代,为了用对理性的信仰取代对宗教的信仰,也不允许人们去关注和思考那些约束条件以及理性的不可能性问题。只是到了20世纪,人们经历了持续发掘理性功能的过程之后,才发现了对理性的信仰也有可能是不理性的,出于现实的需要而对理性作出各种重新定义的尝试,通过为"理性"一词加定语的方式,形成了诸多不同的认识。西蒙的"有限理性"概念就是在这波思潮中产生的,应当视为包括决策科学、组织行为研究等在内的管理学的一项理论成就。

然而,当我们被置于高度复杂性与高度不确定性社会中的时候,当理性及其实现的约束条件越来越多样化和越来越严苛的时候,又不能够满足于"有限理性"的认识了。因为,"有限理性"也无法对高度复杂性和高度不确定性条件下的实际行动提供理论上的指导。所以,我们希望超越对理性形式层面上的思考,从而深入到实质的层面。正是这种追求,让我们发现了经验理性。

虽然工业社会的一切行动都包含着理性化的追求,但抽象的科学和形式化的理性却与实践的具体性之间有着不相容性。而且,这也是一个在工业社会历史阶段中一直无法解决的问题。不仅学生常说书本上学到的东西无法用于实践,而且社会生活实践领域的人也大都感受到了理论与实践的脱节。关于这一问题,即使在工业社会低度复杂性和低度不确定性条件下,杜威也提出了一个解释原则,那就是,让人们关注行动所面对的对象的具体性。杜威认为,与科学所追求的确定性以及知识的稳定性不同,行动必须面对具体的条件,认识到那是发生在具体的时间和空间之中的。

杜威说:"科学目的不在于界说常住不变的对象,而在于发现变化之间的恒常关系。它所注意的是事物变化过程的结构而不是最后的目的因。知识所涉及的既是当前的事变而不是最后的事因，所以知识是要探索我们的生活世界，我们所经验的世界，而不是企图通过理智逃避到一个高级的境界之中去。实验知识是一种行动的方式，而且像一切行动一样，是发生在一定的时间、一定的空间和在一定的条件之下，与一定的问题联系着的。"① 杜威对于科学既有的从不确定性中去寻求确定性的做法是表示怀疑的，认为那是一种旧的形而上学在科学中的表现。"有人认为科学的发现乃是揭露最后实有、一般存在所固有的特性。这种见解是旧形而上学的残余。有人认为科学结论是要把性质和价值在自然中排除出去，这是在科学结论的解释中强行注入了一种不相干的哲学。"②

我们看到，当杜威表达上述看法时，显然没有考虑到我们当前所遭遇的这种风险社会及其高度复杂性和高度不确定性，但他要求将行动建立在具体的条件之下，并希望科学以及知识与行动的具体性保持一致……这些意见是很有价值的。事实上，在高度复杂性和高度不确定性条件下，不仅所谓"实验知识"因具体条件而变，而且科学也不可能将寻求确定性的解释作为目的，知识也不再是稳定的。在风险社会及其高度复杂性和高度不确定性条件下，理性本身就意味着对不确定性的承认和理解，而行动则表现出顺应不确定性。

如果说我们已经拥有了人的共生共在这一风险社会及其高度复杂性和高度不确定性条件下的基本目的的话，那么杜威关于科学、知识和行动的一项概括性的哲学见解更应得到肯定。杜威说，"科学的目的在于寻求'动力因'而不是寻求'目的因'；在于寻求事物的外在关系而不是寻求固有的形式。但是，这种寻求并不意味着去寻求一个与所经验的非实在的现象对立的实有。它意味着去寻求实有的性质与

---

① ［美］约翰·杜威：《确定性的寻求：关于知行关系的研究》，傅统先译，上海人民出版社2005年版，第77页。
② ［美］约翰·杜威：《确定性的寻求：关于知行关系的研究》，傅统先译，上海人民出版社2005年版，第77页。

价值所赖以发生以及我们所借以调节其发生的那些关系。"① 应当说，杜威的这一表述很大程度上还是受到了认识论思维的限制，即认为存在着"与所经验的非实在的现象对立的实有"，并把"实有的性质与价值"与相应的事物间的"那些关系"分开来谈。

可以认为，在亚里士多德那里，仅仅是指出了"四因"间的关系，至于哪一个"因"应当被放在首位，并未做出规定，只是近代以来发展出来的这个认识论，才将"目的因"放在了认识以及实践的首位。不过，当风险社会将人的共生共在这一社会目的确立起来后，关于行动的"目的因"就是默认的事实，而不是需要通过科学探讨去加以梳理的。这个时候，科学研究只有放在行动的"动力因"上，才能够使研究彰显出科学价值。

我们认为，经验的世界是不可区分、不可分类的。只有看到了经验世界的这些特性，才能够更加准确地理解行动中的经验世界是具有具体的总体性的，也才能够在行动的系统性条件以及对象、所要解决的问题等方面的总体性中去发现和理解"动力因"。这样一来，我们所拥有的也就不再是近代以来所建构起来的这样一种既有的科学，而是一种"行动的科学"，是存在于行动中的和为了行动的科学。这种科学既不是先于行动者而存在的，更不是独立于行动者之外的，而是为行动者所拥有并在行动中获得了价值的科学。至于与科学相伴随的理性，也是在行动中加以证明的。不是因为理论使行动变得理性了，而是因为行动本身与科学的合一而成为理性化的行动。行动中的理性是经验理性，行动的合理性也是经验意义上的合理性。

三 理性标准与合理性问题

正是因为形式化的理性与实践的不一致甚至冲突，致使一些有着

---

① [美]约翰·杜威：《确定性的寻求：关于知行关系的研究》，傅统先译，上海人民出版社2005年版，第78页。

后现代主义思想倾向的学者表达的是一些较为激烈的意见:"一个值得信赖的、秩序良好的健全社会并不需要理性的、综合的社会科学。后者——作为启蒙运动所犯的错误——假定的不可能的全知的上帝之眼其实就相当于可预测的、理性的、利益最大化的个体和由此得来的消极自由。实践智慧的更为宽泛的但也更为现实的标准完全适合于社会公民做出一致决定的话语。"① 但是,"实践智慧"从哪里来?由谁承载它?显然都是需要进一步搞清的问题。显然,智慧包含着理性,但智慧与形式理性却是无关的。事实上,从形式理性中是不可能产生智慧的,智慧只能是经验理性的产物,更多地以直觉的形式出现,体现在直觉判断中。

杜威对智慧以及智慧的功能作了这样的描述:"智慧是和'判断'联系着的,那就是说,智慧有关于我们选择和安排达到后果的手段,即有关于我们对于目的的抉择。一个人之所以是有智慧的,并不是因为他有理性,可以掌握一些关于固定原理的根本而不可证明的真理,并根据这些真理演绎出它们所控制的特殊事物,而是因为他能够估计情境的可能性,并能根据这种估计来采取行动。从这个名词的广义上讲,智慧是实际的,而理性是理论的。每当智慧活动着的时候,我们总是根据某些事物能够成为提示其他事物的记号的情况来判断这些事物。如果科学的知识使我们能够比较正确地估计事物作为记号的价值,那么我们宁愿以在实际判断中所获得的结果去易换在理论确定性方面所受到的损失。"②

杜威之所以会把智慧与理性对立起来,显然是因为他看到了近代以来通行意义上的理性是与智慧不相容的。如果理性不是指纯粹理性、科学理性、工具理性的话,或者说,如果理性是指一种经验理性的话,

---

① [美]查尔斯·J. 福克斯、休·T. 米勒:《后现代公共行政——话语指向》,楚艳红译,中国人民大学出版社2002年版,第34页。
② [美]约翰·杜威:《确定性的寻求:关于知行关系的研究》,傅统先译,上海人民出版社2005年版,第164页。

那么理性与智慧的兼容性就变得非常清晰了，也就会体现出杜威的关于"智慧是实际的"判断了。如果说风险社会及其高度复杂性和高度不确定性条件下的行动者依靠智慧而行动，那么对经验理性的需求也就会显现出来。

认识论哲学的历史可以充分地证明，在一切可以抽象的地方，理性（特别是纯粹理性）都会强势登场，而且总是能够取得巨大成功；在一切需要讲究实际即无法抽象的地方，理性都会遭遇尴尬的局面。正因为如此，学者们才会通过冠以定语的方式而对理性作出新的界定，即提出名目繁多的新的理性名词。我们承认，在近代认识论的语境中，智慧是不同于理性的，而且在很大程度上，近代以来的这个社会是贬抑智慧的。只是在一些科学化不甚充分的地方，才给智慧留下施展的空间，而在一切可以实现科学化的领域中，都是以理性排斥智慧的。当人类陷入风险社会和面对高度复杂性和高度不确定性的时候，情况发生了改变。一方面，理性的属性发生了改变，纯粹理性以及从中演化出来的各种各样的理性，都向经验理性转化，或者从属于经验理性；另一方面，高度复杂性和高度不确定性条件下的随机决策和即时行动都更多地建立在基于智慧的判断之上，而且这种智慧同时也是理性的，是经验理性的代名词。

在认识论的理论范式中去看行为、行动，可以看到它们之间有着很大的不同。行为的动机可能是理性的，也可能是非理性的，而行动的目的和目标则必然是理性的，至于理性的属性以及理性程度的强弱等，也是可以分析的。一般说来，如果行动的目的和目标的科学理性特征较强的话，那么其实践理性的特征则会显得较弱。反之亦然。当然，行为的动机往往会显得更为复杂一些。有些行为可能并不一定有动机，也或许有着某种潜意识层面的动机。如果揭示了人的行为的潜意识层面的动机并加以操纵，往往会花费很高的社会成本才能达成潜移默化的效果。不过，这种做法越来越受到人们的诟病，认为那属于"洗脑"的范畴。

容易把握的行为动机是显露于外的，会表现在人的以非理性冲动形式出现的行为上，也会表现在所谓"经济人"理性行为上。在工业社会，对人的行为动机的操控主要反映在人的物质和心理的需求方面。把握了人的需求，也就意味着可以控制人的行为动机，从而呼唤出人的某种行为，或者把人的行为引导向某个方向。组织行为学在很大程度上就属于研究如何在管理过程中操纵人的行为的学问，所做的基本上就是根据人的心理和物质需求去操纵人的行为。也有许多经济学家和社会学家试图研究人的非理性动机，希望通过把握这种动机而实现对人的市场行为、社会行为的控制，但成功者寥寥。

非理性动机往往是散布的和随机分布的，人们无法把握也不知晓这些非理性动机存在于什么地方。同样，非理性动机反映在人的行为上，也具有突发性。当然，互联网以及大数据的应用使这一问题有了解决的希望，即可以把握和诱导人的非理性消费。这在商业方面的确取得了良好业绩，但在社会运行方面，却没有表现出明显的对人的非理性行为加以有效控制的迹象。在社会的运行中，一旦出现了对人的非理性行为加以操纵和控制的迹象，往往会受到来自知识分子的批评。比如，在民粹主义兴起时，只有在民主体制中才会受到操纵和利用，但其危害性往往会陷入失控的境地。也就是说，在社会运行中可以将人的非理性动机及其行为诱发出来，但要实现对它的控制，可能需要非凡的政治技巧。

对人的非理性行为的控制所采取的一直是模糊的策略。在社会治理中，除了意识形态强化之外，科学性的操控手段尚未找到。至于意识形态强化，不仅社会成本较高，而且也有着诸多消极效应，甚至这些消极效应也是非常隐蔽的，往往是在其消极效应已经显现了出来时才得以发现。在消极效应被发现时再加以矫正，需要花费的社会成本也许会变得更高。在风险社会及其高度复杂性和高度不确定性条件下，情况会显得不同。其一，在合作行动的视野中，对人的行为的关注将会弱化，因为人的行为动机已经被人的共生共在的理念所同化，关于它是理性的或非理性的，是显性的或隐性的，都不再具有研究上的意义，因为人们不再产生对这种行为动机进行控制的要求。其二，合作行动的目的是从属于实践理性的，这种实践理性的具体表现形式是经验理性和价值理性。当然，合作在具体的任务承担中会有着任务目标，这种目标会被要求体现科学理性。但是，这种科学理性是不能与实践理性相脱离的，不能淡化更不能冲击实践理性，而是实践理性得以强化和实现的手段。

工业社会的分工—协作、制度安排以及社会运行机制的设计等，都体现了理性，人与这些体制和运行机制模式不一致的方面，一般说来，都会被宣布为非理性的。这个社会是理性的社会，至于这个社会中所存在着的非理性因素，基本上都是与人联系在一起的，反映在人的行为上。虽然理性根源于人，但只有在物化为社会设置时才稳定地体现了理性。在人这里，理性往往会受到情感、情绪的干扰，甚至会受到情感、情绪的支配而变得非理性。可是，在高度复杂性和高度不确定性条件下，以社会设置而固定下来和表现出来的理性变得不可能了，反而需要由人去坚守理性。这不仅是对人提出的要求，也是对理性提出的要求，即要求理性改变自己的形态和属性。或者说，在风险社会及其高度复杂性和高度不确定性条件下，我们需要的不是工业社会中的那种在纯粹理性的基线上变幻出来的科学理性、技术理性等所有形式化和可以形式化的理性，而是需要有着实践理性品质的价值理性、经验理性等。

列斐伏尔批评道，"旧的形而上学理性，处心积虑地在它的定义和相关领域里排除了非理性。所以旧的形而上学理性忽略了个性、直觉、激情、实践和想象：活生生的整体存在。这样，抽象的理性只能通过间接的和类似布道那样的相当无效的手段来接近非理性。抽象的理性当然总是有可能抑制这种非理性（'压制'非理性），以形而上的真理的名义谴责非理性"。[①] 在科学兴起和发展的过程中，这种哲学

---

① ［法］亨利·列斐伏尔：《日常生活批判》，叶齐茂等译，社会科学文献出版社 2018 年版，第 173 页。

（形而上学）的理性是以分析性思维的形式出现并发挥作用的。或者说，科学在发展过程中排斥了其他思维方式，仅仅宗奉哲学上的这种理性，以至于形成了分析性思维方式的垄断地位，在研究中完全按照分析性思维方式进行思考、论证和解释从而进入对象。

列斐伏尔认为，辩证法应表达对非理性的承认，"辩证的理性（马克思主义的）从另一个角度看待这个理性和非理性的问题。对于辩证思维来讲，这个理性和非理性的问题不是而且根本不会是一个关于不变的理性注定永远都在排斥着同样矜持的'非理性'的问题。非理性只能是相对的，暂时的；非理性是实践理性还没有纳入、组织和分类的思维活动"。① 如果辩证法不承认非理性，它就仍然是形而上学的独断论，或者说可以归入形而上学的独断论范畴。就辩证法的本义而言，在理性与非理性这个问题上，并不存在承认上的选择问题，即不排斥非理性，而是把非理性看作实践理性的一种表现方式。或者说，把非理性看作实践理性在具体环境、具体条件和应用场境中的表现形式。如果说辩证法反对任何等级制，那么在对非理性表达了承认的前提下，也不应在理性与非理性之间分出高低不同的等级。在科学研究活动中，理性的分析性思维和非理性的相似性思维各擅所长，前者更适宜用于解释活动，而后者则在创新、创造活动中显现出优势，是几乎所有创新、创造活动都必须应用的思维方式。

总之，在西方文明中，所取得的最为辉煌的成就就是科学，包括社会科学在内的科学。人们将这项成就的取得归功于理性，但其实，一旦谈到理性，我们又不能不说，造就了伟大西方文明的理性只是一种狭义的理性。理性有着多种形式和更为广泛的内容，广义的理性并不只是像西方文明所示的那种理性。即使在西方文明史上，也有诸多对西方文明中的理性进行质疑的意见，但这些意见大都被斥之为非理

---

① ［法］亨利·列斐伏尔：《日常生活批判》，叶齐茂等译，社会科学文献出版社2018年版，第173页。

性。是因为狭义理性的观念已经固化，排斥着人们对它的怀疑，才将一些质疑的声音斥之为非理性。在某种意义上，这种不具有包容性的狭义理性观念恰恰是非理性的。可见，对狭义理性的信仰往往被认为是理性主义的，而一旦狭义理性以理性主义的形式出现，也就启动了它朝着非理性方向移动的脚步。从历史演进过程看，这就是工业社会这个理性时代的自我否定。

四 基于经验理性的合理性

在科学史上，最伟大的科学理论是那些发现了原理、定律等成果的理论，社会科学的研究也是这样。一些思想之所以能够得到广泛的传播并为人们所熟知，往往是因为有一个或几个标志性的断语。比如，"我思故我在""存在的就是合理的""知识就是力量"等。这是一些抽象的断语，似乎适用于任何一个时代的任何一种情况。其实，社会科学的一切研究工作的开展都是在特定的社会背景下进行的，而且需要将研究工作建立在对历史进行回顾的基础上。如果不知历史，也就无法理解当下的社会。同样，不在特定历史和背景下进行的所谓社会科学研究，无论在形式上显得多么科学，实质上都是背离了科学精神的"乱弹琴"。当然，回顾历史和拥有历史的视角绝不是把当下的现实拉回到历史中，而是应当明确地意识到，"人们原来居处的社会并没有对可以创造的未来的社会设下严格绝对的限制。我们研究历史的目标是想发现一个替代性的社会，在这样的社会里，人们能运用理性与自由来构建历史。简言之，我们研究历史上社会结构的目的是为了在其中找出控制这些社会结构的手段。因为只有如此，我们才能逐渐地理解人类自由的限制及其涵义"。[1]

从20世纪后期以来的新技术的发展中可以看到，形式理性在实现

---

[1] [美] C. 赖特·米尔斯：《社会学的想象力》，陈强等译，生活·读书·新知三联书店2016年版，第193页。

了数字化后，被应用于人工智能的发展，并取得了极大成功，而经验理性迄今为止尚未进入人工智能研究者的视野。我们知道，人工智能的最早构想者艾伦·图灵脑中映现出的问题是："机器能思考吗？"如今这一点越来越得到了证实，即做出了肯定性的回答。也正是因为人工智能取得了这样的成就，促使我们以人的标准去衡量人工智能，那就是，机器能不能按照人的认识进化的反向路线而拥有感觉、情感，诸如爱、友谊、同情、怜悯、慈悲……重要的是，我们提出了这样一种要求，那就是，机器不仅表现出已经具有的这些，即不是由程序控制而使机器表现出像人一样拥有这些，而是机器能够自己体验到这些。如果有了这样的追求，在图灵赖以提出想象的计算机器的基础上，可能不会获得乐观的前景展望，至少目前所拥有的算法无法把人工智能带入这个境界。所以，如果声称机器将会代替人、统治人，那是一种毫无根据的说法。正是基于这种认识，我们说机器将会替代人的许多工作但不可能实现对人的替代。

总的说来，人的思维具有多个层面，理性思维是可以实现算法化的。人工智能目前所达到的水平已经表明，高度形式化的科学理性思维只要用简单的数理算法就能够在人工智能中得到模仿和复制。但是，人的情感、情绪、直觉、想象等以及整个人的经验理性，是使用数理算法的人工智能无法觊觎的。正是这些，在人与人工智能之间划定了界限。不难想象，即使一个阅历并不丰富的人也可以轻易地判断出"白领""蓝领""教授""职员"间的区别，而机器如果要做到这一点，需要按照二进位算法进行运算，那种运算在量上可能是非常大的，消耗的电能也许会达到一个令人吃惊的地步。就此而言，相比于机器，人的优势就非常明显了，而人的这种优势恰恰来源于人的经验理性。

机器的运算仅仅意味着由人赋予它科学理性，或者说，人把科学理性制作成某种模式安装到了机器上。结果就是，即便机器是有学习能力的，也是基于这一模式提供的逻辑去学习的。至于人的经验理性，目前看来，还看不到模式化的可能性，更不用说由人制作出某种模式安装到机器上了。正是基于这种思考，我们说人工智能的突破性进展取决于人的思维方式的变革，即从分析性思维转变为相似性思维，才有可能让机器获得人的禀赋。但是，也许我们目前还无法想象，在我们人类实现了从分析性思维向相似性思维的思维方式转变后，即确立起了相似性思维，并普遍地拥有相似性思维，那么，如何去把相似性思维方式制作成一种算法并赋予机器？显然，这仍将是一个需要进行艰难探索的问题。

在笛卡尔那里，理性的纯粹性已经暴露出了某种不可能性。我们知道，笛卡尔为了证明"我在"，将"我思"抬了出来，认为"我思故我在"。但是，他却在"我在"中发现了激情。这样一来，就对"我思"形成了干扰，因为他的所谓"我思"是理性的思。所以，一个始于笛卡尔的传统即总是表现出为了理性而抑制情感的状况，并将包括情感在内的各种各样存在于"我在"之中的因素命名为"非理性"。这样一来，"我在"的完整性就被割裂成了"理性的存在"与"非理性的存在"两个方面，也因此而形成了对立的两种哲学传统。总体看来，要求承认人的非理性方面的哲学受到了抑制，而弘扬理性的哲学传统则得到了发扬光大，以至于在科学发展和文化建构中都被严格地要求走在理性的传统道路上。

当我们置身于风险社会，在想象完整的人的回归时，就不能再以笛卡尔的思想为出发点了，而是需要寻求新的出发点，并开辟新的传统。从现实的需要看，人的生存重新成为第一位的课题，而个人的生存又需要建立在人的共生共在的前提下。所以，从笛卡尔开始的那种证明"个体的人的存在"的课题，将被如何保证"人的共生共在"这一时代课题置换。当我们发现了这个出发点，并实现了时代课题的根本性转换，所获得的就是合作行动理论的出发点。哪怕只是找到了合作行动理论的这一出发点，在风险社会及其高度复杂性和高度不确定性条件下，出于效用方面的考虑，我们也可以对行动者的意志力寄予期望，但这并不意味着对理性的排斥。其实，对于完整的人来说，理性、激情与意志都是不可或缺的，它们也在人的内在空间中发生着交互作用。

所谓理性，其实就是合乎实际。不合乎实际的逻辑理性无论多么完美、多么纯粹，都应当被作为非理性看待。在所有可以作为理性的行动原则和判断标准的要求中，我们认为中国共产党所提出的"实事求是"和"一切从实际出发"是最高的理性标准。哈贝马斯在评价波普尔的理论时说："波普尔的理论弄虚作假，过分夸大了方法论的否定权，使反驳的批评方法自主……为了合理性，他不得已去依靠决定，依靠一种批评态度，一种准备去从事的批评依靠能产生这种倾向传统。"[①] 也就是说，为了批评，波普尔走到了背弃科学的道路上。这对于自命崇尚科学并为了纯化科学而努力的波普尔来说，似乎是一种讽刺。

鉴于波普尔的不理性做法，哈贝马斯说："理性的活动必然要依靠理性。"实际上，哈贝马斯这里所说的理性就是要合乎实际，而不是为了证明和推荐自己的理论去做一些极端化的论证。从科学研究的实际情况看，恰恰是为了科学而不顾实际的研究，经常性地出现泛滥的状况，并对社会生活、活动的实际造成恶劣影响。在某种意义上，科学研究脱离实际又反过来要求实际按照科学的要求去进行改造，也是造成风险社会的原因之一。在工业社会低度复杂性和低度不确定性条件下，因为理性滥用而对社会造成的危害尚未超出人的容忍限度，即尚未对全体人类造成灾难性的影响。尽管如此，一种巨大的风险还是引发了人们的担忧：出于恐怖平衡的目的而发展出来的核武库，是以存在毁灭人类的可能性的形式出现的，而且也是将人类不会毁灭的希望寄托于掌握核按钮的人的脆弱理性的基础上的。

对经验的轻视可能是根源于古希腊哲学传统的一种偏见。根据杜

---

① ［德］尤尔根·哈贝马斯：《现代性的地平线——哈贝马斯访谈录》，李安东等译，上海人民出版社1997年版，第19页。

威的说法,"希腊的思想家们清晰地——而且合乎逻辑地——看到:经验,就其认知存在而言,只能提供给我们一些偶然的盖然因素。经验不能为我们提供必然的真理,即完全通过理性来加以证明的真理。经验的结论是特殊的而不是普遍的。由于它们不是'精确的',所以它们还不足以成为'科学'。因而便产生了理性的真理和由经验所肯定的关于存在的'真理'之间的区别"。①

实际上,在认识论哲学所划分出来的认识阶段及其层次中,在经验这个阶段或层次上并不涉及"关于存在的真理"的问题,"关于存在的真理"是需要超越经验而对经验之中的事实加以理性改造才能达致的。也就是说在抹除了经验中的不确定性因素后,或者说找到了不确定性因素背后的确定性因素后,才能形成确定性的知识及其真理。姑且不说真理这个对于认识论哲学无比重要的东西在实践中有着什么样的价值,就风险社会及其高度复杂性和高度不确定性条件下的行动而言,如果不去把捉行动的那些意义的话,那么对真理的占有又有什么意义呢?一旦提出了对意义的把捉相对于行动的意义,认识论的整个哲学路线也就失去了目的地。因而,纯粹理性及其变种也就会为经验理性所替代。

哈贝马斯认为,"'理性'并不意味着诉诸真理目的,即狭义上的传达真理"。② 只有在认识论的逻辑中,理性才是指向真理的。对于经验理性来说,行动的有效性远比真理更具有优先性。经验理性从属于行动的需要,虽然行动在形式上表现为即时行动,但那并不是一种冲动。风险社会及其高度复杂性和高度不确定性条件下的行动是理性的,它是一种经验理性意义上的理性,而不是可以按照纯粹理性、科学理性、技术理性的标准来加以判断的。经验理性包含着反思性能力,也

---

① [美] 约翰·杜威:《确定性的寻求:关于知行关系的研究》,傅统先译,上海人民出版社 2005 年版,第 19 页。
② [德] 尤尔根·哈贝马斯:《现代性的地平线——哈贝马斯访谈录》,李安东等译,上海人民出版社 1997 年版,第 48 页。

会在经验与行动之间建立起反思的中介。但是，这种反思并不是传统的哲学或社会科学所理解的那种分析性的反思。即便通过分析能够从中发现分析性理路，这种作为经验和行动中介的反思在表现上也更类似于本能，尽管它并不是本能。也正是由于这一点，决定了经验理性不同于其他类型的理性。

笛卡尔恰恰没有意识到，他所说的那个"思"不是纯粹理性的"思"，而是包含着经验理性的"思"，或者说，笛卡尔用来证明"我在"的"我思"，所具有的正是经验理性的属性。如果笛卡尔意识到了他所说的那个"思"是因为具有经验理性的性质才证明了"在"的话，也许就不会出现后世对经验的排斥和贬抑了。当然，后世对经验的排斥和贬抑也不能完全让笛卡尔负责，只不过笛卡尔没有明确地告诉后世学者：不具有经验理性属性的"我思"，即纯粹逻辑理性的"我思"，是不能够证明"我在"的。即使通过逻辑推断证明了"我在"，那个"我在"也是不可靠的，可能是"在"的，也可能是不"在"的。

在风险社会中，一旦我们依据经验理性而开展行动，所面临的也许就不再是关注如何在行动中运用理性的问题了，即不再关注人们滥用理性还是理性不足的问题，也不再关注人们在行动中拥有"完全理性"还是"有限理性"的问题，而是需要探求什么样的理性对于行动是必要的。这个问题的答案是，如果我们知道了行动方式是什么样子的，也就知道了人的行动需要得到什么样的理性的支持。可是，人的行动方式为什么是这个样子而不是那个样子，则是由基本的社会特征决定的。人类已经置身于风险社会，这个社会的基本特征是高度复杂性和高度不确定性。在高度复杂性和高度不确定性条件下，行动事项往往是偶发的，人们无法从行动事项那里找到原因，也无法为其确定结果，以至于工业社会中的哲学和科学揭示出来的诸多类型的理性都无法在这里得到施展。

风险社会及其高度复杂性和高度不确定性条件下的行动是即时行动。就这种即时行动而言，所表现出来的是行动事项、环境以及行动者自身等在"交感"中开展行动。也可以说，这是行动者基于自己的直接体验的行动。但是，这种行动又是理性的，不仅是因为这种行动是为了人的共生共在的行动而成为理性的行动，而且也是因为人的经验理性贯穿于即时行动之中，构成了行动的前提、基础和展开的方式。即时行动显然是从实际出发的行动，所针对的都是具体的行动事项，只有经验理性，能够保证它不是模式化的、制度化的。经验理性在这种条件下赋予行动的特征是随时因应需要而改变自己的形式。

第三节 科学与价值的纠结

在科学与价值的问题上，"逻辑实证主义者的严格的、有限制性的枯燥理论对于许多人来说似乎是令人惊异地带来了清新的空气，但对另一些人来说，这似乎又是盲目地攻击了许多有价值的、完全可尊敬的精神上的成就……不要过于轻率地赞成逻辑实证主义，也不要对它的极端之处作过分的辩解"。[①] 可以认为，逻辑实证主义"只重视科学、数学、形式逻辑以及平凡的事实而不尊重其他东西，这种态度现在普遍地认为是靠不住了"。[②] 不仅是逻辑实证主义，而且整个被称为实证科学的现代科学，都存在着用科学的名义排斥价值的问题。因而，在科学研究中，人们强调价值中立；在实践中，人们也要求祛除价值"巫魅"。当价值被从科学的视野中剔除之后，科学的客观性其实也就丧失了。没有了价值的科学，无论是在什么意义上，都只能说是一种片面性的主观造物。因而，不再有认识完整的世界的目标，而是满足于认识世界的那个合乎科学原则的维度。至少，科学在客观性这个问题上是不完整的。

其实，对于科学研究来说，真正的科学态度就是，"承认语言有

[①] [英] 艾耶尔等：《哲学中的革命》，李步楼译，商务印书馆 1986 年版，第 96 页。
[②] [英] 艾耶尔等：《哲学中的革命》，李步楼译，商务印书馆 1986 年版，第 96 页。

多种用法,在这些用法中包括伦理学的、美学的、文学的,并且事实上还有形而上学的用法。不存在这样一种倾向,即'你一定不要(或不能)那样说';不论说了什么,也不论为了什么目的,只要说出什么东西并且没有白白地用词,就容易有办法来评价它的真意"。[①] 科学研究者是应当具有包容性的,科学的使命在于完整地把握世界。尽管每一项科学研究都需要限定自己的对象,但对象的总体性则需要作为一个前提性设定对待。

虽然把握对象的总体性问题在工业社会中也一直是引发争论的重要问题,但当我们置身于风险社会时,才能更加深切地感受到这个问题的重要性。科学在工业社会的发展中发挥的是杠杆的作用,在科学成为主要的驱动力并引领社会的发展时,因为对价值的排斥而丧失了科学性。进而,使社会的发展陷入形式化的追求中,也致使社会以及人的发展片面化。就人类堕入风险社会来看,也是有着这方面的原因的。

一 科学与价值的区分

在狭义的"科学"概念中,是重事实、求真理的。所以,当把"科学"与"价值"并列在一起的时候,也是指事实与价值的关系。虽然科学与价值的关系并不能完全等同于事实与价值的关系,但其中的差异是可以忽略的。在认识论的理论范式中,科学与价值是被严格地区分开的,人们往往认为它们是不同性质的问题。所以,在科学研究以及实践取向方面,一直存在着需要选择"科学的立场"还是"价值的立场"的问题,并因此而展开了持续的争论。从 20 世纪的情况看,主张价值优位的理论显得非常雄辩,而实践则一直是由科学主导的。在某种意义上,可以认为科学与价值取向间的争论也构成了一帧文化景观,对于实践也造成了很大影响,致使实践经常性地在科学与

[①] [英]艾耶尔等:《哲学中的革命》,李步楼译,商务印书馆 1986 年版,第 96 页。

价值两种取向间波动。尤其是在社会治理实践中，寻求科学与价值间的平衡就是一项非常困难的工作。

在工业社会这样一个总体上重科学的时代，关于科学所具有的尊重事实和追求真理的品性是否达成了人们的期待，却是一个需要加以审查的问题。根据杜威的看法，"当代文化中的危机，当代文化中的冲突和混乱，产生于权威的分裂。科学研究告诉我们的是一回事，而对我们的行为发生权威影响的，关于理想与目的的传统信仰所告诉我们的又是完全不同的另一回事。在这两者之间进行调和的问题之所以产生和持续的理由只有一个。只要人们坚持知识为实体的揭露，而实体是先于认知和独立于认知之外的存在；只要人们坚持认知并不是为了要控制所经验的对象的性质，那么自然科学之未能揭示其所研究之对象中的重大价值，便使人们感到惊奇。而那些严肃对待价值之权威与实效性的人们也有他们自己的问题。只要人们坚持主张只有当价值是脱离人类行动的、实有所具有的特性时，价值才是有权威的和有实效性的；只要有人假定他们控制行动的权利是由于独立于行动之外，人们就需要有一套办法去证明：不管科学有什么发现，价值总是实在本身真正的和已知的性质"。[①] 这在某种意义上，是认识论逻辑中的一种不自觉的悖论反映在了科学上。

科学因为对事实的重视而排斥了价值，而在科学需要付诸行动时，又不能不接受价值。更何况，科学所尊重的事实本身就包含着价值，并不取决于科学对这种价值的承认或不承认。当然，科学是尊重事实的，但是，如果价值的存在也是客观事实，那么科学愿不愿意揭示价值、能不能揭示价值，就决定了科学是否如人们所期许的那样达成了真理性认识。应当说，把"科学发现"与"价值确立"平行地列举出来，是20世纪哲学研究的惯常做法。其根源就在于，认识论将科学与价值作了区分。

[①] [美]约翰·杜威：《确定性的寻求：关于知行关系的研究》，傅统先译，上海人民出版社2005年版，第31—32页。

几乎所有在认识论理论范式中进行思考的人在涉及科学与价值的问题时，都会将它们并列起来加以讨论，杜威也是这样做的。杜威所希望的是能够调解科学与价值的关系，这种愿望其实在20世纪的许多哲学家的思想中都有所表现。在这一点上，可以说与19世纪前期的许多哲学家相比有了较大的进步，尽管科学研究和社会实践仍然走在19世纪前期哲学家所规划的道路上。之所以更多的人无法走出19世纪前期哲学所规划的路线，在很大程度上，是因为科学及其技术的进步取得了令人无比陶醉的成绩，使所有呼吁价值、描绘价值的作品显得暗淡无光。不过，当我们置身于风险社会去思考科学与价值的关系时，不仅要重拾价值，而且要指出，那种把科学与价值并列的观点存在着严重的对价值的重要性估量不足的问题。

风险社会的现实迫使我们必须认识到，价值高于单纯注重事实的科学（即工业社会中的那种科学）。具体地说，风险社会中的一切科学研究及其技术成果都必须从属于人的共生共在的价值。舍此价值，科学研究和技术发明不仅没有意义，还有可能是有害的。更为重要的是，科学的知识与价值理念都不是独立于行动的实体性存在，也不是认知对象实体的映照和模拟，而是存在于行动之中的。在行动中，科学知识受到价值的统摄。总之，在风险社会及其高度复杂性和高度不确定性条件下，我们必须强调，科学与价值的问题需要在这一总体社会背景下重新定义，需要看到人的共生共在的价值的绝对优先性，科学应当从属于这一价值的实现，或者说，科学的功能性价值就是人的共生共在价值的构成部分。

杜威表达了对价值的重视，不过，他也许是受到了黑格尔的"客观精神"或"绝对观念"概念的启发而提出了一种独立于人的价值存在之设想。黑格尔的"客观精神"和"绝对观念"是可以沿着认识的路径而为人们所把握的。一旦得到了把握，就可以在人的行动和行为选择中发挥作用。这在认识论的逻辑中是不难理解的。然而，在杜威这里，那种独立于人之外的和脱离了人的认知的价值实体如何对人的行动作出指导,其机理并不清楚。在我们看来,一切价值都是与人关联在一起的,我们不认为存在着类似于古代种种宗教所宣示给我们的那种以神的形式出现的超级价值实体。这是因为,虽然一切价值都可以以实体性存在为载体,但这些载体并不等同于价值。

价值是人与人、人与世界的一种关系,当它以某种实体为载体并发挥作用的时候,是以功能的形式出现的。表面看来,这种关系和功能是相对于特定个体的客观性存在,但是,如果我们不满足于抽象地把握价值的话,或者,如果不是像现代超市那样对一类商品作出基于价值的统一定价的话,那么价值就是具体的关系和特定的功能。在高度复杂性和高度不确定性的社会中,在那些试图通过抽象去把握价值的做法无法进行的领域中,价值的具体性就更加明显了。而且,价值会表现出完全属于人的状况,是反映在人的具体性的关系和与人相关的特定功能上的。在此意义上,我们只能把价值理解成内在于人的存在。

我们同意杜威所说的"价值是实在本身真正的和已知的性质",但在价值以意义和功能的形式出现时,则取决于人对它的解释、理解和表达。无论知识、思想、文化等承载的是什么样的价值,都不能被认为是纯然客观性的价值,只有当那些知识、思想、文化等与人发生关系的时候,所包含的那些东西才显现为价值。或者说,只有在与人发生了关系的时候,为人们所认识的价值才是真实的价值。

在分工—协作的科学化思路中,必然要求祛除价值"巫魅"。所以,韦伯的官僚制理论将祛除价值"巫魅"当作一个重要原则确立了下来。基于对形式合理性的追求,宣称"价值中立"往往被认为是一个最为基本的行动原则,即要求祛除一切价值,勿论那些价值是正向的还是负向的。的确,组织的科学建构是可以使合理性的原则在各个方面都得以贯彻的。不难想象,官僚制组织的祛除价值"巫魅"、非个性化等,是可以使组织通过严格的科学安排而避免组织中的人或群体的冲突。那是因为,如果存在着由价值因素引发的冲突,就会对组织分工—协作体制构成挑战,进而影响到组织的效率目标。

不过，官僚制组织的这种合理性属于形式合理性的范畴。在形式合理性追求中祛除了价值"巫魅"，结果只能是将组织打造成一个机械系统。然而，诸多实证研究发现，组织中如果存在着可控的人际冲突、群体冲突的话，反而有利于组织整体绩效。因为，这些冲突的存在本身就证明了组织拥有了一个良好的竞争机制。也就是说，这些冲突能够促进竞争，从而使组织获得更大的活力。我们也看到，虽然对形式合理性的追求、祛除价值"巫魅"等是官僚制组织建构的基本原则，但在其实际运行中，又不可避免地存在着人际冲突、群体冲突等，甚至官僚制组织中的人们为了利益而开展博弈活动也是司空见惯的。

这实际上构成了官僚制组织的两面性：一方面，官僚制组织严密的规则、科学的结构和具有合理性的程序都是出于抑制人性之恶的需要，希望达到的是防范竞争的目的；另一方面，竞争又客观地存在于组织之中，并以人际冲突和群体冲突的形式出现。在这些冲突可控的条件下，还发挥了增进组织绩效的正向效果。因此，到了20世纪后期，组织——特别是私人部门中的组织——的管理者，也开始自觉利用组织中的这些冲突，甚至会主动地去激活这些冲突。这显然是对人性恶的一面的利用，表明管理活动中承认了"人性恶"这种负向价值。同样说明，祛除价值"巫魅"的要求仅仅收获了祛除正向价值的效果，对于负向价值，不仅没有祛除，还接收和保留了下来。

在工业社会低度复杂性和低度不确定性条件下，基于上述两个方面的安排都是可能的，也都能够取得合目的性的结果。从意识形态的角度看，工业社会中的组织都存在着组织本位主义的取向，因而需要通过这两个方面的安排去实现组织利益。无论是防范人性恶还是利用人性恶，在提升组织绩效的同时，也都能够对社会的发展做出贡献。但是，我们从中也看到，这两个方面的安排都是建立在组织封闭性的前提下的。只有当组织相对封闭的时候，才能将其打造成一个控制体系，才能防范人性之恶的消极影响，也才能既控制又利用人际冲突和群体冲突。

当社会呈现出高度复杂性和高度不确定性的时候，组织无法成为封闭性体系，组织本位主义也丧失了合理性，组织利益因此而不被承认，从而走向消亡。事实上，高度复杂性和高度不确定性条件下的组织是充分开放的组织，无论防范还是利用人性之恶，都失去了赖以实施的基础。总的说来，在工业社会低度复杂性和低度不确定性条件下，人们在理论思考上围绕着科学与价值的关系展开争论，在事实优先还是价值优先的问题上互不相让，但实践——特别是组织实践——表现出了实用的目的。虽然以官僚制为基轴的组织因为韦伯的贡献而得到了理论支持，并努力按照官僚制的原则去加以设计和建构，表现出对价值的排斥，但在组织的实际运行中，又不得不因为不可避免的人与人、群体与群体的冲突而关注价值问题。

如果说组织管理在20世纪前期因为对韦伯所确立的官僚制原则的信奉而极力排斥和压制组织中的那些冲突，那么在"二战"后，则逐渐地转向了对组织中的各种各样的冲突的自觉利用，甚至出现了诸如绩效管理这样一种组织制度。绩效管理的实质是在绩效的名义下制造矛盾和激活冲突，并在冲突得到控制的情况下为组织注入活力。总体看来，组织中所产生和所存在的冲突大都根源于组织成员的自利关切，反映的是人性恶的负向价值。当组织自觉地利用人性恶时，不仅表达了对这种负向价值的承认，而且也背离了组织所应遵循的科学原则。在管理的意义上，绩效管理在利用人的自私自利这一负向价值方面，表现得最为成功。于此之中，所包含着的和所表现出来的对价值的承认，其实只是对负向价值的承认，而正向价值则被忽略了。

在风险社会及其高度复杂性和高度不确定性条件下，如果承认价值存在的客观性的话，也是不应允许人性恶的假定存在的，更不应有意识地利用人性恶达成某个目的。我们认为，合作制组织不会围绕着防范还是利用人性恶的问题去做出安排和开展行动。合作制组织因为彻底抛弃了组织本位主义和放弃了对组织利益的关注，使得防范或利用人性之恶变得没有意义。事实上，合作制组织根本就不会承袭人性恶的假定，更不会去对人性恶做出验证，而是把可以组织和可以调动的全部力量都用在处理有益于人的共生共在的具体事务上。

合作制组织因为其充分的开放性而从根本上消解了组织中人际和群体冲突的基础。不难想象，开放性必然意味着流动性，人们会因为流动性而无须固定在某一处等待并接受邻近的人或群体与他发生冲突。而且，合作制组织的合作属性也决定了他们为了解决问题——在根本上是为了人的共生共在——而开展合作，无论在客观上还是主观上，都不存在为了自我的竞争和冲突。

合作制组织是风险社会及其高度复杂性和高度不确定性条件下的适应性组织，会表现出随机地因情势和任务的变化而发生变化的状况。而且，合作制组织也处在广泛的合作关系之中，既没有必要也不可能在管理的意义去建立刚性设置。除了为组织成员确立起为了人的共生共在的理念之外，合作制组织不会去强化管理上的设置。事实上，合作制组织已经告别既往组织的控制导向。因而，也就不可能生成防范或利用人性之恶的需求。这就是合作制组织对负向价值的排除。

二 科学方法的"价值中立"

正是因为认识论将科学与价值区分开，从而为科学研究的职业化、专业化开辟了一条宽广的道路，也在科学研究方法和实践方法方面取得了积极进步。曼海姆说："现代的、科学工作的专门化遵循两条路线。首先是科学内容的路线，其次是方法的路线。学科的专门化有着自明的必然性。单个研究者不可能亲自从事研究每一种可能存在的社会生活领域。在这种意义上讲，当某一研究者关心家庭，或进一步专门关心某一给定时期的家庭或给定社会阶级的家庭，而另一位研究者却关心宪法等等时，我们必须表示赞同。只要一个人记住他正在处理的是一个更大范围的若干片断，那么这种专门化就不会有任何损害。"[1]

---

[1] [德] 卡尔·曼海姆：《重建时代的人与社会：现代社会结构的研究》，张旅平译，生活·读书·新知三联书店2002年版，第153页。

这之中所包含的就是分工—协作的奥秘。职业化、专业化只是研究上的分工,研究对象则是与各个方面关联在一起的综合性存在。所以,在研究成果作用于实践时,也同样需要回归到综合性存在上来,而不应把为了研究而确立的对象的片断性存在当作现实存在的真实状况。也就是说,在建立起了科学研究分工体系后,研究对象是在抽象中确立起来的,而不是实在本身。抽象出研究对象只是出于科学研究职业化、专业化的要求,却不是实践应有的状态。当然,工业社会的社会化大分工也使实践活动以分工—协作的形式出现了。这一方面为社会科学研究介入实践、干预实践提供了方便;另一方面,也使社会科学的研究者产生了一种错觉,以为科学研究中的分工—协作是与实践活动中的分工—协作简单对应的。

的确,科学研究与实践活动中的分工—协作有着直接对应的方面,但不对应的方面则更多。因为,实践活动都是在具体的复杂场境中进行的,受到许多研究所未看到的那些关系的牵制,所以,社会科学研究的成果只具有供参照的价值,或者说,只能给予实践者以启发。这应成为在工业社会中处理理论与实践之间关系的一项基本原则。在工业社会的各个领域中,都没有能够处理好理论与实践的关系。特别是在政治生活领域中,政治家出于谋求合法性的需要,总会把社会科学的研究者以及他们的研究成果当作挡箭牌或话语由头来加以利用。虽然这样做营造出了理论、科学研究与实践结合到了一起的假象,但实际上,却使它们之间的脱节变得更加严重了。职业化的科学研究应当定位在知识生产上,实践所需要的也恰恰是作为科学研究产品的知识。当知识进入实践活动的过程中再做整合并重新构成一个系统的时候,才能真正发挥作用。在风险社会及其高度复杂性和高度不确定性条件下,合作行动对待科学研究更应明确地秉持这一态度。

应当看到,工业社会科学研究的职业化、专业化是与分析性思维联系在一起的。在某种程度上,我们认为,是因为分析性思维的确立才有了这种研究模式,即对实在进行分析、分解而获得研究对象,并开展专业化的研究。曼海姆说："事件的有机整体是由两方面的分析分割开的，当科学的专门化与领域的刚性分割结合在一起，以致家庭、宪法等等，都仅仅从某种抽象观点来探究时，这种划分甚至变得更为显著。由此，与具体实在的双重脱离便得到了实现：由科学内容的专门化所造成的抽象程度因划分成各个领域而得到了强化。"[1] 我们相信，在全球化、后工业化运动取得积极进展的时候，随着风险社会及其高度复杂性和高度不确定性条件下的合作行动经验的不断积累，一种不同于分析性思维的相似性思维将会确立起来。

有了相似性思维，人们认识和把握世界的方式都将发生改变，进而将产生不同于工业社会的科学和科学研究。虽然专门化、专业化的形式会得到保留，但工业社会科学研究中的专门化、专业化所带来的问题都会得到克服。当然，这在今天还只能当作我们的信念，究竟人类会重建起什么样的科学，是需要时间去检验的。其实，曼海姆也对此作了他的思考，并将科学研究的整合问题提了出来。

当然，曼海姆是在工业社会的既有语境下思考科学研究专门化问题的，所以他表达的是一种对科学研究加以整合的愿望。这一愿望的具体内容是："没有初步的科学内容的专门化，精确的观察是不可能的；如果没有按某种观点进行抽象，为了分析的目的而充分明确的概念便不可能存在。对于我们来说，问题是以一种不同的形式再现的：在两重的专门化行为发生以后，我们的科学试图在多大程度上重新整合在一起？"[2] 可以说，曼海姆仅仅提出了对科学研究加以整合的问题，而且在他看来，还没有人去做这种整合工作，也没有人能够做这项工作。

显然，曼海姆对于科学研究中的知识整合以及研究活动整合现状

---

[1] ［德］卡尔·曼海姆：《重建时代的人与社会：现代社会结构的研究》，张旅平译，生活·读书·新知三联书店2002年版，第154页。

[2] ［德］卡尔·曼海姆：《重建时代的人与社会：现代社会结构的研究》，张旅平译，生活·读书·新知三联书店2002年版，第154页。

所表达的是一种悲观的看法,他评价道:"没有人依据真实的结构着手把诸片断集合在一起;或是如果整合确实产生,那么领域的抽象和分割仍然保持,整合只出现于单个专门学科,因此我们便有了纯经济学、纯心理学、纯社会学,等等。但是,没有人在理论上以诸部分重建整体,或表明诸领域在日常具体环境中真实的相互依赖性。"① 的确,如果没有思维方式变革的构想,仅仅耽于分析性思维,那么这种整合工作确实是无法做的。风险社会及其高度复杂性和高度不确定性的现实不仅提出了对科学研究加以整合的要求,而且还需要将首先重建思维方式的任务推展出来。

在全球化、后工业化这场伟大的社会转型运动中,如果根据风险社会及其高度复杂性和高度不确定性条件下的实践要求,实现了思维方式从分析性思维向相似性思维的转变,那么科学研究也就会以全新的面目出现。虽然基于分析性思维的科学研究和社会实践在职业化、专业化的道路上取得了辉煌业绩,而且也提供了非常有用的系统性的方法,但在科学与价值关系的处理上,因为对价值的排斥而带来了诸多社会问题。在某种意义上,人类之所以在进入 21 世纪时陷入了风险社会,与科学对价值的排斥是脱不了干系的。当思维方式实现了变革,即建构起了相似性思维,并基于相似性思维重建科学和开展社会实践,可以相信,科学与价值的关系就将能够得到妥善解决。

在工业社会的科学研究中,可以看到,实证研究是在科学研究方法科学化和价值中立的要求中生长出来的。首先,实证研究体现了近代以来分工—协作的精神;其次,实证研究排除了价值的干扰,从而保证科学研究具有客观属性。然而,米尔斯所注意到的却是,由于实证研究的兴起,"许多基金会的行政官喜欢把钱投向大规模的因而比众多小手艺活式的计划更易于'管理'的计划;投向带有一个大写的

---

① [德]卡尔·曼海姆:《重建时代的人与社会:现代社会结构的研究》,张旅平译,生活·读书·新知三联书店 2002 年版,第 154—155 页。

'S'的科学的（Scientific）研究计划，而这个'S'往往代表该研究只注重细枝末节而保证了'安全'（Safe），因为它们不想使之牵扯政治。因而，大的基金会倾向于以大规模的科层式的研究方式去研究小规模的问题，并挖掘出能胜任此项工作的学术行政官"。[1]

所以，我们所看到的，遍布于大学和其他研究机构的是星罗棋布的研究团队。它们承担各种各样的课题，以分工—协作的方式生产研究成果，就像在生产线上装配产品一样。如果说生产线上的装备是按照某个设计方案进行的，而团队的研究连这项事先设计也省略了，只要能够将一堆材料拼凑起来，便形成了所谓"研究成果"。在此过程中负责主持的人，或者说在成果封面署名的人，也许并不是从事研究工作的人，他事实上只是一个洽谈资助和分配资金的人，他被称为研究团队的"首席科学家"，而团队中的其他人，都只是为他打工的人。也就是说，作为实际承担研究工作的人，并不被认为是科学家，而是十足的技师。只有申报了课题的人，有了课题主持人的身份，才是科学家。

科学家并不从事科学研究，而不是科学家的"打工仔"却是真实地从事科学研究的人，并提交了所谓科学研究的成果。这就是20世纪定型了的科学研究模式，它排斥和压制了其他不能被纳入这一科学研究模式之中的科学活动，令其无法存在下去。当科学研究活动以模式化的形式出现，高等教育也是按照这个模式运行的，因而出现了一幅漫画式的图景：每一位教授都被要求成立团队，根据团队分配资源，团队"带头大哥"也许是功力深厚之人，但从来也不需要出手。实际上，大学里的教师都充分地意识到，成立团队的目的就是为了争夺资源，实现利益最大化。落单了，肯定被人欺负，啥利益也得不到。这就是工业社会最为典型的大学，不仅成了科学研究机构的典范，也成了所有组织化活动的样板。当工业社会走到这一步，它存在下去的合

---

[1] [美] C. 赖特·米尔斯：《社会学的想象力》，陈强等译，生活·读书·新知三联书店2016年版，第115页。

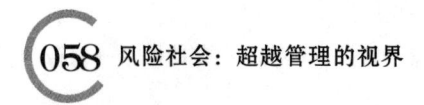

理性难道还值得人们赞赏吗？

事实上，工业社会发展到顶峰时的科学研究再也不是一项自由的事业，研究什么问题，完全取决于行政官的判断，是行政官列出了应当研究的问题并标明价码，然后招标发售。科学研究只是从属于商品交易需要的商品生产活动，并不需要关注人类的命运和当下棘手的社会问题。相应的，科学研究工作者也如企业生产线上的工人一样，只不过是谋得了一个职业并获得相应的薪酬，至于近代早期的那种科学探索中所包含的理想和把科学探索当作自豪的事业看待的精神，变成了荒诞的梦呓。正是这个原因，才出现了米尔斯所看到的一种现象：在科学研究者的队伍中，"我几乎从未在他们中发现有谁真正沉浸于学术痴迷状态。我从未见过他们对任何重大问题产生热切的好奇，而正是这种好奇驱使人的心智任意驰骋，并在确有必要之时，重新塑造心智本身以'发现'什么"。①

之所以这种科学研究方式能够流行起来，是因为它能给人带来实实在在的利益，甚至需要那些所谓的科学研究成果去达成某些目的，研究团队做了那些远比生产线上的工人轻松而难度又不比生产线上的工人更大的体力活，却可以轻易地得到较高的收益。培训这类科学研究工作者的机构也因此变得兴旺发达，财源滚滚。在这样一个"产业链"形成后，国家权力部门也必须给予支持。除此之外，由于这种科学研究以方法见长，还能落个好的名声，那就是，比近代早期的思想家和理论建构者的"胡思乱想"更加科学，研究者因而有了科学家的形象，从而可以傲视先辈们只有思想而没有科学的思考。

正如米尔斯所说，这种"社会科学的宣传力量相当程度上在于声称在哲学上它是科学方法的；它能吸引大批人的魅力，相当程度上在

---

① ［美］C. 赖特·米尔斯：《社会学的想象力》，陈强等译，生活·读书·新知三联书店 2016 年版，第 116 页。

于它培训人比较容易,并给他们提供前景光明的工作……有明晰的编码式的方法,从而轻松地培训出技术专家,是其成功的关键因素"。① 由培训而造就出来的技术专家,在实证研究中的确显示出其突出的技能,但他们"常常把智力本身从个性中隔离出来,把它看作一种他们希望能够借以在市场上卖个好价钱的技术小玩意儿。他们属于缺乏人文修养的人,那些非萌生于对人类理性尊重的价值指引了他们的生活。他们属于精力充沛、野心十足的技术专家,而不完善的教育陋规,扰乱其头脑的种种需要使他们无法获得社会学的想象力"。②

对于米尔斯所指出的这种现象,哈耶克也批评道:"模仿科学的方法而不是其精神实质的抱负一直主宰着社会研究,它对我们理解社会现象却贡献甚微。它不断给社会研究工作制造混乱,使其失去信誉,而且朝着这个方向进一步努力的要求,仍被当作最新的革命性创举向我们炫耀。如果采用这些创举,进步的梦想必将迅速破灭。"③ 应当承认的是,注重和运用了科学方法的实证研究使得文本制作显得更加具有科学的属性,而且这些文本也能够在某种程度上反映微观的、静止的、被精心挑选出来的对象的表象,也就是说,具有了科学成果的面目。但是,那仅仅是形式上显得科学了,实际上并不科学。

实证研究的兴隆,是在科学的道路上开拓出的一种研究方式,概因其起点上对价值的排斥而走到了这一步。因为,在认识论中诞生出来的现代科学,在康德将理性命名为"纯粹理性"的时候就开始了对"纯粹性"的追求。在科学这里,就是追求科学的"纯粹性"。首先,科学的纯粹性建立在排斥价值的前提下;其次,科学的纯粹性需要建立在普遍性的方法的基础上。所以,近代以来的科学所具有的就是实

---

① [美] C. 赖特·米尔斯:《社会学的想象力》,陈强等译,生活·读书·新知三联书店 2016 年版,第 117 页。
② [美] C. 赖特·米尔斯:《社会学的想象力》,陈强等译,生活·读书·新知三联书店 2016 年版,第 117—118 页。
③ [英] 弗里德里希·A. 哈耶克:《科学的反革命:理性滥用之研究》,冯克利译,译林出版社 2019 年版,第 8 页。

证科学的属性。在自然科学与社会科学分化的过程中，或者说，在社会研究也模仿自然研究而实现了科学化的时候，走上了确立实证研究模式的道路。

然而，正是因为实证研究的兴起，意味着社会科学不再能够配得上科学的名称。科学因为排斥价值而走上了反科学的道路，因为有了抽象的普遍性的方法而对所有问题都能够作出同样的研究成了解决所有社会问题的"万金油"。实证研究在根本上是与科学无关的，只不过是一些经历过高等教育研究机构培训的人谋取利益的捷径，其所提供的"快餐式"研究成果也只适用于到面对复杂问题六神无主的行政官员那里骗取经费。所以，当实证研究在社会科学领域中泛滥的时候，科学也就失去了它应有的社会价值。不过，我们也发现，正是从事实证研究的那群人特别高调地宣称实证研究是科学的，因为排斥了价值而科学，因为抽象方法而科学。从心理上看，这正是一种靠耍小聪明谋利而深感自卑的表现，是把宣称实证研究非常科学的方法作为"负强化"的手段而加以利用。

科学的普遍性价值在于"科学精神"，而不是所谓的方法。方法是具体性的，调制混合饲料的方法肯定不适合制作人食用的快餐。人的认识在面对不同的对象时，需要应用不同的方法。把研究自然的方法应用于研究社会，虽然偶尔也能取得科学认识，但成功的概率太小了，比撞大运还要难。可是，就文本制作而言，实证研究向我们展示了什么叫成功，因为那些文本非常容易地找到了发表它们的刊物。在我们的时代，特别是我们的大学体制，所提出的要求是发表至上，从事科学研究的人所追求的正是发表而不是科学研究。这就使制作文本的重要性高于科学发现和思维创新，从而使并不作研究的所谓"实证研究"流行了起来。实证研究迎合了大学"不发表就走人"的体制要求，是特定群体的职业生存方式。也就是说，实证研究因为制作文本非常容易而受到了不愿意做科学研究的人的青睐，使他们可以假装做了研究，并能够猎获社会科学家的名头。

因为大学在社会中发挥的是"引流渠"的作用，即把人引流到社会的各个角落或引到某个"水库"集中起来，从而使得实证研究的效应外溢，其影响超出了由大学、科研机构和发表平台构成的系统边界。不过，我们也必须看到，一旦超出了系统边界，实证研究的影响也就不会如人想象的那么大，因为社会是有着"自净化"功能的，对社会无益的东西必然会受到抑制。可以相信，所有能思想的人都不会完全相信实证研究形成的结论。之所以实证研究者制作的文本能够经常性地进入决策过程，那是因为官僚制已经将行政部门的人形塑成了机器，至多也是没有思想的智能机器，因而需要数据输入才能做功。对于有思想的决策者，实证研究在他面前会显得毫无意义。

三 从属于科学话语的"价值"

"价值"虽然是一个由古典经济学烘托出来的词语，却是由认识论哲学及其科学研究加以推广的。在很大程度上，属于一个已经超出了经济学视野的社会科学概念。不过，价值、意义、功能等词所表示的内涵往往是很难严格区分的，即便认为这些词具有不同的含义，也必须承认它们是密切联系在一起的，或者说，它们所指示的内容是相互派生和相互支持的。可是，如果我们考察基于相似性思维和分析性思维而形成的两种不同的知识体系的话，则会发现，分析性思维所造就的知识体系在对事物结构的认识中是要把握其功能，而基于相似性思维的知识体系则更倾向于宣示事物的意义。

虽然"价值"一词是由分析性思维创设的，而且，分析性思维在人文社会科学的诸多学科中也通过抽象等方式成功地把握了事物的价值，但在分析性思维的形式合理性追求和科学合理性规划中，价值一直是一种受到排斥的因素。即使必须加以正视，也仅仅是在这个科学知识体系的边缘才为其保留了一个位置，在更多的时候，是被作为"功能"一词的同义语看待的。相反，在相似性思维对意义的追求中，价值的本意却显得更加清晰。分析性思维不敢承认、不敢涉及甚至希望加以祛除的许多因素，都会在相似性思维对价值的理解中显现出来。由此看来，"价值"一词在相似性思维中将获得更加丰富、更加完整的内涵。甚至可以认为，价值的问题将在相似性思维所建构起来的知识体系中处于核心地位，是整个知识体系努力去把握和加以建构的基本原则、基本理念。

我们已经指出，分析性思维总是努力透过事物的表象揭示其本质，尽管这是一种错觉，即不可能达致本质。与分析性思维不同，相似性思维努力在不同事物的表象间建立联系。在价值的问题上，这两种思维方式也采取了不同态度。分析性思维在事物表象的层面不承认价值，即使承认某些形式具有功用，也不把这种功用视作价值，而是要求透过事物的表象去揭示价值。所以，在分析性思维对形式合理性的追求中是排斥价值的，是将价值看作"巫魅"的。对于相似性思维而言，恰恰是通过在表象间建立联系的方式去获得对价值的理解，或者说，通过在表象间建立联系的方式而赋予事物以价值。所以，事物的表象本身——分析性思维把这种表象表述为形式——就具有综合性的价值。既具有知识的价值，也具有审美的价值，还可能具有促进人们开展创造性活动的价值。

总之，相似性思维更适宜于对事物价值的把握。不过，在关于社会治理的思考和建构中，长期以来价值问题一直是个难点。在分析性思维主导了科学研究的情况下，不用说完整地把握社会治理的价值体系，即便对公平、正义等一些较为基本的价值问题发表意见，也显得极其困难，总也无法达成共识，更不用说去进行社会治理的实践安排了。如果我们实现了思维方式的转变，基于相似性思维去理解和把握社会治理的价值体系，也许就能发现另一种景象。至少，可以避免分析性思维的碎片式的把握价值的做法，转而在总体性的意义上去理解社会治理的价值，并付诸行动。

科学的证明逻辑是包含着一种隐蔽价值的，而且这种价值仅仅给予某种肯定的倾向，以某种无形的力量悄悄地排斥着任何怀疑。比如，黑洞的概念被提出后,科学家千方百计地证明那是由恒星坍塌形成的无限致密实体(天体),具有巨大的引力。关于这样一个纯科学的问题,我们显然没有资格去发表意见。但是,这并不意味着我们不可以有另一种思路,那就是在宇宙中存在着一些虚空区域,而物质由于某种压差而向虚空中流动,即填补了虚空,直到将那个虚空填满为止。当然,由于科学研究受到了形而上学溯本求源要求的支配,将黑洞解释为恒星坍塌而成是能够满足形而上学的要求的,如果将其说成是虚空地带的话,再追问虚空是从何而来,就不能满足形而上学溯源的要求了。不过,假如科学家接受了我们这个关于黑洞是虚空的假设,能否建立相应的数学模型来加以证明?也许是不得而知的。但是,可以相信,如果真的有科学家这样做了并且取得了成功,那么与证明黑洞的存在一样,都是受到某种隐蔽价值的支配了。也就是说,在我们所给定的这个判断中已经包含了某种肯定性的隐蔽价值。

科学创设了价值这个概念,目的是要将价值与事实区分开来。可是,科学研究活动中不可避免地包含着价值,也必然会受到价值的影响甚至支配,因而也就会把研究活动中的价值印记留给科学理论,使得科学无法避免价值的纠缠。任何一项科学研究,无论表达了对事实何种程度的重视,在研究工作开始的时候,就已经悄悄地将某种隐蔽价值带进来了。对于这一点,是可以给出肯定回答的:一切科学研究及其成果中都包含着价值。一旦认识到了科学研究无法避免价值的纠缠,一旦发现所有科学研究成果中都包含着价值的内容,那么任何排斥了价值的科学研究也就不可能是科学的,更不可能形成科学的研究成果。

科学研究非常注重运用符号制作文本,特别是那些注重研究方法的科学研究,都是把符号的应用放在非常重要的位置上的。的确,在一切社会创造物中,狭义的符号(广义的符号也包括语言)似乎与价值无涉。实则不然。不仅符号会用来指涉价值,甚至可以认为,符号中的价值是满格的。如果符号中的价值是满格的,也就决定了符号不仅能够用来指示那些用语言无法表达的价值，而且符号本身都可以视为价值的符号。符号被广泛地应用于社会生活的各个方面，不仅用来标识某些存在物，而且也用于传递思想。在传递思想时，符号显得非常直观，但又不限制人们的思维，在很大程度上，给予人的思维以广阔的解释和想象的空间。

社会符号象征着无法用逻辑语言表达的那些无法分解的整体，社会符号以不充分的方式去表达某种观念和集体价值，"包括语言、知识、道德、艺术、宗教、法律以及相关的信念和价值在内的文化产品，与符号之间都存在特殊的关系。观念和集体价值领域直接处于符号的次级层次。符号体现着信念和价值，并充当了参与其中的传达媒介；符号还有助于被传达物的意识形态辩护"。[1] 可以认为，对于崇尚科学的工业社会而言，符号构成了一种直观的表现方式。通过这种与逻辑的表达方式不同的表现方式直接地在"表现"与"表现物"之间建立了联系，通过领悟而不是理解的途径把握了观念和价值。

符号的世界构成了工业社会的另一个面相。但是，这绝不意味着崇尚直觉的时代会更加倚重于符号。相反，作为媒介的符号并不出现在人的直觉中。这是因为，"符号、观念和价值的领域甚至比社会角色和态度的领域更具有非连续性。在符号和被符号化的事物之间，在色彩斑斓、来源不一、效果各异的各种符号之间，存在着真实的裂隙；在观念和价值之间、各种不同的观念之间，存在着不连续性；在已被接受的观念与新观念之间，存在着中断；在价值的不同层次之间、不同的价值之间，也存在着非连续性"。[2] 具有合理性的、逻辑的表达方式反映了世界连续性的一面，符号所代表的表现方式则给予我们世界非连续性的一面。这就是工业社会的"表达的世界"和"表现的世

---

[1] ［法］乔治·古尔维奇：《社会时间的频谱》，朱红文等译，北京师范大学出版社2010年版，第45页。
[2] ［法］乔治·古尔维奇：《社会时间的频谱》，朱红文等译，北京师范大学出版社2010年版，第45—46页。

界"。逻辑的世界是一个"表达的世界",而符号的世界则是一个"表现的世界"。

在全球化、后工业化所指向的社会中,"表达的世界"与"表现的世界"这两个部分的边界将被拆除并将融合起来。可以认为,这种融合本身就是对"逻辑的世界"和"符号的世界"的全面超越。在风险社会及其高度复杂性和高度不确定性条件下,世界本身就表现出了非连续性,每一项关于这个世界的表现都是具体的,都具有具体的适用性,这似乎意味着"逻辑的世界"湮灭了。但是,就人的共生共在是一切行动的目的和基本观念、价值而言,又是具有总体性的,是总体性的价值。当这一价值贯穿于所有行动之中的时候,形式上的非连续性则包含着实质的连续性。

也许人们因为符号的直观性而认为它所表征的是事实,从科学文本的制作对符号的应用来看,也是将符号表现事实这一点加以默认了。然而,实际情况恰恰是,所有的符号与事实间的差异都证明了,符号是以隐喻的方式去表征事实的,毋宁说它所表征的只是事实背后的价值。不仅是符号,语言的应用在很多情况下也是以隐喻的方式出现的。"由于世界是经由语言作为媒介而得以解释的,因此我们在形成现实感觉的框架和结构中有着历史和文化上的特殊方式。这种构架不可避免地涉及隐喻的运用。确实,'构架'和'运用'本身就是隐喻,这一隐喻被用来说明我们对很多交流的隐喻品质的理解。"[1]

所有的隐喻都是关于价值的隐喻。尽管在直接的意义上许多隐喻是指向事实的,但就那个事实不能加以宣示,而是需要通过隐喻的方式去表征,本身就意味着那个事实尚未成为真正的事实,而是以价值形态存在的"事实"。在某种意义上,我们所理解的世界是我们通过

---

[1] [瑞典]马茨·阿尔维森、[英]休·维尔莫特:《理解管理:一种批判性的导论》,戴泰译,中央编译出版社 2012 年版,第 130 页。

隐喻描述并通过交流而共有的世界。如果说表达所要追求的是清楚明白，那么表现则要尽可能地保留可供解释的空间，因而会将大量的隐喻放置在表现之中。所以，在表征事实时，表达的追求与表现的追求是不同的。在人们将表达与科学联系在一起的时候，表现则成了表征价值的基本途径。

就世界观而言，现代科学在其主题下所进行的研究对以前发生的偏颇作出了矫正和调整，这是非常积极的。但是，如果形成了对矫正物的迷信，也许就会走到另一个极端。比如，房屋倾斜了，我们立一根桩将其支撑起来而不至于塌垮，但这绝不意味着就应把原先的支柱撤除。事实上，就隐喻在现代科学研究和叙事中一直得到广泛应用而言，也意味着分析性思维无法完全替代相似性思维。同样正确的态度是，在相似性思维重新得到了重视的时候，也仍然需要对分析性思维的功能给予足够的肯定。不过，无论我们在何种意义上对分析性思维作出肯定，它排斥价值的一面都需要加以矫正。所以，一旦分析性思维被纳入相似性思维之中，为相似性思维所包容时，一切对分析性思维的应用都会表现出对价值的承认。

四　科学无法摆脱价值的纠缠

对于波普尔，人们也许对他所提出的"证伪"原则有着某种误解，会以为波普尔希望通过可证伪性命题的提出去确立起某种纯粹科学的观念。姑且不论波普尔是否有着这样的目的，就实际情况而言，在社会科学领域中即使坚持价值中立的原则，也无法制作出纯粹科学的理论，更不用说形成可以被检验为纯粹科学的结论了。当科学研究已经习惯于提出假设和证明假设时，即便证明的过程合乎纯粹科学的要求，在假设中也是包含着某些价值的，是一些无法"证伪"的因素。实际上，在波普尔眼中，无论是科学家、科学研究还是科学本身，祛除价值都是不可能的，而且也是无益的。就科学家而言，"我们剥夺科学家的偏袒性一定也会剥夺他的人性，我们抑制或破坏他的价值判断，也一定会毁坏作为人和作为科学家的他本身……客观的和'排除价值判断'的科学家不是理想的科学家。没有激情我们会一事无成——在纯科学中尤其不行"。①

同样，对于科学研究来说，根据波普尔的意见，"从科学活动中消除科学范围以外的价值实际上是不可能的"。② 因为，任何一项科学研究都必然会涉及或关联着科学以外的趣味。所以，"可能的、重要的和给科学以特色的不是消除科学范围以外的趣味，而是要区分不属于对真理的探索的趣味与对真理的纯粹科学的趣味。但是，尽管真理是主要的科学价值，它却不是唯一的价值。关联性、趣味和种种陈述的意义对于一个纯科学问题的情境也是第一位的科学价值；诸如富有成效性、解释能力、简单性和准确性等价值亦然。"③ 所有这些价值，都要求通过科学研究去承载和进行诠释。也就是说，科学研究必然面对着"科学的正面的、反面的价值和那些科学范围以外的正面、反面的价值。尽管不可能把科学工作与科学范围以外的应用、评价相分离，但与价值范畴的混淆作斗争，尤其是在真理问题中消除科学范围以外的评价，是科学批评和科学讨论的任务之一"。④

可以认为，在波普尔的眼中，其实根本就没有纯科学。"纯科学的纯洁性是可能无法实现的理想，但是，它是我们凭借批评不懈地为之奋斗——而且应当为之奋斗——的理想。"⑤ 一旦谈到理想，就会发现，这个理想也是价值，或者说包含着价值，而且是由科学之外注入

---

① ［英］卡尔·波普尔：《通过知识获得解放》，范景中等译，中国美术学院出版社1996年版，第106—107页。
② ［英］卡尔·波普尔：《通过知识获得解放》，范景中等译，中国美术学院出版社1996年版，第106页。
③ ［英］卡尔·波普尔：《通过知识获得解放》，范景中等译，中国美术学院出版社1996年版，第106页。
④ ［英］卡尔·波普尔：《通过知识获得解放》，范景中等译，中国美术学院出版社1996年版，第106页。
⑤ ［英］卡尔·波普尔：《通过知识获得解放》，范景中等译，中国美术学院出版社1996年版，第106页。

进来的价值。"我们的动机和我们的纯科学的理想,像纯粹对真理的探索的理想一样,深深地固定于科学范围之外的。"① 至此,在科学能否回避和祛除价值的问题上,波普尔给出的结论性意见是,"不仅客观性与排除价值判断对个别科学家来说实际上是达不到的,而且客观性和'排除价值判断'本身就是价值。由于排除价值判断本身是一种价值,因此对无条件的排除价值判断的要求是自相矛盾的"。② 也许波普尔受到了爱因斯坦的"相对论"这个概念的启发,从而在科学主义方面表现出某种不坚定的状况,才去谋求科学与价值的辩证理解,即不是极力否定价值。

面对实践,人们肯定会遇到进行科学判断还是价值判断的问题。主张科学判断的人都宣布价值中立,也许是因为他们在科学研究活动中的价值中立没有产生直接的消极后果,所以能够为人们所接受。然而,在实践中,价值中立是不可能的,即便被证明是可能的,也会直接地引发消极后果。管理学在价值中立原则下所看到的管理世界是一个被极大地简化了的抽象世界。虽然根据管理学的方案进行排除、限制进而重构的管理世界也能够反过来证明管理学的科学性,但不可能在一个较长的时间段内不暴露出其缺陷,并且是一些根本性的缺陷。事实上,一个原生态的管理系统是复杂的,"如果不能正确评估信仰、观念和价值对管理者和管理过程的社会类别的界定以及使之合法化的方式,管理理论和实践就不能被充分理解"。③

对行动进行科学判断和价值判断可以形成不同的结论。一般说来,我们不愿意让这两种判断相互排斥,而是在侧重于进行某一种判断的时候也同时兼顾另一种判断。在工业社会,人们对行动的判断往往倾

---

① [英]卡尔·波普尔:《通过知识获得解放》,范景中等译,中国美术学院出版社1996年版,第106页。
② [英]卡尔·波普尔:《通过知识获得解放》,范景中等译,中国美术学院出版社1996年版,第107页。
③ [瑞典]马茨·阿尔维森、[英]休·维尔莫特:《理解管理:一种批判性的导论》,戴茉译,中央编译出版社2012年版,第108页。

向于或侧重于科学判断,而价值判断则经常受到忽视。从关于行动的研究在不同领域中的表现看,在公共领域,对行动的科学判断和价值判断会呈现出侧重点上的周期性轮替。在人们注重效率的时候会更热衷于对行动的科学判断,在人们注重公正的时候则会表现出对行动进行价值判断的偏好。比较而言,在私人领域,侧重于对行动进行科学判断的热情能够一贯地保持下去,具有讽刺意味的是,这种科学判断却是服务于资本增殖的。在日常生活领域,人们往往自然而然地对行动进行价值判断,而且于其中明显地包含着某种道德思维,突出了道德判断方面的内容,甚至主要表现为道德判断。

出于对行动的考虑,杜威要求改变康德以来甚或笛卡尔以来的科学传统,即引入价值的维度,从而"调解自然科学的发现和价值的实效性之间的矛盾"[1]。根据杜威的设想,"如果人们把他们关于价值的观念和实践活动联系起来而不是和对事先存在的实在的认知联系着的,那么他们就没有由于科学发现所产生的那种麻烦了。他们会欢迎那种发现。因为,如果我们明了关于实际存在的条件的结构,这确实会帮助我们去更加恰当地对我们所珍视的和所追求的东西下判断,这会导致我们采取什么手段去实现这些目的"[2]。

虽然近代以来的科学认识存在着需要范式变革的问题,但其中许多认识成果是可以在变革中保留下来的,只不过这些知识需要在新的合乎实践实际的价值的观照下作出判断。特别是它们在实践中的有效性,是需要在行动中加以检验的。如果知识代表了科学,而我们的行动因为科学所生产出来并提供给我们的知识而显得无往不利,那么我们是应当重视这些相对于我们的先验知识的。不过,在风险社会及其高度复杂性和高度不确定性条件下,也许并不存在天然有效的先验知

---

[1] [美]约翰·杜威:《确定性的寻求:关于知行关系的研究》,傅统先译,上海人民出版社2005年版,第30页。

[2] [美]约翰·杜威:《确定性的寻求:关于知行关系的研究》,傅统先译,上海人民出版社2005年版,第30—31页。

识。任何在行动之先而被认为理所当然的具有有效性的知识都有可能对行动形成误导，成为行动的束缚或包袱。

知识是存在于实践之中的，反映了实践中的实际，也必须切合和满足实践的需要。认识论的所谓知识来源于实践又作用于实践的判断是一种导致了认识与实践相分离的观念。然而，因为认识论确立起了这一观念，从而将知识制作成了脱离实践而存在的实体或系统，有了相对于实践的先验性。这样做，促进了现代教育体系的生成，并显现出了这是切实可行的教育模式。但是，单纯囿于知识传承和训练的教育却是与实践相脱离的，致使一代又一代人在接受了教育之后走向实践的时候，总希望把实践纳入他们既有的知识框架中，依据他们所掌握的知识而对实践的实际进行剪裁。结果，在他们每一次获得的成功中，在他们一生所取得的成功中，在他们一代又一代人所取得的成功中，源源不断地生产着社会风险，并最终把人类带入了风险社会。

在某种意义上，将新的现实强行纳入既有的知识体系中，是风险社会生成的原因之一。鉴于此，我们必须废除认识论的所谓知识来源于实践又作用于和应用于实践的格言，并在行动过程中去看待知识。行动中的知识接受效用的检验，而这种效用在风险社会中则是为了人的共生共在的效用，人的共生共在就是基础性的和最高的价值。在此问题上，杜威的观点是适用的，他认为："如果我们把价值的问题和理智行动的问题结合起来的话，便产生一种完全不同的结果。如果我们认为关于价值的信仰与判断的实效性是依赖于为它而采取的行动的后果的；如果我们否认了价值和活动能以获得证明的知识之间所假定的那种联系，那么对科学与价值的内在联系仍然发生疑问，则纯粹是人为的了。"[①]

在行动中，科学与价值的联系既是客观的，也是构造性的，无论

---

① ［美］约翰·杜威：《确定性的寻求：关于知行关系的研究》，傅统先译，上海人民出版社2005年版，第31页。

科学与价值的联系是以知识还是以观念的形式出现，都必须接受行动的效用检验。或者说，行动使科学与价值统一了起来，而且它们与行动也是合一的。"知行合一"中的"知"不仅是科学的知识，也是价值的知识，还是关于科学与价值共同的观念。因为"知行合一"中的"知"是包含在和存在于行动之中的，构成了行动的灵魂。在知行合一之中，科学与价值是无法分开的，如果人们使用了科学或价值的概念，所要强调的也只是知行合一的行动的不同侧面。

第二章

组织合作属性的获得

组织是人类社会存在形态意义上最伟大的发明，也是最主要的行动方式。因为有了组织，人们才能在开展社会活动过程中放大个人的力量，创造出无比辉煌的工业文明。组织形式是多样的，社会生产和社会生活中的组织也各有自己的特征，公共领域中的组织与私人领域中组织也有着很大的不同。但是，工业社会中的所有组织中都包含着官僚制的基轴，都属于官僚制组织模式的具体存在形式。

官僚制组织是适应于工业社会低度复杂性和低度不确定性条件下开展社会活动的。不过，人类自 20 世纪 80 年代开始走进全球化、后工业化进程，社会显现出了高度复杂性和高度不确定性特征。在此条件下，官僚制组织的适应性日渐式微，并以集体行动无力的状况表现了出来。这意味着，我们需要寻求社会高度复杂性和高度不确定性条件下开展社会活动的组织新模式。合作制组织的构想就是在这一条件下提出的，是完全不同于官僚制组织的新的组织模式。如果说在全球化、后工业化进程中，风险社会及其高度复杂性和高度不确定性呼唤着集体行动模式的变革，那么合作制组织的出现就是响应这种变革的结果。

第二章　组织合作属性的获得

一旦涉及集体行动，就会遭遇"集权"还是"民主"这一问题。近代以来，组织的集权与政治的民主总是相伴而生的，既分立又表现出了相互渗透的状况。在组织的发展中，人们要求引入民主的行动方式；在民主政治生活中，人们则要求有效的管理。一旦在政治生活中想到了管理，就是一种要求在政治生活中适度集权的暗示。在民主政治理论家关于社会变革和人与社会的关系方面的讨论中，我们可以看到思想上的纠结，即受到需要在集权还是民主之间进行选择的困扰。我们认为，这个问题的解决需要在社会发展的客观要求中去寻求答案。也就是说，在全球化、后工业化指向的未来社会中，随着合作制组织实现了对官僚制组织的替代，集权与民主的问题都将得到解决。因为，作为集体行动体系的合作制组织将在权力的执掌和行使方面开拓出一条全新的道路，不再受到集权或民主问题的纠缠。

在行动的视界中，可以看到工业社会最具有普遍性的行动模式是分工—协作。如上所述，在社会实践的几乎所有领域都采用了分工—协作模式，从科学研究、教育到市场经济、组织等，都是以分工—协作的方式开展活动的。在人的从身份向角色转变的社会运动中，分工—协作发挥了基础性的推动作用。由于分工—协作把人们安置到了社会结构之中，让人去开展角色扮演活动，因而不再像农业社会那样基于身份去开展活动。这其实就是从农业社会向工业社会转变过程中所取得的最伟大的成就。

随着角色对身份的冲击，人的角色扮演越来越多地受到分工—协作的规定，而且这种规定在表现形式上是以规则的形式出现的。可以认为，当分工—协作模式得到了超越并建构起了合作行动模式时，人的角色的外在性规定就会为人的内在规定所置换。这时，即便存在着外在性的规定，对人而言，也是暂时存在的临时性规定，并需要在得到人的内在因素响应的情况下才能发挥作用。从分工—协作模式向合作行动模式的转变也就是合作制组织的生成过程。与官僚制组织只适应于社会的低度复杂性和低度不确定性不同，合作制组织是人类在高度复杂性和高度不确定性条件下开展活动的行动体。

第一节　从官僚制组织到合作制组织

在 19 世纪末，勒庞曾经感叹道："目前的时代，便是人类思想正经历转型过程的关键时期之一。"[1] 的确，在随之而来的 20 世纪中，科学的发展和思想的进步都一日千里，以至于我们今天拥有了这样一个世界：它既是人类历史进步迄今所达到的最高文明形态，也是一个风险社会，让人类命运呈现出不确定性的状况。

官僚制理论正是在勒庞所说的思想转型过程中产生的，它是对近代以来人们参与社会活动的组织方式的概括，也为 20 世纪人们开展社会活动提供了组织理论方面的指导。与 19 世纪末那个时代相比，我们今天走上全球化、后工业化的征程，这是人类历史的一次伟大的社会转型运动，只有从农业社会向工业社会的转型才能与今天相比。可是，我们今天所遭遇的这一次伟大的社会转型又与历史上的那一次社会转型不同。我们在这次社会转型运动中所遭遇的是高度复杂性和高度不确定性，它意味着人类随时都可能毁灭的险境。如果说在从农业社会向工业社会的转型过程中开拓出了一个人类进步新境界的话，那么这一次历史转型也许会成为一种没有结果的转型，它可能意味着人类历史的终结。所以，我们这个时代更需要一种旨在护卫人类种群的思想建构。

考虑到我们今天的一切遭遇都来自历史和根源于既有的思想，那么新的思想建构才是这一次根本性的社会转型提出的首要任务。只有当我们在思想建构方面取得实质性的进展，才能摆脱以往所有历史负担的纠缠。在这一次伟大的思想转型运动中，当我们的视线落到活跃于社会前台的组织上的时候，立马发现，官僚制组织在社会的高度复

---

[1] ［法］古斯塔夫·勒庞：《乌合之众——大众心理研究》，冯克利译，广西师范大学出版社 2008 年版，第 35 页。

杂性和高度不确定性条件下不仅不能组织起有效的行动，反而处处束缚了人行动的手脚。因而，我们不得不对官僚制组织的替代形式进行构想。事实上，在风险社会及其高度复杂性和高度不确定性条件下，就人们赖以开展社会活动的组织而言，必然要实现从官僚制组织向合作制组织的转型。

一　组织模式的更迭

工业化、城市化也是社会的组织化。近代以来，随着社会化大生产的兴起，随着市场经济和民主政治等把社会整合为一个互动的整体，以自然的个人的形式参与社会活动的现象越来越少，人们基本上是通过组织参与社会活动。今天，每一个人都是一个或多个组织的成员，组织是人们开展社会活动的基本途径和基本形式。我们今天所面对和拥有的是一个组织化的社会，每个人都是与组织息息相关的。这样一来，在对生产、生活和社会治理的一切观察和思考中，都离不开组织，甚至需要把组织作为切入点，需要从组织的视角中去看我们社会中的一切问题。

官僚制组织是工业社会中最为典型的组织形式，无论在公共领域、私人领域中存在着何等多样化的组织形式，都无非是官僚制组织的具体表现形式，都是为了适应具体的社会生产和社会活动的要求而在以官僚制组织为基准模型的基础上加以改造而后形成的具体形式的组织，都包含着官僚制组织的基轴。也就是说，官僚制组织实际上是作为一种理论抽象而存在的，它的具体形式是多种多样的。不过，在不同的领域中，官僚制组织的典型性程度是有差别的。与私人领域相比，公共领域中的官僚组织具有较为典型的官僚制组织特征。

官僚制理论是由马克斯·韦伯提出的，但在韦伯那里，并未明确地界定官僚制属于一种组织制度，他并没有直接使用"官僚制组织"这个概念。也许是因为韦伯希望用"官僚制"这个概念去破解整个社会的结构及其体制，才没有宣称自己所建构起来的是一种组织理论。

但是，就韦伯关于官僚制的全部描述看，是一直围绕着组织展开的。因此，到了20世纪50年代，当组织理论研究运动兴起的时候，人们开始把"官僚制"这个概念与组织联系在一起，并习惯于使用"官僚制组织"这一概念。这应当说是对韦伯官僚制理论的一个准确界定。

大致是自20世纪70年代开始，官僚制不断地受到批评，几乎所有从组织视角出发探讨社会治理问题的研究工作，都会把矛头指向官僚制。而且，这种批评持续的时间之长和激烈程度之高，在学术发展史上也都是空前的。可以认为，在整个近代以来的历史上，没有一种理论会有同样的遭遇。整体来看，对官僚制较为系统的批评来自新公共行政运动、新公共管理运动和后现代主义。新公共行政运动的批评主要集中在官僚制"价值中立""非人格化"方面，相应的，也提出了对政府"政治控制"，并要求政府增强对公民诉求的"回应性"等。来自新公共管理运动的批评主要集中在了官僚制的"等级制"和"命令—服从"机制，相应地提出了引进"企业家精神""竞争机制"等，特别是设计了通过"合同外包"去打破官僚制的组织封闭性的方案。这是有着更大的哲学上的建构价值的。后现代主义试图对官僚制作出全面的"解构"，但在寻求替代性建构方案方面，并未提出明确的主张。在此过程中，组织理论的研究也对官僚制提出了各种各样的批评，并提出了各种各样的改进建议。比如，在团队研究、组织文化研究以及在组织结构上，提出了多样性和灵活性改进方案等。

总的说来，虽然对官僚制理论的批评持续了数十年，但在是否或能否建构起可以替代官僚制组织的基本组织形式方面，一直没有出现有价值的思考。正如我们一再指出的那样，工业社会是一个低度复杂性和低度不确定性的社会，官僚制组织能够满足这种低度复杂性和低度不确定性条件下的社会活动要求。在全球化、后工业化进程中，社会呈现出了高度复杂性和高度不确定性特征。在这一条件下，官僚制的适应性显现出了日渐式微的状况，因而，需要寻求能够适应高度复杂性和高度不确定性条件下开展社会活动要求的新的组织形式。正是基于这一思考，我们提出建构全新的合作制组织的要求，并希望用其替代工业社会的官僚制组织。

官僚制组织是建立在工业社会低度复杂性和低度不确定性条件下的，当我们的社会呈现出高度复杂性和高度不确定性的特征时，"我们必须找到合适的组织形式与人际关系模式，来摆脱这种非人化与低效的恶性循环，眼下，我们正陷于这一恶性循环之中"[①]。因而，建立起合作制组织并用以取代官僚制组织就显得非常迫切。我们把合作制组织看作一种新型的组织模式，是适应于在社会高度复杂性和高度不确定性条件下开展行动的组织模式。既然人类社会已经走进了风险社会，就必须面对社会的高度复杂性和高度不确定性，那么适应工业社会低度复杂性和低度不确定性条件下开展社会活动要求的官僚制组织就必然会走向终结，并为合作制组织模式所替代。

就合作制组织这一概念而言，所表达的是一种适应于高度复杂性和高度不确定性条件下开展社会活动要求的基本组织范型。在很大程度上，也应被视作一种抽象的组织形态。正如官僚制组织在工业社会的不同领域中有着多样的存在形式一样，合作制组织也具有多种具体的组织类型，会因为所承担的任务不同而表现出类型差异。具体地说，组织承担任务的状况，决定了合作制组织的类型差异。如果把不同类型的合作制组织排列在一起的话，也许可以看到一个类似于光谱的谱系。同时也可以断定，虽然我们的社会在总体上呈现出了高度复杂性和高度不确定性特征，但在某些领域、某些方面，许多事项依然属于低度复杂性和低度不确定性的范畴。在这些领域或方面，会有着大量常规性的任务。所以，即使在合作制组织已经成为这个社会的一种基准性的组织范型的情况下，即成了这个社会中占据了主导地位的组织模式时，那些承担常规任务的组织依然会具有明显的官僚制组织特征。

---

① [法]米歇尔·克罗齐耶：《法令不能改变社会》，张月译，上海人民出版社 2007 年版，第 236 页。

我们发现，在官僚制理论提出后，出现了按照这一理论对组织进行再造的运动，在公共部门中，特别是政府，甚至形塑出了典型的官僚制组织。然而，基于社会的高度复杂性和高度不确定性去进行推断，可以认为，关于合作制组织，虽然也会有着一般性的理论，但在行动过程中，决不会走向形塑典型化的合作制组织的道路。也就是说，合作制组织总是一种具体的行动系统，它不像官僚制组织那样表现出对任何典型性的、理想型的、普适性的组织形式的追求。所以，在合作制组织已经成为这个社会中的主导性组织形式的时候，官僚制组织依然会在一些领域继续存在，而且在处理一些低度复杂性和低度不确定性范畴的社会事项上，仍然会显示出优势。

可以认为，就具体的组织而言，会表现出巨大的差异，会因所在领域的不同和组织战略的不同而拥有不同的结构，从而使我们的社会呈现出组织多样化的状况。正如我们已经指出的，在工业社会的历史阶段中，无论组织结构以及表现方式存在着多么大的差异，在其中都包含着官僚制的基轴。官僚制是工业社会组织的理想类型，现实中并不存在与官僚制的理论模型完全一致的组织。这是因为，官僚制是在众多现实存在着的组织中抽象出来的一种合乎工具理性原则的理想形态。

我们指出这一点是要说明，即便在工业社会的低度复杂性和低度不确定条件下，现实运行着的组织也无法达到理想状态，也会因为环境、组织战略及其目标的不同而有着具体的结构和表现方式。这样一来，也就不难想象，一旦组织必须在高度复杂性和高度不确定条件下开展行动，组织间的差异也就达到了无法于其中抽象出同一性因素的程度，无论在结构上还是在表现方式上，每一组织都是独特的。所以，合作制组织并无某种可资参照借鉴和模仿的基准结构，在表现方式上，也是千差万别的。对于合作制组织而言，共同拥有的就是合作的理念和必然合作的行动，至于组织拥有什么样的结构，以什么样的方式开展合作，都受到任务的决定，同时也会受到环境的影响。

我们作出判断的基础是社会的高度复杂性和高度不确定性，是基于这一点提出了合作制组织并作出初步构想。既然我们认为官僚制组织是社会低度复杂性和低度不确定性条件下适应性最强的组织模式，那么合作制组织将是适应社会高度复杂性和高度不确定性条件下开展社会活动要求的组织模式。也就是说，官僚制组织与合作制组织是两种在性质上、形式上都完全不同的组织模式。最为重要的是，它们的性质是由历史决定的，即有着不同的历史属性。我们认为官僚制组织在风险社会及其高度复杂性和高度不确定性条件下也会被保留下来，只是指这个社会中会有着在结构上、运行方式上与官僚制组织相似的组织，并不是说这种组织仍然具有它在工业社会中的那种属性。可以说，工业社会中的官僚制组织到了后工业社会，在高度复杂性和高度不确定性条件下开展活动，也会执行合作的理念，在根本性质上将归属于合作制组织的范畴。

在我们指出了合作制组织与官僚制组织的历史性不同时，实际上是说，"具体行动系统的负担和限制，正是来自于行动者的自由而不是来自于强加其上的自然之物。同时，这些负担和限制取决于变化所遇到的具体困难，以及在结构化的游戏整体中采取高效独断决策的不可能性。在这些群体之外没有其他可能的社会行为，同时，这些群体构成了人们确立其自由的唯一场合"[①]。在此意义上去建构合作制组织，其实是走到了构想合作社会蓝图的逻辑前端，那将是一种人的生活与其他社会活动的融合。通过合作制组织这一具体的行动系统，人们将会在突破公共领域、私人领域与日常生活领域的边界的情况下以广阔的社会空间为行动的平台而开展合作行动。合作行动所追求的，既是社会目标，也是个人生活目标。

当前，合作制组织尚未成为实践中普遍应用的组织形式，而是作

---

① ［法］米歇尔·克罗齐耶、埃哈尔·费埃德伯格：《行动者与系统——集体行动的政治学》，张月等译，上海人民出版社2007年版，第274页。

为一项理论构想提出，至多也只能说是作为一项科学创新的成果出现的。我们知道，科学研究中的创新不同于那种刻意追求的标新立异，科学创新需要深深扎根于已有的科学成就之中，需要在充分尊重前人的研究工作的基础上去发现那些尚未解决的问题，并努力解决之。同时，科学创新是深植于现实要求的，而且，是从那些迫切的、强烈的要求出发的。合作制组织的研究就是这样。尽管这项研究需要在对官僚制组织的剖析和批判中进行，但在这种剖析和批判背后，包含着的是对官僚制组织理论深深的敬意，时刻都准备把官僚制组织巨大成功的奥秘转化成知识，从而吸纳到合作制组织的建构中来。

必须指出，合作制组织研究不是出于单纯的理论兴趣，也不是单纯地从官僚制组织理论出发去进行新的理论建构，而是一种积极回应现实要求的理论探索活动。所要回应的是后工业化进程中产生的集体行动新要求，所要思考的是风险社会及其高度复杂性和高度不确定性条件下的组织结构以及运行机制的适应性方案，所要解决的是人们如何通过集体行动而增益于人的共生共在。

近代以来的科学研究活动都非常注重假设以及对假设的验证，合作制组织的研究由于直接根源于现实，因而不愿意关注自身的研究过程是否需要从某些假设出发。即使在对官僚制组织加以审视的时候，也不是出于提出新的假设的要求。在全球化、后工业化进程中，我们的社会出现了许许多多工业社会的生产和生活框架无法容纳的新质因素。正是这些因素，成为合作制组织研究的直接出发点。所以，合作制组织研究正是从这里出发去把握历史的脉动，去想象我们的社会通向未来的前景，进而努力勾勒出合作制组织的轮廓。

二　合作制组织的生成

新技术的应用可以改变组织结构，这一点是显而易见的。20世纪后期以来，技术革命已经把人类带入一个全新的时代，但对组织结构的全面审视却没有发生。人们依然把官僚制组织结构看作组织功能最优的保障。即使提出变革的要求，也只是满足于局部性的微调。其实，人类社会的发展因技术革命而提出了全新的组织类型要求，基于此，我们提出用合作制组织替代官僚制组织，所反映的正是对这一新要求的回应。

当然，20世纪后期以来，在官僚制组织的基本框架不变的前提下，人们也广泛地运用了信息技术等新技术。信息技术在组织再造中的应用，促使组织扁平化，从而引起学者们对未来组织的一种判断。也就是说，在他们思考社会治理的未来组织形式时，往往异口同声地指出组织结构上的扁平化是一种必然趋势。的确，这一点是毫无疑问的。但是，我们却可以提出这样的问题：组织结构的扁平化有没有一个度的问题？相信这一问题将会难倒所有构想未来组织形式的学者们。一些学者之所以会对摒弃官僚制的行动持悲观态度，可能也因此而起。

所谓组织的扁平化，只是未来组织的模糊身影，一旦清晰化，就会看到，它的发展会朝着我们从未想到的方向上走去。组织的职位阶梯是不可能在组织扁平化中完全消失的。因为，在官僚制组织意象中，如果一个组织没有了职位，那至多只是一种盲动的群集状态。按照这个逻辑，组织只要是拥有职位这种设置，就会有一个职位排列次序的问题。考虑到了组织职位的次序，就会形成等级结构。只要存在着等级结构，无论组织扁平化达到了什么程度，都不会被压扁到平面上。所以，我们并不在组织扁平化的思路中去构想合作制组织。

合作制组织将包含着官僚制组织的一切文明成就，它是在扬弃官僚制组织的过程中将其积极的方面完全保留下来的组织形态。至于合作制组织与官僚制组织的区别就是，一旦到了合作制组织这里，现在作为官僚制组织实质性构成要素的所有方面都将变成外在性的形式。比如，职位阶梯在官僚制组织中是作为决定了其基本特征的要素而存在的，我们之所以用"科层"这个概念来描绘官僚制组织，其真实所指就是官僚制组织有着这个职位阶梯。"科层"只是官僚制组织的一个方面，即结构的方面，如果将官僚制组织称为"科层制组织"，显然是犯了以偏概全的错误,或者说,是因为缺少管理学以及组织理论方面的基本素养才会犯这种错误,但对于官僚制组织而言,"科层"的确构成了它的基本特征。对于合作制组织而言,职位阶梯依然存在,但它不再像在官僚制组织那里一样发挥着基础性的决定作用。相反,职位阶梯只是合作制组织的一个不甚重要的特征,是作为一种被决定的因素而存在的,是受到合作制组织中的一系列主客观因素制约的,而且只存在于一次性的任务承担过程中。

我们知道,官僚制组织是一个包括体制、结构和运行机制等各个方面的综合性概念,它的可以进行静态把握的层级结构应当归结为职位阶梯,而职位阶梯的稳定性、明确性则是组织职能实现的保证。与之不同,合作制组织虽然也会保留职位阶梯,但其表现则是仅仅与具体的任务联系在一起,由任务所决定,随着任务的变化而变化,在很大程度上,应当理解成临时性的职位阶梯。在更多的情况下,合作制组织中的职位阶梯会隐蔽起来并不引起人们的关注。也就是说,在某些行动进程中,职位阶梯会成为整合行动的必要设置和规范力量;在另一些行动中,职位阶梯则受到排斥,甚至任何一位组织成员在思想上保留的哪怕一点点职位阶梯意识,都会被视为合作行动的破坏性因素。所以,关键问题不是合作制组织扁平化到了什么程度,而是在于它的职位阶梯服务于什么样的组织需要。如果职位阶梯服务于支配和控制,服务于权力通道自上而下的畅通,那就属于根据官僚制组织科层原理去加以理解的范畴,是与合作制组织不相容的;如果职位阶梯仅仅是作为组织形式而存在,并不与权力、权威发生稳固的联系,就可以成为合作制组织用以自我规范的力量和构成要素而存在。

组织不仅是一个行动体系,而且是一个智能体系。组织之所以能够形成一种大于个人力量之和的力量,是因为组织包含着某种认知结构。在组织环境以及任务的低度复杂性和低度不确定性条件下,官僚制组织因为通过一系列的认知回路系统而获得了优于个人智能的表现。但是,在组织环境以及任务的高度复杂性和高度不确定性情况下,官僚制组织的结构呈现出了僵化的状况，它的认知回路系统也时常陷入失灵的境地。合作制组织的层级结构的扁平化和弹性化，则可以使组织的认知功能得到增强。在高度复杂性和高度不确定性条件下，这一优势会得到更加完美的体现。

分析官僚制的组织结构与认知结构的关系可见，官僚制组织的层级结构决定了组织的认知权掌握在管理者的手中，只有管理者有权认知组织环境和组织任务，形成认识成果并作出决策。在命令—服从的线性关系中，被管理者只需要对已形成的决策和命令加以执行，不需要关注环境和任务的认知问题。这说明，官僚制组织的认知权逐级集中在了管理者的手中。与之不同的是，合作制组织将表现出认知权的分散。也就是说，在合作制组织这里，对组织环境和任务的认知是组织的每一成员都必须时时去做的工作，虽然人的认知能力存在差异，但组织中的每一成员都会根据自身的角色扮演需要而积极地认知环境和任务，并将自己的认知成果用于行动之中。所以，合作制组织将会更加重视自身的认知结构建设。在某种意义上，这也是合作制组织管理的最为基本和最为重要的内容。

在既有的理论范式中去看合作制组织，会形成这样一个看法，那就是，合作制组织及其合作行动也都包含着对近代以来认识论成果的应用，它的认知结构在一定程度上是可以纳入认识论的框架中去加以理解的。因而，根据认识论的解释原则，行动者在这里也可以被视为认知主体。但是，合作制组织应当建立起这样一种认知结构：在保证组织中的每一成员都是积极的认知主体的情况下让认知结果实现组织共享。一方面，每一成员都能根据自己的认知结果去作出行为选择；另一方面，他的认知结果也能够反映在集体行动之中，为其他成员所了解，并与他一道通过交流认知结果而在行动中开展合作。这样一来，合作制组织中的合作行动者就不再是工业社会生活中的认知主体和行为主体了，而是以行动者的面目出现。至于行动者在认知过程中的主体属性，只是其从工业社会继承而来的一种遗产，或者说，是人在进化过程中的一些遗传特征。事实上，合作制组织是在风险社会及其高度复杂性和高度不确定性条件下开展行动的，在认知的问题上，是应当从属于胡塞尔的现象学理解的。所以，不应在对认知问题的理解上引入主体、客体等认识论的概念。

组织结构无非是由组织的纵横关系铺设起来的线条，是稳定地存在着的和可以静态观察的层级间纵向关系和部门间横向关系。对于官僚制组织而言，层级结构的扁平化意味着横向上的部门增多，反之亦然。这就是管理学所讨论的管理幅度与管理层次间的关系问题。近些年来，组织研究在将注意力集中到组织结构扁平化问题上的时候，基本依据是技术手段的提高，并没有对管理幅度与管理层次的关系作出深入探讨。其实，无论是从效率还是成本的角度看，这样一种讨论组织结构扁平化问题的做法都没有实质性的意义。即便把决策民主化、科学化的向度引入进来，也无法对组织结构扁平化的积极意义给出断然判断。如果实证研究能够证明组织结构扁平化在这些方面的积极意义，那其实也是把所应用的技术因素发挥的作用与组织结构的功能相混淆了。

我们承认组织结构扁平化是在组织发展中显露出来的一种新趋势，但是，如果在官僚制组织的框架下去认识这一点的话，并不能获得有创新意义的答案。不过，如果将这一问题与对合作制组织的构想联系在一起考虑，情况就完全不同了。我们认为，合作制组织不会像官僚制组织那样存在着繁复的部门。即使合作制组织拥有自己的部门，那也将是一种临时性的组合方式。一旦环境和任务发生了变化，它的那些部门就会以组织的形式出现。在合作制组织这里，组织和部门都不是稳定的存在状态，在某个环境中或某项任务的承担过程中，组织会以部门的形式出现；在另一环境中或承担另一任务时，部门又会以组织的形式出现。

其实，在广泛的社会合作体系中，组织的合作网络已突破了组织与部门的区分，组织间的合作意味着组织不再拥有严格意义上的部门，而是出于合作的需要进行临时性的组合。即使在组合中需要形成组织与部门的关系，它们之间所凝聚起来的也是合作关系，不会像官僚制组织那样形成科层管理关系。

关于组织与社会的关系，由于官僚制组织是一个封闭性的系统，在运行中必然因为生成了自为性的结构而出现运营成本持续增长的状况，各种各样的沉积成本会使组织负重难行。正是这一原因，使作为官僚制组织典型形态的政府往往每过一段时间就不得不提起机构改革的问题，以求通过对政府机构的调整而使其结构合理化，从而减轻财政负担。与官僚制组织相比，合作制组织并不是相对于社会的自为性组织，是具有开放性的组织，是处在与组织环境之间的普遍性合作关系之中的。所以，合作制组织不会在运营中形成沉积成本。

对于合作制组织而言，由于它并不占有、积累和储备组织资源，由于它能够在任何需要的时候都可以随时在社会的巨系统中获得组织资源，也就可以在组织资源获取方面实现成本最小化。而且，在资源共享以及互补的合作关系中，在某个具体组织这里，没有价值的或给组织造成负担的资源，对于另一组织，可能恰恰是珍贵的和紧缺的。因而，使组织资源流动起来，就会形成组织运营成本普遍最小化的局面。

三 组织模式上的创新

一般说来，官僚制组织的科层结构以及权威持有状况决定了低层次的组织成员是不被允许拥有创新权的。我们知道，虽然官僚制组织要求"祛魅"，但它并不能完全排除组织成员的心理活动，这些心理活动也包含着嫉妒、畏惧等因素，甚至会反应得非常敏感。如果低层级的、一线的组织成员开展了创新活动并不断地取得创新成果，那将置组织的管理者以及领导者于什么地位？组织的管理者以及领导者能够允许这种现象出现吗？组织的哪一位管理者、领导者会容许其下属表现得比他更聪明、更优秀？所以，在官僚制组织中，如果产生了一些创新活动，或者，产生了创新成果，管理者、领导者往往都会表现出漠视。只有在他们开展权术斗争的时候，这些成果才有可能变得有用，才会表示对这些成果或活动的赞赏。

官僚制组织中的领导或管理者如果对某个创新成果表现出了兴趣，那肯定是出于与另一位领导或管理者开展斗争的需要，而不是因为那项成果对组织有着什么重要意义。所以，在官僚制组织中，创新活动以及创新成果都是没有什么用处的，甚至其产生本身就是没有意义的。如果说一项创新成果偶然得到了组织管理者或领导人的肯定，那也不是对这项创新活动或创新成果的肯定，而是在肯定的过程中赋予了与创新活动或创新成果完全不相关的另一重价值。至于创新活动以及创新成果自身所具有的价值，仍然未得到承认。比如，领导者为了赢得组织中知识阶层的支持，到取得了创新成果的成员家中慰问，以示对知识和人才的尊重。一旦把那个不尊重知识和人才的领导者排挤出去后，那个曾经得到了他的慰问的成员，也许就成了他厌恶之人。正是由于这些原因，官僚制组织有着"庸才化"的趋势。即便你是一个富有创造力的天才，一旦进入官僚制组织，就必须转变成一个庸才。否则，你就不可能成为一个合格的组织成员。

对于十分重视程序、秩序的官僚制组织而言，任何一项创新成果都无异于一块击碎平静水面的石子，会让习惯了既定程序、秩序的人感到一丝不安，进而产生抵触情绪甚至激烈的反应。这也使得官僚制组织成员不愿意去尝试创新。因为，创新并不能为他个人带来什么"好处"，反而会置自己于困境。所以，官僚制组织如果确实在某个时刻或某种情况下产生了创新需求，那也是把创新的权力交给了组织的领导者，而不是让普通的组织成员拥有创新权。由于官僚制组织的创新是受到组织高层管理者和领导垄断的，致使普通组织成员的创造力受到压制。即便某个组织有着优异的创新表现，也只能说这个组织有着非常优秀的领导或管理者，并不意味着该组织属于创新型组织的范畴。

如果官僚制组织在特定情况下因为某种特殊原因而准备激励组织成员创新的话，那么它必然会首先放松管制，即在规则和组织纪律的执行方面采取模糊策略。这实际上也是在为组织成员的自主性成长打开了某个空间。但是，官僚制组织成员获得这种自主性并不是无代价的，因为他在获得这种自主性的同时也被分配了责任。虽然组织规则的执行表现出暂时的含糊，但客观责任体系并不会出现丝毫松动，反而是更多的责任被直接转移到了组织成员个人身上。在组织成员正准备为所获得的行为自主性庆贺时，被转移过来的责任立马就像绳索一样捆住了他（们）的双手。所以，对于官僚制组织成员来说，要么选择接受组织规则的束缚而较少承担责任的重负；要么声言创新而争取行为的自主性，但需要承担起更多的责任。事实上，对于典型化的官僚制组织而言，规则以及程序会被神圣化，任何时候都不可能放松管制。所以，官僚制组织在根本上不具有创新空间。

如果官僚制组织希望发展某种鼓励创新的组织文化，那将是非常困难的。因为，分工—协作体制的科学关照是不利于形成一种良好的创新文化的。同样，在消解一种压制创新的组织文化方面，也会表现出能力不足的状况。所以，在官僚制组织中，往往需要有强有力的领导采取一些强有力的措施去鼓励创新。一般说来，鼓励创新的举措都会表现出非常短暂的时效性。而且，正如我们已经指出的，由强有力的领导采取强有力的措施鼓励组织创新本身就是包含着逻辑悖论的：其一，这种强有力的领导应当是开明的；其二，所采取的强有力措施肯定存在着合理性与合法性不足的问题。所有这些，都直接地与官僚制的原则相冲突。因此，是不可能借此而形塑出鼓励创新的组织文化的。

官僚制组织作为一个分工—协作体系，决定了组织成员在组织中所扮演的是具体的角色，其知识能够贡献给组织的也就是与角色扮演要求相适应的那一部分。显然，人有着多方面的知识，但并不是他的所有知识都是角色扮演所需要的，可能只有极少一部分是能够用于角色扮演的，他其他方面的知识对于组织是没有意义的。在此问题上，合作制组织虽然也不要求组织成员将其全部知识贡献给组织，但组织任务相对于每个成员的完整性却为组织成员将其知识更多地贡献给组织提供了更大的空间。也就是说，合作制组织能够更大程度地开放和应用组织成员的知识，即将被分工—协作模式束缚的组织成员的那些知识开发出来。我们知道，知识源于创新，是创新的产品，就合作制组织打破了少数人垄断创新的局面而言，是将创新权交于组织的每一成员的。既然组织的每一成员都拥有了创新权，那么合作制组织其实也就成了创新型组织。

合作制组织有着非常活跃的创新氛围，因而使得知识增长非常迅速，能够最大可能地将知识贡献给社会合作体系。合作制组织的开放性也意味着它能够在广泛的社会合作体系中实现组织间的知识共享并促进知识扩散。我们认为，与官僚制组织不同，合作制组织的创新权是向全体组织成员开放的，每一组织成员都有权创新，有权通过创新而得到人们的尊重。合作制组织拥有承认创新和尊重创新的文化，任何故意对他人创新成果作出非理性的无视、轻视的表达，都属于破坏合作的行为，不仅会受到同事的鄙视，而且会受到惩罚。当然，在任何情况下，创新受到质疑都是不可避免的，但在合作制组织当中，所有对创新的质疑都应当是理性的，是出于合作的目的而做出的质疑。这种质疑不仅会受到创新者的欢迎，而且质疑者也会因为其正确的质疑而获得荣誉。也就是说，对创新的质疑不仅不构成对组织成员创造力的压抑，反而会激荡出更强的创造力。因此，合作制组织获得了创新的属性，从而成为创新型组织。

合作制组织是一种拥有宽容精神的组织。过去，我们谈到宽容的时候，往往是指人对他人、对事的包容心态。在较为含混的意义上，我们也用来指称某种文化的包容性特征。然而，合作制组织则在组织整体上拥有了宽容的性质，合作制组织中的成员也因组织整体上的宽容性质而普遍拥有宽容的心态和品质。由于合作制组织及其成员具有普遍意义上的宽容品质，所以对来自内外的所有批评都会理解成创新的要求和建议。这一点也是与官僚制组织不同的。因为，官僚制组织通常都是把对创新的要求和建议理解成恶意批评的。

一般说来，官僚制组织会把那些经常性提出创新建议的人看作不安分的、制造麻烦的人，进而把这类人排挤到组织的边缘，孤立他们，尽可能使他们的意见不对其他组织成员产生影响。合作制组织正好相反，会为那些天生具有创新激情的人提供让他们充分展示的舞台。另外，不难理解的是：当创新被理解成批评的时候，必然会导向对立并产生冲突；当批评被理解成创新建议的时候，不仅不会产生冲突，反而会实现更充分的协调。官僚制组织中的冲突尽管总是被社会学家们解释成根源于利益分歧的冲突，但根据我们的观察，在直接性的层面上往往是因批评而起的，因为批评而产生了反感，反感的累积变成了怨恨、敌视和对立，进而产生了冲突。也就是说，最终导致了冲突的批评，其实大多数都是被误解了的创新要求和建议。可以肯定的是，合作制组织中也必然存在着分歧，但这种分歧仅仅属于创新方案及其行动的分歧，不可能走到对立和冲突的方向上去。

马克思指出，人是社会关系的总和，这其实是说，人是各种各样的社会关系的复合体。一个社会中的宗教信仰、道德信念、科学理念、文化观念等都会反映到个体的人这里，并在人的行动中发挥作用。官僚制组织在用外在于人的各项设置去规范人的行为和行动时，其实是把人的这些社会属性封存了起来。与官僚制组织不同，合作制组织在将组织看作一个行动系统的时候，其实是要求给予人的所有社会属性以关注，希望人的这些社会属性在人的行动中发挥作用。但是，人的这些社会属性可能使人的行动走向无限多样的方向，从而使行动系统陷入前景的不确定性之中。对于这一问题的解决，合作制组织是应用合作的意识形态去整合人的这些社会属性的，从而把人的行动及其目标都整合到合作行动的过程中来。这样一来，以集体的形式出现的合作行动既能包容个人创新，又从属于同一个目的。

第二节　组织体制的集权与民主

面对中国读者,阿克塞尔罗德说:"随着中国从相对集权的经济与政治向市场经济与开放社会的转变,如何促进合作的问题就显得更为重要。中国要想充分发挥自己的潜能,合作就是关键。人与人之间,组织与组织之间、甚至国家之间需要合作。"[1] 何止中国,对于全球来说都是这样。因为,技术的发展已经把地球变成了一个"村落",使人类的命运如此紧密地联系在了一起。而且,在工业社会的发展中积累起来的各种各样的对人类生存环境的破坏已经反过来对人类整体形成了报复,使任何一个国家、民族、组织或个体都无法独善其身,以至于摆在人们面前的除了合作应对一切挑战这样一条道路之外,别无选择。但是,仅仅谈论合作是不可能收获所希望的效果的,必须要把合作落实到行动上。

这样一来,就需要拥有具有合作属性的行动者。合作制组织就是基于这一逻辑而提出的构想。当我们建构起合作制组织的时候,就可以把合作的理念落实到行动上,就可以在高度复杂性和高度不确定性条件下通过合作行动而为人类赢得生存的机遇。在社会的高度复杂性和高度不确定性条件下,不只是人的相互依存,而且是人的共生共在,成为一个必须得到建构的目的。为了这一目的,人们也只有选择合作行动,而合作制组织就是开展合作行动的行动体。在合作制组织的建构中,我们必须彻底改变既有的组织观念,从根本上抛弃组织结构及其体制上的集权还是分权之争议。

一　集权与民主之争

集权与民主是政治学的概念,但它们却是存在于组织之中的,或

---

[1] [美]罗伯特·阿克塞尔罗德:《合作的进化》,吴坚忠译,上海世纪出版集团2007年版,中文版前言。

者说，是通过组织来加以体现的。也就是说，在工业社会的语境中，集权与民主不仅是政治制度、社会制度上的问题，也是组织体制上的问题。只要关注组织的体制，就必然会涉及集权还是民主的问题。

组织不一定是其生态的缩影，在某种意义上，组织可能与其生态之间有着相反的特征，可以说，组织有一种"反生态征候"。我们知道，人类社会的组织化是在近代早期开始的，更多的是因为社会化大生产而把社会推入组织化进程之中。与此同时，政治民主化、经济自由化都被视作社会发展的主流趋势。其中，民主政治可以看作组织的基本政治生态。在工业化、城市化进程中，市场经济的发展冲破了一切不平等的系统结构，交易的自由变成了市场必须遵循的铁律。这一市场经济体制也构成了组织的基本社会生态。可是，组织却是一个集权体系，具有明显的反生态征候。

在20世纪，有许多学者试图把组织的政治和社会的生态中的运行方式引入组织之中，但一直没有向我们呈现成功的可能性。正是这种组织集权的惯性与组织生态间的不一致，导致了组织体制建设中的集权与民主之争。传统意义上的官僚制显然是一个集权体系，但从20世纪50年代组织理论研究运动开始，出现了批评组织集权体制的声音，而且在20世纪后期，也发展出了包括"参与式管理"等诸多方案。这些大都属于围绕着民主的思路去发挥想象的举措。其中，也确实产生了各种各样的设计方案。

根据韦伯的设计原则，官僚制组织因为其科层结构而成为集权体系，但它完善的规则系统、具有形式合理性的程序、成员的价值中立等都是被作为对权力形成约束的机制而存在的。也正是这些设置，保证了官僚制组织能够严格地在工具理性之下运行。也就是说，保证权力用于公事，而且公事公办，不与其政治生态之间发生冲突，也同时能够在功能的意义上满足社会的要求。之所以官僚制所做出的是这样一种设计，是因为组织规模较大。或者说，工业社会中的一切组织都有着朝着规模大型化方向演进的动力，只要组织处于发展过程中，最终都会成为大型组织。所以,官僚制组织的设计原则中所包含的隐喻就是,这一体制是适应于大型组织的。

对于大型组织而言,总是有着大量的需要进行日常协调的工作,而且组织目标一般来说都比较模糊和抽象,有大量的"目标具象化"的工作要做。这就决定了组织对权力的高度依赖。客观上看,尽管官僚制组织是集权体系,但就出现和存在于不同领域的具体的组织而言,在集权样式上又是有着很大差异的。表面看来,组织规模是个重要的影响因素。规模中等偏小的组织往往更多地以集权的形式出现,而规模较大的,特别是一些巨型组织,会更多地倾向于分权,即保留适度集权。但是,这只是人们的一般印象。实际上,决定组织集权还是分权的,是组织任务的复杂性和不确定性状况。如果组织所承担的任务在复杂性和不确定性上程度都比较低,而且任务的可分解性较强,组织的集权程度也就会弱一些。相反,如果组织所承担的任务在复杂性上程度较高的话,组织的集权倾向和动力就会比较强。

总体上看,官僚制组织天然地具有一种高度依赖权力的属性,它的集权体制无非是对权力的高度依赖的一种表现方式,或者说,是把这种对权力的依赖制度化为正式体制了。但是,韦伯关于官僚制的设计是一种理想状态,所反映的是牛顿以来整个科学的设计风格——以理想状态为前提而制作出理想模型。现实却是复杂的,总是与理想状态不一致。因此,韦伯所设计的那种理想的权力约束机制在现实的组织运行中并不能有效地发挥作用。

还有一个方面的问题是,20世纪的社会发展行程是处在社会运行和社会变化加速化的进程中的,社会的复杂性和不确定性程度一直处在迅速提升的状态中。这意味着组织需要通过权力集中以便灵活决策和行动,因而导致了权力约束机制失灵的问题。由于组织成员,特别是行使权力的官员,并不能做到"非人格化",反而是有着自己的利益追求和情感偏好,致使权力被滥用和用于谋取私利的情况愈演愈烈。在这种情况下,人们很自然地回到启蒙时期关于政治体系的设计原则上来，要求组织中的权力也得到制约。

在管理体制民主化的呼声中，出现了组织运行与政治系统运行趋同化的要求，各种各样的参照政治运行方式的方案被提了出来，并要求将其引进组织的运行中。20世纪后期的参与决策、参与管理等运动，就是出于矫正官僚制组织的集权而得以倡导和推广的。此外，关于组织结构扁平化、弹性化的要求以及关于组织中人际关系的诸多思考等，都可以看作关于组织管理体制民主化的追求。其中，几乎所有的矫正官僚制的方案归结到一点，就是要求组织分权，即改变原先的集权状态。尽管分权并不意味着民主，但分权却是趋向于民主的第一步，从分权入手对组织进行的改造，所指向的就是一个组织与其生态趋同的方向。

的确，组织运行中的集权有着诸多消极效应。比如，根据贝尔宾的看法，"在超级团体中，不同机构的权力和权威可能会产生摩擦，直至合作动力机制丧失，组织开始转变为超大团体特有的僵硬状态"。[1] 根本性的问题还是利益，组织内的利益冲突会直接以权力争夺战的形式表现出来，即表现在对岗位和职位的争夺上。由于组织中的权力是附着在岗位和职位上的，获得了某个岗位和职位也就意味着与岗位和职位联系在一起的权力到手了。有了这一权力，也就可能获得相应的利益。掌握的权力越大，获取的利益也就越多。

在靠天吃饭的时代，勤劳是可以致富的；在靠权力吃饭的时代，就必须将视线盯住掌握了资源分配和利益平衡的权力上。所以，官僚制组织成员在争夺权力方面总会表现出永不餍足的状态。事实上，权力所带来的还不仅是那些可以拿到台面上来的正当收益，而且带来了形形色色的"灰色"收入。即便在不违反法律和纪律的前提下，权力所带来的"灰色"收入也远远高于那些能够拿到台面上来的收益。许

---

[1] [美]梅雷迪思·贝尔宾：《超越团队》，李丽林译，中信出版社2002年版，第155页。

多可以列入"灰色"收入中的无形收益也许有着非常持久的延缓效应,以至于在退休之后也会有源源不断的供给,甚至会荫蔽子孙后代。因此,组织成员争夺权力的斗争一直是非常激烈的。至于组织的运行以及组织功能的实现,却成了组织成员争夺权力的副产品。比如,组织成员为了夺取更高的职位和掌握更大、更多的权力,就会尽可能地做出一些业绩,表现为对组织作出了贡献。但是,这种情况所表明的是"权力是目的",取得业绩和对组织作出贡献仅仅是从属于夺取权力的手段。这显然是目的与手段的异位。

在工业社会的历史阶段中,几乎一切组织都默认了目的与手段的异位,将其默认为合理的,甚至通过一些措施去对此加以激励。事实上,采取这种做法的组织往往都成了成功的组织。这就是对竞争的利用,把利益追求转化成了组织发展的动力。随着这种做法得到普及并为社会所认可,竞争文化的合理性与合法性也就进入了一个持续增强的过程之中,进而还形成了竞争的氛围,组织成员则普遍地把组织仅仅看作个人利益实现的手段。

20世纪后期,当参与管理的民主方案在官僚制组织的行动中得到了实施时,组织中"以言行事"和"以言表意"两种行为彰显了出来。或者说,在官僚制组织原先的运行中,虽然也存在着"以言行事"和"以言表意"两种行为,但管理的集权性质决定了"以言表意"的行为因为受到压制而隐藏了起来。所以,"以言行事"和"以言表意"两种行为的显性化应当说是由民主政治呼唤出来的,即在组织管理中引入了民主政治,使得"以言行事"和"以言表意"两种行为比肩而在。

总体看来,在官僚制组织中,"以言行事"的行为是得到制度、结构和权力支持的,能够在有效性方面取得良好的结果。"以言表意"的行为往往在有效性方面受到诸多因素的限制:言语者的素质、专业知识状况、声望和建立在资历上的权威,是主观条件;言语对象的各个方面、语境以及所言事态的迫切性和严重性等,则是客观条件。由于"以言表意"的效果受到如此复杂因素的影响,在多数情况下,其有效性是不尽如人意的。

哈贝马斯说:"有了一种有效性要求,言语者也就有了提出理由的力量。这些理由阐明了有效性的条件,因此,它们本身就属于使表达能够被接受的条件。这样,接受条件便揭示出了自然语言的整体论观念。"① 如果说这不是一种道德劝诫的话,那么可以说,哈贝马斯未免显得太过天真了。我们看到,语言是发生在交往实践中的,言语的有效性并不完全取决于言语者。虽然言语者可以努力去创造必要的条件,但许多对言语有效性形成支持的因素则是言语者无法左右的。掌握了权力的人,就可以"以言行事",没有掌握权力的人,即使按照民主的原则可以"以言表意",但是否有人听,则是"表意者"无法掌控的。

在20世纪后期,参与式管理被作为一种组织再造方案推荐给了管理者。实际上,它也是被作为一种管理模式看待的,即要求组织成员参与到管理过程中来,因此赋予管理以民主的特征。这似乎是把长期受到压制并极度萎缩的"以言表意"呼唤了出来,即为"以言表意"开拓出了空间。也就是说,让组织成员有说话的权利和机会。但是,那毕竟是"以言表意",它能否转化成"以言行事",还是要看参与的有效性状况。实际上,哈贝马斯对"以言行事"和"以言表意"行为的区分在对现代社会体制的理解方面是非常深刻的。如果"以言表意"能够付诸实施并产生效果的话,那么它也就不再是"以言表意"了,而是转化成了"以言行事"。

在工业社会的治理结构中,在官僚制组织的科层结构中,"以言行事"者属于一个较为稳定的人群,而所谓被赋予了权利的人,无论是在国家体系中以公民的身份出现,还是在组织之中以组织成员的形

---

① [德]尤尔根·哈贝马斯:《后形而上学思想》,曹卫东等译,译林出版社2001年版,第112页。

式出现，都仅仅有了"以言表意"的权利，至于所表之意能否被采纳并产生效果，或者说，是否成为"以言行事"的内容，则是他们无权去过问的，除非他们采取了辅助性的行动去迫使"以言行事"者必须那样做。所以，我们需要把言语有效性的追求放在社会变革之中，才能想望后工业社会背景下的言语有效性。事实上，在合作的社会中，特别是在合作行动中，"以言表意"与"以言行事"将统一起来，即不再有"以言行事"与"以言表意"的区别。那样的话，也就消除了关于行动体系——组织——是集权的还是民主的争论。组织的行动导向将从根本上消解集权、分权、民主等问题，"以言行事"和"以言表意"将统一为行动。

二 组织生态上的集权与民主问题

可以认为，启蒙时期所确立起来的自由、平等等理念在组织生活中一直发挥着影响作用。但是，那更多地反映在了人的行为上，而且因人而异。在理论的视野中，组织的集权、反民主等似乎是一种自然而然的现象，这个问题直至20世纪60年代才被人们提出，并开始对它发出质疑。这是因为，经济、社会在"二战"后经历了一段时间的发展，随着各个方面的大踏步前进，社会也开始显现出了复杂性和不确定性增长的迹象，组织环境以及所承担的任务等各个方面的事项都表现出复杂性和不确定性增长的势头，致使组织的集权体制感受到越来越多的不适应。如我们上述所说，在这种情况下，组织自身往往有着进一步集权的冲动，不过，如果组织进一步集权的话，就会使集权的诸多缺陷暴露得更加明显，从而要求把民主的运作方式引入组织中来。

"二战"后，关于民主理论的研究也表现出了对民主政治中的集权现象给予较多关注的情况。我们知道，组织的集权被认为是反民主的，但在民主政治的运行中，也有一个如何对政治生活、政治活动加以组织的问题。有组织，就有管理。在管理就是控制的理念之下，在形成了较为稳定的管理体制的情况下，最为简单和直接的控制方式是通过集权展开的。所以，在民主政治中也一直存在着或隐蔽或显性的集权问题。人们可以将民主政治生活中的集权视为一个管理问题，而将组织中的民主视为一个政治问题，以求在这种区分中将政治与管理割裂开来，但那给予我们的无非是一个与现实不相一致的抽象的政治与管理。现实情况是，随着政治学与管理学的分工在"二战"后变得越来越明确，在政治学的视野中对政治生活和政治活动加以组织反而被认为是必要的，而且也变得更为迫切。同时，在管理学的视野中引入民主的运行方式来改善管理也是人们努力追求的目标。这样一来，在科学研究中就出现了一种相互"入赘"的要求。一方面，管理学要求在组织体制中引入民主；另一方面，政治学家们要求在民主政治中采用管理的方式。这就使研究者在集权与民主的问题上遭遇了尴尬，要么回避集权与民主的话题；要么同时默认民主政治中的集权与组织管理中的民主。

艾丽斯·杨看到，现实中存在着政治行动者"试图通过独裁或者革命的力量强制实现他们更加公正的社会环境的理想。我并不认为这样做的企图总是错误的，但是，它很少成为一种生活选项。而且，虽然运用非民主的方式寻求社会变革的目标在于试图创造出免于社会与经济支配的更加自由的状况，并且使更多的人拥有各种自我发展的可能性，但是，它本身却蕴含着导致或者强化不正义的风险"。[①] 在这里，艾丽斯·杨似乎是在谈论社会变革的道路问题，但对于理解常规性的政治生活也是适用的。在艾丽斯·杨看来，通过独裁的方式去造就公正的社会，虽然在动机上不能断定其总是错误的，但不应成为可以得到承认的选项。因为，任何非民主的方式都有可能导致更大的非正义。

[①] [美]艾丽斯·M. 杨：《包容与民主》，彭斌等译，江苏人民出版社2013年版，第42页。

也许艾丽斯·杨的这一思考是指向未来的，因为历史上很少有通过民主的方式去达成社会变革的案例。事实上，在从农业社会向工业社会转变的过程中，每一个地区或国家都基本上是通过暴力或以暴力为坚强后盾的行动去达成社会变革的目的的。艾丽斯·杨对此也是有着明确认识的，但她却坚持说："对于那些处于被压迫和不利地位并且试图改善各种社会关系与制度的人及其支持者而言，在各种存在着形式上民主的制度与规范中进行政治动员或者组织起来通常是最合适的现实选项。"① 我们认为，她所提出的这些只是一种出于迎合协商民主需要的设想，因为我们目前很难想象那种在"民主的制度与规范中进行政治动员和组织起来"的方式能够达成推动社会变革的目标。

基于历史经验，社会变革可以通过"暴烈的行动"与"和平推进"两种方式进行，但在能否采用民主的方式这个问题上，也许是一个需要通过进一步研究来做出回答的问题。其实，艾丽斯·杨的说法本身让我们获得的是两种联想。其一，在"民主的制度与规范中进行政治动员"让我们想到的是公决或全民公决，这是一种政治行动，而且也被认为是民主的。的确，类似的政治行动经常发生，而且基本上都是就某个（些）重大的事项而采取公决的形式，也许某些公决结果带来或造成了社会变革，但若认为这种方式能够承担起社会变革的使命，可能期许过高了。其二，"在民主制度与规范中组织起来"的提法给予我们的是一种走管理路径的联想。

管理与政治既有联系又有区别。在管理的问题上，虽然也存在着民主和集权两种不同的管理方式，但人们往往并不像讨厌政治集权那样对管理集权的方式表达厌恶。相反，官僚制这一集权的管理方式直到今天依然是组织运行中最基本的和流行的体制。就像在政治上人们可以罗列出民主的诸多缺陷，而在开展行动的时候，又会不自觉地流

---

① [美]艾丽斯·M.杨：《包容与民主》，彭斌等译，江苏人民出版社2013年版，第43页。

露出对民主的偏爱；在管理上，无论"摒弃官僚制"的呼声多高，在组织的运行中却一直表现出对官僚制的依赖。理论上所反对的往往是实践中不得不行的。渴望民主的管理不得不运用集权，而在政治实践中，对民主做出了各种各样抨击的人并不能给出建设性的意见。因为，除了民主的操作程式，他们再也找不到其他可行的道路。

依此看来，艾丽斯·杨也许猜想到社会变革是可以有一条管理路径的。但是，怎样在协商民主的框架下去布设管理路径？艾丽斯·杨显然是不清楚的。总体看来，近代以来，合乎民主规范的行动的确能够促进改革，从工业社会早期的罢工、游行、静坐请愿等到20世纪的诸多社会运动，都不同程度地促使权力阶层去做出改革的举措，这也许就是艾丽斯·杨所说的，"在各种存在着严重不正义的形式上的民主化社会中，它必然有可能通过民主的方式促进各项有助于实现更多正义的社会变革"。[1] 但是，在涉及基本制度以及社会、政治等模式的变革问题时，我们还是无法想象如何通过民主的方式进行。这就是民主的悖论。民主是一种守成的运作方式，而改革只有通过集权的方式来加以推动，这有可能意味着集权是推动社会进步的力量。

在社会的常态运行中，人们可以通过民主政治的方式去开展社会治理，但在如何对民主政治进行组织的问题上，又无法避免集权的纠缠。在涉及社会变革的问题时，非理性的民主行动往往会以民粹的形式出现。这个时候，表面看来与民主并无多大差别，而且是采取遵守民主的规范这一形式去诠释民粹主义的。实际上，民粹与民主有着根本性的不同，它只是社会变革时期的一种莫名躁动，并不具有任何积极的社会意义。真正的社会变革行动必然是有组织的政治行动。其中，不可避免地包含着集权，是以集权的方式去开展行动。

如果说艾丽斯·杨是政治学界的大家闺秀，那么阿伦特则是一位

---

[1] ［美］艾丽斯·M. 杨：《包容与民主》，彭斌等译，江苏人民出版社2013年版，第43页。

女斗士。在艾丽斯·杨幽幽地谈论集权与民主在社会变革上的表现时，阿伦特则对集权政治如何剥夺了人的"独处"的权利作了尖锐的批评。

阿伦特是在政治的常态运行的意义上去考察集权与民主的问题的，努力去描绘政治生活与个人的关系，或者说，准确地反映了个人在政治生活中的状况。但是，在她所做的描述中，组织也同时是她离不开的一个观察视角。阿伦特认为，"集权型大众组织首先要关心的是清除独处的一切可能性——那种非人性的单独监禁的独处除外。已经经历过集权型的大众组织的我们，能够轻易地证明：如果与我们相处的最低限度的空间都不再被保障的话，那么不仅良性的世俗形成，而且良心的所有教条形式，也都将被废除。这就解释了，我们经常观察到的一个事实：集权主义的政治组织中，良心本身不再发挥作用，而且全然与恐惧和惩罚无关。在无法与自己进行对话的情况下，没人能够让自己的良心安然无恙，因为它缺少一切形式所必需的独处"。[①] 实际上，不仅是所有的集权组织都倾向于消除人的独处，而且民主政治也包含着同样的倾向，尽管民主政治赖以发生的基础是自由、平等等予人以独处权利的一些基本原则。

显然，集权是一种以压迫、支配为特征的统治型模式，它可以在物质的意义上消除人的独处，即把所有人都纳入统治结构之中。从集权在政治活动中的表现看，它还经常性地援用意识形态控制术，甚至对人进行"洗脑"。但是，集权政治的这些做法在效果上往往具有暂时性，而且不可能周延地覆盖所有人。所以，集权并不能够在思想的意义上完全消除某些自我的独处，对压迫和支配的抗拒有可能根深蒂固地存在于自我心中。即便是在物质的意义上，集权压迫和支配也同样会遇到不周延的问题，并不能保证每一个自我都被纳入统治结构而无法独处。

[①] [美]汉娜·阿伦特：《政治的应许》，张琳译，上海人民出版社2016年版，第39页。

如果说把被动地、消极地接受压迫和支配以及采取不配合、不合作的策略都看作一种独处的话，那么以这些方式出现的独处应当说是非常普遍的，其广泛地存在于集权政治发挥作用的社会中。相反，民主的运行中则包含着动员参与的问题，而且民主的运作也总是能够成功地渗透每一个角落，会搅得任何一个希望独处的自我不得安宁。在民主政治的语境中，表面上是尊重自我的独立思考和行为选择权的，但它同时也以恐吓、威胁或诱导的方式让你去关注自我利益及其实现的问题，通过这些方式去激发你参与政治过程。当然，你也许会感受到自我做出了思考，但那其实只是在民主语境为你划定的范围和为你指定的路径中做了思考。你不可能独处，也无法做到独处，在你时时关注自我利益实现的问题时，也就不会再有独处的愿望和追求。所以，独处的问题与集权或民主并无多大的关联。

阿伦特提出了一个"人的复数"的概念，目的是要说明人是各种属性的集合形态。同时，也要说明人与社会的关系形态，即人的社会关系是包含在人的存在形态之中的，是以"人的复数"的形式出现的，并希望证明人具有多种选择的可能性，而且人的每一种选择都具有合理性。但是，作为"人的复数"的自我一旦涉入政治的领域就遭遇了解释上的困难。也就是说，在看到了"人的复数"的时候，就会遭遇人的复数在数量上的多少问题。实际上，在不同的历史时期，"人的复数"在数量上显然会不同。也许你与他人集合到一起的复数是可以计量的，但若你个人的复数形态无法计量的话，那么你与他人集合到一起的计量所得到的就是一个虚假的数值。

总体上说，在人类历史的进步中，"人的复数"在数量上有一个持续增长的过程，现代人的复数肯定要比古代人的复数在数量上多得多。这样一来，就会看到，在"人的复数"的数量较少的时候，独处的可能性是较大的；在"人的复数"的数量较大的时候，独处的可能性会变得很小。所以，自我能否独处的问题就变成了一个历史性的问题。在农业社会，特别是在统治型社会治理发展得较为典型的地区，统治结构不仅是集权的，而且也是极权的。然而，正是在这一社会中，物理意义上的避世隐居往往是尽人皆知的一种社会现象；精神意义上的修仙成道，也是非常流行的。事实上，自然经济本身就意味着人在更多的时候是独处的，只不过那并不是有着政治意义的独处。同样，也正是在农业社会的统治结构中，人有着更加强烈的独立人格之追求，这也说明人对精神意义上的独处是非常看重的。

当然，阿伦特在谈论独处这个问题时，是以雅典城邦为背景而去展开她的讨论的。我们知道，雅典城邦有着现代学者公认的民主样板，雅典公民在城邦中却没有独处的机会，反而那些遭到排斥的、不被认为是"政治动物"的人（当然，这部分人在雅典城邦中并不被视为人）却处于独处状态中。其实，就独处能够作为一个问题而被提出来思考来看，仅仅是一个现代性的问题，只是因为现代社会把所有人都纳入了社会生活的过程之中，人们不得不参与到政治过程中来，才让独处成为一个值得思考的问题。或者说，是因为阿伦特设定了作为"人的复数"的自我后，才派生出了这个问题。

阿伦特几乎所有的著述都会从古希腊谈起，但存在于她的文本中的古希腊，却是经过了她改装后的现代版本的古希腊。与其说阿伦特在雅典政治中发现了独处的问题，毋宁说她把一个由她自己提出的现代性问题塞给了古希腊，而且那个古希腊并不是真实的古希腊。如果我们循着阿伦特的思路前行，即从"人的复数"走到自我的独处这个环节，作为自我独处的主要内涵的思考以及与自己的对话，也更多的是获得哲学家品质的途径，放在更为广泛的社会生活中，则是一种可以加以倡导却无法将其转化为现实的精神追求。那是因为，现实社会把人们如此紧密地捆绑在了一起，多样化媒体携带着的声音即便被当作噪声看待，也无时不干扰着你的思考，让你无法找到片刻安静的时光去展开与自己的对话。复数的人因为自身的复数而陷入冲突之中，会让笛卡尔的"我思"也变得烦躁不安。

还有一个问题，那就是，现代思想家一直推崇备至的"自我"实际上只是一种错觉，是建立在错误判断基础上的错觉。因为现代性的社会生活——无论是政治生活、经济生活还是组织生活——都不是完整的人的生活。在人进入社会之中的时候，或者说，在人存在于社会之中的时候，都是以角色扮演的形式出现的。在这里，人在每一个角色或每一次角色扮演的时候，都仅仅拿出自己的一部分，而不是将自己的完整的人都投入到某一个角色或某一次角色扮演中去。也就是说，现代社会中的人都是碎片化的存在物，理论上的人或思想家们常常谈论的人在现实中并不存在。既然这是一个已经失去了完整的人的社会，哪里还会有自我，何况追求独处的自我？

在失去了自我的社会中，集权与民主即便依然是把人们组织起来参与社会过程的两种可以选择的方式，也不是相对于完整的人的集权或民主。在阿伦特的讨论中去看这个问题，既然完整的人已经不存在了，自我在何种意义上还是真实的自我？退一步说，即便存在着一个以"人的复数"而不是完整的人的形式出现的自我，在集权政治或民主政治中去谋求独处又如何可能。就"人的复数"这个提法来看，无疑是说这个复数是由多种因素，而每一个因素在理论抽象中都可以被还原成"原子"。这无异于是对个体主义精神的另一种诠释方式了。所遇到的显然就是一个究竟作为原子的那个因素代表了完整的人还是人的复数状态构成了完整的人的问题。如果回答不了这个问题，也就意味着不再有完整的人了。一旦人不再是完整的人，也就不再会出现独处的问题。当人拿出自己的复数中的一个方面去独处，也不是他作为完整的人的独处，而且他也许无法避免他的复数中的其他部分的干扰。一旦受到干扰，即使有了独处也不得安宁。

作为政治哲学家，阿伦特是不合格的，因为她无法在逻辑上将自己的理论整合完备。但是，就阿伦特的所有思考都是直接地面对现实而言，她的思想又是深邃的。正因为现实中不存在完整的人，所以这个社会的所有方面都需要得到管理。所有管理都是发生在组织之中的，也都是通过组织而开展的社会性活动，而在人进入组织时，都是以自己的一部分去开展角色扮演活动的。人之所以能够将自己的一部分拿出来，那是因为人本身就是一个复数的人。因为是复数的存在物，所以能够随时将复数中的一个数拿出来。可见，阿伦特追求人的独处的理论证明失败了，而她没有想到的是，她的"人的复数"却可以成为组织理论的基础，为管理提供合理性证明。其中，有可能还包含着一种隐喻，那就是，政治与管理的边界已经变得模糊了。

三　告别权力之争的组织建构

也许人们会以为集权还是民主的问题是个体制问题，实际上，在组织的运行中，集权与民主的问题只是一个如何对待权力的问题。之所以在官僚制组织中会存在着争夺权力的问题，是因为权力能够带来地位、声望和诸多实实在在的利益。正如唐斯所说，在官僚制组织中，处于同一部门中的"官员们常常为了晋升、权力、声望和政策控制而开展斗争"。① 合作制组织如何避免这一点？如何保证官员乃至全体组织成员倾力合作而不是斗争？这无疑是极其复杂的问题。不过，思考官僚制组织，虽然官员们的斗争是由组织结构、运行机制等多方面的原因引起的，但最为根本的，还是权力和利益的争夺。

在合作制组织甫一出现时，官僚制组织的观念和文化等惯性依然会在合作制组织这里体现出来，以至于合作制组织也需要考虑如何避免争权夺利之斗争的问题，并寻求解决这一问题的出路。显然，最为根本的途径就是让组织成员从对个人利益的关注中走出来。在权力的功能上，需要让权力更少地与利益保持相关性，让权力较少地具有掌握者能够直接地或间接地借以实现个人特殊利益的功能。同样，声望以及地位也与利益实现相脱离。如果存在着声望和地位的话，也应仅仅作为官员社会生命价值的体现。这样的话，官员以及其他组织成员

---

① ［美］安东尼·唐斯：《官僚制内幕》，郭小聪等译，中国人民大学出版社2006年版，第85页。

就不会再因权力、声望和晋升等方面的原因而开展斗争。即使还存在着斗争，也是出于优化合作的要求而展开的，不会演化成相互倾轧。当然，当社会实现了转型，即从竞争的社会转变为合作的社会，合作制组织也就不会再遇到组织成员争权夺利的问题。关于这一问题解决方案的思考，也就不需要再提起了。

一旦权力不再与晋升、利益、声望和控制等联系在一起，反而更多地意味着道德责任的时候，也就不会再为了争夺权力而斗争。所以，合作制组织所要实现的是对权力争夺的超越，要让整个组织在更加积极的意义上去消除组织领导层的集权和组织的寡头倾向。因此，合作制组织需要找到避免集权倾向出现的途径，同时也不去计较民主的问题。事实上，合作制组织的合作体制不会纠结于集权还是民主的问题，它所拥有的灵活性的组织结构以及任务导向、合作意识等，都使它可以不再在集权或民主的问题上走向任何一极。

在合作制组织中，如果存在着权力的话，那么它所发挥的也仅仅是组织功能，而不是与人的地位、声望以及其他利益联系在一起的。所以，参与到合作行动过程中的人是不会产生争夺权力的需求和愿望的。在这里，往往是那些对承担任务有着相关经验、知识和智慧的人，出于一种道德担当而临时性地执掌权力。事实上，在合作制组织中，拥有这种道德担当的人不在少数。应当说，每一个组织成员都是具有这种品性的，他们因为有了人的共生共在的观念而获得了这种品性。

根据贝尔的设想，"在后工业社会里，专门技术是取得权力的基础，教育是取得权力的方式；通过这种方式出现的人们（或者集团中的杰出人物）是科学家"。[①] 这一点应当说是可信的。在高度复杂性和高度不确定性条件下，稳定的组织结构已经不可能得到维系，以科层形式出现的组织结构不再具有合理性，因而职位和岗位等层级设置都

[①] ［美］丹尼尔·贝尔：《后工业社会的来临——对未来社会的一项预测》，高铦等译，新华出版社1997年版，第391页。

将被打破，组织的每一个方面都会处于流动的状态。所以，基于组织结构的权力失去了得以存在的基础。这个时候，如果说存在着权力的话，也是因为具体的任务承担之要求而将权力授予那些与特定任务的知识权威相关联的人，由他临时性地执掌和行使权力。

从组织理论的发展看，在权力行使的过程中，特别是对命令响应过程中的权威性问题，人们长期以来一直进行不懈的探讨，组织理论家在多个视角的观察中形成了许多意见和方案。今天看来，形塑和维护这种权威的潜力已经挖掘殆尽，而命令与服从的效果却仍然不尽如人意。在这种情况下，也就不得不去寻求新的出路。其实，在官僚制组织以及作为它的所有衍生形态的组织中，命令—服从机制都是重要的组织行为方式。但是，在我们所构想的合作制组织中，组织成员间的行为互动并不会以命令—服从的形式出现。这样一来，关于权威及其实现路径的探讨也就失去了意义。

当然，合作制组织中也会存在着知识的、经验的权威，这也是一种客观事实。但是，因为这些权威并不与权力的强制性稳定和必然地联系在一起，而是属于非结构性的权威，会以一种类似于自然而然的形式出现，即不同固定的人联系在一起。事实上，这些权威既不需要通过发号施令去加以展示，也不在意场域中的他人是否认同，而是以类似于中国道家思想中所示的一种"气场"的形式出现。所以，它在一定场域中所发挥的是一种自然而然的作用。可以肯定的是，这些权威都是有利于促进合作的权威，会表现为一种号召力。任何一种即成的权威，如果与合作制组织的合作性质和合作要求相悖，都会很快地被消解掉。

虽然权力在合作制组织中已经不再是重要的和显著的现象，也无论权力作为一种支配性力量已经微弱到了何种程度，权力的存在都是毫无疑问的。也许在合作制组织成为广泛存在的普遍性组织现象的时候人们不再重点关注权力的来源、持有状况和功能实现等问题，但在今天这样一个人们脑中仍然根深蒂固地拥有官僚制组织模式的条件下，我们是不能不对权力的问题进行某些讨论的。这是因为，官僚制组织的等级结构决定了权力是组织中的最为重要的构成要素。

当我们思考权力的归属问题时，就会发现，合作制组织与官僚制组织的不同在于：在官僚制组织中，权力是归属于组织的，是由组织分配到具体的职位和岗位上的。对于占据着职位和岗位的人来说，并不拥有权力，只是因为与职位和岗位相称的角色扮演的需要而行使了权力。一旦离开了职位和岗位（比如退休），也就失去了与权力间的联系。在合作制组织中，权力不再是与职位、岗位联系在一起的，而是来源于经验、知识、智慧、技能等，因而表现为人的权力。

也许这在形式上有着某种向农业社会权力属性回归的迹象，实则不同。因为，在性质上、来源上和依据上，农业社会中的权力都是与身份联系在一起的。在合作制组织中，由于人只有角色扮演而没有身份，以至于个人的权力既不来源于身份也不以身份为依据，而是以个人所拥有的经验、知识、智慧、技能等为依据。更为重要的是，合作制组织中的这种个人碰巧掌握的权力仅仅从属于承担任务的合作行动之需要，而不可能明确地或隐蔽地用于个人利益的追求中，从而避免了向卡里斯玛权威的转化。

我们并不否认传统组织中也存在着合作，甚至存在着自愿的合作。不过，对于合作的理解是需要从合作结构上去看的。因为，一旦从传统组织中的合作现象的结构上看，就会看到，开展合作的人们之间存在着一个事实上的中心。正是因为有了这样一个中心性的存在，使得合作行动成为一种有主宰的行动。合作制组织中的合作是要求以行动者之间的平等为基础的，在合作意愿上，每一成员都拥有高度的自主性，因而，这种合作行动是无主宰的。当然，合作制组织也会保留传统组织形式方面的特征，也会在特定的任务要求下通过权力去组织行动。但是，权力与执掌者和行使者之间联系上的临时性，使得权力在作用方式上具有非强制性。

如果从组织结构的视角出发去看合作制组织，人们也许会在合作制组织那里搜寻组织层级。其实，即使在合作制组织那里找到了组织层级，也会发现那种层级是极其不稳定的。在每一次承担任务的过程中都会出现与任务要求相一致的层级。一旦承担任务的行动终结了，层级也就消失了。在下一次承担任务的时候，则会出现另一种层级状况。也就是说，合作制组织在结构上即使存在着层级，也是由任务决定的层级，而不是组织在自我结构化中生成的层级。所以，这种层级是不稳定的，无非是出于协调合作行动而出现的一种临时性设置。而且，其功能表现应当是，对行动者间的平等和合作意愿上的自主都会加以无微不至的呵护。

在合作制组织中，就如奈特所描述的那样，"个人决策质量的估计结果，既不能通过先验数据计算出来，也不能经由观察事件的统计得出。它是最完全意义上的估计。它估计的对象可以说史无前例。我们之所以能对他人信念和能力之价值形成自己的信念，概因我们有着判断人性的本能禀赋，而与他处理相关问题的历史记录关系甚微。我们将某个问题交由此人处理之前，自然会观察他过去处理同类问题的表现。当然，我们会尽可能地利用观察得出的直接证据，但通常很难走得太远。最终的决策更近似于直觉，至于有多接近，我们可以极尽想象之能事。决策者能够在电光石火之间敏锐地把握各种错综复杂的关系。我们常说相由心生，与此类似的判断都属于神秘难言的直觉世界"。①

立足于今天我们所在的这个时代，也许人们会说，我们太缺乏这种果断决策的人才了。的确如此。但是，我们不禁要问，是什么原因造成了这类人才的缺乏？显然是模式化的科学决策，甚至可以归结为程序繁复的民主决策。近代以来，特别是在20世纪，呈现出的是一种在决策中反对集权的状况，存在着一种因为惧怕将决策权交由个人从而导致集权的状况，所以，人们往往按照民主的要求而设置严格而繁

---

① ［美］弗兰克·H. 奈特：《风险、不确定性与利润》，郭武军、刘亮译，华夏出版社2011年版，第219—220页。

复的决策程序。这样做，目的是要保证各种各样的意见都能在决策过程中得到听取，保证决策的结果反映多数决的原则。但是，这样做又压制了个人决断行为。久而久之，也压制了奈特所说的这类人才，以至于我们不再拥有这类人才了。

同样，在近代以来的这个社会中，因为社会建构是从人性恶的假设出发的，以至于我们在决策活动中不仅怀疑人的人性，惧怕那些具有决断能力的人因其自私自利的本性而将决策用于个人利益的实现，而且我们对个人的知识、智慧和能力也抱持着怀疑的态度；我们相信"三个臭皮匠，胜过一个诸葛亮"；我们更加相信精确的数据、充分的信息、科学的程序以及可预测的行动结果；即使我们口中念念叨叨地重复着"有限理性"，但也倾向于尽可能完美的科学决策。所以，我们依赖的是技术专家，他们千人一面，无论是谁，面对相同的条件和相同的对象，因为使用了相同的方法，都会做出相同的决策。结果，我们扼杀了具有面对复杂性和不确定性而能够迅速决断的人才。

可以说，我们的时代是一个"有信念的智慧决策者"匮乏的时代。但是，我们也相信"时势造英雄"这句话是有一定道理的。虽然"英雄"一词随着英雄主义时代的终结而早已失去实际意义，人类在未来的任何一个时代也不可能回复到古典时期的那个英雄主义时代。但是在我们置身于高度复杂性和高度不确定性社会的时候，在我们需要面对高度复杂性和高度不确定性而开展行动的时候，在我们无法进行科学决策而又必须决策的时候，总而言之，在我们需要智慧决策者的时候，可以相信，大批具有决断能力的人才就会涌现出来。在信息技术等日新月异的新技术的支持下，这类信念坚定、决断能力强的智慧决策者将会在合作行动中脱颖而出，而且在每一项具体的行动中都有着优异的表现。

由于我们已经将为了人的共生共在的理念撒播人间，由于我们正在走进合作体系之中，由于我们能够建立起一种道德制度，由于一切权力都将与人的专业化和专门性的知识、智慧、经验能力联系在一起，也由于一切权力都将绝不稳定地与某个具体的人相联系，也就无需担心集权者出现了，更不用担心权力的行使、决策权的应用会服务于个人利益追求。所以，集权将不再可能出现，更不会成为一种具有稳定性的体制。在没有了集权的情况下，谁还会计较是否民主的问题呢？

对差异的承认、尊重和包容是抵消理性偏好、价值偏好的良方。我们必须意识到，合作制组织虽然拥有了合作意识和为了人的共生共在的理念，虽然每一组织成员都会把合作放在行为选择的首位，但组织成员的理性偏好、价值偏好等是不可避免的。而且，在人们拥有了合作意识和为了人的共生共在的理念的情况下，不仅不会消除个人的理性的和价值的偏好，反而会表现出对这些偏好的积极承认和尊重，努力在对这些偏好的包容中去寻求合作的动力。在某种意义上，至少是在逻辑推论中，组织成员的理性偏好、价值偏好等恰恰构成了差异的原生性基础。所以，就合作制组织与集权体系永远也沾不上边而言，它不会在消除理性偏好、价值偏好方面作出任何努力。

不过，必须明确的一点是，所有这些存在于组织成员那里的偏好都不被允许损及合作，反而应当成为合作的动力。为此，合作制组织必须拥有一个既保护理性偏好、价值偏好又抵消这些偏好的消极效应的机制，即防止任何一种根源于组织成员的偏好对合作行动构成冲击。这个抵消机制就是对差异的承认、尊重和包容，而且是普遍性的，是深入每个组织成员心灵中的对差异的承认、尊重和包容。这样一来，每一组织成员都会基于承认、尊重和包容而进入合作行动系统。无论是在组织还是在个人的意义上，所实现的都不是一种对理性偏好、价值偏好的静态抵消，而是对这些偏好的动态整合。所以，过往作为组织人们开展社会活动的集权体制与民主体制，都将不再有意义。

第三节　超越分工—协作

尼采通过回顾卢梭与伏尔泰之争质疑工业文明中的所谓社会进步：

"我重新提出这个没有了结的问题：文明的问题，即1760年前后，卢梭同伏尔泰之争。人，将变得更加深沉、更多疑、更不道德、更强、更自信——而且在这种意义上说，也就是变得'更自然'。因为，这就是'进步'。——同时，由于分工的原因，变恶的阶层和变温顺驯服的阶层会产生分化，以致全部事实不会直接跃入眼帘……下述情形属于强力，属于强力的自制和诱惑力，即这种强有力的阶层占有使人对他们的变恶产生高尚之感的艺术。强化的因素改头换面成了向'善'，任何'进步'都是如此。"①

无论就个体而言，还是对社会来说，尼采所描述的这种状况都是一幅真实的图景。在道德的视域中，所谓进步就是一种堕落。尼采通过为"进步"一词打上引号表达讥讽之意，实际所指，就是个体以及社会的堕落。工业文明在物的意义上所取得的辉煌成就令人惊叹，然而在道德上，的确乏善可陈。如果说有物极必反的辩证法的话，那么在工业文明衰落和新文明诞生的过程中，从不道德社会向道德社会的转型就应当被视为非常自然的事情了。在道德的社会中，人的关系将是合作关系。在合作关系的基础上所开展的是合作行动。合作行动是对分工—协作的超越，是一种全新的行动模式。

一 科学研究活动中的分工—协作

虽然我们已经对分工—协作的功能以及社会效应作了考察，但就分工—协作构成了近代以来这个社会的组织活动、组织生活的一面而言，应当成为一个需要时常提起的话题。社会的组织化是工业社会的一个重要维度，它将工业社会全面地组织了起来，让整个社会展现出其组织的一面。正是在社会的组织化这个面中，具有决定性意义的是分工—协作体制，或者说，工业社会中的组织本身就是一个分工—协

---

① ［德］弗里德里希·尼采：《权力意志——重估一切价值的尝试》，张念东等译，商务印书馆1996年版，第218页。

作体系。这就意味着，当我们去审视科学研究活动时，也需要引入分工—协作的视角。

我们现在所拥有的各门学科，基本上都是在近代出现的。比如哲学，根据罗蒂的看法，"存在着一门被称作'哲学'的独立自主的学科，它不同于宗教和科学却对二者进行裁判，这种看法是晚近才产生的。当笛卡尔和霍布斯谴责'经院哲学'时，他们并未认为自己在用一种新的、较好的哲学（一种较好的知识论，一种较好的形而上学或一种较好的伦理学）来取而代之。在'哲学的诸领域'间还未进行区分。（现代意义上的）'哲学'本身的观念还未出现，只是当十九世纪中这类研究被统一为一门学院科目后，人们才这样来理解它"。① 近代以来，诸多学科的出现首先是出于教育上的需要，是为了对受教育者进行分门别类的培养；这种分类培养人才的做法又根源于社会分工和专业化。社会的分工也造就了科学研究的分工。随着科学研究活动自身的分工和专业化，到了20世纪中期就形成了我们今天所看到的学科森林。

在此过程中，一些基础性的学科在功能定位上也不断地出现调整和变换。这是用学科之间的分工—协作响应着整个社会的分工—协作模式。比如，关于哲学这门学科的意识可以"追溯至笛卡尔的《沉思录》和斯宾诺莎的《知性改进论》，但是……直到康德才达到自觉的程度。迟至十九世纪……才被纳入学术机构的结构之内和哲学教授的坚定的、非反省的自我描述之中"。② 这个时期的哲学是以"知识论"为核心的，"形而上学（它被看作是有关天地怎样结合的那种描述）被物理学所代替"③，所要解决的是"我们的知识如何可能"的问题。不过，"知识论这个词本身只是在黑格尔陈旧过时以后才得以流通和

---

① ［美］理查·罗蒂：《哲学和自然之镜》，李幼蒸译，生活·读书·新知三联书店1987年版，第115页。
② ［美］理查·罗蒂：《哲学和自然之镜》，李幼蒸译，生活·读书·新知三联书店1987年版，第116页。
③ ［美］理查·罗蒂：《哲学和自然之镜》，李幼蒸译，生活·读书·新知三联书店1987年版，第116页。

获得尊敬。第一代的康德崇拜者把理性批判当作'康德所为'的一个方便标签来使用,知识学和知识论这两个词是稍后才发明的(分别在1808年和1832年)"。①

在哲学研究的意义上,根据罗蒂的看法,在黑格尔之前,哲学较为关注与其他学科的关系,定位在其他学科"基层的"位置上,是以一种"最基本的"学科的面目出现的,"但是黑格尔和唯心主义体系的建立当时介入进来,使'哲学与其他学科的关系是什么'的问题晦暗不明了。黑格尔主义产生了作为这样一门学科的哲学形象,它以某种方式既完善着又包含了其他学科,而不是为它们奠定基础。它也使得哲学过于通俗,过于有吸引力,过于重要,以致难以使其达到真正专业化;它向哲学教授提出的挑战,让他们去体现世界精神,而不让他们只是处理自己面对的事实"。② 也就是说,黑格尔试图把哲学打造成包罗万象的学问。但是,在科学研究的分工—协作体制得以确立的情况下,类似黑格尔这样的追求再也不可能出现。而且,黑格尔自身的包罗万象就是非常成问题的,与整个社会已经确立起分工—协作体系的实际是不相符合的。

人类社会发展的历史轨迹显示,在知识生产过程中,科学扮演着越来越重要的角色,哲学是不可能替代其他具体的科学门类的。不过,在科学的发展中,我们也不禁要提出这样的问题,科学是服务于解决问题还是要服务于知识生产的目的?这也许是一个人们并不关注的问题。但是,在社会的高度复杂性和高度不确定性条件下,我们需要对这一问题作出思考。一旦我们提出了这个问题,人们就会看到,科学其实一直是同时具有这两个方面的功能的。

在知识生产的意义上,科学必须遵从分工—协作的要求;出于解决

---

① [美]理查·罗蒂:《哲学和自然之镜》,李幼蒸译,生活·读书·新知三联书店1987年版,第117页。

② [美]理查·罗蒂:《哲学和自然之镜》,李幼蒸译,生活·读书·新知三联书店1987年版,第117页。

问题的需要，科学又必须打破学科的界限。应当说，科学的这两个方面已经被人们意识到了，但人们往往不是从这个角度去看问题，才总会谈论理论与实践不一致的问题。如果谁说了理论与实践相脱节或不一致的话，那么我们就可以断定，他对科学所存在的问题根本就没有把握要领，不知道问题所在。因为，对于出于解决问题需要的科学研究来说，将科学的功能定位在知识生产上，显然是与实践保持距离的。对于从事知识生产的科学，如果提出与实践不一致的指控，就等于说"原子弹因为不能吃而没有啥用"。出于解决问题的科学研究是应当接受效果评价的，但不存在什么与实践不相一致的问题。如果对出于知识生产的科学研究提出效果评价的要求的话，那显然是没有必要的，更不用说它与实践是否一致了。所以，关于理论与实践不一致的所有感受和言说，如果被转化成对科学的批评和对科学提出的要求，都是错误的。

既然存在着出于知识生产目的的科学研究和出于解决问题需要的科学研究，也就会引发另一个问题：是解决问题优先还是知识生产优先？我们认为，科学的直接目的是要解决人们所遇到的问题，而知识生产只是它的副产品。特别是在科学与教育实现分工的条件下，科学的职能更加明确，那就是服务于解决问题的需要。显然，教育并不能够生产知识，教育只是把科学所生产的知识传授给学生。任何时候，知识的生产都是科学的一项职能。这样一来，我们又在科学研究与教育之间看到一种分工，即科学与教育也处在一个分工—协作体系之中。不过，这种分工又衍生出一种对科学研究的要求。如果不是复制型的研究，而是创新型的研究，就应尽可能地模糊学科边界，而不是受分工—协作体制严格的规定。

对于科学的发展，特别是对于20世纪物理学的大获成功，米尔斯评价道，对于"这些发展，人们正确地视之为高度的专业分工的结果，但又不甚妥当地觉得它们非常神奇。它们所引起的学术道德问题比它们所解决的问题更多，由之引发的问题几乎全在社会领域而非物理学问题中。发达社会中的人感到征服自然、战胜贫困的过程显然已经基本上结束了。目前，在这些社会，人们感到，主要的征服手段——科学失去了方向，没有了限制，需要对之重新评估"。[①] 应当说，从20世纪中后期的情况看，许多社会问题，特别是经济问题，是得益于科学的发展而获得了有效的解决途径。但是，科学的发展也派生了很多问题，并把这些问题投向了社会。比如，信息技术、网络技术使社会交往以及整个社会生活都受益无穷，但也带来了更多、更大、更难以处理的社会问题——人们在享用科学技术发展的成果时，安全感、幸福指数等往往下降了。这些问题，是否会把我们引向对社会分工—协作体系的反思呢？

在交往实践中，交换是一种最为基本的交往方式。虽然交换以人们的物品占有差异为前提，或者说，是由人们的物品占有差异引起了交换，但社会分工无疑促进了交换行为的普遍化。在交换行为普遍化的境况中，产生了为可持续的交换行为提供保障的要求。因而，产生了契约，进而产生了保证契约得到履行的制度以及权威机构。所以，契约是根源于交换的。但是，当契约精神化并以一种文化的形式出现后，就超出了规范、调整和维护交换行为的要求，并被推广应用于社会生活的各个领域。几乎所有的社会交往互动过程，也都可以用契约精神加以诠释和建构，尽管这在很大程度上包含隐喻的成分。

在契约的社会功能中，我们需要给予充分肯定的是，其一，包含着指向未来的维度，在每一份具体的契约订立中，都包含涉事人对未来的期望、规划、目标和行动方案等；其二，使交往和互动行为获得某种确定性，化解可能遭遇的人为风险。然而，就契约的直接应用而言，则出现了专司契约和通过契约去加以规范的对象的分工。对于社会的运行，这同时也是一种协作，是分工—协作的另一重表现。

与普遍性的社会分工相伴随的是陌生人社会。陌生人的交往，从

---

① ［美］C. 赖特·米尔斯：《社会学的想象力》，陈强等译，生活·读书·新知三联书店2016年版，第16—17页。

概率上看，包含较大的不确定性。也就是说，与熟人社会中的交往相比，陌生人社会中的交往具有不确定性。对于陌生人交往中的这种不确定性，契约所提供的是一整套完整的防范和矫正机制。所以，在人类历史上，契约是一项伟大的社会发明，它解决了人类从熟人社会向陌生人社会转变过程中的交往难题，使社会未因这种向陌生人社会的转变而陷入交往恐惧。假如没有契约，即便有了分工，也无法得以整合，即无法产生协作效应，更不可能使交往、交换具有可持续性。所以，契约是社会性分工—协作的保障机制。但是，我们也必须看到，只有在社会的低度复杂性和低度不确定性条件下，由契约提供的这种确定性才是可能的。当社会进入高度复杂性和高度不确定性状态时，契约的这一功能就会走向消失。这样的话，设想只是应用契约去加以规范分工，也许就不再具有功能上的合理性了。

分工与专业化是密切联系在一起的，或者说，分工本身就意味着专业化。斯科特等人认为，在既有的组织中存在一种"专业人士组织"，是因为我们社会中的复杂性和不确定性事项的不断增多，致使一些专业人士会聚起来而形成组织。这类专业人士组织（如法律事务所、医疗门诊部、科研机构等）在一种宽口径的社会分工中找到了自己的位置，把本来可以独立开展的工作纳入组织结构中，接受正式化协调机制的制约，并形成"他治型"和"自治型"两种组织模式，即"专业人士通过两种安排执行组织的核心任务"。[1]

斯科特等人认为，在"他治型"的专业人士组织中，"组织的'专业雇员明确隶属于一个管理架构'，其自主性相对较小。这些组织中的雇员受行政管理的控制，权限有明确的界定。专业雇员接受日常的监督与指导，而承担监督与指导工作的通常是非专业人员"。[2] "他

---

[1] [美] W. 理查德·斯科特、杰拉尔德·F. 戴维斯：《组织理论：理性、自然与开放系统的视角》，高俊山译，中国人民大学出版社2011年版，第167页。
[2] [美] W. 理查德·斯科特、杰拉尔德·F. 戴维斯：《组织理论：理性、自然与开放系统的视角》，高俊山译，中国人民大学出版社2011年版，第167页。

治型专业组织……通过授权应对中等程度复杂性和不确定性的结构安排……专业人士在一般规则和监督指导体系结构下开展工作,但是执行者对具体任务的决策有相当大的自主权,特别是在手段和技术的选择方面。"①

与之不同,在"自治型"的专业人士组织中,"其成员可以达到这样的自治程度:'组织的管理者在确定工作目标、绩效标准以及监督标准的执行方面向专业雇员团体充分授权。'专业人士自己组织起来承担这些相关的责任……理想的情况应该是,在专业人士团体负责的任务与管理人员管辖的事务之间划出明确的边界"。② 应当说,这是官僚制组织的变种,是在知识和技能的专业性基础上发展出来的由专业人士构成的组织。虽然这种"专业人士组织"在结构、分工和管理方式上都与官僚制组织的典型形态相差较大,但官僚制的一些基本原则,特别是工具理性,都依然贯穿于组织之中。然而,在斯科特等人的描述中,我们看到的这一幅完整图景依然是分工—协作:其一,是专业人士组织之间的分工—协作;其二,是专业人士组织自身内部的分工—协作。

尽管如此,从斯科特等人所描述的"专业人士组织"中,我们可以解读出这样一个道理,那就是,承担任务所需要的专业性越强,就越不适宜运用官僚制组织的结构、分工模式和管理方式。当然,在斯科特等人所区分的两种类型的"专业人士组织"中,任务的复杂性和不确定性程度也决定了组织的性质。根据斯科特的考察,"他治型"的"专业人士组织"适用于承担中等复杂性和不确定性的任务。虽然斯科特等人没有在这一点上直接点明,但其含义是很清楚的,那就是,如果任务的复杂性和不确定性程度更高,那么"专业人士组织"就会

---

① [美] W. 理查德·斯科特、杰拉尔德·F. 戴维斯:《组织理论:理性、自然与开放系统的视角》,高俊山译,中国人民大学出版社2011年版,第167页。
② [美] W. 理查德·斯科特、杰拉尔德·F. 戴维斯:《组织理论:理性、自然与开放系统的视角》,高俊山译,中国人民大学出版社2011年版,第168页。

更多地采取自治，即成为"自治型"的"专业人士组织"。这一点非常重要，因为，它说明任务的复杂性和不确定性会对组织的类型提出不同的要求。由此也就不难推断，当任务普遍具有高度复杂性和高度不确定性的时候，也就必然会从根本上提出告别官僚制组织的要求，即要求实现合作制组织对官僚制组织的替代。这将是分工—协作模式终结的状态。对于合作制组织而言，不再谋求分工—协作，而是实现了对分工—协作的超越。

二 "后分工—协作时代"的角色扮演

在工业社会，社会活动中的组织以及组织观念是把人的身份和角色区分开的。比如，你是个自由职业者，意味着你没有受到组织管理的约束，也没有组织观念。因为你拥有的是自由职业者的身份，没有在组织之中和通过组织去实现角色扮演。也就是说，你没有进入组织的分工—协作体系之中，至多只是处于社会化的分工—协作过程中。这样一来，你作为自由职业者而从事的具体的专业性活动是在社会分工—协作体系中进行的。这个分工—协作体系也许就是一种结构松散的组织，因而也赋予你一种较为具有弹性的角色。随着社会组织化程度的增强，随着人们几乎所有社会活动都必须通过组织去进行，也就意味着人的角色扮演是人的社会定位的基本途径，从而使身份失去意义。在社会高度组织化的情况下，传统的所谓自由职业已经很难见到了，即使从事诈骗活动，也很少单干，而是以组织的形式出现。

社会的组织化是人类社会发展的一个不可逆的趋势，尽管组织模式在不同的社会领域中会有不同，但人必须通过组织去开展社会活动和参与社会活动。而且，这是一个在历史演进中呈现出来的趋势。所以，人的身份将在全球化、后工业化运动取得积极进展的时候走向完全消失。那个时候，人们将不再受身份的规定，而是自由地选择自己的角色。

如果说身份是由社会给予人的，或者说，工业社会的一些与职业相关联的具体性身份是通过人自身的努力而争取到的，那么所有身份的获得，都需要以社会的稳定性为前提。比如，在农业社会中，人的等级身份由似乎千年不变的等级制度决定；在工业社会中，人的教师、律师等具体身份是按照人生规划而做出的持续努力争取到的，也是以社会的基本框架及其结构的稳定性为前提的。至于工业社会中的居民身份，则是由行政区划及其管辖权决定的；公民身份则是由民族国家按照某些规定给予的。

在社会的高度复杂性和高度不确定性条件下，一切社会存在都处在急剧变动之中，人的环境给予人的是偶然的、流动的存在条件。在这种条件下，所有事项都需要由人自己去做出选择，包括人的生命的展开以及实现，都取决于人在偶然性、流动性之中所做出的选择。因而，能够对人进行身份定位的所有外在性因素都消失了。在这种条件下，人如何是人？以及人能够成为什么样的人？只能由自己通过角色选择和角色扮演来加以定义。人的角色选择也不是一经做出就在整个生命历程中一成不变的，而是随时都有可能再一次进行角色选择。至于角色扮演的变动性，就更加明显了，会时时处于调整之中。"因为预先给定的规范人生的导向和标准化的人生历程程序被侵蚀了，而且人生的内容方面的结构和时间方面的结构都是开放的；与此同时，另一方面，这样的长期设计由于一再增加的社会的动态性而变得困难，或者甚至是不可能的了。"[①]

由于人的身份的消失，人一生完整的生命被分割成时间上的碎片。因而，每一个时点都是生命的新起点，或者说，是社会生命选择的时刻。这就是我们将在全球化、后工业化运动所指向的未来社会中看到的状况。在这个社会中，人是以角色扮演的方式参与社会生活和活动的，而且人也只受到自己的角色扮演活动的规定。至于外在于人的对

[①] ［德］哈尔特穆特·罗萨：《加速：现代社会中时间结构的改变》，董璐译，北京大学出版社2015年版，第285页。

角色扮演活动的规定,也是源于人的内在要求,换句话说,需要通过人的内在要求而产生现实的规定力量。

吉登斯面对的是工业社会,他对人的角色扮演的考察是在社会分工—协作结构中进行的。吉登斯认为:"角色概念的使用经常假设了构成角色的规范性期待的统一性,以及对于那种期待的社会共识。前一种假设通过下述观念得到促进,那就是社会系统中的每一个位置都具有相应的'角色'或者'角色集'。"[①] 的确,角色是因为分工—协作的需要而设置的,包含一定的功能要求。而且,其功能预期是被设定为合理的和稳定的,无论换什么人去扮演,都能得到相同或相似的表现。所以,一个角色一经设立,就代表关注此角色的相应范围中的人的共识。

这就是角色的社会性,在某种意义上,也可以看作由社会所决定的。个人可以在是否扮演某个角色的问题上享有自主性,但那首先意味着有了若干个角色存在,可以供他选择,他的自主性仅仅体现在他选择了哪个角色,而不意味着角色本身是可有可无的。角色一经设立,就客观地存在于分工—协作体系中。组织中的职位、岗位可能出现一时空缺的状况,但角色却没有消失,而是由其他职位、岗位上的人临时性地替补了,即兼顾了那个角色。这样看来,作为社会设置的角色在客观性和稳定性上要比职位、岗位等更强,更加真实地反映了分工—协作的要求。

不过,在高度复杂性和高度不确定性条件下,情况又有所不同。这一条件下,虽然角色的客观性仍然没有发生变化,但在吉登斯所说的"规范性期待"和作为这种期待的"社会共识"方面,都受到了极大的削弱。就合作行动体更为直接地受具体任务的决定而言,角色也因具体的合作场景而定。在某种意义上,角色并不确定,而是随时因

---

① [英]安东尼·吉登斯:《社会理论的核心问题》,郭忠华等译,上海译文出版社2015年版,第127页。

承担任务的要求而发生变化，而且这种变化是源于角色深层的流动性。所以，在高度复杂性和高度不确定性条件下，合作行动中的角色会表现出流动性，与角色扮演者的关联也显得更加紧密。比如，分工—协作中的角色会表现出你不扮演的话他就会去扮演，总会有一人去扮演那个角色。在合作行动中，你若不扮演这个角色的话，可能就导致合作行动失去这一角色。如果是一个重要的关键性角色，就会对此次承担任务的行动造成严重的消极影响。

在合作行动中，由于角色已经很难以"规范性期待"和这种期待的"社会共识"的形式出现，或者说，失去了"规范性期待"和作为这种期待的"社会共识"的性质，因而不再是在规划行动方案和建立行动体系时预先设立的——无论这种设立是以明示的还是隐喻的形式出现。合作行动中的角色都因任务的境况而定，也因任务的变化而变。这是角色的客观性。但是，角色扮演者不是以自己的行动去履行"前置性"的预期，而是基于对任务的认知采取行动。这又意味着把自我的主动性投射到了角色之中。

正是因为角色扮演者能够将自我的自主性投射到角色中去，所以，他与角色的要求更加契合，能够随时根据承担任务的需要而对角色进行调整或者改变角色的属性、形式以及在合作行动体中的位置。这一点，对于增强合作行动的包容性、随机反应能力和合作的有机性等方面，是非常积极的。关于角色的这种情况，既表现在个体的行动者这里，也反映在合作制组织上。合作制组织作为行动体在合作场域中的角色扮演与个体行动者是一致的，有着相同的表现。

如果说实践是一个由人在场的综合性社会过程，那么角色则是实践的各个维度、各个层面和各种构成要素的联结点。角色不仅将实践的所有方面联结起来，而且使实践活动获得源动力，并成为有机的动态过程。就角色自身而言，如吉登斯所说："角色只有与规则和资源联系起来才能得到分析，强调这一点的必要性不是要把角色规定看作是'既定的'或者共识性的，因为角色规定可能包含着各种矛盾，可能集中了各种冲突，这些矛盾和冲突表现了社会的广泛结构性特征。"① 因此，在社会治理中遇到了任何问题，首先要做的就是调整角色关系和对角色进行重新定义，通过解决角色矛盾和冲突而重获秩序。

一般认为，社会治理主要是规范的订立和应用的过程，人们的这种认识在近代以来的法治社会中得到了强化。所以，议会等立法机构在法治社会中发挥了举足轻重的作用。但是，这种认识只是流于表面。因为，所有规范在发挥实际作用时都需要落实到角色上，都需要通过角色而发挥作用。正是在此意义上，吉登斯指出："角色是一个规范性概念，因此与更一般意义上的规范存在着紧密的关联。"② 正是角色的规范性，决定了它往往成了各种各样的规定的汇合处和联结点。

当一个人扮演某个角色时，不仅会受到自然条件的规定，而且会受到组织的、社会的结构的规定。在表象的层面，则更为直接地受到规则的规定。在工业社会的分工—协作模式中，所有的规定都集中到分工—协作的需要这一点上来了。吉登斯说："角色规定是根据社会身份的区分而组织起来的各种规范性规则，它们显然契合于更加普遍化的规范性规则。同时，与社会活动的所有其他要素一样，所有角色规定都是通过资源的使用而得到实现的，因此与各种支配性结构联系在一起。"③ 但是，吉登斯所描述的关于角色的所有规定，都是建立在分工—协作的基础上的，从属于分工—协作的需要，因而是外在于人的规定。

由于对角色形成加以规定的规则所发挥的是外在于人的规定作用，从而使角色扮演活动不再需要求助于道德的支持。当所有的角色扮演活动都远离了道德和不再需要得到道德的支持时，也就意味着工业社

---

① ［英］安东尼·吉登斯：《社会理论的核心问题》，郭忠华等译，上海译文出版社2015年版，第129页。
② ［英］安东尼·吉登斯：《社会理论的核心问题》，郭忠华等译，上海译文出版社2015年版，第129页。
③ ［英］安东尼·吉登斯：《社会理论的核心问题》，郭忠华等译，上海译文出版社2015年版，第129页。

会成了一个道德衰微的社会。或者说，角色扮演活动正好适用于道德衰微的工业社会。也就是说，在被分工—协作模式格式化了的工业社会中，人们把分工—协作对人的角色扮演的规定转化成了规则，并以规则的形式去表现分工—协作的要求；对于这个失去了道德之维的社会而言，规则也确实成为一种必要的理性安排，并能够实现对角色的充分规范。

当分工—协作模式得到了超越，当合作行动模式得以建立，关于角色所受到规定的状况就会得到改写。首先，角色不再受到外在于人的分工—协作结构的规定。当然，社会的高度复杂性和高度不确定性所构成的也是外在于人的压力，但那是相对于所有人的普遍性压力，而不是单单针对角色的压力，所以不应作为角色规定来看待。其次，合作行动中肯定包含规则的订立和应用，但那些规则大都具有弹性，而且更多的是具体的，是与一次性的任务承担联系在一起的临时性的规则，在如何发挥某种可以被称为"普遍性"规定作用的问题上，更多地取决于行动者的理解和响应状况。再次，如我们一再指出的，经历了全球化、后工业化运动后，人的一切身份都将得到消解，角色扮演因为身份的消解而变得非常自由。角色本身也获得实质性的社会平等，也就是说，不再受到身份的约束和规定。因而，可以排除吉登斯所说的"根据社会身份的区分而组织起来的各种规范性规则"。

这样一来，我们也就清楚地看到，在超越了分工—协作模式而建构起来的合作行动体系中，其一，角色并不是可以或想象为可以与行动者相分离的社会设置，而是与行动者相统一的；在有了角色扮演者及其角色扮演活动的同时，就有了角色。就像有些情景剧一样，并不是由剧本事先设定角色。这一点是与分工—协作中的角色不同的。在官僚制组织这种典型的分工—协作体系中，是首先以职位和岗位的形式设定了角色，然后才把人填充到职位、岗位上去扮演那个事先设定好的角色，合作制组织彻底地改变了这种状况。其二，虽然存在着外在于人的角色规定，但内在于人的角色规定所发挥的作用更为重要和更为根本。因为,对于高度复杂性和高度不确定性条件下的合作行动而言,角色的规定更多的是内在于人的。即便是那些外在于人的角色规定,能否切实地发挥规定作用,也视人将其内在化的情况而定。合作制组织中的角色规定更多地来源于人的内在因素,诸如人的道德以及作为行动者的经验、智慧等,以致吉登斯关于角色研究角度的建言在此时也仅仅具有某种参考的价值,而不是可以执行的。

吉登斯基于对涂尔干思想的深刻领悟而倡导演技角色。这应当被看作是他的一项关于社会科学应当重视角色研究的非常有见地的主张。吉登斯对这一问题性质的把握显然远高于涂尔干以及此前已经意识到这一问题研究价值的所有思想家,因为,吉登斯不是直接对角色进行分析,而是从角色规定入手把握角色的性质。所以,他看到的是,"角色规定还必须从其与现实实践之间彼此关联的角度来得到研究,后者构成了社会生活的内容"。[1] 而且,吉登斯也看到,工业社会的分工—协作模式决定了角色扮演,而且这种决定关系也是一个普遍存在着的问题。

吉登斯说:"角色规定还必须从其与现实实践之间彼此关联的角度来得到研究,后者构成了社会生活的内容。在角色规定所责成的内容与作为特定社会位置占有者的行动者的作为之间,可能存在着各种各样的错位。"[2] 一方面,与工业社会的情况不同,一旦角色规定更多地根源于人的内在因素,行动者的角色错位问题也就不会再出现。另一方面,就吉登斯关于角色的考察来看,包含着一个恒定的社会整体及其结构的假设。吉登斯所依据的正是他自己的这个假设,即存在着一个恒定的社会整体及其结构,并从中离析出了角色规定。虽然吉登斯是以"结构化"这个概念确立了他关于社会发展理论的学术地位,

---

[1] [英]安东尼·吉登斯:《社会理论的核心问题》,郭忠华等译,上海译文出版社2015年版,第129页。
[2] [英]安东尼·吉登斯:《社会理论的核心问题》,郭忠华等译,上海译文出版社2015年版,第129页。

但他在关注人的角色扮演活动以及角色规定的问题时，却是在静态的意义上谈论社会整体及其结构的。这样一来，吉登斯实际上是在静态的社会及其结构图卷中去确认分工—协作对角色的规定状况的。

在高度复杂性和高度不确定性条件下，虽然社会整体作为判断依据仍然是可以成立的，但它不应被想象为恒定不变的。而且，这个社会的非结构化等也意味着，吉登斯的这一思路是不适用于高度复杂性和高度不确定性条件下的角色研究的。在风险社会及其高度复杂性和高度不确定性条件下，角色规定将无法由社会给予一般性的提供。也就是说，在风险社会及其高度复杂性和高度不确定性条件下，尽管每一个人都是通过角色扮演而参与合作行动的，但这种角色无论在何种意义上，都不同于分工—协作模式中的角色。正是角色性质上的这种根本性不同，决定了合作行动在性质上也与以分工—协作形式出现的集体行动完全不同。

三　建构合作制组织

虽然我们是以非常含混的方式将集体行动说成共同行动，并把共同行动区分为合作行动与协作行动，但在我们有了共同行动的这两种形式的概念时，就需要在对这两种行动形式作出区分的问题上确立一个标准。一旦我们打算这样做的时候，就会看到，人的共同行动中既包含着工具理性、技术理性，也包含着价值理性、经验理性。包含着工具理性和技术理性的共同行动是工业社会中现实的行动模式，我们将其命名为"协作行动"；包含着价值理性和经验理性的共同行动则是我们所构想的"合作行动"。

协作行动是建立在分工的前提下的，表现为分工—协作体系的运行过程。合作行动也会建立在分工的前提下，特别是在从协作行动向合作行动转变的过程中，新产生的合作行动方式也是建立在分工的前提下。但是，这种初级的合作行动对分工的要求并不严格，同质性的因素也会被吸纳到合作行动之中，或者被作为合作行动的前提。

如果对协作行动与合作行动进行区分的话,可以看到,协作行动对分工的状况是非常计较的,会把分工中所存在的任何同质性要素都看作冗余物。比如,当我们看"生产线"这样一个典型的、作为工业社会标志的分工—协作体系时,就会看到它的每一个岗位都必然与另一个岗位有着不同的职能。正是这种不同,才充分诠释了分工的含义,才使得协作具有整合出具有合目的性结果的功能。如果一条生产线上存在着一些职能上的同质性岗位,就会被认为是不合理的。所以,协作也意味着排斥,即将那些对协作不利的、多余的、无意义的因素删除掉,排斥到协作体系之外。恰恰是在这一点上,合作显示出了包容性。也就是说,对于合作体系而言,没有任何因素是多余的,所有因素都会在合作行动中不断地使自己得到改造并使之适应合作的需要。对于合作而言,无论是差异还是同形、同质,都不像协作体系那样是先定的,而是在合作行动中发生变化的。也就是说,差异可以在合作行动中同形化和同质化,反之亦然。所以,对于合作来说,不需要通过排斥性的设置和行为来维护自身,而是应该开放性地接纳一切愿意进入合作体系中的因素。

即便在对官僚制组织的研究中,学者们也发现:"技术的复杂性并不一定总是导致结构复杂度的增大,它也有可能导致执行者'复杂度'的提高。也就是说,解决任务复杂性的办法不一定只有先细分工作,然后交给高度专业化的工人或工作小组一种方法,也可以通过使用有能力完成整体任务的灵活的执行者——专业人士。这种对策在这些情况下尤其有效:(1)工作既复杂又高度不确定,一种不利于预先计划和分工的情形;(2)整个工作——或至少其中的主要部分——可以由一位执行者单独完成,工作者之间的相互依赖度很低。"[1] 虽然这些只是在官僚制组织框架下的变通做法,但也是对任务复杂性和不确

---

[1] [美] W. 理查德·斯科特、杰拉尔德·F. 戴维斯:《组织理论:理性、自然与开放系统的视角》,高俊山译,中国人民大学出版社 2011 年版,第 166—167 页。

定性的正确回应。随着任务的复杂性和不确定性成为一种普遍现象，并成为组织必须承担的主要的和基本的任务，也就意味着，这种变通将会转化为成熟的经验而被人们所接受，进而转化为用以替代官僚制组织的合作制组织形式。

事实上，随着我们的社会呈现出高度复杂性和高度不确定性特征，在组织所遇到的任务中，越来越多的任务具有高度复杂性和高度不确定性，具有不可细分的整体性。结果就会把我们的视线引向承担任务的行动者那里，即要求行动者拥有较强的灵活行动的专业化能力。当然，在我们的合作制组织构想中，由于从根本上摆脱了分工—协作模式的思维限制，也就不再考虑组织成员间的工作依赖关系，无论行动者间的工作关系是分工—协作的还是合作的，都会在合作的理念及其追求中得到承认。我们认为，合作制组织首先是在组织的层面获得独立承担整体性任务的能力。在承担任务的合作行动过程中，作为组织成员的个人专业能力固然重要，但也需要在作为行动者的整体上来认识，需看个人的这种专业能力在合作中的表现。

对于官僚制组织而言，由于工作细分是模式化的，因而需要根据工作细分而对岗位和职位进行划分，进而，也就在权力的需求方面变得很强。当任务不可细分为具体的工作时，就需要组织将其作为整体来加以承担，并以合作行动的方式承担和完成任务，对权力的需求就会弱化。至少，分解任务到每项具体的工作岗位和职位以及对分工的协调等管理权力变得不再重要，甚至变得不再必要。这样一来，在承担任务的行动过程中，所需要的就不再是权力，而是经验、知识和智慧。

就经验、知识和智慧之中也包含着权力这一说法而言，只有其中较小的一部分能够被认定为管理权力。在分工—协作体系中，由于工作细分、岗位和职位的安排等致使大量的协调工作都需要通过管理权力的运行来处理，以至于权力变得越来越强大，而且也倾向于集中到少数人手中，造成集权状态。与之不同的是，合作制组织由于承担的任务具有整体性，往往更多地倚重于经验、知识和智慧，因而也就不会生成强化权力的倾向。

在微观的意义上，组织的确能够做到对环境的影响，甚至会对环境管理抱有信心，但在宏观的意义上，组织对环境往往是无能为力的。总体看来，组织对于环境或在环境面前还是一个适应与否的问题。对于时代背景这样一个大环境来说，组织必须以环境所要求的组织形式出现。在某种意义上，这也可以看作一种"环境决定论"的主张，却又是合理的。尽管历史唯物主义在社会存在方式以及人的构成等方面是反对环境决定论的，但就组织这一社会现象而言，如果不是耽于微观的层面，而是在宏观的意义上去看，环境决定论是能够给予合理解释的。比如，工业社会为什么选择了官僚制组织，就需要从社会大生产以及分工—协作的要求中去作出解释；再者，官僚制组织在功能实现方面以及存在形式和运行状态的合理性等方面，都需要放在社会的低度复杂性和低度不确定性条件下去作出理解。同样的道理，在面对共同行动对象具有不可分解的整体性时，分工—协作模式也就失去了根据，因而需要改为合作行动；当共同行动的基本条件已经演变为社会的高度复杂性和高度不确定性时，官僚制的形式合理性也就在组织的意义上丧失了合理性，因而让位于合作制组织的出场。

在工业社会低度复杂性和低度不确定性条件下，如果一个分工—协作体系由10人组成，每个人承担一项被拆分开来的具体任务，那么我们就会看到，体系所耗费的是与自然时间等值的时间，其成员每个人所耗费的也是与自然时间等值的时间，但10人所耗费的时间总和，在理想状态中则是自然时间的10倍。当然，实践中可能存在着许多无谓的时间消耗，为了使这种无谓消耗最小化，纪律得以发明。不过，通过分工—协作的方式去承担的任务，一般说来，是可拆分的和复杂程度较低的任务，可以在个人之间的协调同步的工作中开发出远远大于自然时间数值的时间。

如果行动的任务具有不可拆分的整体性，也就无法通过分工—协作的方式去承担任务。在任务的复杂性和不确定性程度很高的情况下，又不可能仅由个体承担，而是需要通过集体行动的方式承担任务。基于此，我们就必须考虑不同于分工—协作的合作行动模式。对于合作行动来说，会不会因为任务的不可拆分而使社会时间与自然时间趋同化？就时间是一种宝贵的资源而言，这显然是需要解决的问题。尽管我们在此问题上并无明确的方案，但行动者的个性化、合作场域结构的网络化等，都可以成为时间资源开发的切入点。

合作制组织是专业化的组织，它比工业社会组织的专业化程度更高。不过也需要看到，合作制组织的专业化是与其任务的单一性联系在一起的。官僚制组织的组织本位主义决定了它同时拥有多重任务。在组织职能实现的方向上，必须承担甚至去寻找来自社会的任务。为了组织职能实现的优化，为了组织的良序运行，为了分工—协作的合理化和角色扮演的规范化，还需要承担各种各样的任务。有的时候，我们很难在官僚制组织所承担的多种任务之间分出优先次序。虽然表面看来根源于组织外部职能实现要求的任务更为重要，但是，一旦考虑到这种组织以自我为中心的组织本位主义取向，就不再能够作出这种简单的判断了。

合作制组织从根本上告别了组织本位主义，始终开放性地面对环境并处于环境之中，不会生成根源于组织存在需要的任务。在一个广泛的合作体系中，组织的存在是因来自环境的支持而成为现实的，组织是通过承担某项具体的任务而证明自身存在的合理性的。至少，在某个特定的阶段，所承担的是某项具体的任务。由于组织任务是单一的，组织自身也就不再有任务协调的问题。如果说在广泛的合作体系中有任务协调的问题，那也是由专门从事任务协调的组织去承担的。这种专司任务协调的组织，是通过信息服务的方式而对不同组织的任务进行协调的。

第三章

组织与环境的相互形构

20世纪中期，随着组织理论研究的兴起，关于组织与环境的关系问题得到了充分的讨论。因而，也在组织的环境管理问题上提出了许多积极建议。不过，许多理论探讨的环境问题所指的都是组织的环境。其实，除了组织环境之外，还有任务环境。每一个组织都承担某种任务，通过承担任务而证明自身的社会价值。然而，组织理论却更多地关注组织的结构和内外部关系、组织运行的机制、组织管理中的制度等，对组织所承担的任务以及与任务相关联的各个方面的因素却很少给予关注，这是组织理论研究中一项不可思议的失误。

组织理论可以说完全忽略了组织的任务环境问题，或者说，在组织理论研究中，任务环境完全被组织环境所掩盖了。然而，20世纪后期的社会变化和组织变革却使组织的任务环境显性化了。从虚拟组织的运行情况看，组织环境开始变得模糊，而任务环境则越来越清晰。对于在风险社会及其高度复杂性和高度不确定性条件下开展行动的合作制组织而言，其开放性化解了组织环境，其专业性则意味着它拥有任务环境。

在社会组织化的条件下，组织对自身的控制和组织对环境的控制构成了社会控制的基本内容。工业社会的组织管理和社会治理都是控制导向的，但这种控制导向是由社会的低度复杂性和低度不确定性决定的。在人类进入风险社会后，当社会呈现出高度复杂性和高度不确定性特征时，管理以及社会治理中的控制导向也就变得不再可能了。同时，组织控制在风险社会中还会带来极大的危险。如果说社会的组织化是一个不可逆转的趋势，那么在控制变得不再可能的情况下，就需要谋求新的组织形式来取代既有的组织。合作制组织就是适应于在风险社会及其高度复杂性和高度不确定性条件下开展行动的组织形式。合作制组织终结了组织的控制导向，无论是组织自身还是面对环境，都不再以控制为导向。事实上，当任务环境置换了组织环境后，也就不再可能产生控制环境的要求了。

在社会组织化达到了较为充分的地步的时候，"组织创新"与"社会创新"是两个基本上可以重合的概念，而且组织变革与社会变革都可以在组织创新中发现动力源。工业社会的组织形态主要是官僚制组织，它因为管理以及外向功能实现的需要而注重结构、关系等各个方面的稳定性，除非遭遇了巨大的压力或陷入危机状态，不会有主动的创新追求。这也决定了官僚制组织是不可能成为风险社会中的行动体的，因此我们在风险社会中需要建构起可以替代它的合作制组织。合作制组织是名副其实的"创新型组织"。创新正是合作制组织适应于高度复杂性和高度不确定性条件下开展活动、承担任务和实现职能的奥秘所在。合作制组织将创新蕴于合作行动中，使创新成为一种日常性的活动，而且所有组织成员都平等地拥有创新权，任何一个组织成员都不会在创新的问题上受到排斥。

第一节　组织环境与任务环境

组织需要处理两种环境关系：其一，是组织环境；其二，是任务环境。这两种环境既相关又有所不同。在战略管理的视野中，往往看到的是组织环境的影响,而在日常运营中,则需要更多地关注任务环境。可是,工业社会中的组织往往更重视组织环境,会根据组织环境的变化而对自身的各个方面进行调整,这种调整也称作改革。之所以任务环境不受重视,甚至受到忽略,是因为组织所拥有的是一种组织本位主义文化,是从组织的角度看世界、谋生存和谋发展的。任务是基于组织本位而作出的选择,是将任务环境中那些与组织环境一致的方面加以接受,而对于那些与组织不同的方面则不再关注。一般说来,对于任务环境复杂性和不确定性程度较高的事项,组织往往采取回避的方式,而不是将那种事项作为任务承担起来。

  对于工业社会的组织而言,当任务环境被排除的时候,也就仅仅剩下了组织环境。这是一种组织环境与任务环境基本重合的状态。或者说,组织通过边界隔离可以把任务环境转化为组织环境,从而用组织环境替代任务环境。在工业社会,组织环境往往因组织的领域认同而收缩到了较小的范围,超出了领域之外的因素虽然也属于环境因素,却显得不甚重要,甚至是组织可以不予关注的。所以,官僚制组织的环境意识主要放在了组织环境上。组织理论的研究也正是在领域认同的概念下去解析组织与环境的关系的,对于任务环境,则很少给予关注。

  从实践来看,当组织将环境限定在领域内,而且通过组织边界实现了组织与环境的有限隔离,也就有效地消除了任务环境,即实现了组织环境对任务环境的置换。一般说来,我们很难明确地指出任务环境的范围。在很多情况下,人们只能在承担任务的过程中通过直觉的方式去感知任务环境的构成。事实上,这种感知往往是较为模糊的。由于任务环境突破了组织领域,从而使任务导向的组织不再表现出领域依赖。我们知道,组织的领域认同的另一面就是领域依赖。领域依赖的弱化甚至消除本身,也就意味着组织模式的革命性变革。

  在风险社会中,组织对于那些抛向它的任务是没有选择权的,是必须加以承担的。这样一来,也就迫使组织必须更加关注任务环境。

在合作制组织那里，与环境的关系正好颠倒了过来。也就是说，因为组织告别了自我中心主义和组织本位主义，使得组织环境不再处于组织的关注中心。由于合作制组织是以任务为导向的，因而表现出了对任务环境的积极关注。总之，在合作制组织这里，与任务环境相比，组织环境被放在了较为次要的位置上，甚至是不需要予以关注的。我们应当看到，在组织的运行过程中，存在组织环境与任务环境这两种环境，任务环境不同于组织环境。任务环境的综合性较强，严格说来，是不受组织领域认同限制的。即便在官僚制组织这里，哪怕一项较为简单的任务也会涉及多个领域，对承担任务的知识需求也会涉及多个学科。

一　组织的环境观与组织管理

一切组织都有环境，或者说，组织就是在环境的环绕之中的。当然，环境有物理形态的存在，也有诸如文化、规则、制度以及心理等多种意识形态的存在。对于不同的组织，环境的含义是不同的。在官僚制组织这里，环境首先是相对于组织的存在和运行而言的，是得到了组织中心主义、组织本位主义观念的认识、理解和把握的。官僚制组织的任务环境往往很少受到关注，即便意识到了任务环境的存在以及对组织承担任务的行动构成影响，也会将其纳入组织环境的认识和理解中来，被归结为组织存在和运营的环境。

对于风险社会及其高度复杂性和高度不确定性条件下的合作制组织而言，环境获得了恰好相反的内涵，它首先是作为组织任务的环境，其次才是组织存在和运营的环境。而且，绝大多数组织存在和运营的环境也是可以归结为其对组织任务的影响上来的。合作制组织是处于广泛的合作关系中的，它的性质与功能都必须通过与其他组织间的关系得到定义。也就是说，合作制组织并不是独立存在并开展行动的。其实，我们既可以把合作制组织看作一种独立的实体性存在，也可以认为它是变动着的合作体系的构成部分，以组织集群的形式出现。在很多时候,我们不得不看到它所呈现出的"液态"特征。因而,合作制组织的组织环境是具有不确定性的,是必须在组织的具体合作关系和合作行动过程中来加以认识的影响因素。合作制组织是开放性、流动性很强的行动体系,因任务而聚合。也就是说,合作制组织自身的存在是取决于任务的。这意味着合作制组织的环境关注应当主要投向任务环境。

在帕森斯社会学理论的影响下,组织理论往往把组织看作一个与环境相互交换的系统。一方面,作为一个系统,组织是借助于边界而实现自我维持的,同时,也因为有了边界而产生了环境。在组织与环境之间的每一次突破边界的活动中,都实现了交换。根据这种理论,组织其实"是一个依照环境所期望的形式和方式所形成的被动实体。在这个交换关系中,边界在本质上就变为一个对内维持秩序、对外发挥保护作用的设计"[1]。的确,就官僚制组织而言,能够成为一个行动体系,肯定有着护卫自身的边界。这是因为,只有自身得到了边界的护卫,才是相对独立的社会存在物,才获得了与其他社会存在物进行交往的资格。

另一方面,组织不可能是孤立存在的自为系统,而是在一定程度上对外开放的。如果其开放性程度较高的话,它与环境间的边界还可能具有不定型的特征,会随时向外或向内移动,以至于认识和把握边界会变得较为困难。由于边界并不能得到全面的把握,管理者不仅要担负维护边界的职责,而且,在出现边界冲突的时候,还要进行协调,尽可能地化解冲突。在此过程中,也可能因为边界冲突和化解冲突的行为而使一些原先未被认识的边界得到了认识和把握,确立起清晰的边界。这些活动也都被认为属于管理的范畴,并被称为环境管理。而且,从管理实践看,确实在环境管理的理念下发展出了许多环境策略。

---

[1] [英]尼尔·保尔森、托·赫尼斯编:《组织边界管理:多元化观点》,佟博等译,经济管理出版社 2004 年版,第 27 页。

组织理论家认为，应当把组织看作"一个开放系统，依赖于同外界的人员、资源和信息的交流。从开放系统的角度看，环境决定、支撑和渗透着组织。与'外部'环境因素的联系可能比那些'内部'要素之间的关系更重要。事实上，人们发现，就许多功能而言，组织与环境之间的区别往往是可转变、模糊和任意的"。[1]只要组织有着生存的需要，就需要承担大量的维护自身的工作，即通过控制、沟通、协调等一系列的整合方式去保证组织以一个整体的形式出现，形成某种实现组织目标的合力。可是，在这样维护自身的过程中，必然要消耗大量的资源，而这些资源往往需要到其环境中获取。同时，组织又不可能无偿地从环境中获取资源，而是需要进行交换。所以，组织为了获取维持自身存在的资源，就必须向环境输出它的产品、服务等。正是根据这一点，人们把组织看作与环境相互交换的系统。

官僚制组织存在着开放性不足的问题。正是因为其存在着开放性不足的问题，所以，无论是在设计原则上还是在管理上，官僚制组织都会对其边界倾注极大的注意力，即便客观上存在着开放的要求，也会在开放程度上进行控制。在何种意义上开放以及面向什么方向开放，都取决于组织的需要和意愿，服从组织生存的考量。官僚制组织其实是处在封闭与开放的两难之间的，或者说，在官僚制组织的日常运营中，大量的管理工作需要放在平衡组织自身与环境间的关系方面。

组织相对于环境的独立性是由组织的封闭性决定的，但这种封闭性是有限的。完全封闭的组织缺乏与环境之间的交换，没有交换也就意味着生存危机，也就不再有什么独立性可言了。只有当组织与环境之间有着产品、人员、技术、信息等方面的交换，同时这种交换又得到了有效控制，才会存在组织的独立性问题。如果说组织的封闭性意味着丧失了独立性，那么充分的开放性也同样会使组织丧失独立性。

---

[1] [美] W. 理查德·斯科特、杰拉尔德·F. 戴维斯：《组织理论：理性、自然与开放系统的视角》，高俊山译，中国人民大学出版社2011年版，第34页。

当然，从理论上说，组织丧失的独立性却在其成员那里显现了出来。也就是说，当组织因为其充分的开放性而不再具有独立性的时候，组织成员反而获得了独立性，即可以完全自主地行动了。这里所说的所谓独立性，其实就是相对于环境而言的。在官僚制组织那里，是包含在组织本位主义文化中的一项内容。

组织本位主义文化也可以看作组织环境生成的原因之一，至少它在强化组织环境方面发挥了作用。也正是在这种对组织环境的强化中，任务环境淡出了人们的视野。组织本位主义也可以称作组织的自我中心主义，是把组织的生存和发展放在第一位时所体现出来的一种精神、观念和文化。持有这种组织本位主义，就会使组织生成和拥有很强的环境意识，希望时时从环境中发现有益于组织的存在和发展的因素，同时又时时提防环境中有可能对组织的存在与发展造成负面冲击的因素。

这种环境意识会集中地反映在内部控制上，会通过强化对组织的各个方面的控制去应对环境压力。越是在复杂多变的环境中，也就越加强化控制，力求组织成为一个整体而有着抵抗环境影响的力量。显然，组织的存在和发展都是建立在承担任务的基础上的，但组织本位主义往往认为任务目标是仅仅属于组织的，组织中的任何一个部门、成员都必须从属于组织的任务目标，除了被组织指派代表组织，都不允许越过组织边界而同环境因素发生交往和进行交换。所以，环境也就仅仅是组织的环境，组织中的一切要素都被隔离在了边界之内，与环境区别开来。这就是用组织环境代替任务环境的状况。

权变主义属于一种环境感知较强的组织理论，但它仍然是立足于组织本位主义的，它所提出的那些被认为是它的特殊贡献的主张，也只是一些更加灵活和多元化的组织环境策略罢了。权变主义倡导的是让组织订立具有一致性的多个组织目标，在某一组织目标与环境相冲突而无法实现的时候，就转向与环境不相冲突或冲突较少的目标，以求其得到实现，认为这可以保证组织在多变的环境条件下实现业绩、收益等最大化。这样一来，如何根据环境的变动去调整组织目标，或者说，如何从某个组织目标转移到另一个目标上去，显然都会对管理层提出很高的要求。因此，不仅需要仰仗管理者的知识和能力，甚至需要组织设立专门的管理部门去专司这项工作，或者增加组织领导者的参谋助手。应当说，在组织环境日益复杂化和不确定化的条件下，这已经是权变理论所提供的在组织本位主义基础上能够较好地根据环境的变动而采取行动的环境策略了。

然而，一旦环境呈现出高度复杂性和高度不确定性的性状时，权变理论的上述环境策略就会遭遇失灵的问题。原因就在于，权变理论并未意识到恪守组织环境的观念是无法适应环境的高度复杂性和高度不确定性的。或者说，只是在组织环境低度复杂性和低度不确定性条件下，权变理论的那些环境策略才能够带来有效的环境管理，在面对高度复杂性和高度不确定性的组织环境时，基于权变理论的环境策略而开展环境管理就会处处碰壁，甚至会让管理者变得手足无措。在高度复杂性和高度不确定性条件下，唯一可供组织选择的路径就是，从根本上放弃组织本位主义。也只有放弃了组织本位主义，才能弱化组织环境意识并强化任务环境意识。其实，一旦组织看到的是任务环境，一旦行动者拥有的是任务环境意识，在行动上，就不会产生环境管理的冲动，而是表现出在对环境的适应中去努力承担任务。

当组织本位主义文化反映在组织运营上的时候，所表现出来的是尽可能地排除组织的任务环境，将其归并到组织环境中。这时，只有当任务环境都被归并到了组织环境中的时候，才能实施管理，否则，也就无法开展管理活动了。与之不同，对于任务环境，只有适应而没有管理的问题。这在工业社会中也许是不可思议的。因为，在工业社会中，人们是不能接受没有管理的组织运行状态的。虽然组织极力将任务环境转化为组织环境，但组织会不可避免地遭遇任务环境的问题，而且任务环境的复杂性、不确定性、动态性都比组织环境高得多。

在这种情况下，组织的回应策略往往是通过任务选择而刻意回避那些复杂性和不确定性程度较高的任务，似乎不承担那些任务，就可以绕开任务环境。在工业社会低度复杂性和低度不确定性条件下，这样做是可行的，然而，在风险社会及其高度复杂性和高度不确定性条件下，如果拒绝承担具有较高复杂性和不确定性的任务，也许就没有任务可以承担了。也就是说，组织在任务选择的问题上失去了选择权。在失去了选择权的情况下，一旦承担了任务，就有可能遭遇未曾预料到的任务环境。

总的说来，在承担任务的过程中，一旦遭遇了那些在复杂性和不确定性程度上远远超出预期的任务环境，组织就只有两种选择：要么放弃那项任务，以求及时止损；要么因为损失巨大而坚持继续承担那项任务，以求渡过难关，但这需要调集更多的资源并加大对各个方面的投入。如果更多的投入收效甚微，就不得不对组织自身进行调整。所以，任务环境的状况也会影响组织的存在和运营方式。

在全球化、后工业化的历史性社会转型运动中，在人类步入风险社会的历程中，对于组织的存在和发展而言，环境的变动所展现出来的正是从组织环境向任务环境的转变。或者说，在工业社会中，是组织环境对组织的存在和发展产生了不得不给予重视的影响，那么在今天这样一种高度复杂性和高度不确定性的社会条件下，对组织构成影响的环境就主要是任务环境了。我们承认依然存在着组织环境问题，但在人们的环境意识中，任务环境远比组织环境更重要，应当给予更多的关注。

总之，在全球化、后工业化进程中，起初可能是个别组织遭遇了某种任务环境，但人们逐渐发现，更多的组织遭遇了类似的任务环境，以至于人们越来越意识到组织环境正在失去意义，而任务环境则值得给予更多关注。我们倡导一切行动都应转向对任务环境的重点关注，这是具有某种广泛应用价值的。比如，在当前民族国家间的关系一时无法得到根本性改变的情况下，国家间在合作应对全球问题时，就可以从对任务环境的关注入手。如果说一个跨国企业拥有多项业务的话，那么在企业的整体环境变得极度恶劣的情况下，将关注点放在任务环境上，也许就能够找到正确的环境应对方案。

二 由环境决定的组织变革

环境的变化以及由这种变化带来的压力,促使组织发生了变革。然而,这种变革却是以从组织环境关注向任务环境关注的转变来加以表现的。这个过程大致始于 20 世纪 80 年代,进入 21 世纪后,呈现出加速的态势。从现实来看,当人类踏入 21 世纪的门槛时,也同时进入了风险社会,特别是社会的高度复杂性和高度不确定性,构成了组织的总环境。它是一切组织都必须面对的,在某种意义上,这个总的环境在强度上呈现出对每个组织的具体环境的压倒性替代。

在工业社会的由普遍性与特殊性原理构成的视界中,风险社会及其高度复杂性和高度不确定性可以被理解成所有组织共同面对的环境。它似乎是普遍的,还有可能被理解为抽象的。共同面对的、普遍的、抽象的环境并不是工业社会组织理论所关注的环境,组织理论所讨论的组织环境应当是一个组织自己特有的环境。所以,我们在文献中所看到的关于组织环境的所有论述以及关于环境管理的所有措施和策略,都是针对组织特有的环境而做出的思考和设计。现在,风险社会及其高度复杂性和高度不确定性这一所有组织都必须面对的共同环境压倒了每一个组织的特有环境,使得组织不再拥有属于自己的组织环境。

在风险社会及其高度复杂性和高度不确定性条件下,任何一个组织都不可能为自己构筑起稳定的边界,一切可以被作为组织边界看待的因素都是处在高速变动中的。既然边界是变动的,甚至有可能是不存在的,那么将什么因素作为组织的环境,也就是一个无法给予回答的问题。也就是说,在我们置身于其中的这个风险社会中,社会的高度复杂性和高度不确定性,使得组织越来越难以以实体的形式存在下去,组织是为任务而生的,组织所在的场域在某种程度上正在演化成平台。在这个平台上有着各种各样的具体任务,围绕着任务产生了各种各样的组织。任务的产生和完成,也就是组织的产生和消失,而组织本身所呈现出来的就是流动的状况。即使在组织承担任务的过程中自然而然地产生了组织边界,人们也不会产生边界意识,承担任务的行动有可能随时越过边界与环境进行交换、交往。所以,组织环境混沌化了,组织与环境之间已经无法区分开来。然而,当组织环境消失的时候,任务环境却变得越来越清晰了。

就工业社会的组织来看,一切组织都是处在某种环境之中的,都必然存在着物质的、知识的、信息的输入和输出。这决定了组织不可能成为一个绝对封闭或绝对开放的系统,我们所讨论的组织封闭性和开放性是相对而言的,更多的时候,是出于谋求组织环境策略的目的而将封闭性与开放性作为一个问题提出来并加以讨论。当然,这种讨论不限于组织的环境策略,也会影响到组织结构、规则、行为模式以及体制和机制等各个方面,进而,还会影响到整个组织的运行思路。总体看来,组织是不可能在与环境交换顺畅的情况下产生改变自身的要求的。或者说,在环境友好的情况下,组织中是不可能产生改革要求的,组织的所有改革要求都是在环境的压力下产生的。

不过,我们在实际中经常看到的却是,即使有了环境压力,组织也不一定就会以对自身的改革去加以回应。通常在环境被形塑成了组织环境的情况下,虽然一切组织面对环境时都会感受到某种压力,或者说,组织总会承受着来自环境的压力,但当组织面对环境的压力时,一种类似于条件反射般的回应就是在组织内部寻求环境替代,从而把组织与环境交换的某些内容转化为组织内部的可控的交往,即在组织内部建立起替代性的对象。这样一来,就必然导致组织规模的增长。"经济学家可能提出,在一个竞争的经济体系中,只有强大的组织才能生存,弱小者很快会被驱逐出局,因此我们今天所见到的组织都是'适应的'结果。"[1]

就组织实践而言,在高度复杂性和高度不确定性条件下,对适应

---

[1] [美] W. 理查德·斯科特、杰拉尔德·F. 戴维斯:《组织理论:理性、自然与开放系统的视角》,高俊山译,中国人民大学出版社 2011 年版,第 264 页。

性的追求是合理的。但是，从理论上说，组织为了在风险社会中开展积极的行动，又不能满足于环境适应性。我们知道，在工业社会，组织规模往往决定了组织的适应性状况。因而，出于适应性的要求，组织不断地扩张，从而朝着规模增长的方向发展。这种以组织规模增长的方式回应环境压力的做法，显然不属于改革的范畴，反而恰恰是不愿意改革的做法。在这样做的时候，往往首先表现出对组织边界的强化，并且通过这种强化实现了对环境的隔离。

就组织的适应能力看，既存的组织大都像进化论所描述的物种"适者生存"一样。但是，无论是在公共领域还是在私人领域，组织都不像物种那样相对恒定或稳定，即不会在一个较为漫长的时间长度中或在一次突变中显现出适者生存的状况，或者，出现"新物种"涌现的状况。组织的生生灭灭是时刻都在发生的事，如果说一些有着较长历史的组织是经历过长期适应性变革而一直存在下来的，即表现出了较强的生命力，那么时刻都在产生的新组织则不是单单用一个抽象的"适应性"就可以作出解释的。比如，20世纪后期的非政府组织涌现就不是一个它（们）是否具有适应能力的问题。

显然，即便在工业社会，社会以及组织环境并不是恒定的，并不是稳定地存在于那里等待着组织去适应它，环境也不会主动地把那些不适应的组织淘汰掉。在社会发展变化的每一个时期都会将一些主要属于那个时代的需求推展出来，并以组织任务的形式出现。所以，组织因任务而获得生命力，那些率先承担起由社会发展推展出来的新任务的组织，是立于潮头的。也就是说，环境的变动总会推展出新的任务，而组织在承担这些新任务的过程中去证明自身与社会发展、环境变动同步。所以，组织变革并不是指某个组织的变革，而是指一批没有承担起新任务的组织消亡了，同时，涌现出了一批承担了新任务的组织。这些涌现出来的组织中也包含着因为承担了新的任务而得以持存的组织。

可见，在工业社会低度复杂性和低度不确定性条件下，环境的变化也会对组织的适应能力提出要求。而且，这种要求不是只用一个哲学的抽象概念就能够表述出来的。每一个组织所遭遇的环境都是具体的，同样，每一个组织在存在的不同时点上也会遭遇不同的环境。因而，对于某一组织而言，有了相对于某种环境的适应能力，并不意味着也会有相对另一环境的适应能力。所以，任何一个组织都不具有一般性的适应能力。之所以有些组织能够长期存续并不断地得到发展，是因为这些组织愿意承担社会责任，总能够在社会发展中去把握时代的新要求，并将其作为组织的任务承担起来。对于组织的领导者、管理者来说，如果受到"组织适应能力"这个提法的误导，每日都把视线放在组织适应能力的建设方面，即通过组织自身的调整而去适应环境，反而会遭遇某种未曾预料到的环境，从而导致组织的衰落和瓦解，更不用说通过组织规模的增长而去回应环境压力了。所以，即便在工业社会的低度复杂性和低度不确定性的条件下，组织也应有社会担当，需要努力感知社会发展的节律和时时捕捉时代推展出来的新要求。也就是说，组织应当把自己融入社会之中，而不是受到组织本位主义观念的绑架时时计较于组织自身利益上的一时得失，更不是每日都在谋划如何在竞争中战胜对手的策略。如果组织在社会责任感的引领下去回应环境的变动，那么对自身的任何调整也就都属于改革的范畴了。这是一种不同于上述旧组织衰亡、新组织涌现的变革路径，而是属于单个组织自我谋生式的改革。但是，这两种方式的变革都是由环境决定的。

组织变革上的适应性与环境决定论是可以统一起来的两种主张。在组织管理盛行的时代，我们需要对组织能否影响环境的问题加以考察。我们认为，在微观的意义上，组织的确能够做到对环境的影响，甚至会对环境管理抱有较大的信心，但在宏观的社会演进过程中，组织对环境是无能为力的。正如我们上面所指出的，恰恰是环境的变动决定了组织的变革。如果组织对于环境或在环境面前满足于获得适应性，那么发生在组织中的一切变动都反映了环境决定的状况，特别是对于时代背景这样一个大环境来说，组织必须以环境所要求的组织形式出现。在某种意义上，这也可以看作一种环境决定论的主张。

虽然历史唯物主义在社会存在方式以及人的构成等方面是反对环境决定论的，但就组织这一社会现象而言，如果不是耽于微观的层面，而是从宏观的意义上去看，环境决定论是能够给予合理解释的。比如，工业社会为什么选择了官僚制组织，就需要从社会大生产的分工—协作要求中去作出解释；再如，官僚制组织在功能实现以及存在形式和运行状态上的合理性等，都需要放在社会的低度复杂性和低度不确定性条件下去作出理解。同样的道理，在共同行动对象具有不可分解的整体性的时候，分工—协作模式就失去了根据，因而需要改为合作行动；当共同行动的基本条件已经演变为社会的高度复杂性和高度不确定性的时候，官僚制的形式合理性也就丧失了，以至于必须让位于合作制组织。所以，在宏观的社会背景中，组织对基本的社会环境的适应性问题也就是环境决定了组织以什么样的形式出现的问题，这两个方面是统一的，两个视角或两种提法也是一致的。不过，在微观的意义上，工业社会中的组织是有着环境管理的问题的，而且能够在环境管理中为组织的存在和发展争取到各种各样的有利条件。但是，在风险社会及其高度复杂性和高度不确定性条件下，组织的环境管理课题消失了。

就我们所谈论的话题而言，当人类走进了风险社会，面对着高度复杂性和高度不确定性的行动条件，组织边界在理论上的不合理性和在现实中的不可能性，都越来越明显地暴露了出来。在这种情况下，如果仍然依据组织边界而企求环境管理的话，无异于缘木求鱼。

组织环境是由组织边界确立的，在很大程度上，也受到组织边界的规定。组织边界从属于组织自我保护的需要，所呈现出来的总是一种保守的倾向。因为组织有了边界，所以在对组织环境的关注中总是伴随着审视、批评、权衡利弊得失等。与之不同的是，对任务环境的关注会赋予组织以积极性，甚至会调动起每一位组织成员参与环境的积极性。不仅表现出与环境交换、交流的主动性,也会反过来对组织限制他们自主性的各种做法表达要求变革的愿望。因而,从对任务环境的关注中可以产生推动组织变革的力量。

自从组织理论提出了组织变革的概念后,也在组织变革的探讨中发展出了改革的意识形态,使组织的领导者可以在改革的名义下尝试和探索走出衰落期的道路。据20世纪的情况来看,绝大多数组织都在这方面取得了成功,尽管在这种改革中没有抛弃组织本位主义的意识形态。但是,20世纪后期以来,组织总的社会环境的高度复杂性和高度不确定性特征对组织本位主义造成了致命冲击,迫使组织必须实现转型。当然,组织本位主义的惯性将在一个很长的时期内仍然发挥作用,但从官僚制组织向合作制组织的转型运动肯定不会拖得太久。作为合作行动者,合作制组织处在总体性的合作体系之中,除了拥有合作理念的行动者之外,绝大多数支持行动的保障因素,都是可以随时从环境中获得的。

从组织的角度看,风险社会及其高度复杂性和高度不确定性意味着一个总体性的社会合作体系的出现。原先那些作为组织构成要素的因素,都因为社会成为合作体系而不再简单地以组织构成要素的形式出现,而是成为合作制组织的产品和服务,表现出随时随地的输入和输出。之所以能够做到这一点,是因为组织环境不仅从现实中消失了,也从人的意识中被清除了出去,取而代之的是任务环境及其意识,以至于原先存在着的一切环境压力也都转化成了亲和力。如果说组织环境主要是作为一种压力施于组织的,那么任务环境则是友好型的,能够为任务的承担提供支持力量。

三　环境视界转移的效应

一切管理活动都是发生在组织之中的,是对组织的管理。所谓环境管理,其实是回应环境的组织自身管理,并不如概念表面所示的那样是对环境加以管理。但是,一个不容忽视的现实是,在社会组织化已经非常充分的今天,组织就像"俄罗斯套娃"一样,一层一层地嵌套在一起。管理活动也是层层展开的,在某个层面上被作为组织环境的因素,在另一个层面上,又恰恰是管理的内容。在每一个层面上又都存在着众多组织,组织之间也处于互动之中。虽然某一组织可以把与它相关的其他组织都归入环境因素的类别中,但其他组织对它的影响却是它必须予以重视的管理内容。

工业社会的低度复杂性与低度不确定性为实体性思维提供了温床,以至于关于组织的研究可以对组织进行孤立的、静止的分析,可以在组织与社会、组织与环境之间做出区分。而且,根据这种关于组织的实体性假定,又可以同时将组织看作整体,从而使环境成了组织环境。在风险社会及其高度复杂性和高度不确定性条件下,这种区分的错误暴露了出来。因为,在这种区分中所形成的观念会断然地把环境、社会看作组织之外的因素,即便认为组织存在于社会之中,需要承担社会责任,也不可避免地要在组织与社会之间做出轻重缓急的选择。一旦做出选择,就会把组织自身放在优先位置上,甚至会生成组织本位主义意识。

从工业社会的组织运行看,组织所拥有的组织本位主义观念,致使组织越是处于复杂性和不确定的环境中就愈加倾向于筑牢边界,力求严格地将组织与环境区分开来,甚至会通过组织的封闭去形塑其整体性,以求形成统一行动的力量。这对于单个组织的存在与发展而言,是一种类似于生物反应性特征的做法。事实上,也确实有利于单个组织自身获得应对危机并走出困境的能力。这说明,组织环境观念是有利于增强组织内部控制的,而且在特定时期能够使组织凝聚力得到增强。不过,社会的高度复杂性和高度不确定性不再是某一单个组织偶遇的环境,而是所有组织都必须正视的基本环境。在这种情况下,单个组织不应该——也根本不可能——在自我封闭中形成应对高度复杂性和高度不确定性的能力。事实上,也是不可能仅依靠自身应对危机能力的提升走出困境的,而是需要与其他组织建立起合作关系,通过合作的方式谋求共生共在。

　　组织间的合作关系无疑是建立在组织开放性的基础上的，组织的任何封闭冲动都必然是对合作关系的破坏。一旦组织真正地具有开放性，组织环境也就受到了稀释和冲淡，对组织环境的关注也就没有必要了。显然，在对工业社会组织的考察中可以看出，一旦出现了组织本位主义，无论有多大程度，都将很难使合作、包容、社会责任等理念转化为组织行为。即使组织声言这样做了，也往往是暗中算计了自己的利益得失。这在社会的高度复杂性和高度不确定性条件下所带来的必然是风险，即进一步加重了风险社会的风险度。所以，在风险社会及其高度复杂性和高度不确定性条件下，我们需要还原组织与社会关系的本真面目，那就是，认识到社会是存在于组织之中的。

　　一旦认识到了社会存在于组织之中，人们也就能够确立一种新的观念得以生成的逻辑起点，从而让组织彻底告别组织本位主义，并代之以人的共生共在的新理念。这是因为，当我们意识到社会存在于组织之中时，就会自然而然地把社会建构寓于组织的管理活动以及组织之间的合作行动之中。即便在一个组织内，管理活动也是以合作的形式出现的，有着合作的属性。特别是当合作的文化氛围生成后，无论是合作的过程还是目的，都会指向人的共生共在。人的共生共在显然不同于组织本位主义所追求的存在。一旦人们拥有了人的共生共在的理念，组织与环境的区分在意识形态的意义上就不再具有合理性了。从这一点来看，关于组织环境的意识也是应当受到质疑的。

　　在人类历史上，从20世纪80年代开始到现在，甚至还可能会延续较长的一段时期，这是一个非凡的时代，各种各样的空前性的事件纷纷涌现，其中，也包括了组织以及与组织相关的各方面的变化。在组织模式及其行为的持续变化中，我们不禁会提出这样一个问题：为什么创新的问题引起了组织管理者以及社会治理者的广泛关注？答案是，因为环境的压力使既有组织模式在运行中不断出现失误，即无法按照既往的方式顺畅运行了，从而不得不通过创新去开拓前行的道路。

也就是说，风险社会及其高度复杂性和高度不确定性使组织原先已成定势的运行方式无法发挥其应有的功能，才使得人们希望通过创新去驱动组织变革。

创新是一种行为，而组织变革则是所期望的结果。所以，如我们前述已经指出的，20 世纪后期以来，组织创新引起了广泛关注，无论是在国家机构还是在企业中，都无非是要在组织体制、结构和行为方式等方面进行自觉创新，以适应组织内外环境的要求。组织创新应当属于技术而不是政治范畴，至少是从属于技术考量的，是从技术的角度或在技术的层面对组织的体制、结构和行为方式所进行的自觉调整，目的是促进组织发生变化。重要的是，这种变化不会仅仅反映在组织自身的存在和运行上，同时也会反映在与环境之间的关系上，甚至改变环境的属性。

因为组织创新，所以构造出了更为灵活的机制，从而让组织中的部门以及组织成员在承担任务上有着更大的自主性，可以为了承担任务的目的而不是组织存在的目的直接与环境交往、交流。于此之中，从组织环境向任务环境的转变也就悄悄地发生了。如果我们注意到虚拟组织这一因为网络以及通信技术而构造出来的组织，就会发现，它已经将组织环境转化为任务环境。在某种意义上，也可以说，正是虚拟组织的出现，使任务环境凸显了出来。

在环境关系问题上，虚拟组织与官僚制组织有着很大不同。查尔德认为，"虚拟组织的潜在好处在于，它为以下方面提供了便利：（1）跨越时空的高效协调；（2）通过去除中间交易环节而带来的成本节约；（3）活动组合方式的更加灵活；（4）管理的简单化"。[①] 其实，这些都是明显可见的，已经不再以虚拟组织的潜质的形式出现。但是，对于虚拟组织的这些好处，我们需要从"社会价值"和"归属价值"

---

① ［英］约翰·查尔德：《组织：当代理论与实践》，刘勃译，华夏出版社 2009 年版，第 243 页。

两个角度来认识和理解。

　　就社会价值而言，虚拟组织的出现无疑为整个社会的运行增添了某种润滑剂。可以认为，迄今出现的虚拟组织，在社会生活的每一个领域中都发挥了正向价值。然而，对于既有的官僚制组织而言，虚拟组织的积极作用和消极影响却又是并存的。从当前情况看，虚拟组织并不能被理解成是在广义的社会中产生的，因为绝大多数虚拟组织无非是在官僚制组织中发展出来的虚拟化策略，或者是在对一些虚拟化策略的应用过程中产生的，只有很少虚拟组织是在独立的路径中生成的。在法治比较健全的国家，这种情况往往会引来一些尴尬的问题。因为，虚拟组织超越了原先组织的概念，没有相应的法律依据对它作出认证，所以，独立的虚拟组织往往是以"法外"组织的形式出现的，其行动和功能都因没有经营权而受到极大限制。

　　从现实情况看，我们今天所看到的虚拟组织大都是有着具体的组织归属的，是归属于具体的官僚制组织的。这样一来，虚拟组织就产生了一个归属于具体组织的价值问题，我们将此称为"归属价值"。所以，虽然就虚拟组织来看所遭遇的是任务环境，而且也已经开始广泛地在任务环境而不是组织环境的意义上处理各种各样的关系，并从任务环境中获得了承担任务的资源和力量，但就其归属于官僚制组织而言，又不得不接受官僚制组织为其划定的边界，不得不考虑官僚制组织为它确立的组织环境。或者说，对于虚拟组织而言，因为是从官僚制组织的虚拟策略中发展而来的，虽然在任务环境中开展组织活动，却因为其归属价值而受到了组织环境的制约。

　　对于官僚制组织来说，在采用虚拟化策略的过程中是有可能形塑出虚拟组织的，但那只是作为官僚制组织的一个部门或衍生机构看待的。即便给予虚拟组织一定的经营和管理自主权，也没有改变其作为附属性组织的地位，至少在回应政府的行政管理时是归属在官僚制组织名下的。因此，归属价值就是官僚制组织必须考虑的问题。不过，我们需要思考的问题是，之所以官僚制组织会采用虚拟化策略和建立虚拟组织,显然是希望借助于虚拟化策略和虚拟组织而使自身获得某种灵活性,即增强回应环境的复杂化、不确定化的能力。但是,虚拟组织的异质属性又对官僚制组织的管理构成了挑战,似乎成了官僚制组织难以控制的"飞地",致使官僚制组织在是否发展虚拟化策略和使用虚拟组织的问题上往往显得非常犹豫。

总体看来,进入21世纪后,私人领域中的虚拟组织成长呈现出枝繁叶茂的景象,涌现出一大批虚拟企业巨头。但是,如果仔细观察的话,就会发现,这些在形式上具有虚拟组织特征的企业,在性质上仍然属于官僚制,只不过是一种新型的"网络官僚制",而且组织本位主义的意识更为浓重,控制手段也更为精妙。值得肯定的是,尽管虚拟组织尚未摆脱官僚制组织而获得独立性,但就其是一种环境应对策略而言,却在行动中改变了环境的属性,将组织环境转化为任务环境。就此而言,放在组织变革的历史进程中去看,还是一个非常积极的信号。这也证明了,从组织环境向任务环境的视界转移,合乎历史进步的走向。

四 合作制组织的环境观

在风险社会中,我们时刻准备承担的是那些突然显现的任务,也就是海德格尔所说的"上手事物"。"上手事物"也许在认识中并没有显得非常重要,但其演化中的不确定性则要求我们予以重视。对于风险社会中的行动者来说,任何好高骛远、贪新骛奇的做法都有可能带来极大的危害。同样,在风险社会中,人们也许会有很多可以列入如海德格尔"畏"的概念中的负面情绪,但那不应成为行动的障碍。风险社会中的行动者面对的是任务以及环境的高度复杂性和高度不确定性,所有与任务相关的事物、事件,甚至是任务本身,都具有以往不曾有过的新的属性和形式,都需要以创造性的行动去加以应对。但是,这种创造性必须是合乎经验理性的。在任何意义上,都不同于好高骛远、贪新骛奇的做法。

在组织的环境关系方面,海德格尔关于变动中的"我"与"环境"的描述也许更能够用来标示任务环境的状况。海德格尔说:"对'我之外的物的此在'的证明所依赖的乃是:变易和持久同样源始地属于时间的本质。我的现成存在,亦即在内感觉中给定的、形形色色的表象的现成存在,就是现成的变易。但时间的规定性把某种持久的现成事物设为前提。然而这种持久的现成事物却不能在'我的里面','因为恰恰我的在时间中的此在只有通过这个持久的东西才能得到规定。'所以,只要在经验上设置了'在我之内'的现成变易,就必然在经验上一道设置了一个'在我之外'的现成的持久事物。这个持久的东西是'在我之内'的变易的现成存在之所以可能的条件。我的经验到表象在时间中存在,这种经验同样源始地设置了'在我之内'变异的东西和'在我之外'持久的东西。"[①]

如果变易表现在行动中和通过"我的行动"而实现的话,那么时间也不是"在我之外"的,至少其根源是"在我之内"的,是由"在我之内"的某种因素引发了行动的要求。总之,我与环境作为共同的此在显然不是静止的和不发生变化的存在,是受到时间规定的。而且,时间规定正是此在的本质规定性。根据海德格尔的这一意见来看组织与环境的关系,环境是不应当被理解成存在于组织之外并对组织发生影响的某些因素,而是内在于组织的。如果说组织环境是外在于组织的存在,那么这种存在在何种意义上具有此在性,是需要通过认识论程式的一整套操作来加以证明的。一旦组织环境为任务环境所替代,也就实现了环境的内在化运动,因而直接以"此在"的形式存在于承担任务的行动之中。

在变动性、时间性的问题上,也许人们会说,组织环境也一直被认为是变动的,用变动性来标示任务环境是没有意义的。但是如果我们考虑到另一极的话,即把组织放在与组织环境并列的位置上,就会

[①] [德]马丁·海德格尔:《存在与时间》,陈嘉映等译,生活·读书·新知三联书店2014年版,第234—235页。

看到其中的逻辑：环境是变动的，组织在原则上是不动的，至少在组织本位主义文化所衍生出来的追求中，组织是不变动的。假若组织也被认为是变动的，那只能解释说，是因为环境的压力促使组织变动，属于回应式的变动，而不是与组织环境一道同处在时间之中。那样的话，时间是在组织环境之内的，却又是在组织之外的。

既然组织的变动是被动的，它就不能够被看作是海德格尔所说的"此在"。因为，它没有时间的规定，即没有由时间赋予它的本质。这就出现了一个荒诞的景象：组织环境是具有此在性的，而组织却不具有此在性。所以，我们认为，不能够将组织环境的概念所反映的环境关系归到海德格尔所描述的那种状况。我们说任务环境与海德格尔的描述是一致的，就是因为任务环境与承担任务的行动者共同处在时间中，它们之间不存在主动与被动的问题，所以都是现实的"此在"。

我们认为，组织、组织环境以及它们的关系是否合乎海德格尔的描述并不是一个多么重要的问题，但作为一种存在，它们是否具有此在性以及在何种意义上具有此在性却是一个在理论上必须解决的问题。如果说组织由于组织环境的概念而在理论上失去了时间的规定，因而不具有此在性，而且，这个问题在工业社会低度复杂性和低度不确定性的条件下也并未被人们意识到，那么在风险社会及其高度复杂性和高度不确定性条件下，当一切存在都因为获得了时间规定性而成为"此在"的时候，组织却被判断为不具有此在性，那就是一个必须认真对待的问题了。所以，是在任务环境的视界中去看问题还是在组织环境的视界中去看问题，就成了一个关乎组织建构乃至整个社会建构的大问题。

无数组织发展的经验证实，组织本位主义会驱使着组织朝着综合性组织的方向演变。也就是说，只要组织持有组织本位主义文化，就会因为环境的复杂性和不确定性程度的提高而作出增强组织综合性的条件反射式的行为选择。这样的话，组织的专业性就会受到相应的削弱，组织因其专业而获得的优势就会逐渐流失。所以，在环境复杂性和不确定性日渐增长的条件下，能否坚守组织的专业化，实际上是对组织的领导和管理层的理性的一种考验。事实上，几乎所有组织都难以坚守自己的专业单一性。

工业社会中的综合性组织是因为有了组织本位主义意识而得以生成的，是出于竞争和环境控制的需要而在构成上、结构上走上了复杂化的道路。与之不同的是，作为高度复杂性和高度不确定性条件下的行动者，合作制组织属于简单组织的范畴，是简单的专业性组织。也就是说，当合作制组织废弃了组织本位主义，也就不再有自我建构成复杂的综合性组织的需要，反而是以其简单化的特质而在合作场域中显示出合作行动的优势。合作制组织越是简单，它的专业性功能在合作场域中就显得越强，组织与任务的一体性特征就越是突出。当组织与任务实现了一体化，那么组织环境也就等于任务环境。因此在合作制组织这里，我们是不应将组织环境与任务环境相区分的。

如果说既有的组织都是相对独立且自为的系统，它的各个部门则是系统中的子系统，那么组织在整体上则是相对封闭的。组织在整体上的封闭性却要求部门的开放性与它相对应。也就是说，如果组织在整体上是相对封闭的，那么它在对各子系统的管理中往往更倾向于要求它们具有更多的开放性。合作制组织则不同，它在整体上就是具有充分开放性的组织形式。而且，合作制组织本身就是专业化的组织，它并无稳定的专属于它的子系统，其实它也不需要建立自己的子系统。如果说它有自己的一些部门的话，那么这些部门也都会根据环境的要求和任务的需要去独立地与组织之外的行动者开展合作。

就社会是一个广泛的合作体系而言，合作制组织自身是可以被理解成社会巨系统中的子系统的，或者说，合作制组织可以被看作工业社会中组织系统子系统的社会化。然而，一旦这种社会化发生了，并以合作制组织的形式出现，组织的封闭性也就瓦解了。其结果就是，不仅合作制组织在整体上获得了开放性，而且作为它的部门的子系统（如果合作制组织也有自己的部门的话）也具有同样的开放性。另外，如果合作制组织拥有自己的部门的话，那也是一种临时性的组合方式，当环境和任务发生了变化，这些部门又会以组织的形式出现，而不会受到组织为了维护自身的稳定性而给予它的限制。

在合作制组织这里，组织和部门都不以稳定的状态存在。在某个环境中和某项任务的承担过程中，组织会以部门的形式出现；在另一环境中和承担另一任务时，部门又会以组织的形式出现。其实，在广泛的社会合作体系中，组织的合作网络已突破了组织与部门的区分，组织间的合作意味着组织不再拥有严格意义上的部门，而是出于合作的需要进行临时性的组合。即使在组合中需要形成组织与部门的关系，它们之间所凝聚起的也是合作关系，不会像官僚制组织那样形成科层管理关系。这样一来，反映在环境关系上，我们所看到的就是，组织环境完全地隐匿了身形，彰显出来的完全是任务环境。

在组织与环境的关系问题上，如果组织的需求是特殊的，它就不会有与其他组织争夺外部支持的问题，它只要把着力点放在稳定外部支持来源方面就可以了。当然，也可以努力协助外部支持来源去做一些改善工作，力求这种外部支持在效率上和质量上都能得到稳步的提升。合作制组织的专业化使它具有了个性化特征，而这种个性化又会表现在组织需求的特殊性上。一般说来，它对外部支持的特殊需求也促使它努力去与环境之间建立起稳定的合作关系。如果说它对外部支持的需求是多元的话，那么也只是它与多个外部支持来源之间稳定的合作关系的树状展开。就它对每一种外部支持的需求来看，都是特殊的，都需要个性化的服务来满足其多元化的需求。因而，合作制组织与环境之间的合作和互动也是多向度展开的。

在官僚制组织那里，组织环境是同质性的，所有不属于组织内部的因素都无差别地属于环境。而在合作制组织这里，任务环境是个性化的。如果说任务环境是由多个来源构成的话，也是差异性的，每一个来源对承担任务提供的都是不同的支持。

合作制组织的充分开放性之所以不对组织的存在构成威胁，是因为组织拥有某种凝聚力。首先，拥有共同兴趣或意气相投的人们走到了一起,愿意共同行动;其次,对组织任务认识上的一致性激发起了人们共同承担任务的愿望;再次,对环境压力的共同感知促使人们必须通过合作制组织共同行动。但是,更为根本的是因为合作制组织拥有一种道德凝聚力,或者说,是因为人们都拥有一种为了人的共生共在的道德情感,因而愿意以自己的知识和专业技能去在合作制组织中扮演特定的角色,并基于道德判断而要求与他人共同行动。

一个开放性程度较高的组织必然伴随着人与物等各种组织要素的频繁流动,而这些要素在组织与其环境之间的流动,不仅会激荡起组织中的创新活力,而且会不断地为组织输入新鲜的血液、清新的空气等,为组织中的创新因素提供更适宜于生长的条件。合作制组织正是这样一种开放性的组织,人们是因任务而聚合到了一起,关于组织的边界意识,是非常淡漠的。所以,合作制组织成员所看到的主要是任务以及与任务联系在一起的任务环境。如果说组织有边界而将环境隔离在了组织之外,那么承担任务的过程则是无界的。此时,在承担任务的行动者与环境之间存在着的不是边界而是桥梁。

合作制组织也是组织成员合作关系生成的条件。这是因为,作为风险社会及其高度复杂性和高度不确定性的总体性"组织环境提供了建构主体间关系现实的一种可能性,其间,行动者通过相互进入他人的意识的方式来试图分享他们的思想和体验,行动者通过反思彼此的见解和经验创造出一种富有社会意义的方案"。[①] 合作制组织成员的行为自主性会扩展到整个组织或影响整个组织,从而使整个组织表现出其成员间的相互感染。因为这种相互感染,每一成员都能够自主和自觉地从环境对组织的需求信息中解读出回应措施,并迅速地采取行动。正是因为合作制组织与环境之间关系上的合作属性,也正是因为合作制组织是一个迅即响应、即时行动的行动体系,所以能够适应在风险

---

① [美]全钟燮:《公共行政的社会建构:解释与批判》,孙柏瑛等译,北京大学出版社2008年版,第49页。

社会中有效应对突发性事件的需求,并且能够赢得人的共生共在。

第二节 组织与控制

对于"组织控制",可以作两种理解:一是对组织的控制,这种控制来自组织外部;二是组织作为一个控制系统的运行状况。当我们说"管理就是控制"的时候,所指的就是第二种情况。我们在此希望对组织作为控制系统的运行及其历史演进状况进行考察,并作出反思。

应当说,在人类社会的不同历史阶段中,组织控制的表现是不同的。这是因为,社会的组织原则在不同的历史阶段中是不同的。在农业社会的历史阶段中,是以"实在"的存在物为生活和一切行动的前提。血缘、类血缘以及地域等是社会组织原则的前提和基础。在工业社会的历史阶段中,人们更多地持有某种功能取向,对一切组织及其所有的组织活动都有着某种功能期待。在功能取向的组织观中,实体性的组织是被作为功能载体看待的,人们会自觉地为组织预设某种功能,并通过功能实现的状况而对组织活动加以评估和做出调整。在全球化、后工业化进程中,社会的组织原则将被调整到目的导向上来,即为了人的共生共在这一社会目的而开展组织活动。具体地说,就是将一切组织活动都置于构建人类命运共同体的需要上来。

哈贝马斯认为,在以亲缘关系为社会组织原则的社会中,"家庭结构决定了整个社会的交往;家庭结构同时也保障了社会整合和系统整合。世界观和规范几乎还没有分化开来。它们都是围绕着礼仪和禁忌而建立起来的,不需要单独加以认可。这种组织原则仅仅和家庭道德、部落道德联系在一起:凡是逾越亲缘系统的社会关系,无论是纵向的还是横向的,都不可能存在"。[①] "随着官僚制统治机器的出现,

---

① [德] 尤尔根·哈贝马斯:《合法化危机》,刘北成等译,上海人民出版社2000年版,第25页。

从亲缘系统中分化出一个控制中心。这就使得社会财富的生产和分配从家庭组织形式转为生产资料所有制形式。亲缘系统不再是整个系统的制度核心。它把权力和控制的主要功能转让给国家。这是功能专门化和分化的开端。在这个分化过程中,家庭丧失其全部的经济功能和某些社会功能。"[1]

哈贝马斯没有尝试着去预判未来社会的组织原则将是什么样子,但我们却可以从20世纪后期出现的虚拟组织中解读出组织原则变化的某种端倪。显然,虚拟组织成员有着匿名的特征,组织也以非实体的形式隐匿于诸如网络以及其他社会存在形式的背后。重要的是,虚拟组织的存在目的是明确的,而且能够通过目的去实现对组织行为的整合。虚拟组织所表现出来的这种组织原则,在很大程度上预示了未来社会的组织原则将是目的导向的。事实上,在风险社会及其高度复杂性和高度不确定性条件下,此前决定了社会组织原则的各种因素都开始变得非常可疑了,唯有人的共生共在这一社会目的,才能作为社会组织原则的前提和基础。这构成了认识组织是不是一个控制系统的出发点。在回答组织控制是否必要以及是否可能的问题时,也都应从人的共生共在这一社会目的出发。

一 组织控制与社会控制

虽然有许多人认为组织并不是人类特有的一种现象,并试图通过各种各样的研究证明生物界也存在着组织现象,比如蚂蚁与蜜蜂就是人们经常被提起的。不过,我们认为,值得作为一个社会话题来加以讨论的是存在于人类社会中的组织。而且,在人类社会的发展中,组织是文明的一项标志,社会在历史进程中的组织化也意味着社会的进化。到了20世纪,社会基本上实现了组织化,以个体的人的形式参与

---

[1] [德]尤尔根·哈贝马斯:《合法化危机》,刘北成等译,上海人民出版社2000年版,第26页。

到生产以及其他社会活动中来的情况已经很难见到了，几乎所有社会活动，都是通过组织形式和借助于组织进行的。在社会组织化比较充分的情况下，社会控制也是以组织控制的形式出现的，组织对自身的控制以及对环境的控制构成了社会控制的两个基本方面。

在社会组织化的条件下，整个社会都被组织了起来。其实，就社会无非是一种抽象存在而言，是蕴于组织之中的，是由组织内部的以及组织之间的各种各样的关系构成了社会。如果说社会生活可以分为不同的领域和不同的层面，也是以不同的组织类型（如政治组织、经济组织、社会组织等）出现的。事实上，社会一直是一种虚拟性存在，包含在了人的关系和行动之中。就马克思将人定义为"社会关系的总和"来看，就已经明确地指出了社会无非是构成了人的一种因素，而不是相反。或者说，表面看来是人构成了社会，而在实质性的意义上，恰恰是社会构成了人。

就组织而言，是具有二重性的：一方面，组织相对于个人而言是社会；另一方面，组织作为行动者又是以体系的形式出现的，是一个系统，即体系化了的人。人的关系和行动都具有社会性，有着开放性的要求和倾向，要想将人圈起来形成一个封闭系统的话，往往需要求助于控制。当组织是一个控制体系的时候，就是一个封闭系统。但是，如果我们不是刻意关注控制的问题，也就不能够将组织看作孤立的和封闭的系统。组织作为相对于个人的社会是虚拟性的存在，但在组织以行动体系的形式出现的时候，又是一种实体性的存在。作为一种虚拟性的存在，包含着开放性的维度；作为一个实体性的体系，表现出的是它的封闭性的维度。这两个方面是矛盾的，却又在组织的运行以及组织目标的实现过程中统一了起来。

迄今为止的一切组织都是为了开展行动而建立起来的，组织就是一种行动体，换句话说，是行动着的实体。从行动的角度看，组织是需要以开放系统的形式出现的。一个封闭系统有着内部活动，却不能成为行动体系。只要组织是一个行动体系，就会与环境相遇，就会有任务以及承担任务的目标,就会有资源的输入和产品的输出,因而必然是开放的。而且,组织功能的实现也只能在开放的维度上才有可能。反过来说,因为组织是一个开放系统,所以不可能是完全独立的存在物,或者说,不是孤立的存在物。如果我们关注了组织的行动特性,也就不应再将它看作实体了。

然而,恰恰是在这一问题上,由于某种实体性思维的限制,让人们误以为组织是某种可以进行静态观察的、独立的实体性存在物,进而去谈论所谓组织的社会功能(如帕森斯)。在社会组织化的条件下,如果我们看到社会只不过是蕴于组织之中的存在,那么组织之中与组织之间的关系也就应当被合理地理解成社会关系。这样一来,所谓组织的社会功能,其实也就是组织之中和组织之间的各种社会关系在调整中所产生的效应。认识到这一点,就不应在观念中把组织与社会割裂开来,也不应持有组织本位主义意识。

马奇和西蒙在试图对组织与"未得组织起来的人群"进行区分的时候认为,组织是因为以"实体"的形式出现而不同于离散性的人群。升级的表述则是,把组织说成一个"社会单元",认为组织是构成了社会的单元,但仍然主张组织能够实现自身的协调。显然,把组织说成实体和看作社会单元,代表了两种不同的主张。在把组织看作社会单元的时候,已经将社会的因素考虑了进来。不过,无论是基于一种"物理观念"而把组织看作实体,还是基于社会观念而把组织看作社会有机性的单元,都是把研究的重心放在了组织的控制活动上了,是围绕着组织的控制活动去考察控制权及其实现方式等方面的,尽管将组织作为社会单元要比将组织看作实体表现出了更多对组织功能的关注。

从组织理论研究的历史看,把组织作为物理性的实体和把组织作为社会单元,构成了管理学以及组织理论的两种主流观点。即使到了20世纪后期,虽然"环境意识"得到了增强,但作为主流观点的惯性依然决定了人们把控制的思路应用于考察组织以及与环境的关系。因此，整个20世纪的管理学和组织理论都明显地包含着控制导向的思维，可以说，都是基于这种控制导向的思维而建构起来的思想和理论。

社会的组织化意味着，"以自我为中心"即从"组织本位主义"出发的行动就是组织的社会实现方式的基本途径。事实上，在社会组织化已经非常充分的情况下，所有社会活动都是以组织的形式或通过组织进行的。组织包含了社会却又以自我为中心，表现出了与社会既矛盾又统一的特征。以组织的形式开展社会活动，一方面促进了社会的组织化；另一方面又赋予组织以扩张的本性，使组织规模倾向于膨胀。在社会组织化方面，带来的是以管理的名义出现的无所不在的控制，而组织则会因规模的膨胀陷入二律背反。这就是工业社会的基本状况。自我中心主义以及对自我利益的追求是造成这种状况的根本原因，或者说，自我中心主义是社会组织化的源头，也是组织生产出社会风险的原因。

在风险社会及其高度复杂性和高度不确定性条件下，当人的共生共在的追求取代了自我中心主义，社会组织化的现状有可能被保留下来。但是，组织规模膨胀的倾向将会因为效用要求而受到抑制。或者说，高度复杂性和高度不确定性条件下行动的效用取向，会让人们更加自觉地去审视组织规模与组织功能的关系。因为组织的非控制导向也是一种社会导向，反映到组织这里，就是对其规模膨胀产生抑制作用。所以，适用于在风险社会及其高度复杂性和高度不确定性条件下开展行动的合作制组织将是小型的甚至微型的行动体。

也许人们会问，组织的小型化会不会使整个社会呈现出零碎无序的状况？如果从形式上去思考这个问题，有可能得出社会零碎无序的结论，但风险社会中的人们拥有了为了人的共生共在的理念，愿意把自我的生存寄托于合作行动，因而不会出现所谓零碎无序的问题。一方面，合作是这个社会的内在属性和基本特征，而不只是存在于每一个行动体之中的特征，或者说，这个社会就是一个合作的社会，合作也是渗透于组织之中的每一处和每一项行动中的。另一方面，合作制组织的小型化意味着行动体具有充分的行动灵活性，能够随时有效地填补合作场域中的任何一个空缺之处，从而达到效用最大化。

竞争是组织环境控制的原因。在工业社会，组织处在一个竞争的环境中，特别是在私人领域中，组织间的关系首先是竞争关系。出于竞争的需要，组织的首选方案往往是强化战略管理。由于战略管理在私人领域中是被企业等组织作为克制竞争的武器而加以利用的，一旦某些组织在战略管理方面取得了成功，也就获得了竞争优势。重要的是，战略管理不仅能够使组织争取到竞争优势，还能够将这种竞争优势维持下去。这对于竞争条件下的组织而言，无疑是组织环境控制能力的表现。所以，从20世纪后期的情况看，私人领域中的各类组织都对战略管理倾注了巨大热情。然而，对于作为企业等组织活动舞台的市场而言，总会面对着一个结构性的问题，那就是，因为一些组织拥有了稳固的竞争优势，导致市场的公平维度丧失了。

大致是在"二战"后，与19世纪中期开始出现的垄断不同，组织的竞争优势带来的市场不平衡对社会造成了更大的冲击。可以认为，传统的垄断在市场经济发展过程中已经得到了有效控制，能够被置于相关法律的约束之下，企业等组织一般都会将自己的市场份额调整到法律允许的比例之下。当然，在传统的垄断中，市场主体间的不平等也一直是一个未能得到解决的问题，因为公共部门一直没有严格地针对这种不平等、不平衡作出有效的施治，但总体看来，针对垄断的法律调控还是能够使市场经济的竞争体制得到基本维系的。随着战略管理的出现，由战略管理造成的垄断对竞争平衡造成了极大的冲击。由于作为组织的企业并不争夺市场份额，而是将资本的收益最大化，致使反垄断的法律在实施上陷入了失去治理目标的困境。这可以说是一种国家治理上的控制失灵状况。

实际上，在组织本位主义不变的条件下，战略管理把组织引向了缔造组织联盟的方向。通过组织联盟，形成了"战略性网络"，建立起隐形"帝国"，既能对"局域网"之外的市场主体实施有效的排斥、挤压等，又能有效地规避政府部门的审查。这就是战略管理在20世纪后期营造出来的一种变异了的市场经济局面。具体地说，就是"很多市场都是被少数几个关键人物所控制，他们单独支配充足的资源以排斥新的进入者，并且，很多公司都深深地嵌入到社会系统和社会网络中，这些社会系统和网络立刻就会阻止或促进特定种类的（战略）思想和行动的形成"。[1]

表面看来，组织的战略管理属于组织对自身的控制，既能够实现对组织自身的有效内部控制，也能够轻松地驾驭环境。但是，它却改变了市场，对社会产生了巨大影响。正是从组织的战略管理中，我们看到了组织的控制导向在20世纪后期出现的这种新的演变趋势，也看到了组织控制在工业社会的演变中所发挥的作用。不过，在社会组织化的背景下，我们是不应将其看作组织与社会的互动，而是应当理解成组织与组织间的一种互动形式。

组织的战略管理改变了组织的存在方式，使得跨国公司以及其他跨国组织纷纷涌现，呈现出对官僚制组织模式的某种背离。在全球化运动的初期，即在20世纪后期的经济全球化中，跨国组织的层级弱化、控制战略的多样化和决策的分散化等，都意味着对官僚制组织模式的某种突破。虽然我们对此并不作太过积极的评价，但其中所包含的组织演进史方面的隐喻，则是应当得到肯定的。如果有一天人们意识到社会的高度复杂性和高度不确定性予人的是共生共在的启示，并愿意告别自我中心主义、组织本位主义等意识形态，那么跨国组织的这些运行方式就会转化为积极因素，并被新型组织即合作制组织所吸收。

在工业社会的结构中，合作制组织在甫一生成的时候，也许可以列入公共组织的范畴。尽管在全球化、后工业化进程中公共领域与私

---

[1] ［瑞典］马茨·阿尔维森、［英］休·维尔莫特：《理解管理：一种批判性的导论》，戴泰译，中央编译出版社2012年版，第187页。

人领域出现了融合趋势，但我们认为，在一个相当长的时期内，私人组织的存在依然是一个基本事实，它在很大程度上还会保留既往的竞争性特征。所以，我们可以认为，公共组织将会率先在合作意识形态的作用下被建构成合作制组织。至少，这类组织的合作属性会呈现出迅速增强的趋势。当然，在合作理念成为意识形态的条件下，私人组织也会越来越多地承担公共责任。在一定程度上，私人组织也会获得公共性，会受合作理念的熏染，表现出更多的合作倾向。事实上，从各类组织20世纪后期以来的表现看，已经出现了谋求合作的趋势。

观念上的、组织意识形态上的改变意味着组织控制模式和社会控制模式都在发生变化。总之，社会的充分组织化、组织联盟等都意味着组织控制和社会控制不再像组织以单个实体的形式存在时那样可以分为两种来源不同、形式不同的控制模式，甚至在控制是否必要的问题上，都需要接受审查。

二　组织成员与环境压力

社会的组织化，或者说，社会中的每个人都需要参与到组织中来，再者说，人们的一切社会性活动都需要通过组织，是包含在社会发展中的一个历史性趋势。关于这个问题，是需要从环境压力上来认识的。面对环境的压力，个人的能力显得微弱，致使人们需要组织起来开展共同行动，以增强和放大个人的能力。既然人被组织了起来，如何实现人的合力的最大化就成了组织所追求的目标。通过学习，可以提高组织成员的能力，从而实现合力的增长，但这是有限的。而且，人的能力如果在作用方向上不一致的话，还会导致合力的减弱，甚至无法构成合力。这样一来，就使组织协调变得尤为重要了，而在所有的协调方式中，体制性的协调是最为经济的，所以体制的功能显现了出来。因此，自从组织被作为一个研究对象而被确认后，许多关于组织的研究文献都集中在了组织体制方面，并形成了官僚制组织理论等。也就是说，组织理论研究大都谋求以体制的方式整合组织成员。组织理论对体制的重视导向了一个谋求并增强组织控制的方向，从而形成了具有合理性、合法性和科学性的组织控制机制理论以及实践方案。

在20世纪50年代组织理论研究兴起时，所做的主要工作是对韦伯的官僚制理论进行修补和调整，目的是要谋求组织在具体领域以及相对于具体任务的适应性。尽管这一时期开始已经有学者表达了对官僚制的怀疑，甚至在稍后的70年代公开提出了摒弃官僚制的要求，但并没有带来切实的行动。或者说，付诸实践时，是不成功的。就此而言，组织理论研究运动中所建构起来的官僚制组织理论依然可以视作对组织体制的一种新探索。虽然这一研究依然走在了韦伯确立的道路上，但若考虑到韦伯是将官僚制作为一种社会理论的标识的话，那么组织理论研究运动则将其吸纳到了组织之中，形成了"官僚制组织理论"。这也就是我们今天所看到的关于组织的界定。不过，人们往往将其归功于韦伯了，认为韦伯建构了官僚制组织理论。

其实，组织研究运动所确立的官僚制组织理论与20世纪初期韦伯所描绘的官僚制还是有所不同的。也就是说，20世纪50年代的组织理论研究者对官僚制理论作出一些调整。这些调整虽然是微不可察的，却又是客观事实，必须予以承认。20世纪50年代的组织研究运动需要对韦伯的官僚制社会理论进行修正并将其改造为组织理论，是由当时的社会条件所决定的。因为，此时的社会复杂性和不确定性程度已经不同于韦伯提出官僚制理论时的情况了，所以需要对这种新的情况加以回应。再者，韦伯在官僚制的意义上可以打通历史，比如，到古埃及以及中国古代去寻找官僚制这种体制的原型，而官僚制组织实际上是纯然现代性的造物。因而，需要通过官僚制组织理论的建构去回应复杂化和不确定化的现实要求。

总的来说，关于组织体制方面的研究为"管理就是控制"这一主张提供了非常有效的实施方案，使得组织的所有方面都得到了很好的控制。如果说官僚制组织与其他类型的组织相比有什么优势的话，首先就在于它拥有一整套程式化、模式化的控制方式。

从理论上说，组织中的每一个成员都会对组织的存在和发展产生影响。虽然这是一个无可辩驳的观点，但组织存在和发展的实际情况却表明，一直是少数人在发挥着主导性的作用。显然，组织的存在与发展是通过管理而实现的。所谓管理就是控制，主要表现在"排除"和"整合"这两个方面。也就是说，存在于组织成员中的某些力量被排除；另一些力量则得到整合。正是排除与整合，构成了控制的两个方面，也反映了控制的两种功能。通过排除，证明了控制，也增强了控制；通过整合，控制的功能显效。

在排除和整合的过程中，是无法确定组织成员中的某位成员对组织的存在和发展作出了什么贡献或能够发挥什么样的作用的，除非他是组织中地位显赫的控制者、支配者、管理者。这一点显然是与要求张扬个性、主体性的个人主义哲学和政治文化相冲突的。所以，来自组织生态方面的压力一直迫使组织在承认个人价值方面作出妥协。可是，组织为了使自己以一个行动体系的形式出现，必须实施控制。事实上，也正是通过有效的控制而成功地抵抗住了来自组织生态方面的压力。

通过管理营造的组织秩序决定了不同的组织成员对组织的存在和发展所作出的贡献是不同的。从表现来看，似乎很多组织成员对组织的存在和发展是没有什么贡献的，甚至是被作为组织的冗员看待的。但是，如果组织所拥有的不是管理秩序，或者说，如果组织是一种自组织形态的话，那么情况就不同了。

在自组织中，每个成员都有着自己特定的位置，发挥着特定的作用，有着特殊的价值。自组织所拥有的是一种"自然秩序"，处于自然和谐的状态中，所以，是不存在官僚制组织中的那种规范化、形式化的控制机制的。其实，在我们构想合作制组织的时候，自组织的意象是一直悬浮在我们面前的。在很大程度上，我们是把合作制组织默认为一种自组织的。但是，我们又必须指出，合作制组织绝不是既往曾有的和当下既存的任何一种自组织形态，而是基于人的共生共在理念而自觉建构起来的组织形态。合作制组织在表象的意义上具有自组织相，而在实质上，则是人的合作行动的自觉形态。如果说它与自组织有什么相似性的话，也主要表现在它不建立和使用控制机制方面。

在环境给人以可以控制之预期时，不仅不会削弱控制，反而会激发出更强的控制冲动。但是，如果环境压力到达了某个临界点的话，组织也就不会再谋求控制了。就工业社会来看，如果不是从哲学的角度去追溯这个社会的建构原点，那么昂格尔的概括性论述就会被认为是准确的："个人利益理论是社会秩序的一个基础的概念，它经常等同于功利主义和古典政治经济学，但它也是其他许多思想传统的一个重要组成部分。它以依附某一社会契约概念和对组织的社会生活所依赖的规则的性质的特定看法为特征……它认为人们受自我利益的控制并愿意以有关最有效的实现他们个人选择的目标的方式的判断为指导。"[①] 虽然这些依附于社会契约的理论及其所代表的整个思路一直受到怀疑和批评，但在工业社会的低度复杂性和低度不确定性条件下，不仅具有很强的对个人行为和社会行动的解释力，而且也是可以转化成社会建构以及行动方案的。许许多多成功的管理案例，都可以对此作出证明。

不过，当个人的生存问题需要在共同体中去解决的时候，当生存的问题被排到了传统意义上的个人利益关注之前的时候，仍旧以这些理论为指导的话，则会变得非常危险。就人类堕入风险社会的现实情况看，共同体相对于个人的优先性显然已经对经典的社会理论构成了否定，从而要求我们必须走出由经典社会理论确立起来的思想和行动路线。风险社会及其高度复杂性和高度不确定性是工业社会从未有过的组织环境。在这种条件下，个人选择显然需要让位于即时行动。也就是说，在突发性的危机事件面前，个人的选择权是不被允许得到申

---

① ［美］昂格尔：《现代社会中的法律》，吴玉章等译，中国政法大学出版社1994年版，第22页。

述和应用的,更不用说专注于个人的利益考量。一旦行动属于即时行动,那么既有的组织控制机制就无法发挥作用了。

在组织的环境控制策略中,信息控制一直是最为重要的控制,其他方面的控制都需要建立在信息控制的基础上。就组织作为一个系统而言,"随着系统复杂程度和组成部分之间和系统与环境之间所交换的系统流的属性及相对重要性也会发生变化。系统流主要包括物质流、能量流和信息流"。[1] 合作制组织也包含着这三种"系统流"的传递,即与环境之间进行这三种系统流的交换。但是,哪一种系统流在传递和交换中处于主导性地位,则是由环境和任务决定的。就重要程度而言,如果行动的性质是合作,那么信息流的传递和交换将引起组织成员更多的关注。或者说,在合作制组织这里,信息流的传递和交换远比以往任何一种组织形式都表现得更加显著。如果把合作制组织也看作系统,就会发现,"系统越来越复杂,内部联结越来越松散,对信息流的依赖越来越重,自我维系和再生的能力越来越强,对环境则是越来越开放"。[2]

合作制组织的流动性决定了信息沟通和传递都不会出现阻滞、截留或修改,因为结构的流动性意味着信息来源并不是单通道的,而是多元的甚至全方位的。像官僚制组织中那种希望通过控制信息而获得和增强权力的状况在合作制组织这里不会发生,而且也是不可能发生的。更为重要的是,合作制组织一般不会建立正规的归属于组织的信息系统。合作制组织的信息支持主要是由合作场域中的专业化组织提供的,这也是组织间合作的一种表现方式和一项内容。

合作制组织必然是专业化的组织,在总体上,会比工业社会中的组织(官僚制组织)具有更强的专业性。所以,合作制组织往往并不

---

[1] [美] W. 理查德·斯科特、杰拉尔德·F. 戴维斯:《组织理论——理性、自然与开放系统的视角》,高俊山译,中国人民大学出版社2011年版,第101页。
[2] [美] W. 理查德·斯科特、杰拉尔德·F. 戴维斯:《组织理论:理性、自然与开放系统的视角》,高俊山译,中国人民大学出版社2011年版,第102页。

刻意地保留赖以开展行动的信息，因而不需要专门建立从属于组织的信息纪录、存储和分析的部门。专业化的信息组织是通过与一切需要其信息服务的行动系统（组织）而实现自己的价值，而任何一个行动系统（组织）也都可以在提供信息服务的众多专业化的信息组织间作出选择。结果，信息不再与权力之间有着必然的联系，通过垄断信息去获取权力的行为也就不会再发生了。这样一来，对信息的控制也就失去了意义，组织及其成员也就不会再有信息控制的要求。

合作制组织在信息供给上的专业化，意味着专业化的信息组织也是合作制组织，是合作场域中的组织。这对于非信息组织来说，需要具备一项重要的行动能力就是更强的信息解读能力。因为，信息收集、处理、分析的专业化，是由专门的信息组织去执行的，它们的任务是提供信息服务，而不是信息服务之外的行动任务。相应的，开展行动的非信息服务的组织，就需要有较强的信息解读能力，以通过这种信息解读能力去接收所得到的信息服务。在组织自身不设立信息记录、存储、分析部门的情况下，希望专业性的信息组织去充分了解组织自身的信息专业性，往往是不可能的。所以，对于专业性信息组织传递过来的信息，是需要得到正确解读的。这就决定了合作制组织成员都需要拥有很强的信息解读能力。

对于合作制组织而言，组织间的控制因为合作而不会发生，那么在组织内部，也将因为组织成员的信息解读能力的提升而使信息控制变得非常困难。如果组织内部的领导和管理者强行控制信息的话，会使组织的运行成本变得很高。也就是说，一方面，因为信息供给者不从属于组织的，即不是组织中的一个部门；另一方面，组织成员有着很强的信息解读能力，这两个方面都决定了组织无法实现信息控制。

在官僚制组织的运行中，一直施行过程控制。之所以官僚制组织会刻意突出过程控制，其根本原因是由组织建构原点上的个人主义决定的。组织建构原点上的个人主义使得组织一旦放权于一线人员，就会引发权力滥用以及腐败。事实上，在分权的各个层级上，都无法避免权力的不当使用。个人主义在组织中的表现是，每个人都为了个人利益而开展活动，组织只不过是实现个人利益的手段和途径。显而易见，当每个人都从自身利益出发去开展活动时，只要获得了权力和相应的机会，就会首先用于实现个人的利益。所以，只有通过对组织过程的严密控制，去防止滥用权力等违规行为的出现。

合作制组织与官僚制组织的根本不同就在于组织建构的原点是不同的。或者说，合作制组织的建构并不包含着形而上学意义的原点隐喻，而是直接地从属于任务承担的需要。对一切任务的承担，又都是从属于人的共生共在的目的的。关于整体主义还是个人主义的争论在合作制组织这里是多余的，合作制组织的全部关注都放在了合作行动上了。对于合作制组织来说，有益于合作就是标准。无论在何种意义上，都不会导向任何形而上学意义上的个人。所以，合作制组织也就不再需要任何指向人的所谓过程控制。当然，合作制组织也是重视合作行动过程的，但这种重视不仅不会导向控制，反而会引起行动者对合作行动过程开放性的关切，即随时发现并消除任何对开放性形成阻碍的因素。如果说封闭是控制的前提，那么开放则是对控制的消解。

三 组织规则与不确定性问题

从官僚制组织的运行看，系统的、健全的规则体系可以为组织的领导和管理活动提供较为充分的合法性。但是，对于增强组织领导和管理者的权威，组织中的不确定性空间又是有着正向价值的。因为，这个不确定性空间也就是组织的领导和管理者与组织成员开展博弈的空间。组织领导和管理者的地位以及能够调动更多组织资源的能力，使他们在与组织成员的博弈中能够利用不确定性达成自己的目的，也使他们能够处于无法动摇的优势地位上，使他们在接下来的博弈中显示出某种力量和魅力，以至于组织成员必须向他们妥协，甚至还会产生某种对他们的依赖。所以，组织中的不确定性往往成了组织领导和管理者形成并增强权威的资源。

与之相反，组织规则往往成为削弱组织领导和管理者权威的因素。一个组织的规则体系越是严密，组织领导和管理者的权威越小。所以，拥有权威的组织领导和管理者往往极力贬低组织规则的作用。即使他们提起组织规则，也只不过是想把规则作为其控制和支配其他组织成员的工具。或者，是用规则来为控制和支配行为进行合法性证明。一般来说，虽然组织成员在受到组织规则的压抑和束缚时也会希望组织能够拥有一个不确定性空间，但与之相比，组织的领导和管理者往往比组织成员更希望组织拥有这个空间。而且，组织领导和管理者在获得这个空间的时候，总会不失时机地把不确定性转化为一种控制和支配组织成员的力量，对组织成员实施一种非正式的压迫，收买依附者并排挤异己者。因此，对于绝大多数组织成员来说，组织中的不确定性空间并不意味着升迁晋级等利益实现的机会，反而成了一种非正式的压迫力量。

　　既有的组织，特别是官僚制组织，往往通过组织领导和管理层对信息的垄断去营造神秘性，并将这种神秘性转化为针对组织成员的不确定性，使组织成员在信息不对称的情况下被动地接受他们的安排。不过，信息社会打破了这种信息垄断的局面，在透明化的维度上压缩了组织中的不确定性空间。尽管既有的组织都依然在努力维护旧的信息垄断格局，但信息公开运动已经宣布了这种信息垄断不具有合法性。可以相信，要不了多久，凭借信息垄断而强化组织成员对组织领导和管理者的依附结构的做法就会为人们所唾弃，并将宣布既有一切组织形式在存在上的合理性的丧失，从而让位于合作制组织所代表的行动模式。

　　目前看来，终结控制不仅是对一种组织体制的否定，而且是对所有有着控制导向的组织的否定。因为，风险社会及其高度复杂性和高度不确定性不仅意味着组织控制的不可能性，而且意味着控制所带来的更大风险以及危害是不能接受的。即使组织中的不确定性空间是很小的，也会成为组织内各种冲突的根源。在组织的领导和管理者利用这个不确定性空间去增强权力和实施对组织成员的控制时，就有可能引发组织成员反控制的斗争，组织成员也同样会调动其全部智慧与组织领导和管理者开展博弈。

因为组织中有了这个不确定性空间，使得组织成员之间能够开展竞争，也使得每个人都希望在这个不确定性空间中获取对自己有利的博弈筹码。所以，作为组织典型形式的官僚制组织极力压缩这个不确定性空间，以求组织的一切方面都被纳入形式合理性之中，努力让组织运行在可预测的确定性轨道上。然而，在高度复杂性和高度不确定性的条件下，官僚制组织压缩组织不确定性空间的做法变得不可行了。同时，组织领导和管理者也因组织中的这种不确定性空间的增大而失去了控制不确定性的能力，更不用说对这个不确定性空间加以利用了。

在风险社会及其高度复杂性和高度不确定性条件下，任何在组织中去营建不确定性空间并加以利用的做法都会使组织冲突扩大，甚至会引发组织的生存危机。鉴于此，合作制组织的建构既不能把对确定性的追求作为行动的方向，同时也决不能把不确定性作为可利用或开展博弈的空间，而是应该在合作行动中应对不确定性，通过合作解决一切根源于不确定性的问题。

在行政管理史上，根据"功绩制"原则作出的组织设计为组织成员划定了一个确定性的晋升路径。但是，为了更有效地激励组织成员，依然留下了一个不确定性空间，以求通过这个不确定性空间去激发组织成员的预期。可是，如果这种不确定性超出了组织领导和管理的控制，就会引发相反的效果。就既有的组织来看，基本上是在低度复杂性和低度不确定性环境下建构起来的，在组织设计中安排一定的不确定性空间是具有积极意义的，能够以此为组织获得活力。然而，在高度复杂性和高度不确定性的条件下，组织环境以及组织自身的不确定性都是一种常态现象，不仅任何安排不确定性空间的做法都不可能产生，而且所有不确定性的问题，都无法在控制导向的思维方式和行为取向中得到解决。因而，组织领导和管理者希望利用不确定性去增强自身权力的做法，就会变得非常危险。

随着社会复杂性和不确定性程度的迅速攀升，组织自20世纪后期开始所做的调整也使领导和管理者与其他组织成员间的权力关系处在不断增强的流动性中，而且这种情况仍然在发生变化。在组织的领导和管理者都处在越来越繁荣的流动中的时候，组织控制的主观动力也就不会出现，尽管频繁的组织成员流动也可能成为一种控制手段。总之，高度复杂性和高度不确定性使任何集权的追求都失去了基础。虽然在组织承担具体的任务时也会形成某种权力关系，但那只是一种暂时性的权力关系。在这种暂时性的权力关系中，即使存在着控制冲动，也不可能转化为控制体制，甚至不可能转化为控制行为。

在组织中，对规则的遵守往往以纪律的形式出现，这与社会意义上的守法在称呼上有所不同。不过，在纪律的构造中，还有其他可以替代规则的因素。比如，制造业中的工厂所设立的生产线就意味着纪律。对纪律的充分运用是以福特管理模式的出现为标志的，随着生产线在制造业中的推广应用，一种微观的控制体系也成了社会控制的典范形式。在某种意义上，以福特命名的管理模式也是从纪律的角度来进行管理和开展生产活动的，代表了一种在纪律的基础上去进行组织设计的方案。生产线是一个将分工—协作模式转化为流水线的设计，以机械的方式使分工—协作获得了纪律，并实现了对生产线上的每一个行为的控制。生产线模式在20世纪中也被广泛地引入几乎所有非生产性的组织中，增强了组织的控制能力，使得组织的运行能够像生产线一样顺畅。比如，政府流程就是非常标准的生产线。

虽然时间不是规则，也不像生产线那样有着明确的纪律属性，但时间在规则以及纪律意识的支持下，是具有规范功能的，并能够在组织的控制中发挥非常重要的作用。其实，早在工业化初期，时间就被建构成了一种控制机制。的确，时间似乎天然地可以应用于控制，甚至可以成为非常有效的控制手段。在工业化进程中，制定标准的上下班时间，于其中也就生成了纪律，并在相应的范围内实现了控制。如果仔细观察的话，正是在这些时间之中，可能包含着人对人的压迫、剥削等秘密，从而引发社会平等以及公平上的问题，而这些又恰恰是社会治理无法回避的问题。

如果说我们基于现代性的观念所作出的制度安排和所开展的社会治理行动总是让人感到难以尽如人意的话，也许其中的许多问题是由那些不规则的、不确定的时间所引起的。毫无疑问，存在着"属于社会角色以及属于集体性态度的那种时间，在这种时间中，受控制的社会角色常常与被压抑的、人们所渴望的、尚飘忽不定的和未曾被预料到的社会角色发生冲突……在微观社会领域，这是属于群众的社会性，尤其是消极的群众的社会性的时间。这是属于处在转变之中的总体社会的时间，我们今天的社会更是常常处于这种转变之中"。[①] 所以，即便我们今天无法完全和准确地认识和把握这类时间，也需要在社会治理中意识到这类时间的存在，而且这类时间关乎着社会公平和正义等重大的实质性问题。

四　组织控制的不可能性

控制论所提供的一个基本观念是，没有控制就没有系统。任何一个系统都是得到了有效控制的系统，系统运行的情况反映了控制的状况。当系统熵值增加时，就意味着控制的有效性不足，一旦熵值达到了某个临界点，也就意味着控制完全失灵，以至于系统衰变并走向解体。对于组织而言，往往是通过改革的方式去解决控制的有效性不足的问题，但改革的过程也是需要控制的。改革失控，就会促使组织更快解体。比如，苏联作为一个巨型的国家组织体系的解体，就是因为改革失控。

当组织的变革是一项专项改革行动时，其中必然包含着出于改革

---

① ［法］乔治·古尔维奇：《社会时间的频谱》，朱红文等译，北京师范大学出版社2010年版，第30页。

需要的控制。由于这种控制是服务于改革需要的，因而会冲击组织承担任务的各项活动，会把组织承担任务的各种资源用于改革活动。如果组织变革是包含在行动中的，关注点就不会放在改革自身，而是放在承担任务方式的调整上，也就不会挤占承担任务的各种组织资源，更不会出现与承担任务的要求相背离的改革。行动中的变革虽然不会将改革成果集中呈现出来，却使组织承担任务的能力得到了提升，从而使一切为了改革而改革的做法显得没有意义了。当然，对于这一问题，是需要从总的历史背景上来加以认识的。

官僚制组织本身就是一台控制机器。根据赫梅尔显然有些激动的表述，"官僚机构迫使我们有序地做在自由状态下做的事情，并且它还是盲目要求我们这样做。为了有效，官僚机构使组织的潜力大大增加，但是官僚机构并不亲自动手……无论规则多么严格、计划多么合理、容忍和控制多么严密，某个地方的某个人必须作出判断是否可能、何时以及如何应用那些规则"。[1] 这样一来，我们原本在"自由状态"下完全可以做的那些事，但因为有了官僚制组织以及官僚机构，我们在做那些事的时候，就成了被迫去做的了。

官僚机构无非是一台机器，在它的背后，有着操控这台机器的人。也正是因为这一点，韦伯的官僚制理论把工具理性放在显著的位置上，让人勿忘从工具的意义上对待官僚制组织及其官僚机构。在把官僚制组织比喻成工具的时候，人们首先看到的就是它的封闭性特征。也就是说，作为工具的官僚制组织是一个封闭系统。当组织是一个封闭系统的时候，组织对其成员加以控制，就像一台机器的每一个部件都有着固定的位置一样，组织成员在岗位、职位上的活动也就不可能有什么自由。在社会的低度复杂性和低度不确定性条件下，官僚制组织所代表的作为控制系统的行动体系，因组织成员确定性的岗位、职位和

---

[1] ［美］拉尔夫·P. 赫梅尔：《官僚经验：后现代主义的挑战》，韩红译，中国人民大学出版社2013年版，第2页。

行为而获得了效率,实现了功能最大化。

在风险社会及其高度复杂性和高度不确定性条件下,也许组织应当像查尔斯·汉迪所说的那样,"组织应该给个人以更多的自由,以免他们以压抑自己的热情和创造力为代价来适应组织,应该在组织寻求控制的需要和个人寻求自主的需要之间寻求最佳的平衡点"。① 可以认为,关键问题是开放性的问题。如果组织具有充分的开放性的话,就不会存在这种需要平衡的问题了。因为,组织成员的自由流动本身就能够营造出这种平衡,而不是需要组织的领导和管理者去刻意经营这种平衡。其实,流动性的重要隐喻就是不可控制,或者反过来说,一切控制都必然阻断流动,使组织丧失流动性。

基于工业社会中的组织建构逻辑,人们也许会认为,组织技术、环境和任务的不确定性,必然导致集权模式的出现,也就是说,会认为不确定性的增长必然引发集权,即以集权的方式来实施组织控制。可是,当组织遇到或面对不确定性的问题时,控制过程变得复杂起来,控制难度也会随之增大,而且是无限地增大。这样一来,人们可以设想的就是通过增强组织的灵活性来填补无法控制留下的空场。可是,一旦组织走上了不断增强灵活反应行为的道路,并建立起灵活反应的机制,就会使组织的规章制度和被认为具有合理性的程序显现出呆板僵化的一面,以至于需要把权力集中到组织领导者或管理者手中。

不过,这是在工业社会低度复杂性和低度不确定性条件下必然出现的控制悖论,也是在这一条件下的控制导向思维能够想到的演化路径。其实,在风险社会及其高度复杂性和高度不确定性条件下,控制的不可能性已经浮现了出来,并要求我们告别控制导向的思维。当我们放弃了控制导向的思维,对合作制组织的构想也就迈开了第一步。合作制组织必然从根本上告别控制导向,同时也不再有明确而稳定的

---

① [英]查尔斯·汉迪:《超越确定性——组织变革的观念》,徐华等译,华夏出版社2000年版,第21—22页。

领导权、管理权。也就是说，在合作制组织这里，并无可以集中的权力，也没有可以用来进行分配的权力。

在全球化、后工业化运动中看控制的问题，可以看到"世界观念"与"全球观念"的区别。而且，这种区别意味着，只要人们确立起全球观念并从根本上替代了世界观念，也就不会再有控制追求了。在现今国际关系中，可以认为所有的冲突在直接的意义上都是控制与反控制的冲突，更何况美国等西方国家控制世界的动机存在着很大的问题。在发生的时间点上，应当说风险社会与全球化运动是有着一致性的。

如果说全球化意味着人类从现代性的世界模式中走出来并进入一个新的全球模式的话，那么与此相伴的将是全球观念的生成。有了全球观念，就会重新来认识控制的问题。此时，如果我们使用海德格尔的"存在"与"此在"的概念来识别世界与全球的不同，则会看到，世界具有"存在"与"此在"两重性，而全球则是"存在"与"此在"的统一。显然，所谓此在，就是"在此的存在"。在既有的语汇中很难找到一个词语来准确地描述它，因为它没有相对于人的归属，是不能用世界这个词来指称它的。

世界是有主的，也就是说，在我们使用"世界"这个词的时候，隐含着"谁的世界"的判断。在世界观念中，此在就是我所拥有的存在，至于我不拥有的存在，也是存在着的，但不是属于我的存在，因而仅仅是存在而不是此在。在全球观念中，此在并不归属于谁，而是指存在在当下的显现。一切对人有意义的存在都是此在。虽然它不是我所拥有的存在，但就它包含着意义本身而言，意味着它是具有存在的现实性的，而这种现实性恰恰是它作为此在的理由。也就是说，基于全球观念，此在之外无存在。

全球观念中的此在是由各种各样的关系构成的，因而可以看作场，即关系场。作为一种关系场，存在与此在不仅是存在于场之中的，而且存在与此在本身就是这个场。世界观念提供给我们的是一个此在与存在相分离的世界。世界观念给了我们一个此在与存在相分离的语境，或者说，在世界观念中，是可以对此在与存在进行区分的，这就意味着我们在此在中是将构成了它的所有东西都看作其构成要素的。也就是说，此在就是一个系统，是由所有此在的要素构成的系统。由于此在之外还有存在，而且此在与存在之间处于不停交换的过程中，所以此在作为系统又是开放性的。这种开放性也就是在世界观念中所显现的开放性。在这个具有开放性的世界中，人以及包括人所承载的一切都是此在中的一种存在，或者说是作为此在的存在。

人是此在中能动的存在。此在作为系统的开放性意味着，人作为此在中的能动的存在是可以驾驭和控制此在的。人可以通过征服存在而实现存在向此在的转化，人可以通过各种各样的安排而使此在服从人的意志。总之，人通过控制塑造了此在，使此在从属于人。当然，在施行控制的时候会出现对控制的挑战，也会有着各种各样的妨碍控制的因素。这样一来，就会在哲学思考中陷入决定与被决定、原因与结果等形形色色的争论之中。工业社会就是运行在这一逻辑中的，工业社会的历史无非是这个逻辑展开的过程。

在全球观念中，人也是此在的依据，或者说，是因为有了人才有了此在。但是，人在此在中不会遭遇决定与被决定的问题，不会谋求控制也同样不会接受控制。由于此在与存在是统一的，或者说一切存在都是此在，也就意味着此在不仅是"在此的存在"，而且是"共同在此的存在"。如果说对共同此在也可以进行区分的话，那么在共同在此的存在之间，既没有控制的主体，也没有可以控制的对象。总之，人在此在中，与构成了此在的其他因素之间建立起了一种交互作用的关系。人能够改变这种关系，却不能无限地、任意地改变这种关系，甚至无法做到对这种关系的主导。

实际上，在人改变任何一种关系的时候，也会被各种各样的关系改变。在形式上，这就是一种可以被视为网络互动的状态。此在应当被合理地理解成一种整体，却又无法为这种整体划定边界。因为，此在的开放性决定了即便人们可以想象它的边界，也必须将其想象为处在不断变动中的边界。但是，退一步说，可以将此在看作总体性的存在，此在中的任何一个可以在意象的意义上被称为要素或因素的存在都具有总体性。这种总体性虽然不是形式上的完整性，却是质上的完整性，或者说，不是单独形式或质的完整性，而是质与形式的完整性。所有可以控制的都是能够分解的、碎片化的，任何一种具有总体性的存在物都是不可控制的。所以，全球观念将意味着一切控制的终结。

需要指出，在对存在与此在进行分辨时所形成的控制与不可控制的结论，其实只是一种哲学上的概观。我们所要说明的是世界观念和全球观念是两种基本的观念，人们基于这两种观念中的一种去观察和思考的时候，所看到的存在与此在以及它们间的关系是不同的。在世界观念中所获得的是世界构图，给我们展示的是人必然控制人也必然控制一切与人相关的因素；在全球观念中，人与人是共生共在的，而且与人相关的一切也都必须作为一种共同在此存在着的因素看待，因而不可能也不允许从中产生控制。

作为一场历史运动，全球化、后工业化给予我们的是从世界观念向全球观念转变的机遇。就人类在此过程中陷入了风险社会而言，这个机遇还应当被理解成必然性，即意味着我们必须从工业社会的世界观念中走出来，并建构起全球观念。一旦我们拥有了全球观念，关于终结控制这个在人们看来不可思议的问题也就会变得明晰了起来。或者说，在人的一切需要管理和社会治理的地方选择"非控制"的方式，即抛弃人的行为和行动上的控制导向。这将不再是一个会受到人们质疑的问题。

第三节 倡导组织创新

在探讨组织模式变革的路径时，我们已经在创新的问题上对官僚制组织与合作制组织进行了比较，并指出合作制组织才是真正的创新型组织。就合作制组织是在创新的时代中开始萌发的组织形式看,从创新的角度对它作进一步的探讨,是不能被认定为一种赘述的。事实上,就创新由谁做出的问题来看,也是值得探讨的。因为,组织创新与组织中个人的创新是不同的创新形式和路径,在我们这样一个需要创新的时代,应当鼓励组织创新还是鼓励组织中个人的创新是一个需要认真考虑的问题。

在我们的时代,也许我们应当形成这样一个共识,那就是,社会发展的动力源于创新而不是竞争。尽管这个问题在 20 世纪提出的话会受到怀疑,但在今天,随着竞争的法力已经挖掘殆尽,随着竞争的消极效应越来越多地显现了出来,我们有理由认为,在识别社会发展动力的问题上,应当将视线从竞争转移到创新上来。即使那些对竞争无比钟情的学者,也应当承认竞争只不过是促进创新的手段而已。的确,无论是在理论探索、思想建构还是实践策略方面,都因为创新而汇聚起了推动历史进步的力量。自觉地促动创新是被当作我们这个时代的特征看待的,因此,人们也将我们所处的这个时代称为"创新的时代"。显然,创新对于我们今天的生活、生存以及全部社会活动来说,有着比以往任何一个时代都更加重要的意义。如果考虑到人类已经置身于风险社会,就需要通过创新去解决所遭遇的一切新的问题,需要将人的生存建立在创新的前提下,关于创新在社会发展和历史进步中的作用就更应当得到肯定。在考察创新的问题时,以个人为创新主体的时代越来越离我们远去,我们时代中的绝大多数创新都是发生在组织中的,是由组织承担的创新。如果说在自熊彼特开始的一个时代中人们对个体的创新作了系统而细致的研究,那么在新的时代,即在风险社会中,我们需要对组织创新的问题进行考察。

如前所说,工业社会一直是走在社会组织化的道路上的,今天我们所在的这个社会是由组织构成的,组织是社会的细胞。事实上,在工业社会的发展中,理性化的官僚制组织逐步实现了对整个社会的征服。也就是说,社会的组织化表现为各种各样的社会活动都通过官僚制组织去开展。不过，随着社会的复杂性和不确定性程度的增长，也出现了组织多样化的运动，且呈现出了加速的态势。组织的多样化既是社会分化的成果也是社会健全的标志。一方面，因为组织的多样化而使社会的几乎一切构成要素都被纳入组织之中，或者说，是通过多样化的组织而将整个社会组织了起来；另一方面，组织又赋予社会以有序的特征，使社会的一切方面都以组织的形式出现。

正是组织多样化的历史，在20世纪后期把人类领进了一个新的阶段，那就是通过组织的行动去展现社会，从而拒绝对社会做出任何形式的静态的理解和把握。当社会表现为组织的行动时，也就获得了流动的特征。如果说既往的社会理论将社会理解成是由静态的社会构成要素结合在一起的存在形态，那么随着社会存在于组织的行动中并具有流动性的特征时，则需要通过组织行动的动态性来把握社会。既然社会是包含和存在于组织的行动之中的，也就意味着不再能够将社会作为组织行动赖以展开的空间和框架看待，而是需要通过组织的行动去展现一切社会价值。在此意义上，组织创新就是社会创新，组织的行动包含着社会发展的过程，组织的多样化也就是社会的总体化。

一 组织创新的时代

置身于风险社会，我们深深地感受到列斐伏尔所描述的那种状况："所谓现代社会处在内外威胁之中：崩溃、衰落、自我摧毁的威胁；会面临不计其数的挑战；会暴露在持续不断的攻击下。这种危机与经典意义上的'危机'再也不能同日而语了，我们必须习惯这种危机的看法，我们需要用持续创新来应对这种内外威胁。创造或毁灭！没有不变的或不可更改的解决办法，没有任何现成的模型可以效仿，只有走出一条自己的路来。这个论题超出了目前有关'严重危机'或'总危机'的公认论点。这个论题显示了穿过废墟的必由之路。这种危机不是社会的痼疾，而是社会的常态，是社会的健康状态，我们还必须熟悉这种矛盾观。为了避免风险和危险，强大的有机体不会萎缩，而是相反，强大的有机体会面对风险和危险行动起来,做出相应的反应……"①

的确,社会是一个"强大的有机体",但在人类历史上的不同阶段,这个有机体是由不同的因素构成的。在农业社会,是由家庭构成社会;在工业社会的前期,特别是根据启蒙思想的设计原则,是由个体的人构成了社会;在进入20世纪后,越来越显现出是组织构成了社会。在今天看来,社会的运行和变化越来越清楚地显现出是由作为行动者的组织推动的。在此意义上,可以说组织是社会的细胞,即组织构成了社会。然而,实际情况并不仅仅是组织构成了社会,还应看到社会存在于组织之中。也就是说,我们已经无法看到脱离了组织的社会了,我们只有在组织之中才能更加清晰地感受到社会是什么。即便将社会说成"江湖",也不是在组织之外的。正是在组织中,才能够看到人心之中的那个"江湖"。风险社会、危机事件等都需要从组织的视角中来加以认识和把握,也必须通过组织来进行处理和应对。这样一来,组织创新在应对风险以及危机事件中的意义,就凸现了出来。

组织的结构以及组织中的社会关系决定了组织在创新方面的表现,当组织拥有稳定的结构和关系时,就会表现出创新不足的情况。在这种情况下,无论是个人创新还是组织创新,都缺乏动力。因为在低度复杂性和低度不确定性条件下,如果组织拥有稳定的关系,且资源压力不大,那么该组织就会表现出生存优势,不需要通过创新去获得有着不确定性前景的发展动力。所以,工业社会中的组织基本上都会追求内部以及外部关系的稳定性。

随着社会的复杂性和不确定性程度的提升,追求稳定关系的组织就会有着某种莫名的不适应感。因为,在高度复杂性和高度不确定性条件下,组织稳定的关系会导致行动上的惰性出现,从而转变成一种生存劣势。也许正是这一原因,随着20世纪后期社会复杂性和不确定

---

① [法]亨利·列斐伏尔:《日常生活批判》,叶齐茂等译,社会科学文献出版社2018年版,第576页。

性的日益增强,组织创新的问题也就被提到引人注目的地位上来了。组织创新必然会对组织的方面的稳定关系造成冲击,甚至会对组织秩序构成挑战。但是,出于组织存在与发展的需要,又必须通过创新去打破组织惯性,以使其能在变动的环境中把握生存机遇。

从 20 世纪的情况看,一般来说,私人部门的组织因为需要在变动的市场中活动,会表现出较高的创新热情,而公共部门中的组织则更注重追求和经营组织内外关系的稳定性,所以存在着创新动力不足的问题。20 世纪后期以来,因为出现了历史性的社会转型运动,无论是公共部门还是私人部门中的组织都必须面对迅速变动的环境。在这种情况下,如果希望维系组织内外关系的稳定性的话,就会发现那是非常困难的。因此,出现了普遍鼓励创新的局面。随着这一社会转型运动的持续展开,可以相信,创新将会构成组织的基本特征。因为,组织环境的高度复杂性和高度不确定性意味着组织任务的变动性,或者说,组织所承担的任务的可复制性越来越低,以至于组织不得不通过创新去承担不断变更的任务。

在工业社会,官僚制组织是基本的组织形式,可以说这一组织是不鼓励创新的。但是,到了 20 世纪后期,官僚制组织为了适应现实的要求也有了创新追求。与官僚制组织实现理论自觉时期的那种强调规则、结构以及各种关系的稳定性相比,这种情况已经显现出了很大的不同。从 20 世纪后期以来的情况看,对于官僚制组织来说,虽然许多创新行为对组织秩序以及各种各样的关系构成的挑战是非常痛苦的,但不创新就没有出路,甚至有可能陷入危机状态。所以,才出现了这种官僚制组织也有了创新追求的状况。

在某种意义上,可以说,整个社会的发展在 20 世纪后期进入了一个创新的时代,鼓励创新、支持创新结成了一种文化氛围。在这种条件下,几乎所有组织的"几乎所有部门都认识到了依靠产品和服务的创新进行竞争的重要性。从定义来看,创新会涉及用新的参数和条件来从事新的任务,因此,必须要找出与之相关的转化流程,或者将其变为创新流程。从事创新工作和新业务的员工需要具备高水平的相关专业知识与技能。相比之下,纯粹的日常性工作则没有多少创新内容或根本没有,因此只需要很少的技能。由相关人员的工作和岗位所组成的任务会拥有十分清晰的转化流程"。[1]

就官僚制组织的演化史看,从恪守组织的设计原则到鼓励创新、支持创新的转变,已经是一项与社会发展前进脚步保持同一方向的积极表现,它意味着官僚制组织走上了"非正典化"的道路。但是,从官僚制组织运营的现实看,依然存在着组织"日常运营"与"创新"相隔离的问题。而且,从实践中的诸多表现看,出于强化管理的需要,官僚制组织一直重点关注的也正是组织的日常运营。就对创新的倡导来看,主要放在了组织职能实现方面,即如何通过创新而使组织职能实现表现得更加优异,关于组织自身的创新问题往往受到了忽视。所以,20世纪后期以来,官僚制组织在创新的问题上虽然有了积极表现,即更愿意通过创新去适应变动的环境和应对涌现出来的新任务,但由于创新是与组织的日常运营相分离的,创新活动是交由专门的部门和专人承担的,是与组织的日常运营不相关的,以至于表现出了创新不足的问题。

官僚制组织所表现出来的创新不足的原因主要有两点:首先,不是组织的整体以及全部成员都拥有创新意识和权利(力),只有组织的一些部门或一定的人群才有着创新意识和开展创新的权利(力);其次,与组织相伴或相关的技术方面的创新往往得到了鼓励,而在所有可能触及官僚制组织属性的问题上,都是拒绝创新的。这是一种受到节制的创新,将创新隔离在组织的日常运营之外,特别是在组织的操作面以及组织与外部的接触面上是不允许创新的。那些专门从事创新活动的部门和人是独立于组织的日常运营之外的,他们所开展的创

---

[1] [英] 约翰·查尔德:《组织:当代理论与实践》,刘勃译,华夏出版社 2009 年版,第 161 页。

新活动只是按照组织的规划进行的，属于指定的创新。就创新成果而言，只有到了被认为可以应用的时候，才会引入组织的日常运营之中。

总体看来，官僚制组织在20世纪后期以来所表现出的鼓励创新还是从属于组织本位主义文化的，往往是组织的领导和管理者去决定是否需要创新以及需要什么样的创新，而不是响应组织的存在与发展提出的创新要求。或者说，是将组织存在与发展提出的创新要求寄托于组织的领导和管理者的理解上了，然后再由领导和管理者去指定特定的人去开展特定的创新并等待着特定的创新成果。因此，对于变动的环境和所要承担的新任务，官僚制组织仍然表现出了适应性不足的问题。另一个问题是，如果仅仅是在职能实现方面接受创新和作出创新的话，至多只能使组织在一种低水平的层次上适应社会的发展，而不是自觉地、主动地适应社会发展。

20世纪后期，在全球改革浪潮中，公共部门的创新也表现得较为积极。根据莱特的看法："公共部门创新所包含的内容，已远远不只是新奇的行为，而指的是组织生存领域中的原创性行为。学会如何在特定领域的组织之间互相复制创新行为，主要是复制专家们所关注的问题。"[1] 创新与复制是不两立的，复制不是创新，一切复制都不能视为创新。莱特这里所说的"复制"，其实应当准确地表达为学习、模仿等。

组织理论认为，所有对创新的复制都会导致组织的"同形化"。然而，在工业社会低度复杂性和低度不确定性条件下，创新以及对创新的复制是一种普遍存在的现象。而且，因为存在着大量的复制，使得创新效应最大化了，创新的社会成本也得到了极大的节约。然而，在高度复杂性和高度不确定性条件下，可"复制"的创新是很少的，行动者是不可能等待他人创新而自己加以学习和借鉴的。不仅因为每

---

[1] [美]保罗·C.莱特：《持续创新：打造自发创新的政府和非营利组织》，张秀琴译，中国人民大学出版社2004年，前言，第5页。

一个行动者所遇到的问题都是具体的、不同的,而且还会存在着学习、复制等方面的时间不允许问题。所以,在高度复杂性和高度不确定性条件下,行动者更应拥有自主创新意识,而不是等待他人创新,然后再加以学习和借鉴。

汤普森认为,"广泛存在于行政过程的局限性是对确定性的偏爱,这以各种形式表现出来,包括偏好短期而非长期考虑,偏好定量数据而非定性数据以及偏好先例而非创新"。[①] 在低度复杂性和低度不确定性条件下,通过组织设计以及技术的引入,是能够使这些偏好得到满足的。然而,在高度复杂性和高度不确定性条件下,这些偏爱极有可能将组织带入某种行动困境之中。那是因为,一旦复杂性和不确定性到达了使控制变得不再可能的地步,人们唯一可做的就只能是对复杂性和不确定性的适应了。如果这个时候人们还表现出了对确定性的偏爱,为了获得确定性而采取各种各样的行动,就极有可能陷入某种危机状态中。

不是为了获得确定性而是为了适应不确定性的行动必然会将创新的问题突出出来。这是因为,为了获得确定性,首先就必须保证获得确定性的一切做法都具有确定性。在无法获得确定性的情况下,为了适应不确定性而产生的行动是不可能有可供借鉴的模式的,唯有通过创新的途径去适应不确定性。这一点在高度复杂性和高度不确定性条件下尤显重要。我们的基本判断是:官僚制组织适应于在工业社会的低度复杂性和低度不确定性条件下承担各种各样的任务,但在风险社会及其高度复杂性和高度不确定性条件下,就需要有一种新的组织形式实现对官僚制组织的置换,因为任务的复杂性和不确定性意味着偏爱确定性的官僚制组织无法胜任。

在风险社会及其高度复杂性和高度不确定性条件下,随着官僚制组织的功能去势,必将由合作制组织替代官僚制组织。鉴于人类踏上

---

① [美]詹姆斯·汤普森:《行动中的组织——行政理论的社会科学基础》,敬乂嘉译,上海人民出版社 2007 年版,第 178 页。

21世纪的门槛时陷入了风险社会，为了寻找适应这一社会条件下的组织形式，我们在当前以及今后一段时期的迫切任务就是建构合作制组织。这是由历史辩证法中的社会组织化原理所决定的。合作制组织建构绝不是一项等待各种社会条件成熟后再去从事的事业。其实，人类社会中的一切创新活动都不是在条件充分成熟后才去开展行动的。

当前，我们已经进入了高度复杂性和高度不确定性的社会，人类在工业社会的历史阶段中建构起来的组织形式的不适应性已经显现了出来，人类社会生存与发展的要求已经急切地投向了组织模式的创新，致使我们必须根据这种要求去探索建构合作制组织的可能性，必须尽可能迅速地把对合作制组织的理论探索转化为实践。在某种意义上，我们生存于其中的这个世界的改变，包括人性以及人际关系的改变，也只能在合作制组织的建构以及实践中去取得积极进展。我们对合作制组织的期待是，它将以"行动中的创新"这种形式出现。这种行动中的创新也是组织总体性意义上的创新。也就是说，合作制组织本身就是流动着的行动体系，不存在日常运营与创新相分离的问题。合作制组织的一切创新都会发生在行动中，同时，也会反映到行动体系的变化上。

我们知道，科学研究中的创新不同于那种刻意谋求的标新立异，科学创新需要深深扎根于已有的科学成就之中，在充分尊重前人的研究工作的基础上去发现那些尚未解决的问题，并努力解决之。同时，科学创新也深植于现实的要求之中，并且是从那些迫切的、强烈的现实要求出发的。我们提出建构合作制组织并希望用合作制组织替代官僚制组织，正是基于对现实要求的感知。关于合作制组织建构的可能性与必要性的研究，不是出于单纯的理论兴趣，也不是单纯地从官僚制组织理论出发去进行新的理论建构，而是一种积极回应现实要求的探索活动。也就是说，合作制组织研究所要回应的，是全球化、后工业化进程中产生的集体行动的新要求；所要思考的，是高度复杂性和高度不确定性条件下组织结构及其运行机制的适应性方案；所要解决的，是人们如何通过集体行动而更有效地完成任务和达成目的。

二 组织创新的概念

基于风险社会及其高度复杂性和高度不确定性的现实而提出合作制组织的构想本身，就是一个需要创新思维才能理解的思想成果。我们知道，近代以来的科学思维都非常注重假设以及假设的验证，提出假设被视为创新，而假设得到了验证则取得了创新成果。然而，我们关于合作制组织的构想并不是假设，也不需要从某些假设出发，而是在官僚制组织功能不断衰落的情况下去寻找一种能够在高度复杂性和高度不确定性条件下开展行动和承担任务的替代性组织，或者说，是在进行这样的寻找时所获得的一项发现。

如果说官僚制组织以自身的存在为行动的前提，也就是通过社会职能的承担来获得自身存在的所有支持性因素，那么合作制组织则不同于官僚制组织。合作制组织存在的目的不是自身的存在，而是为了解决风险社会及其高度复杂性和高度不确定性条件下出现的问题。所以，合作制组织的创新根源于风险社会及其高度复杂性和高度不确定性的现实压力。如果说官僚制组织是让创新从属于组织的存在与发展，是让创新服务于组织利益的实现，那么合作制组织的创新是指向任务的，即如何更好地承担任务和解决问题。

总之，在合作制组织这里，创新不是出于组织自身存续的要求，所以它不像官僚制组织那样关注自身的结构、关系和工作方式的稳定性，反而在所有方面都努力作出有利于创新活动的安排。事实上，在走向后工业社会的行程中出现的一切工业社会生产和生活框架无法容纳的新质因素，都是寄希望于合作制组织建构去加以认识和规范的，是需要通过合作制组织建构去加以解决的。之所以合作制组织能够在风险社会及其高度复杂性和高度不确定性条件下承担起官僚制组织无法承担的任务，原因就在于它们行动的目的上的不同。正是因为行动目的上的不同，决定了创新在表现上也是不同的。

在社会变革的过程中，创新的价值更能够得到张扬。一般说来，社会变革有两条途径：一条是通过自觉的改革运动促进社会变革；另一条是在人们的不自觉中发现社会已经发生了的变革。其实，无论社会变革走上了哪一条道路，都是由人的创新行为引发的。改革是在体制、政策、组织结构以及行为方式等方面进行的自觉的创新性调整，而那种似乎是自然的、自发的社会变革也同样是由人的创新行为积累起来的能量所推动的。所以，社会变革的最终根源都可以归结为人的创新行为。

一些研究者发现，"在组织间的边界跨越中观察到了在工作实践的水平层改变和创造新的专业技能的潜力。当不同的观点或'声音'在边界处相遇并发生冲突时往往会引发边界跨越"。[①] 边界制约着创新。如果边界得到了各方的充分认同，就不会有创新的可能性。正是关于边界的分歧，激荡出了创新的动力。不仅是承担任务的技术创新，而且广义上的管理创新，也是建立在边界认同方面的分歧上的。当然，就学术研究看，有的时候存在着争论，但那种争论并不是由分歧引起的。有许多学术问题会因为客观或主观上的原因而变得不明确、不连续或模糊不清，这个时候出现的许多争论可能是一些白费力气的没有价值的争论，是不可能导向创新的。只有当问题得到了清晰界定的时候，围绕着问题产生了分歧，然后所展开的争论才能够导向创新。对于这种情况，我们看到的往往是关于问题边界上的分歧。所以，无论是在研究还是实践中，一切对边界的质疑都是创新的源头。

从技术发展的角度看，越来越多的常规性的、重复性的工作基本上都可以让机器去承担，至少我们当前已经明确地感知到这种前景。人工智能方面的技术已经充分证明，低度复杂性的工作也是可以实现机器以及人工智能对人力的替代的。一个明显的趋势就是，必须由人承担的工作，往往是那些技术能力所不及的问题。如果说工业社会的

---

① ［英］尼尔·保尔森、托·赫尼斯编：《组织边界管理：多元化观点》，佟博等译，经济管理出版社 2004 年版，第 189 页。

机器代替了人的体力，那么人工智能正表现出对人的脑力的替代。无论是体力还是脑力的替代物，只要存在着技术能力不及的问题，就需要由善于思考和勇于创新的人去解决，或者说，只有通过创新改善人力的替代物，从而承担工作任务。不过，这是对创新的低等级要求，所假定的是我们面对的世界是不变的，我们的工作内容和形式也是不变的。在高度复杂性和高度不确定性条件下，这种创新的价值变得越来越小，因而，需要更多倡导的是能够解决高度复杂性和高度不确定性条件下各种各样的问题的创新。因为合作制组织是高度复杂性和高度不确定性条件下的行动者，所以，合作制组织成员的主动性并非来自某种纯粹的主观追求，归根结底，是应归于外在性压力的，社会的高度复杂性和高度不确定性以及这一条件下的任务，迫使人们不得不在创新的道路上去寻求解决措施。

从个人的角度看，技术进步对人构成了学习上的压力，因为一旦人跟不上技术进步的脚步，就有可能遭到社会的淘汰，至少会陷入生活以及交往上的困难境地。不过，技术进步所构成的这种压力还不能视为主要的、根本性的压力。这是因为，在既有的社会治理模式中，如果技术进步导致了就业问题的出现，就会招致政治干预，技术进步的步伐就会因为这种政治干预而不得不放慢节奏。所以，我们不能将技术进步看作迫使人变成愿意学习、思考和乐于创新的人的决定性因素。除了技术进步，最为重要的和更为根本的因素是社会的复杂性和不确定性的迅速增长。反映在组织这里，就是常规性的、重复性的工作越来越少。

我们说合作制组织是社会高度复杂性和高度不确定性条件下的基础性组织形式，这本身就包含着一个基本判断，那就是，合作制组织所承担的主要是复杂性的和不确定性的任务。落实在组织成员的工作中，也需要通过独立的、随机性的判断去开展行动。所以，社会的高度复杂性和高度不确定性决定了合作制组织成员必须在工作中自觉学习、主动思考和积极创新。我们置身于其中的风险社会所具有的恰恰是高度复杂性和高度不确定性特征。正是风险社会及其高度复杂性和高度不确定性对组织创新提出了新要求，而官僚制组织在创新方面的不足，则意味着它必须为拥有创新品性的合作制组织所取代。

从官僚制组织向合作制组织的转变是真正的组织变革。这是组织模式的变革，是与全球化、后工业化这场历史性的社会转型运动联系在一起的。20世纪的组织理论研究往往把组织日常运行中的改革称作组织变革，在合作制组织这里，是不存在组织理论所说的那种改革的。如果我们也使用"组织变革"一词来描述合作制组织的话，那么这种变革则是包含在承担任务的行动之中的，是因承担任务的需要而不断进行的随机性调整。这是一种行动中的变革，因而不需要专门的改革行动。也就是说，合作制组织的变革并不需要通过专项行动去实现。因为，行动中的变革每时每刻都在发生，组织成员的每一项创新都能促使组织变革，如果创新扩散的范围较大的话，组织变革的幅度也会表现得较为明显。

更为重要的是，发生在合作制组织这里的变革不是在矛盾积累到了一定程度时才发起的改革运动，而是一种随时因任务和环境的变化而对组织自身所做出的调整。在存在的意义上，也就表现为组织的环境适应性的增强；在功能的意义上，则表现为组织任务承担能力的提升。如果说组织变革意味着自我否定，那么包含在行动中的变革则因为把这种自我否定变成了日常的和随机发生的行为而使组织总是处于健康的亢奋状态。不仅使组织显示出巨大的活力，而且在承担任务的过程中能够表现优异。尽管合作制组织是与任务关联在一起的，但在其承担任务的过程中，则会因为创新而显现出巨大的活力。

合作制组织的创新主要是由环境和任务驱动的，是因为环境和任务的高度复杂性和高度不确定性对组织提出了创造性承担任务的要求，从而促使组织必须将创新放在首位。所以，它充分地诠释了创新的含义：创新活动并不是可以通过计划的方式加以规划的，创新者也不可能是指定的。真正的创新意味着，我们并不知道在某个时点上由谁做出有价值的创新。或者说，我们用各种各样的"人才工程"去培育创新的人将会成为非常荒唐的做法。不过，我们可以在呼唤创新成果的出现方面发挥能动性，那就是营造创新的氛围，创造创新的文化，促进人们对创新活动的尊重和对失败了的创新活动的包容。

可以肯定地说，中国从20世纪80年代开始所实施的诸多"人才计划"和"人才工程"是违背创新规律的。它指定某些人拥有创新的特权，这种做法对于一个国家来说不仅无益反而有害。因为，它排斥那些未被选定为创新"种子"的人才，实际上是在扼杀整个民族的创造力。创新具有偶然性，无论是发生的时间、地点还是由谁做出创新，都具有偶然性。但是，没有适宜的条件就不会有创新活动，这一点是肯定的。当然，我们所说的创新条件显然不是指定了某些人成为人才然后给予其超出一般水平的资源的做法。我们相信，积极鼓励创新的举措绝不是指定某一株小树苗去成长为参天大树，而是为所有的树苗提供相同的土壤和成长条件，不能为了某些树苗的成长而剥夺其他树苗照射阳光的权利。

合作是创新的关键。在组织之中，如果包含着合作的文化、行为模式、机制和体制的话，那么这个组织其实已经拥有了创新的氛围。那样的话，我们就会看到一种情景：在每一个需要创新的地方和每一个需要创新的时间点上，就会出现所需要的创新成果，会惊异于那些创新成果是如此巧合地适时呈现在了组织面前。所以，组织欲求源源不断地获得创新成果，其着手处就是合作。也正是从这个角度看，我们才作出了"合作制组织就是创新型组织"的判断。

当然，"创新"与"改革"两个概念也是密切联系在一起的。对于组织而言，如果是行为层面的创新，即开展行动的方式、方法的创新，我们一般用"创新"一词来描述它；如果创新是发生在体制、制度、组织结构的重建等层面上，我们就会用"改革"一词来加以描述。也就是说，人们更多的是把创新与技术事项联系在一起的，而组织体制调整等则被看作组织中的政治事项。所以，一些追求表达严谨的学者也会使用"技术创新""政治改革"的词语来对它们作出区分。其实,在组织这种微观系统中,并不需要像在关于国家宏观系统的叙事中那样对创新与改革进行区分。组织中的创新与改革基本上是重合的,或者,所反映的只是表达不同规模上的状况。小规模、小范围的改革往往被称为创新,而较大、较重要的创新举动则被称为改革。

从理论上说,创新也应当是每时每刻都发生在官僚制组织的运行中的事情。一般说来,官僚制组织不会封闭和僵化到无法容纳任何创新的地步,除非该组织已经处在衰亡的末期。但是,如果组织意识到了自己处在衰落的过程中,也就必然会启动改革的进程。也就是说,重大的创新往往是在组织面临着运转失灵的时刻才发生的,往往是在组织遇到了生存危机时才会启动的一种打破僵局的行动。这种打破僵局的行动包含着终止组织运行惯性和改变组织运行方向的内容,即存在着"破"与"立"的问题。而且,首先是有选择地对组织既有的某些方面进行"破坏",从而谋得某些腾挪空间。也就是说,让某些占据着空间的东西腾出地儿。

由于组织中的改革是从一种有选择的破坏性行动开始的,目的是要通过破坏清理好地基,然后在原地建立起新的东西。一般说来,这样做的时候,都会要求对欲加破坏和欲加建立的东西做出科学的分析和评价,甚至要对这一过程进行前景—收益方面的展望。否则,改革不仅不会有正向收益,反而会对组织的生存造成严重的消极影响,有可能使组织迅速地陷入危机状态。正是由于这一原因,官僚制组织在改革的问题上都表现得特别慎重,往往在已经感受到了严重的运转不畅的情况下仍然维护组织的运行惯性。在合作制组织中,这种情况是不会发生的。因为合作制组织不以组织自身的生存为导向,而是以合作承担任务和解决问题为导向。合作制组织所遇到的基本上都是行为层面的创新,即使合作机制的改变,也大都是在行为创新中实现的,这也就是我们所说的"行动中的创新"。

发生在官僚制组织中的所谓改革,基本上是由组织本位主义所决定的组织自我变革。一旦我们发现组织的演进到了摆脱组织本位主义意识的时代,即把所承担的任务和应解决的问题放在最重要的位置上,那其实就已经实现了合作制组织对官僚制组织的替代。这种组织会把合作看得高于一切。哪怕组织在合作中失去自我,也不会成为不合作的理由。事实上,当合作制组织处在与同样是合作制组织构成的巨型合作系统、合作场域之中,又是不可能遇到诸如组织生存的问题的,因而也不需要在排他性的生存要求中谋求改革。或者说,它不会在遇到了生存危机时才谋求变革,而是在日常的、每时每刻发生的行动中,出于合作的目的而开展行为创新,并在这种行为创新中增强活力,因为创新本来就是组织活力的源泉。这样一来,我们其实走进了一个创新替代了改革的时代,或者说,改革在此时已经完全表现为创新了。如果说改革时代的创新是微不足道的创新,那么在创新替代了改革的时代,整个社会的运行和变化都将是由创新驱动的。

西蒙看到了"习惯"的正反两个方面的效用,他说:"我们不应把习惯看成组织行为或个人行为中完全被动的要素,因为,习惯一旦养成了,就会在一定的刺激下引发惯性行为,而不需要再深思熟虑。在这种情况下,确实需要认真注意,以免在情况发生变化时出现不合时宜的惯性行为。"① 一般说来,习惯属于个人,往往是个人在生活中养成的一种使人在行为上表现出具有稳定性的反映模式。对于理性化的组织而言,是不会产生习惯的,但在官僚制组织中,往往通过规则、体制、制度等而确立起某种固定的、稳定的行为模式。当组织的环境发生了变化,在组织需要通过创新去适应环境的变化时,习惯以及组织的固定行为模式就会对创新形成阻碍。

也许正是这个原因,当社会在 20 世纪后期显现出复杂性和不确定性迅速增强的状况时,创新的话题也就得到了人们更多的谈论。于此

---

① [美]赫伯特·A. 西蒙:《管理行为》,詹正茂译,机械工业出版社 2004 年版,第 89 页。

之中，包含着两层含义：其一，通过组织对创新的大张旗鼓的鼓励来减少组织成员个人行为习惯对组织的影响；其二，通过增强人的创新意识去突破组织行为模式，从而使组织获得一定的灵活性。的确，20世纪后期以来，特别是在进入21世纪后，无论是组织管理者还是社会管理者，也许都是因为强烈地感受到了环境的变化和社会的变动，才提出对惯性行为造成的组织僵化以及所构成的社会发展阻力加以克服的要求，即要求打破行为惯性、消除组织僵化和释放创新动能。所以，组织创新承载着我们这个时代中的人们的期许，人们希望通过组织创新去解决我们这个时代所遭遇的各种各样的问题。

组织创新在很大程度上可以归结为对既有规则的突破，在某种意义上，也可以理解成我们上述所说的，改革应当是破坏先行的。如查尔德所说："大多数创新都是通过员工之间对有价值的想法的深入交流以及为了找到新的解决方案的共同合作而产生的。无论是适应还是创新，都不需要过多依赖现行规则，因为它们或许会阻碍而不是有助于变革。"[1] 如果组织成员都依规则而行、按部就班地各行自己分工范围的事，即在自己的岗位上扮演好自己的角色，负自己的那份职位和岗位责任，他们也就无须交流各自的想法。一旦组织成员有着交流的要求，即为了解决问题而进行交流，就意味着某种要求突破规则的冲动萌发了。或者说，在既有分工体系的关系及其结构中，不能够使那些问题得到解决，而是需要通过交流和沟通去寻找有可能突破规则的解决方案。实际上，如果在思想交流中也确实形成了新的解决问题的方案，那已经是突破了规则，即便没有表现出与规则的冲突，也是穿过了规则的漏洞。

三 组织创新的条件

组织创新是有条件的，具体地说，组织创新的条件可以概括为三

---

[1] ［英］约翰·查尔德：《组织：当代理论与实践》，刘勃译，华夏出版社2009年版，第13—14页。

个方面：其一，是客观性的外在压力；其二，是组织的回应模式；其三，是组织成员的自主性。

查尔德指出，在变化加快、创新层出不穷的情况下，"传统的层级已经越来越不能发挥功效了。它对适应力和创新力的阻碍，抵消了它对管理所作的高效而有序的贡献。由于层级所关心的是权力与责任的界定问题，所以层级式组织模式是一种反映现状的模式，而不是突发式的、具有适应性的模式。层级最容易导致僵化，由于层级自身会随着时间的推移而壮大，这种僵化还会增加管理费用"。[①]

应当承认，在工业社会低度复杂性和低度不确定性条件下，层级化的官僚制组织在处理常规性事项方面是能够发挥出管理优势的。这也是官僚制组织能够成为工业社会的基本组织形式的原因。也就是说，官僚制组织对于工业社会低度复杂性和低度不确定性是有着高度适应性的，在其功能实现中，所产生的社会效益是巨大的，而且已经为工业社会的发展成就所证明。现在，是因为环境的变化而使官僚制组织的层级结构丧失了优势。确如查尔德所说，在高度复杂性和高度不确定性条件下，层级就意味着僵化，意味着非作业面上的所有层级上的人、机构等都成了多余的设置，甚至是开展行动的阻碍因素。

现实情况是，高度复杂性和高度不确定性所引发的组织事项是呈几何级数攀升的，而组织又总是通过增加人力和机构来加以应对。这就像人在力量不足的时候通过增加体重来提升力量一样，或者说，是在通过增加体重而防止在激流中溺水。结果，组织规模的膨胀就难以避免。而且，新增的组织机构和人员，往往被安排到了非生产部门。在社会治理过程中，虽然在行政改革中所确立的各种"瘦身"规定得到执行的情况下没有造成政府规模的膨胀，但政府却将许多社会治理事项发包给了社会组织，使更多的社会组织参与到了社会治理过程中

[①] ［英］约翰·查尔德：《组织：当代理论与实践》，刘勃译，华夏出版社 2009 年版，第 77 页。

来。表面看来，政府规模是小的，而实际上，参与到社会治理过程中来的人和组织的规模却大幅增长了，社会治理成本也呈现出爆炸式的增长。这些社会治理成本对社会的运行和发展，又必然构成一种负担。

历史经验表明，组织创新往往在社会变革的过程中变得非常活跃。比如，"在1989年东欧剧变之后，这些国家成了一个真正的社会实验室，人人都在'尝试各种新的组织形式'——从已有的公共和私人组织形式中选取不同的要素进行新的组合。在此期间，类似的情况也在中国发生，观察者报告说那里的组织创新更多"。[1] 在今天，当中国经历了将近半个世纪的改革开放历程后，在所取得的经济、社会发展成就中有多少是来源于组织创新的贡献？这也许是一个需要去加以审视和总结的问题。

其实，社会变革能否成功，往往取决于组织创新的情况。如果得不到组织创新的支持，社会层面上的改革承诺就有可能变成一张空头支票。然而，人们往往忽略了这一点，或者说，没有给予这一点以足够的重视。如果去梳理中国改革开放以来的政策文献会发现，出台的专门性的鼓励组织创新的政策很少。中国改革开放以来的组织创新更多地根源于放权，是因为中央对地方政府的放权以及地方政府对社会的放开，才呼唤出了组织创新的活力。但是，人们却很少注意到这一组织创新的现象，很少有从组织创新的角度对这一现象进行研究的成果，更不用说形成一种广泛的共识。

随着改革开放的深入，这样一种似乎是自发性的组织创新在可持续性方面将会变得越来越弱，因而，需要在鼓励组织创新方面提供更多自觉的和积极的政策引导。也就是说，把改革开放以来自发性的和自然成长的组织创新纳入自觉推进的进程中来，以求在全球化、后工业化这样一个社会转型的重大历史性变革过程中使组织创新发挥出更

---

[1] ［美］W. 理查德·斯科特、杰拉尔德·F. 戴维斯：《组织理论：理性、自然与开放系统的视角》，高俊山译，中国人民大学出版社2011年版，第311页。

加强有力的驱动作用。比如，在"一带一路"以及"构建人类命运共同体"等前无古人的实践中，都需要以组织创新为切入点，至少可以通过组织创新去化解政治上、经济上以及意识形态上的各种各样的阻力。可是，这方面的研究却显得很少，即很少有人从组织创新的角度去思考如何对"一带一路""构建人类命运共同体"提供支持的问题。

环境变化给予组织的压力往往会转化为组织创新的动力，但在组织本位主义条件下，这种创新更多地表现出只满足于技术性调整的状况，即不会以根本性的变革回应环境压力。然而，在高度复杂性和高度不确定性条件下，环境的变动性特征会令组织的技术性调整成为一种无用功。由高度复杂性和高度不确定性的事实构成的是对组织本位主义的根本性冲击，以至于组织必须以全新的形态出现，才能适应社会迅速变动的要求。组织的这种全新形态不应从实体性存在的意义上来认识，而是应当在流动的过程性意义上来加以把握。

总体看来，工业社会及其自由资本主义的发展经验证明，竞争环境可以激发组织的学习冲动，使得每一个组织都积极地将进入竞争场域中的其他组织作为学习的对象，即从竞争对手那里学习制胜的技能。这也是组织同形化的动力。不过，一个浅显的道理却是，组织仅仅向对手学习还不能真正获得制胜对手的能力，只有通过创新，才能发现制胜对手的路径。所以，竞争的环境也赋予组织以创新冲动。就竞争可以赋予组织以创新动力来看，只是在低度复杂性和低度不确定性条件下才能够得到证明。当人类社会进入了高度复杂性和高度不确定性状态时，竞争所具有的这种积极功能就会荡然无存。

还应看到，即使在工业社会低度复杂性和低度不确定性的条件下，共处于同一个竞争场域中的组织都会以制胜对手为目标，因而，在它们之间有着各自保守自身秘密的需要。这种保守秘密既是以自我封闭为前提的，也必然要承担起自我封闭的结果。所以，竞争使得组织倾向于封闭。一旦组织走向封闭，那么向其他组织、竞争对手学习的热情就会降温。如果说所有组织都仍然处在竞争场域中的话，那么为了竞争制胜而作的创新能不能走在正确的道路上，就是可疑的了。比如，美国对中国发动贸易战，制裁中国一个叫"华为"的企业，以及对中国进行芯片禁运，显然是脱离了竞争激发创新的道路。也就是说，不是通过自己的创新实现竞争制胜，而是通过扼杀对手去取得竞争制胜。

在工业社会，对于组织的存在和发展来说，组织学习往往会使得组织同形化。一个组织向另一个组织的学习，意味着两个组织的趋同；组织创新则会造成差异化的结果，一项成功的创新，往往会使一个组织与其他组织拉开距离。不过，组织间的学习也仅仅使它们在外在表现上实现了同形化。比如，在制度方面或结构方面实现了同形化，而在其他实质性的方面，却是无法趋同的。

虽然组织的创新是组织差异化的动力，但在每个组织都有着属于自己的秘密的情况下，在组织表现出了自我封闭的条件下，创新成果的扩散是有保留的，以至于组织往往在他人、他组织已经有了某种创新成果的情况下还在从事重复性的创新活动，而且这种创新往往属于较低层次的创新。这种情况是经常可以看到的。一般来说，当某个组织取得了一项创新成果，其业绩表现令人赞赏，其他企业的领导或管理者如果不能通过学习等方式获得那项创新成果，就会在自己的企业中安排部门、人员去从事这项研究，希望取得相同的成果。也就是说，由于组织之间共有的知识系统所限，它们的创新往往更多的是低层次上的重复发明，并不能在社会的意义上促进组织各个方面的进步。

尽管工业社会发展过程中的组织重复创新并未构成一个严重的社会问题，但所消耗的资源还是非常巨大的，只不过人们并未对此给予关注而已。我们可以设想，如果消除了诸如商业秘密、产权保护等组织的封闭性带来的低层次重复创新的话，那么社会运行成本将会极大地下降。可见，工业社会中的组织创新虽然可以使单个组织获得竞争优势，变得卓越并取得成功，但社会却需要为之付出很大的代价。由于社会所付出的这种代价最终都会转移到自然界中，就造成了自然的负担加重，从而造成诸多环境和生态问题。不过，总体看来，在工业社会时常会出现自然资源危机，而社会资源却从未出现过危机的问题，似乎这个历史阶段的人们并未产生社会资源意识。然而，在我们陷入风险社会时，这种状况需要改变。因为，在风险以及危机应对中，社会资源的开发和利用会成为必须加以关注的问题。

在风险社会及其高度复杂性和高度不确定性条件下，官僚制组织的满足于技术创新、低层次的重复创新等问题必须终止，而最为根本的出路就是，用合作制组织代替官僚制组织。首先，我们所构想的合作制组织将是开放性的组织，它的开放性是建立在专业差异的基础上的；其次，组织在意识形态上告别了自我本位主义，突出了社会目的的优先性；最后，组织间的关系是合作的而不是竞争的关系。因而，在合作制组织这里，不会出现重复创新的问题，即不会因为重复创新而消耗额外的社会资源。同样，在创新成果扩散方面，组织学习也不会导致组织同形化。因为，每一个具体的组织所面对的行动事项和承担的任务都是独特的。虽然合作制组织的开放性意味着组织之间能够实现更为充分的经验以及各种资源的共享，但组织创新成果的传播、扩散以及组织学习都不会以简单模仿的形式出现。因为，组织专业上的差异性决定了任何一项创新成果都无法通过简单的学习、接受和模仿而成为对自己有用的因素。

对于合作制组织而言，每一个组织都只能以其他组织的创新成果为参照，或者，在既有的创新成果的基础上去进行属于自我的创新。这不仅是因为每一个具体的组织都需要根据自己所承担的独特任务和行动事项去开展创新，而且在社会效应上，也会给我们展现出这样一幅景象：创新行为成为一切社会性活动的基本特征，创新效应也会呈几何级数放大，以至于整个社会也因组织创新而获得了创新的性质。在某种意义上，可以认为，人类历史在经历了全球化、后工业化运动后，将实现一种文明上的转型，即以创新为基本内容的文明代替以往的文明类型。如果说人类在未来较长阶段还不能达到所谓"宇宙一级文明"的水平的话，那么地球上的自然资源已经无法支撑人类的生存了。除了走创新这条道路，其他途径是无法解决人类所面临的问题的。当然，地球能否继续承载人类文明，在更为根本的意义上，是受到现今人类的自我中心主义的限制的。自我是人类文明的限度，如果不改变这一点，人类文明将会在不长的时间内走向毁灭。这个问题也决定了创新的限度，或者说，创新能够走多远，能够在文明进化中发挥什么样的作用，也是由是否以自我为中心这一人类取向决定的。

社会的差异化是创新的沃土。社会的差异化是我们今天公认的一种社会现实，也是一种历史趋势。也就是说，人类社会的发展是一直走在差异化的道路上的，而且在这条差异化的道路上越走越远，已经无法回到农业社会的那种同质性形态中去了，也无法再满足工业社会早期的任何一项同一性追求。即便规则体系，也不得不接纳各种各样的灵活性主张，以适应社会差异化的现实。在全球化、后工业化进程中，社会的差异化是以社会的高度复杂性和高度不确定性的形式出现的。在某种意义上，也可能是因为缺乏适应社会差异化的合理安排，才使人类陷入了风险社会。在风险社会中，人们的共同信仰和共同文化可能并不构成合作的必要前提，构建人类命运共同体的行动也不可能要求整个人类都拥有共同信仰和共同文化观念。所以，合作文化的基本内涵就是差异性，是在差异性的基础上强化人的共生共在的理念。

合作制组织成员的独立性是其创新的前提，与独立性关联在一起的自主性则是其创新的动力，而组织的开放性则为其成员的创新提供了保障，使创新产品得到承认、尊重并用于合作行动中。当然，合作制组织的创新动力来源于组织成员的创新自觉性，而这种自觉性又是取决于创新意识和创新信心的。合作制组织需要培养组织成员的自觉创新意识，增强组织成员的创新信心和提高他们的创新能力。其中，合作精神和理念就是组织成员创新行为的定标。

从20世纪的组织理论看，在谈到组织创新的问题时，大都突出强调组织的创新愿景，许多组织也会将创新的问题纳入计划之中。不过，对于合作制组织而言，是否在主观上拥有创新愿景并不重要。因为，主观愿景在合作制组织中并不发挥驱动性的作用,就合作制组织是高度复杂性和高度不确定性条件下的组织形式而言,是不可能预设创新愿景的,反而是需要在承担每一项具体的任务时作出随机性的创新行为选择。也就是说,合作制组织将创新作为解决现实问题的基本途径,创新行为是在遭遇了具体问题时在响应中发生的,而不是可以进行事先规划的,因而不从属于任何预设的愿景。如果说官僚制组织在缺乏创新愿景时是不可能产生创新动机和行为的,那么合作制组织则因为风险社会及其高度复杂性和高度不确定性的压力而不得不时时处处通过创新去解决所面对的问题。

人们往往把对创新问题的理论关注与熊彼特的名字联系在一起,其实,在整个工业社会的生产和生活实践中,一直包含着人们追求创新的热情。在利益追求的驱动下,被认为理性化的行为往往是指向创新的。但是,在工业社会的分工体系中,创新权也是在分工模式中进行分配的。同样,对于十分重视程序、秩序的官僚制组织来说,任何一项创新成果都会让习惯了既定程序、秩序的人感到不安,进而产生抵触情绪,甚至会做出激烈的反应。这也决定了官僚制组织成员不愿意去尝试创新。因为,创新并不能为他个人带来什么"好处",反而会置自己于某种困境。

我们已经指出,官僚制组织如果确实在某个时刻或某种情况下产生了创新需求,那也是把创新权交给了组织的管理者和领导者的,或者,将创新权交给特定的部门和人,而不是让普通的组织成员拥有创新权。在官僚制组织中,其层级结构以及权威持有状况决定了它不允许低层级的组织成员拥有创新权,会把普通组织成员的创新活动作为对组织秩序的干扰和对组织权威的挑战看待。然而,在风险社会及其高度复杂性和高度不确定性条件下,恰恰需要组织成员通过创新去承担任务和应对各种各样的突发性事件。从时间响应的角度看,在风险社会中,官僚制的层级结构决定了具有创新权的高层通过决策然后付诸执行的行动显得回应迟缓,往往会任由风险转化成危机事件。鉴于此，合作制组织会表现出更加注重操作面上的组织成员的创新，会让操作面上的组织成员拥有更大的创新权。

"创新"与"创造"间的相关性是很大的，虽然并不是每一项创新都意味着创造，但所有创新都会指向创造的方向。如果我们在广义上理解"创造"一词的话，那么创新也就可以看作是创造。当麦克卢汉宣布通信具有创造性的时候，其实是把创造活动与具体的主体分离开来，至少是让主体退隐起来了，从而让通信的过程和机制展示出一种创造能力。在互联网出现之后，生产力呈现出爆发性的增长。同样，高速铁路的开通带来了社会流动性的迅速增长，也从中呼唤出了巨量的生产力，促进了社会、经济的繁荣。这些都说明，传统意义上关于生产力要素的定义显现出片面性。

显然，一旦在信息技术、社会流动性等基础上建构起了合作制组织，就能够使我们的社会实现更加充分的创新共享。可以认为，在风险社会中，作为行动者的合作制组织是专业化程度很高的组织形式，而同一专业的组织数量也必然是很多的。这是因为，合作制组织的微型化意味着不可能产生专业垄断的状况，而且任何一个组织也不会因自己的专业性而排斥其他组织的相同专业性。另一种情况是，由于创新是合作制组织的基本特征之一，从理论上说，也许还会出现同一专业的不同组织重复创新的问题。为了避免重复创新，这些组织就必须实现信息共享，不仅是创新成果，而且创新过程（包括创新的思路和技术路线）都应实现共享，任何造成共享壁垒的因素都应加以消除。

合作是一种体制，也是一种运行机制，在更为根本的意义上，合作是一种理念、一种文化，是必然要通过行动去加以表现和进行诠释的。在基于合作理念建构起来的社会及其各部分的运行机制中，都肯定是包含着创造能力的。在风险社会中，面对着高度复杂性和高度不确定性的状况，可复制的行为和模式化的行动都无法处理人们所遭遇的问题，可以说一切问题的解决都需要求助于创新。正是由于这个原因，促使我们提出了合作制组织的构想，希望把高度复杂性和高度不确定性条件下行动上的创造、创新寄托在合作体制上，而不是计较于什么样的主体具有创造、创新能力，尽管具有创造、创新能力的人会成为更加优秀的合作行动者。

一旦我们把组织作为一个行动体而不是开展行动的空间和框架来看待，就会使我们确立起一种新的观念，因而不再斤斤计较于谁掌控组织，什么因素对组织中的权威提出挑战，谁是组织中的不安分者并有可能破坏组织的秩序和稳定。相反，会把视线转向组织承担任务和解决问题的能力上来。这样一来，既有的组织观念以及运行模式的维护即使是必须关注的问题，也会退居到较为次要的地位上，而组织的创新则会被放置到聚焦点上。其结果就是，组织不会承认任何人的创新垄断权，不会把组织创新的全部压力都投注到组织的领导人和管理者那里，也不会让组织的领导人和管理者在接过了所有压力之后再问计于专家，或者通过民主及民主参与的方式征辟建设性意见，而是在组织行动中把权威授予任何取得了创新成果和有创新潜力的组织成员。

组织创新权的分配是按照组织结构进行的，只要组织中存在着中心—边缘结构，就会在创新的问题上出现创新权垄断的问题，普通组织成员就不可能获得创新权。这样一来，组织变革与发展就必然取决于高层管理者以及领导者的状况。他们是否开明，是否有责任心和使命感，是否对组织所遭遇的和即将遇到的危机有着睿智的觉察，是否有创新的能力和推动组织变革的勇气等，都决定了组织的命运。合作制组织必须打破这种倚重少数高层组织成员的状况，必须让组织中的每一个人都掌握创新权。

第四章

行动的目标与目的

我们已经习惯于为行动确立一个目标，而且我们也充分地理解，一切行动如果是理性化的，总是有目的的。谈到理性，我们就会想到客观规律。其中，反映在行动中的最为直接的规律是以因果范畴来加以表达的。我们知道，包括管理学在内的现代科学都是建立在认识论的语境下的。对于认识论哲学而言，因果关系是一对重要范畴。其实，在整个人类认识史上，对因果关系的认识和把握，无论是对世界观的建构还是在生活态度的形成中，都有着非凡的意义。所以，无论是在古代的宗教还是现代的哲学中，因果范畴都被作为非常重要的规律而被要求与人的行动关联在一起。不过，我们认为，因果关系自身应当被看作是建构性的，是因为人的建构而能够得到认识和把握。

先哲们之所以能够建构起因果关系，可能与时间次序相关，是首先在时间次序中看到了先后，然后通过想象而建构起了逻辑上的因果。因果关系即人的因果观念在历史上发挥了巨大作用，在形构人的行动模式方面，更是发挥了基础性的作用。这一点是应当得到高度评价的。然而，在风险社会及其高度复杂性和高度不确定性条件下，因果关系则应接受质疑，人的因果观念则应被抛弃。风险社会及其高度复杂性和高度不确定性条件下的行动既不可能也不可以建立在对因果关系的认识和把握的基础上，而是需要建立在直观和想象的基础上。

认识论哲学对理性有着特定的定义，因果关系也是被作为理性范畴看待的。在较为宽泛的意义上，认识因果关系和基于因果关系的判断行动，往往被认为是理性的表现。人类既有的经验证明，一切理性化的行动都必须首先设立目标，而且行动的科学性、合理性也需要建立在目标分析的基础上。只有当目标是清晰的，通向目标的道路选择才有依据。但是，在具体的组织实践中，如何处理目标与目的的关系，却是非常复杂的问题。从工业社会的现实来看，总是存在着目标脱离目的的问题，目标异化是经常可见的一种现象。特别是在人类陷入风险社会后，社会的高度复杂性和高度不确定性意味着目标的确立本身就是一个无法实施的问题。因而，以目标为行动导向的做法也变得不再可行了。在这种情况下，新生的合作制组织将会在没有目标的情况下开展行动，即直接地根据目的而行动。合作制组织应当是以任务为导向的，是将对任务的承担作为目标的。由于任务具有易变性和不确定性，将对任务的承担作为目标，也就等于说那是一个随机变化的目标。当目标是随机变化的，它又何以成为行动的目标？

在工业社会及其低度复杂性和低度不确定性条件下，行动目标与目的间呈现出辩证关系。总的来说，目标是目的的具象化。一个目的可以通过多个目标来加以体现，而多个目标的实现也就意味着逼近了目的。目的是包含在目标之中的，也存在于朝着目标行动的过程中，而行动目标必须在合乎科学理性、技术理性的意义上具有合理性。组织是行动者，一切具有社会属性的目标都是通过以组织形式出现的行动而实现的。工业社会的基本组织形式是官僚制组织，而在风险社会及其高度复杂性和高度不确定性条件下，适切的行动者是合作制组织。官僚制组织总是基于目标而开展行动，除了组织的领导者，几乎没有人关注组织的目的。合作制组织则不同，行动的基本环境的高度复杂性和高度不确定性意味着它是无法确立行动目标的。但是，合作制组织又将始终贯彻为了人的共生共在的目的，是直接地基于目的而承担任务和开展行动的。

第一节 重新认识因果关系

亚里士多德认为，人们只要把握了事物的原因，特别是把握了初始原因，就达到了对事物的了解。在认识的哲学建构中，康德把因果范畴作为重要的知性范畴列举了出来。可是，在风险社会及其高度复杂性和高度不确定性条件下：其一，事物由来的因果链条或被打断了或被掩盖了，根本无法从事物的既存状态那里溯及原因；其二，事物的原因之复杂多样是无法穷极的，而既存的事物又可能转瞬即逝，如果我们打算去搞清事物的原因，也许尚未开始这项工作，那一事物已经从我们面前消失了。所以，在这种情况下，因果分析的认知方式必须让位于直观认知。我们需要直观事物的本质，并根据直观认知而开展行动。一切成为行动对象的事物，都应当在与我们相关联和对我们有影响的意义上得到感知。

显然，对于追求真理的认识论而言，在过去与未来之间去把握因果关系，可以使真理的信念得到慰藉，但对实践是否有意义，在很大程度上，可能是需要取决于解释的，而不是被作为一种实际情况而为我们所接受。直观的综合性，特别是对对象意义的把握，超越了指向真理的单一认识路径及其线性逻辑。如果说因果关系的解释框架在工业社会及其低度复杂性和低度不确定性条件下不仅对于认识而且对于实践都指示了一条畅行无阻的道路，那么在风险社会及其高度复杂性和高度不确定性条件下，这个因果关系的解释框架不仅无益反而有害。

在风险社会及其高度复杂性和高度不确定性条件下，既不可能也无必要去揭示因果关系。因为，这一条件下的行动是建立在直观对象本质的前提下的。具体地说，在风险社会及其高度复杂性和高度不确定性条件下，对作为事物的对象的直观是具有实践属性的，是存在和包含在合作行动之中的,而不是像致力于真理探求的认识论学说那样,将认识与实践分开,把认识与实践归属于不同的范畴或人类与世界交往的不同环节。一旦认识与实践统一在合作行动中,实现了"知行合一"的理想,行动所在的当下的问题就是行动的目标,这个目标在理论观照中,在知的意义上,也是目的。这也就意味着,作为过去的"因"和作为未来的"果"都是没有意义的,都不应为行动所关注和考虑。

一 因果范畴是一个解释框架

在康德确立起了分析性思维后,我们在面对一切有着时间上的先后顺序的事件时,总会到似乎与它们有着关联性的背后去寻找因果关系。如果我们确实找到了这种因果关系,就获得了一种满足感,相信自己认识了事物的发展规律。在取得了无数次的成功后,我们已经建立起了一种坚定的信念,并为一切存在寻求原因。我们坚信,既有的存在肯定是一种结果,之所以出现了这个结果,是有原因的。似乎没有原因的现实存在是不可思议的,或者,对于所有无法找到原因的存在,我们都会有着难以名状的恐慌。

根据尼采的看法,这种穷究因果的做法意味着某种偏见。只要带着这个偏见,就会要求把一切现象都纳入因果解释的框架之中,或者,为它们确立因果关系。尼采说:"我们认为,头脑中连翩而过的思想是由一种因果关系联系起来的。因为,更别致的逻辑学家实际所指的纯现象,现实中根本不会出现。这种人习惯认为,思想就是思想的原因,这是偏见。"[①] 即便由现实引发思想或引发何种思想并不是必然的,但因果范畴的出现,却是认识史的现实。人们一直是用因果关系去解释既存的和将要发生的一切事件和事物,如果存在着解释不足的

---

① [德] 弗里德里希·尼采:《权力意志——重估一切价值的尝试》,张念东等译,商务印书馆1996年版,第481页。

问题的话，那么因果论者还可以用"多因一果"和"一因多果"的说法而对解释框架做出修补，从而维护那个偏见。这样做的结果是让我们坚信，我们遇到的一切都可以纳入因果关系的解释之中去，而且人们也一直是基于因果观念去开展行动的。

我们在阅读一些文献时发现，在分析性思维成为思维定式的境况中，人们往往不会对虚构因果关系的做法产生怀疑，反而会以为那样做使理论变得更加科学了。所以，很多文献是把因果范畴当作规律看待的，而且认为它是最基本的社会规律。其实，关于因果关系的认识可能是首先来源于时间的启示和联想，或者说，人们在生活经验中发现了时间上前后相继的事件之间有着某种联系，从而形成了原因与结果的观念，并将其制作成因果关系的逻辑，进而认为这是一种具有普遍性的规律。

当我们使用历史这个概念的时候，显然是突出强调了它的时间维度，即认为时间链条上的一系列事件构成了历史。因而，人们总是试图在历史事件之间发现因果关系，也确实形成了因果论的历史观。因果论的历史解释其实是一种机械主义的历史观，它让人们在历史中看到的是决定与被决定的关系，认为一切存在都是有原因的，而一切原因都必然有结果。其实，历史作为一个连续统意味着构成了历史的所有因素是处于互动之中的，一个重大的历史事件的发生并不是有着明确的原因的，而是由于各种各样的社会因素互动而走到了某个地步。所以，我们对于历史的认识应当去努力把握各种各样社会因素互动的机制。只有把握了这种互动机制，才能理解当下的社会运行并为获知未来的发展提供启发性的知识。

如果根据机械论的因果观去寻找某个历史事件的原因的话，那实际上是一种极其简单化的做法，所得出的结论是不可以作为"真知识"而加以接受的。然而，机械论的因果观一直在认识论理论范式中占据着统治地位，即便存在着其他的关于因果关系的认识，也只不过是将机械论的因果叙述阐释得更加精妙一些而已。总体看来，从属于认识要求的分析总会将人们引向对终极原因的追寻上来。可是，在许多问题上，其实是很难为其找到某个原因的，更不用说找到终极原因了。即使能够找到原因，对于实践而言，也许是没有必要的。特别是在对社会现象的认识和理解中，更是如此。辩证法虽然也重视对原因的寻找，也接受了因果范畴并时常应用它来对诸多社会现象进行解释，但辩证法其实更加重视由因果链所联结起来的过程，在因果互动和互证中去理解社会现象。这是辩证法不同于机械论因果观之处。

在风险社会及其高度复杂性和高度不确定性条件下，辩证法对事物运行过程的关注越来越显示出了方法论的价值。在对风险社会及其高度复杂性和高度不确定性条件下的合作行动的把握中，那种动辄就追寻终极原因的分析方法意义不大。因为，这种条件下的行动是要直接地应对风险以及危机事件。如果能够在行动的过程中把握因果关系固然好，但不会把揭示因果关系作为行动的必要前提对待。或者说，宜把寻找风险和危机事件发生原因的事情交给那些不愿意在应对风险和危机事件中参与到行动过程中的人去做吧。让他们去做，不是为了满足他们的好奇心，而是为了打发他们无聊的时光。

因果范畴所代表的是一种决定论的观念，随着相对论的提出，这种决定论的观念已经受到了质疑。相对论给我们展示的是一种不同于机械论的时间关系，要求我们在相对性关系中来认识时间和理解时间，而不是按照实体性思维去把时间作为某种独立存在的现象来加以把握、测量和计数。对于相对论来说，"不存在对于所有事件的绝对尺度，只有不同的时间，亦即各自的持续，可以互相进行比较。这里的一秒不是那里的一秒的同一"。① 也就是说，事件的不同，意味着时间的差别。一些事件可能是由时间次序联系在一起的，甚至会从属于同一个因果链；也有更多的事件是毫无联系的存在物，但它们在时间上又是

---

① ［德］吕迪格尔·萨弗兰斯基：《时间——它对我们做什么和我们用它做什么》，卫茂平译，社会科学文献出版社2018年版，第166页。

可以进行比较的，存在着相对性的关系。

这样一来，自然时间（也可以称作"世界时间"）可能是从属于不同系统、不同场域的共有时间；事件的时间则是从属于具体的系统的，并在系统中形成某种网络结构。所以，在时间相对性的视界中，并不是只有一种恒定的对所有存在相同的自然时间，而是呈现出了复杂性。这就意味着基于自然时间的联想而生成的因果观念失去了基础。本来，时间次序上的存在物之间是否有着因果关系就是一个可疑的问题，在时间相对性和复杂性的状态中，时间的次序似乎紊乱了，也就更加无法基于时间的次序去建构因果关系了。如果说因果关系有着时间次序的源头的话，那么事件时间的发现本身就在源头上对因果关系构成了否定。

事件以及事物间联系的普遍性是应当接受的事实，但并不是所有的联系都可以被作为因果关系看待，巴甫洛夫的条件反射实验所揭示的就是一种没有因果关系的联系。条件反射所揭示的联系是建构起来的，是以客观效果的形式出现的。表面看来，在这种联系中，似乎所给定的条件会被误认为因，实际上它却不是因，而仅仅是一种条件。对于一切有着心理活动的生物，特别是人，巴甫洛夫的实验结果都能得到验证。这说明，当联想介入后，条件效应就会客观地呈现出来，从而建构起世界中原先不曾存在的某种现象。更为重要的是，条件与反射之间的关系是一种经验事实，不从属于任何逻辑，也无法作出理性解释。

从巴甫洛夫的试验中，是很容易推及以个体形式出现的人的。不过，人们似乎并未去尝试验证群体的行为也能够以条件反射的形式出现，但社会治理中的诸多宏观干预手段的应用，又包含着对条件反射原理的应用。可以认为，在社会低度复杂性和低度不确定性条件下，人们是有着关于群体行为的理性基础的固有观念的，这种观念可能妨碍了人们对群体是否有条件反射的属性进行观察。然而，在高度复杂性和高度不确定性条件下，对人的群体行为进行观察，看一看其中是否包含着条件反射的特征，也许会变得有意义了。

在高度复杂性和高度不确定性条件下，一般不会有同一条件反复出现的情况。在这一点上，巴甫洛夫的条件反射理论是得不到支持的。如果说风险社会及其高度复杂性和高度不确定性条件下的应急反应式的行动在过程特征上具有与条件反射相似的特征，那是可信的，但我们在这里希望指出的却是，对于高度复杂性和高度不确定性条件下的应急反应行动，是不适宜于纳入传统的理性框架中去加以考察的。虽然这种行动必然会以合作行动的形式出现，会包含着（经验）理性的内容，但就行动的发生和展开过程而言，却不应在传统理性概念的意义上去作出解释。不仅不去从中寻找因果关系，而且也不在巴甫洛夫条件反射的意义上去加以解释。

近代以来，几乎所有社会活动都是通过组织开展起来的，组织就是现实的行动者。当组织是一个封闭系统时，无论组织内部的变动，还是组织在环境中呈现出来的变动，都似乎有着清晰的因果关系链条可供把握。然而，随着组织开放性程度的增强，因果关系也就相应地变得模糊了。对于开放性充分的组织来说，基本上是无法从中把握因果关系的。所以，因果关系能否成为组织管理的根据，是取决于组织的开放性的。如上所说，因果关系是从属于决定论的解释框架的，或者说，是由决定论哲学所建构起来的，反映了决定论的观念。在某种意义上，甚至永远也无法褪去机械决定论的色彩。

在风险社会及其高度复杂性和高度不确定性条件下，随着决定论失去了现实的支撑，也就无法让人们将这种根据决定论的观念建构起来的因果关系维系下去。因果关系的解扣，使得认识和行动都必须针对具体的事项去做。已有的知识和经验，都只有在参照的意义上才有价值。认识和行动的具体性本身就意味着每一场境都是全新的，都需要在创新的意义上形成新的认识和开展独特的行动。

汤普森在组织行动的意义上谈论因果关系时说道："在简单封闭系统中，有关因果关系的知识可以是完全的。由于行动的所有后果都包含在系统中，同时所有行动的原因也源自该系统，则对于以任何方式组合的变量，都可以通过经验或计算事先获知其结果。但是，在复杂的开放系统中，作为诱因的行为所产生的多重效果常常在方向上各异并且持续时间不一。此外，系统内的效果可能来自系统外的活动。"[1] 也就是说，对因果关系的把握是建立在两个前提下的：其一，是组织的封闭性；其二，是环境的复杂性状况。合作制组织是开放性的组织，而且合作制组织恰恰是适应于在高度复杂性和高度不确定性条件下开展行动的组织。这就意味着，认识和把握因果关系的前提性条件都不再存在了。所以，对于合作制组织来说，是不应将行动建立在对因果关系的认识和把握之上的，而是应当随时根据任务的状况开展即时行动。

在官僚制组织中，决策过程是最讲究因果关系的，不仅会通过一系列的科学研究去梳理因果关系，而且对决策有可能造成的影响，以及在执行中可能产生什么样的结果，也都会基于因果关系进行审查。所以，官僚制组织中成熟的决策过程也是对认识论哲学及其分析性思维方式的忠实运用，甚至可以将官僚制组织中的决策过程看作应用认识论哲学及其分析性思维方式的典范。与之不同，合作制组织中的决策无论是在组织层面还是在个人层面上进行，都应当合乎两个方面的要求：其一，指向所承担的任务；其二，出于合作和优化合作的要求。这就意味着人们将不再将关注的重心放在因果关系上。或者说，以对现实问题、所承担的任务以及如何行动等方面的关注置换了对因果关系的关注。

与官僚制组织中的个人角色稳定性不同，合作制组织中的个人角色是处于随机变动中的，这意味着组织成员需要随时根据角色变动而进行决策。所以，在合作制组织这里，是以随机性决策的形式出现的，

---

[1] ［美］詹姆斯·汤普森：《行动中的组织——行政理论的社会科学基础》，敬乂嘉译，上海人民出版社 2007 年版，第 98 页。

即组织的决策因任务的变动性而表现出随机变化的状况。当然,合作制组织中的组织决策是很少的。在某种意义上,合作制组织其实是没有严格意义上的组织决策的。因为,合作制组织并无专门承担决策职能的机构。如果说在合作制组织中存在着可以认定为组织决策的行动,那也只是组织成员个人决策的某种整合形态,是那些最合乎组织理念和任务要求的决策得到了全体组织成员的认同,而且也是需要由每一个组织成员去作出随即调整的决策。所以,合作制组织的组织决策无非是发生在行动中的关于行动的决策,有着明确的指向却不一定有目标。这是因为不再关注因果关系而无法确立目标,也是因为无法确立目标而使得对因果关系的关注变得没有意义。

在风险社会及其高度复杂性和高度不确定性条件下,如果人们基于形而上学的立场的话,仍然可以宣布事物、事件之间存在着因果关系,但那是没有实证意义的。可是,现实性的行动又需要在实证的层面上展开。一旦在风险社会及其高度复杂性和高度不确定性条件下面对现实而行动,就必须承认行动的所有相关项都是复杂的和不确定的。即便其中存在着因果关系,行动者也无从把握。而且,因果关系对于行动的意义也是不确定的,如果行动者努力去把握因果关系的话,就有可能错失应对风险和危机事件的良机。

显然,在时间上和空间上相邻的事物之间是有联系的,但它们的联系并不一定是因果关系。从实践的需要看,事物间的许多联系是由我们给予的,是通过想象建构起来的。可以认为,想象所把握的恰恰是事物的实质性方面,而近代以来极为推崇的逻辑演绎、推理等,所把握的则是事物的形式方面。比如,在"蚂蚁搬家"与"天将下雨"这两件事之间,其实是没有因果关系的,如果运用分析性思维而在逻辑推理中为这两者找到了因果关系,那也是非常勉强的,事实上是不科学的。但是,在无数经验事实中形成的想象却可以在这两种现象之间建立起联系,也正是在这种想象中,把握了"蚂蚁搬家"与"天将下雨"之间的实质性联系。事实上,在农业社会的历史阶段中,人们通过想象建立起了许许多多诸如此类的联系，并用来指导人们的生活和行动。类似于中国二十四节气的制定，对于农事而言，提供了非常重要的指导纲领。

逻辑只能在形式层面上展开，所把握的是从一种形式到另一种形式转化和过渡的连续、中断情况。如果两个形式之间没有连续的环节，逻辑在中断处无法接续起来，推理也就终止于那个地方。然而，实践的需要却不会因为那个地方出现了逻辑断裂而消失，而是需要继续以行动去应对在那个环节上所出现的事项。这个时候，就必须寻求逻辑推理等的替代性方式，而想象恰恰可以填补逻辑推理中断时留下的空场。从现实来看，风险社会及其高度复杂性和高度不确定性条件下的几乎所有事件以及存在物之间的联系，都不是可以用逻辑去框定的，而是需要通过想象的方式去加以把握。也许人们会辩称因果关系属于事物的实质方面，如果这样做了，那只能说是对"实质"一词的误解。实际上，因果关系恰恰是一种形式，也就是佛家思想中所说的一种"相"（根据佛家的观点，你若修道，执着于因果就是执着于相）。

事物的实质是不能在分析中把握的，因为分析无论做得多么精细和达到了什么样的深度，都依然是在形式方面展开的。同样，事物间的实质性关系也不能在推理中得到认识。总的来说，由康德开拓的分析性思维被用于认识世界和把握世界时，认知永远游弋于形式的海洋中。与之相比，正是对世界的现象无比钟情的相似性思维，在每一步行进中，都去把握世界的本质。如果说在人类认识史上的科学发展也实现了对世界本质的某种程度上的把握，那其实也应归结为相似性思维从未绝迹。所以，风险社会及其高度复杂性和高度不确定性条件下的行动，是需要放弃对认知上的因果关系的关注的，而且需要在不关注因果关系的情况下发展出行动策略。于此之中，既包含着思维方式的转变，也意味着知识生产模式的变更。落实在实践上，就是一个不再将行动建立在对因果关系认知的基础上的问题。

二 海德格尔给予我们的启发

在传统的主观与客观二分的视野中，客观存在作为整体和能够成为总体是由其内部的普遍联系决定的。与此不同，海德格尔把自我放入"此在"之中，又把此在作为存在的现实形态看待，进而通过自我的领会，去把捉存在以及存在之中的"关联"。海德格尔把这种"关联"称作"因缘"，而不是像过往哲学家那样将其说成是"客观联系"。

海德格尔认为，"关联"是在领会中得到把捉的。"领会就把……关联保持在自己面前，作为自己的指引活动于其中的东西。领会让自己在这些关联本身之中得到指引，并让自己由这些关联本身加以指引。我们把这些指引关联的关联性质把握为赋予含义。在熟悉这些关系之际，此在为它自己'赋予含义'，它使自己源始地就其在世来领会自己的存在与能存在。'为何之故'赋予某种'为了作'以含义；'为了作'赋予某种'所用'以含义；'所用'赋予了却因缘的'何所缘'以含义；而'何所缘'则赋予因缘的'何所因'以含义。那些关联在自身中勾缠联络而形成源始的整体，此在就在这种赋予含义中使自己先行对自己的在世有所领会。它们作为这种赋予含义恰是如其所见的存在。我们把这种含义的关联整体称为意蕴。"① 也许只有在风险社会及其高度复杂性和高度不确定性条件下，我们才能深切地体会到海德格尔的这种现实主义的态度。

显然，在风险社会及其高度复杂性和高度不确定性条件下，认识和把握客观规律的理想主义追求会令人陷入一种困境。比如，在未能把握客观规律的情况下该怎样行动？可是，在倏忽出现的危机事件面前，我们并不知道因果关系是什么样子，可是，我们又必须行动。这个时候，就可以看到海德格尔所引入的"因缘"概念的重要价值。也

---

① ［德］马丁·海德格尔：《存在与时间》，陈嘉映等译，生活·读书·新知三联书店2014年版，第102页。

就是说，我们只需要基于所领会到的关联去开展行动，就应当被认为是积极的，也的确是最为现实的。这是因为，"处于对意蕴的熟悉状态中的此在乃是存在者之所以能得到揭示的存在者层次上的条件——这种存在者以因缘（上手状态）的存在方式在一个世界中来照面，并从而能以其自在宣布出来。此在之为此在向来就是这样一种东西：上手东西的联络本质上已经随着它的存在揭示出来了。只要此在存在，它就已经把自己指派向一个来照面的'世界'了；此在的存在中本质地包含有受指派状态"。①

在海德格尔的这种类似于神学的阐述中，我们发现了高度复杂性和高度不确定性条件下的行动原则。首先，我们所面对的与我们"照面"的问题就是我们的任务，我们领会到了关联即因缘，就已经形成了对我们承担任务的支持，即构成了承担任务的基本条件；其次，我们所要发现的和所要承担的只是我们的任务，这种任务已经成为此在，是"上手状态"，有了我们熟悉的意蕴，至于那些未与我们"照面"即未向我们派发任务的存在，不应过多地吸引我们的注意力和消耗我们的精力；最后，我们只有承担了任务才能成为此在，或者说，才获得了成为此在的资格，在我们作为此在的存在中，道德才是本质。这三个方面是我们在风险社会及其高度复杂性和高度不确定性条件下开展行动的前提性条件，也是应当遵循的基本原则。

我们说这是一种现实主义的原则，认为它是对认识论及其实践模式的超越或扬弃，但持有认识论立场的人会不会挑起争辩？海德格尔显然料到了这一点，所以，他刻意地强调说："此在向来已经熟悉意蕴。意蕴就包含有此在有所领会并做出解释之际能够把'含义'这样的东西展开的存在论条件；而含义复又是言词与语言可能存在的基础。"② 也就是

---

① ［德］马丁·海德格尔：《存在与时间》，陈嘉映等译，生活·读书·新知三联书店2014年版，第102页。
② ［德］马丁·海德格尔：《存在与时间》，陈嘉映等译，生活·读书·新知三联书店2014年版，第102—103页。

说，当此在成为有意蕴的存在时，此在展开过程中的所有含义都能够得到领会和已经得到了领会，那么所有为了生存的行动也就都可以在此条件下开展起来。

虽然海德格尔著述的时代并不是我们今天所在的风险社会，但我们看到的是，在他的文字背后包含着某种渗入他骨髓之中的悲观主义。如果海德格尔在致力于思考的时候也注意到社会的发展和科学技术进步（也许是"二战"前夕的恐怖主义气氛窒息了他，使他无法去发现那些能够使他心境乐观的东西）等因素，也许就不会将生存的期望划定在已经获得了意蕴的此在之中。我们在思考风险社会中的行动问题时，对科学技术一日千里的飞速进步是给予充分关注的，但我们却不能把解决生存问题的全部希望寄托于科学技术，而是需要对这种条件下的行动本身进行思考。正是在此意义上，我们肯定了海德格尔的一些思考的价值，同时又要求构想出合作行动模式去解决风险社会中的生存问题。也正是对风险社会中人的生存问题的关注，又让我们想到了人的共生共在问题，并把人的生存寄望于人的共生共在，认为只有解决了人的共生共在问题，才能够使人的生存具有现实性。就此而言，人的共生共在就是风险社会中的人的生存模式，这一模式在合作行动中的体现恰巧是合于对此在的领会的，是一种基于对此在的领会而提出的行动设想。

虽然时间是此在的属性，或者说，时间无非是此在展开时的存在形态和表现方式，但历史却是时间中的存在。我们已经指出，历史学在将历史作为对象时，是按照时间去组织历史事件的，即依据时间的绵延而给予历史事件以某种次序。在给予这种次序后，才能去把握历史事件中的联系，并从中发现因果关系，进而给予某种解释。海德格尔说："历史的基本现象先于历史学所可能进行的专题化，而且是这种专题化的基础……历史如何能够成为历史学的可能对象，这只有从历史事物的存在方式，从历史性以及这种历史性植根在时间性中的情况才能得到回答。"①

当然，如果把历史当作行进着的整体的话，那么时间又可以被作为这个历史整体的属性看待，是内在于这个整体的。由此看来，我们也就走到了爱因斯坦那里，理解了"时间因为观察者而获得相对性"的含义。进而，我们也就看到了时间既可以是内在于事件的，也可以是外在于事件而成为事件发生于其中的框架。海德格尔认为，"具有时间性"和"在时间之中"是时间的两种存在形式。作为此在的事件是具有时间性的，而生存论视野中的此在则是在时间之中的。比如，人从生到死，就是在时间之中步步前行的，人的行动是在时间中展开的，尽管人的行动具有改变时间的能动性。如果说我们的先民是在时间之中想象了因果关系，或者说，根据时间的次序建构了因果关系，那么在"具有时间性"这一认识形成后，也就会要求我们根据"具有时间性"这一时间形式去重新审视因果关系。

在观察者这里，时间虽然有了在事件内外的两种形式，我们却又不能说观察者创造了时间，时间的客观性仍然是对对象进行观察的根据。所以，在历史学研究中，"此在历史性的分析想要显示的是这一存在者并非因为'处在历史中'而是'时间性的'，相反，只因为它在其存在的根据处是时间性的，所以它才历史性地生存着并能够历史性地生存"。② 历史学研究是为了建构历史世界，而生存论的历史视野则要从历史世界中去发现生存经验，分析那些经验中可取的因素，发现应当避免的陷阱，把握契合于具体历史条件的局限性。

必须承认，历史分析是把历史作为对象的，但那仅仅是研究对象。作为研究对象，能否被归入此在，还是不能断然地给出回答的。也许应当说，只有当研究对象已经在研究过程中转化为了历史，才具有此

---

① ［德］马丁·海德格尔：《存在与时间》，陈嘉映等译，生活·读书·新知三联书店2014年版，第425页。
② ［德］马丁·海德格尔：《存在与时间》，陈嘉映等译，生活·读书·新知三联书店2014年版，第426—427页。

在的性质。作为研究对象的历史是被放在时间之中的，是时间中的存在，还未实现向此在的转化，只有当研究对象成为具有时间性的存在时，才成为我们的历史，获得此在的性质。的确，生存论在历史中努力发现的那些历史事件正是在历史上发生在时间中的，也是在作为研究对象时而成了存在于时间中的，但生存论的目的却是要将那些拉入此在之中，也就是把历史作为此在看待。所以，生存论不仅要看到历史在时间之中，还要看到历史是"具有时间性"的。只有当历史具有了时间性，那些发生在历史上的事件，才是对现实的行动有价值的存在，才是此在。也就是说，生存的问题是最具有现实性的问题，生存论必须把"具有时间性"和"在时间之中"这两种时间形式都接受下来，并使其统一起来。

当我们回到因果关系的话题上来，并将这个话题与海德格尔的论述结合起来，所看到的就是：在时间中的存在可能是有因果关系的，也可能没有因果关系，而作为此在的具有时间性的存在，则从属于"因缘"的解释，很难纳入因果框架中去。总之，根据海德格尔的看法，"此在的演历本质上包含有开展与解释。从这个历史性地生存着的存在者的这一存在方式中，生长出明确地开展历史和把握历史的生存可能性。历史的专题化亦即历史的历史学把握是之所以可能'在人文科学中建设起历史世界'的前提。对历史学这门科学的生存论阐释只意在证明它在存在论上源出于此在的历史性。只有从这里出发才能标出一些界限，依照实际科学工作制定方向的科学理论在这些界限内可以具有其提问方式上的偶然性"。[①] 我们知道，因果关系所代表的是必然性，有因就有果是不可逃避的必然性。在风险社会及其高度复杂性和高度不确定性条件下，一切都是以可能性的形式出现的。这就意味着，即使是"在时间之中"的存在，也不再会以因果关系的形式出

---

① [德]马丁·海德格尔：《存在与时间》，陈嘉映等译，生活·读书·新知三联书店2014年版，第426页。

现了，更不用说成为"具有时间性"的存在。

在历史的维度中，风险社会是以往未曾有过的。虽然人类社会的每一个发展阶段中都有着大量的社会风险，但风险社会的历史性却是显而易见的。正是风险社会，把人的共生共在作为基本的社会主题提了出来，摆在了我们面前。然而，这一社会主题下的一切行动都会因为危机事件的偶发性而表现出行动者所做出的是偶然选择。甚至可以说，围绕着人的共生共在而提出的一切疑问，由人的共生共在派生出来的一切问题，为了人的共生共在而开展的一切行动，都会表现出偶然性。所以，因果关系不仅受到了可能性的否定，而且也受到了偶然性的否定。就此而言，我们认为，海德格尔所考察的那种从属于生存论的历史学是可以提供一个作为生存存在的历史世界的，但那个历史世界只是风险社会中的人们寻思和行动的参照，而不是作为必然如何的暗示。风险社会中的行动者在阐释人的共生共在这一主题中的所有思考和行动都是对具体问题的解决，是用具体性去诠释"历史性""时间性"等概念的真正内涵的。

其实，如果把时间区分为"世界时间"和"事件时间"的话，就有可能清除海德格尔叙事上的那种晦涩难懂的色彩，就不会纠结于什么"在时间之中"或"具有时间性"，而是更为清晰地看到了"世界时间"与"事件时间"的相对性以及辩证关系。也就是说，当我们说事件是在时间之中的，这个时间是世界时间；当我们说时间内在于事件而且是事件的属性时，所指的则是不同于世界时间的事件时间。可以想象，在人有了时间意识后的一个相当长的历史时期中，人们的时间概念都主要反映的是世界时间，没有意识到事件时间。所以，人们对世界的认识和理解，对实践活动的规划和设计，对生存的思考和追求，都是在时间之中进行的。时间成了一个框架，所有的活动都在这个框架中。从时间中形成了因果关系的认识是为了把握、驾驭因果关系而资益于行动，但同时又会把未加把握和未能驾驭的因果关系作为一种"命运"加以接受。

在风险社会及其高度复杂性和高度不确定性条件下，事件的复杂性与行动的自主性开始要求人们在时间观念上作出改变，即在出于行动需要的意义上和在一切行动的场合中用事件时间替代世界时间。这样一来，就造就了世界时间的同一性与事件时间的差异性并存的局面。事件时间直接地与行动者的能力、主动性、效率等相关联，而世界时间往往将行动者的这些方面掩盖起来。

由于长期以来人们的时间意识中仅有世界时间这一种时间，才会以为时间就是一元的。随着事件时间进入人们的时间意识中，那么空间多样性的景象也就会在时间这里有了相同的表现。这个时候，关于个性化的时间，就会成为存在以及人的生存的基本形式，以往所有对个性化的追求，也都在时间这里得到了合理化证明。所以，在世界时间中所形成的那种因果关系的认识在事件时间中就会因为人的主动性而从人们的视线中淡化甚至消失。

三 基于直观的行动

根据因果的观念，人们相信而且确信，每一个新出现的事物都有原因，都有它的历史。在风险社会及其高度复杂性和高度不确定性条件下，我们也相信此一事物源于以往，但我们是否需要寻觅它的来源处的踪迹，则是一个需要考虑条件是否允许的问题。如果我们打算去寻找因果关系，能否取得一个满意的答案，则是可疑的做法。也许那是枉费心力的事情，甚至有可能贻误了我们应开展行动的时机。

在风险社会及其高度复杂性和高度不确定性条件下，也许可以在微观的具体事项中发现决定与被决定、原因与结果的关系，而普遍性意义上的决定论则是不可接受的。因为，复杂性和不确定的概念本身就是对一切决定论观念的否定。也就是说，在复杂性和不确定性概念中没有决定与被决定的关系，也无法确认原因和结果。我们面对的只是"此在"，即便此在中有着原因和结果，我们也无法去把握它。风险社会及其高度复杂性和高度不确定性条件下的合作行动把每一个突发事件都作为行动任务,并不徒劳无功地去弄清原因和结果的关系。

显然,在简单和确定的条件下,因果关系是清晰的,决定与被决定的事实能够轻而易举地得到把握;在低度复杂性和低度不确定性条件下,运用科学方法也能够形成对因果关系的认知,多数情况下,也能够达成正确的认知。然而,在高度复杂性和高度不确定性条件下,即便我们抱着有果必有因的信念,也无从把握因果关系,以至于这种信念有可能成为思维上的心魔和行动上的障碍。

如上所说,许多被判定为因果关系的事实只是想象的结果。除了一些极其简单的事项能够通过数学手段去把握它们之间的因果关系,对于一切稍微复杂一些的事项,如果从中解读出了因果关系,在很多情况下,都只能说是某种近似因果关系,而不是根据对简单事项中因果关系的把握而做出的正确推断。如果说果真从简单事项中推断出了复杂事项上同样具有的因果关系的话,那么在这种推判之中包含着想象,就是显而易见的了。一旦复杂事项中的因果关系是在对简单事项中的因果关系进行推断时由想象建构起来的,更为重要的是,在简单事项中推断因果关系时,所借助的就是想象,也就构成了对分析性思维的挑战甚至否定。进而,也就把我们引向了另一种想象:要么因果关系是建构性的,客观存在中也许并不存在着因果关系;要么客观存在中的因果关系只能得到近似的而不是准确的把握。

对于简单事项,把握其中的因果关系,是可以在直观中实现的。但是,对于复杂事项中的因果关系的把握,如果直觉失灵的话,那么分析性思维所给予我们的,就只能是一种认识因果关系的信念。事实上,在风险社会及其高度复杂性和高度不确定性条件下,分析性思维连提供这种信念的功能也都丧失了。这是因为,高度复杂性和高度不确定性意味着,其一,因果关系即便客观存在也不是稳定的和确定的,而是流动的和不确定的,无法进行静态把握;其二,因果关系的具体性意味着它因时、因地而异,任何寻求确定性因果关系的普遍性——产生于和根源于分析性思维——的方法都无法用来认识和把握

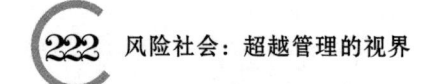

具体性的因果关系。

我们认为，因果关系是建构性的，行动者在风险社会及其高度复杂性和高度不确定性条件下会根据行动的需要而对因果关系做出随机建构。对于这种建构来说，唯有相似性思维能够提供支持。实际上，运用相似性思维建构出的因果关系已经不再是我们原先理解的那种因果关系。如果用海德格尔的"因缘"概念来表述，可能会显得更为贴切一些。

吉登斯认为："社会科学中的因果概括总是假定，在行动的意想后果与意外后果之间，存在某种具有代表性的'混合'，其基础是行为的理性化选择，无论其'进行'是在话语意识层面还是实践意识层面。技术变迁的发生势必关联着行动者对技术的应用，关联着典型的技术创新方式等等。"① 虽然一时一事上的建构也许是不成功的，但在总的进程中，积极性的建构特征还是比较明显的。强调尊重客观实际，要求尊重规律，就能够有效地防止社会科学的"假定"不至于过分离谱，但这绝不意味着可以封闭想象之门。

就社会科学作为科学而言，也许应当以量子理论、相对论提出之后的物理学为榜样，时时作出更为大胆的想象。否则，社会科学就无法承担起促动人类历史的使命。如果社会科学能对人的能动性给予足够关注，就会在社会过程中看到更多的物理学家看不到的历史进步动能。如果说法国大革命后建立起来的各个门类的社会科学都承担着一个共同的任务：要为革命家的狂热降温，即通过指出因果关系而让革命家变得理性一点，那么在进入了社会建构的过程时，社会科学研究也许更需要变得冷静。这种冷静不再意味着指出历史的进步中包含着因果关系，不是要求行动者必须尊重规律和按规律办事，而是冷静地抛弃一切假定，包括因果关系以及其他的所谓规律的假定都必须抛弃，

---

① ［英］安东尼·吉登斯：《社会的构成：结构化理论纲要》，李康等译，中国人民大学出版社2016年版，第168页。

以防止它们成为应对风险和危机事件的障碍。当然，任何时候，尊重规律和按规律办事都是行动必须坚持的原则，但对于社会科学家来说，如果对规律的执着阻碍了自己的想象，那么在风险社会及其高度复杂性和高度不确定性条件下则是不能接受的。

从近代以来的科学研究看，特别是20世纪的社会科学研究，因为有着某种对沉静的追求才造成了对理性的偏爱，甚至过分夸大了理性的意义。从社会科学研究当前的任务看，所要解决的是全球化、后工业化运动中提出的问题，直面的是风险社会及其高度复杂性和高度不确定性。显然，在这个时期，激发和调动人的积极性正是社会科学当前需要承担起的重要任务，而不是用规律的名义去摧毁人的积极性和主动性。当然，就社会科学的构想必须转化为实践意识和付诸行动才能证明其价值而言，肯定需要充分估计行动的约束条件，但积极进取的精神应当成为形塑社会科学的基本材料。所以，社会科学不应轻视想象的力量。

吉登斯在谈到社会科学的功能时，用"约束性"与"促动性"两个概念来说明社会科学与行动者的关系，指出"社会科学中不存在某种独特的'结构性说明'这样的实体。所有的说明都至少会间接诉诸行动者有目的和运用理性的行为，以及这种行动与行动者所处社会情景及物质情景的约束性和促动性特征之间的相互关联"。[①] 面对"约束性"，社会科学的研究虽然有着提醒行动者的职责，但更为重要的是，应当去寻求克服它和打破它的出路，通过化解约束性去增强促动性。或者反过来说，通过促动性的积极建构去化解约束性。那样的话，我们才会拥有"积极的社会科学"。对于这种积极的社会科学来说，抛弃以往用规律、因果关系编织起来的思维窠臼，为风险社会及其高度复杂性和高度不确定性条件下的行动提供支持，就是其在新时代中应

---

① ［英］安东尼·吉登斯：《社会的构成：结构化理论纲要》，李康等译，中国人民大学出版社2016年版，第169页。

当承担起来的一项使命。

胡塞尔认为,"在'纯粹直观'中(因为这个观念化作用是经由现象学对康德的纯粹直观概念加以阐明的结果),我把握了时间性的和它所包含的一切本质因素的'观念'"。①且不说时间性构成了事物的本质,但就对"时间性"的把握而言,直观的感知也是极为简便的,因而在思维上是极为经济的。如果不采用直观,而是通过分析性思维的操作程式去把握时间性的话,就必须通过诸多中介因素进行烦琐的推理,即通过推理去获得关于时间性的认知。而且,在推理的过程中,也难免要将直观引入到各个环节之中,只不过是微不可察的而已。或者说,推理的形式掩盖了直观。

如果说时间性派生出了可能性的话,那么对可能性的判断也是需要通过直观做出的,而且也只能通过直观去把握可能性。对此,胡塞尔说:"物是一种物质物,它是一实质的统一物,而且因此它也是一个诸因果关系的统一体,具有无限多种多样的可能性。在这些特殊实在的诸特性中我们也遇到了观念。因此物观念的一切组成成分本身是观念,每一成分都隐含着'无限多'可能性的'等等'。"②可能性本身就是反分析性思维的,因为分析性思维无论表现为什么样的方法和推理过程,都是要达成某个确定的结论,即揭示必然性。如果结论是某个不确定的可能性,那就是方法的失灵和推理过程的自我否定,也是对分析性思维这种思维类型的否定。显然,无论是作为一种现实的可能状态还是作为时间绵延中的可能性,都意味着作为可能性是不接受分析性思维的观照和考量的,而是需要去进行直观地把握。

胡塞尔在这里谈到了"诸因果关系",这说明他还是受到了认识论逻辑的影响,没有意识到因果关系与复杂性是不能放在一起并行思

---

① [德]胡塞尔:《纯粹现象学通论——纯粹现象学和现象哲学的观念》第1卷,李幼蒸译,中国人民大学出版社2014年版,第292页。
② [德]胡塞尔:《纯粹现象学通论——纯粹现象学和现象哲学的观念》第1卷,李幼蒸译,中国人民大学出版社2014年版,第292页。

考的。对于认识论及其分析性思维来说，因果关系是一个重要的高等级推理"抓手"，但用这个抓手所能抓住的，基本上是单一性的因果关系。至少，因果链条是明晰的。如果多种因果关系混杂交织的话，就会转变成为复杂性的问题，那也就是分析性思维无力触碰的问题。当然，胡塞尔在说"诸因果关系"构成了物的统一体的时候，又指出这个统一体的每一个成分都是观念，这其实又是把那些因果关系当作观念看待的。因而，可以看作对认识论的一种否定意见。

借助于推理，我们总能从已知推及未知，从而将未知转化为已知。从未知转化为已知的过程是可以有多种途径的，但现代科学走出的是一条阳关大道，人类社会的发展极大地受益于这条道路。我们将科学的发展道路比喻为"阳关大道"，其实是要指出科学研究存在着探索精神不足的问题，不敢去走一条崎岖的山路。显然，在科学的道路上，哪些东西可以进入科学的视野而成为对象，是有选择的，或者说，是要作出排除的。这种选择取决于诸多因素，其中，被作为对象的存在是否合乎科学的既有框架，就是需要优先考虑的问题，甚至是需要在直觉中判定的问题。因此，只有能够被纳入这个框架之中并可以放置到某个位置上，才能在对它的研究中收获预期成果。这可以比喻为人们首先做了一套衣服，然后选择模特儿穿上这套衣服，再后发现了穿上这套衣服的人之美，即发现了这套衣服产生了出人意料的效果。所谓科学研究的成果，就是这种"意外的效果"。

这种从未知转化成已知的路径已经模式化了，成为我们认识世界和改造世界的基本路径，人们走在这条道路上亦如老马识途，甚至产生了一个极其怪异的现象，那就是，热衷于运用团队去从事科学研究。显而易见，如果团队可以从事科学研究的话，那就意味着这项研究包含着团队成员共同认可的逻辑。在逻辑线条上走到了终点，也就取得了科学研究成果。可是，当一项科学研究成果就像成熟的桃子那样等待着人去摘取，那在何种意义上可以被认为是一项创新呢？所以，科学研究团队的出现这一现象本身就证明了科学研究模式化了，不可能在风险社会及其高度复杂性和高度不确定性条件下去解决那些关涉人的共生共在的根本性问题。

当我们对科学研究道路进行回溯式考察时，在其原点上作出追问，就会发现，被我们称为科学研究的那些活动，都是针对对象进行的。在将什么作为对象的问题上，或者说，在什么属于"未知"的范畴这个问题上，其实是已知的。既有的科学研究其实是对已知进行研究，至于未知，是被排除在研究对象之外的。只不过这种已知是尚未实现与我们的意向的耦合而以潜在性已知的形式出现的，一旦与我们的意向相遇，就成为对象并进入已知的进程之中。所以说，对象是包含着意向性的存在。

在近代以来的整个历史阶段中，无论是科学研究还是社会实践，在认识的意义上都基本上是通过推理的方式去发现对象的。推理无非是要把已知揭示和展示出来，其中，因果关系的信念就是这种推理的基础，同样也是科学研究能够以团队的方式进行的前提。但是，我们必须指出，这只是发现对象的一种方式，直观、想象等方式也可以成为发现对象的重要方式。如果考虑到条件和场境，还应看到，在风险社会及其高度复杂性和高度不确定性条件下，随着因果链条混乱到无迹可寻的地步，随着传统意义上的规律变得虚幻，推理模式因为失去了依据而成为不堪使用的工具而退场，那么直观、想象等，在发现和确立对象时也就会发挥主导作用。

从科学发展史看，多数对象的发现其实都采用了直观、想象等方式，只是在成为对象之后，推理以及分析性思维才下场。无论是砸到牛顿头上的那颗苹果，还是瓦特外祖母的烧水壶，给予他们的都是直观和想象，是他们在直观和想象中获得的研究对象，而不是他们运用分析性思维和通过推理发现的对象。在风险社会及其高度复杂性和高度不确定性条件下，我们应认识到成为对象的存在是具有高强度流动性的。这样的话，擅长对静止的对象进行分析的研究方法也就失去了着力点。事实上，在风险社会及其高度复杂性和高度不确定性条件下，行动者不是为了预期的未来而开展行动的，反而是用行动去开拓未来。

我们甚至可以认为，当前的行动将开拓出什么样的未来，也是很难准确预知的。如果有人强行辩解说，当我们用行动开拓未来时，我们的行动就是因，而未来就是果，这在逻辑上是没有问题的，但对于我们的行动而言，则应当视为一种没话找话说的无理取闹。现实的高度复杂性和未来的高度不确定性是行动者必须接受的境遇，行动者的全部积极性和主动性都只能投向对当前问题的解决上来。也就是说，风险社会及其高度复杂性和高度不确定性条件下的行动是不需建立在对因果关系的认识和把握上的。一方面，现实的高度复杂性意味着无法去认识和把握因果关系；另一方面，未来的高度不确定性也意味着无从着手去认识和把握因果关系。

如果说科学研究的主要目的是针对研究对象弄清因果关系，那么在风险社会及其高度复杂性和高度不确定性条件下，这个目的需要得到重新评估。事实上，在风险社会及其高度复杂性和高度不确定性条件下，出于行动的需要而直观对象的本质才是认识的基本内容。这是因为，在把握了对象的本质的同时，也就意味着一个行动方案在行动者心中形成了，至于因果关系，只具有次一级的相对于行动的重要性。

我们一再指出，在因果关系不明的情况下也必须行动。如果因果分析是时间容许的，就可以尝试通过分析而把握因果关系，但在风险社会及其高度复杂性和高度不确定性条件下，把握因果关系的一切努力都恰恰会遇到一个时间容许的问题。特别是对于应对危机事件的行动而言，对即时行动的要求显然是优先于对因果关系的把握的。这就是一种情势所迫，要求我们在无法把握因果关系的情况下也必须行动。在必须行动的时候，因为没有因果关系指示的规律可循，就只能将行动建立在直观和想象的基础上。

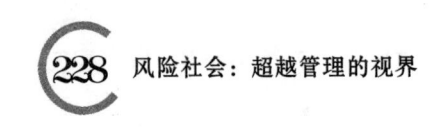

第二节　行动是否必然要有目标

我们已经有着一种固定的观念，那就是理性化的行动必然是有目标的。我们深信，一切行动都应有目标，对于组织这一行动体而言，其行动目标还需要实现理性化。人们往往把没有目标的行动比喻为"无头苍蝇乱撞"，也就是说没有目标的盲目行动是不可取的。作为行动者的组织，不仅有行动目标，而且其目标还应反映科学理性，是得到精心设计而制定的。所以，从工业社会中的组织看，"模糊的目标无法为正式组织提供坚实的基础"。① 正是因为目标对于作为行动体的组织是非常重要的，致使所有组织都把大量精力放在厘清组织目标上。

随着科学管理理念的引入，组织往往通过计划的手段去确定目标。政府亦如此，通过定期制定计划、规划等方式去确立目标。不过我们也看到，到了 20 世纪后期，政府所制定的计划、规划等开始呈现出模糊化的趋势，许多条款都改为原则性的表述，得到描述的往往都是大致的方向。这说明，在社会高度复杂性和高度不确定条件下，像政府这类巨型组织，越来越感受到无法确立明确的目标。同样，私人领域中的一些巨型组织，也不得不在目标上保持模糊化。目前看来，行动目标的模糊化已经是一种具有趋势意义的社会现象。在全球化、后工业化进程中，不仅如政府之类的巨型组织，而且几乎所有在复杂性和不确定性环境中开展行动的组织，一切承担着多样性、复杂性和较高变动性任务的组织，都无法确立明确和相对稳定的组织目标。

在全球化、后工业化进程中，人类陷入了风险社会，也可以说是这场运动把人类引入了高度复杂性和高度不确定性的社会状态中。风险社会及其高度复杂性和高度不确定性条件下的行动显现出来的是更

---

① ［美］W. 理查德·斯科特、杰拉尔德·F. 戴维斯：《组织理论：理性、自然与开放系统的视角》，高俊山译，中国人民大学出版社 2011 年版，第 41 页。

多地面对偶发性的事件，任务的模糊性以及前景的不确定性都意味着无法确立明确的行动目标。我们说风险社会及其高度复杂性和高度不确定性条件下的行动者将以合作制组织的形式出现，在某种意义上就是要指出合作制组织的目标将是模糊化、弹性化和不确定的，是处在变动之中的，会在行动的过程中不断地发生变化并进行调整，甚至会表现出放弃将目标作为行动导向的状况。

我们更倾向于认为，合作制组织不会刻意关注行动目标的问题，不会把确立组织目标作为组织管理的一项必要内容。假如风险社会中的人们还注重组织目标在管理中的价值，那就必然会遭遇目标模糊化、目标异位、目标置换等对组织构成挑战的问题，就会更加强烈地感受到，"随着时间的推移，如果组织的目标不能更加具体和有限，其结构就会变得不稳定和混乱"。[①] 如果合作制组织放弃了对目标的关注而选择了任务导向的话，这种问题就不会出现。合作制组织的结构是非常简单的，组织自身就是处在不断变动之中的。即便存在着组织目标，也不会像斯科特等人所说的那样受到组织目标的影响，更不会因为不再有目标而出现什么不稳定或混乱等一系列问题。

一 目标之于行动

我们通常说的成果是包含在行动之中的，而行动却在取得了成果的时候消失了。所以，一切预谋的行动都会先设定某个成果，并将那个观念中的成果作为目标而加以行动，使行动朝着目标展开。不过，从另一个角度看，目标又不是仅仅存在于行动指向的某个未来时刻，而是与行动相伴的。这是因为，行动会时时根据目标而调整自身。不仅是根据目标而校准方向，而且也包含着对行动的各构成要素以及它们的关系进行调整。可见，目标与成果又是不同的。对成果，可以作

[①] ［美］W. 理查德·斯科特、杰拉尔德·F. 戴维斯：《组织理论：理性、自然与开放系统的视角》，高俊山译，中国人民大学出版社 2011 年版，第 41 页。

物理意义上的理解；对目标，则需要识别出其观念的属性。

与具有物理属性的存在相比，观念性的存在更加受到场境的影响。某种观念对于一种场境是必要的，而对于另一种场境则是可有可无的，甚至根本不会出现。显而易见，在低度复杂性和低度不确定性条件下，行动目标的建构对于取得某项成果是非常必要的，而在高度复杂性和高度不确定性条件下，行动也必然会取得成果，但它却不是预先设定的成果。如果说"成果"一词包含着预期的内容，或者说，是与预期相一致的结果，那么我们可以改称高度复杂性和高度不确定性条件下的行动必然会导致某个结果，但这个结果中不一定包含着预期的内容。事实上，高度复杂性和高度不确定性条件下的行动并不沿着预期的路线展开，因而是不包含着目标的。在目标缺席的情况下，所谓成果其实也就只能是一种结果。

在思考高度复杂性和高度不确定性条件下的行动时，我们极力淡化了行动目标的问题。应该承认，人的主动性是反映在为一切行动确立目标上的。没有目标的行动，往往会被归入盲目行动的范畴。关键问题是，在高度复杂性和高度不确定性条件下，我们无法为行动确立目标。所以，我们要求人们在观念中强化目的意识，并指出这种目的的最高形态是人的共生共在。这并不意味着我们一概地否定行动目标。相反，我们认为一切行动在具体性的意义上仍然是需要有目标的，只不过这种目标在时间的意义上是短期的。也就是说，在高度复杂性和高度不确定性条件下，应当尽可能避免长期目标对行动形成束缚和误导。与目标不同，目的包含着巨大的可供行动者领会和诠释的空间，容许行动者在每一种场境中和在承担每一项任务时作出自主的领会和诠释。

模糊性是一种对实践有益的观念，可以为行动提供更大的空间。显然，在高度复杂性和高度不确定性的社会条件下，如果强行地确立行动目标，很快就会发现目标与现实是不一致的，甚至是冲突的。所以，当我们的注意力投向了行动目标，所带来的反而是对行动的干扰。

在风险社会及其高度复杂性和高度不确定性条件下，我们更倾向于在较为模糊的意义上去谈论目的的问题。与外在于行动的、主观设定的和作为对未来预期的目标相比，目的在形式上的模糊却意味着其内容更加充盈，质性更加厚实，而且更具有弹性，会随着行动者的动作而渗入整个行动过程中的每一个细微的方面。

当我们指出目的包含在行动中而不是在行动的终点时，也就淡化了行动目标的问题。事实上，在高度复杂性和高度不确定性条件下，为行动制定任何计划目标都是不可能的，即便在行动者那里存在着某种心理预期上的目标，也是需要根据行动的情况而随时调整的。所以，合作行动就在于行动本身，所应关注的是当下行动的所有相关项，关注使行动各相关项成为支持行动和促使行动优化的因素，而不是为了达到某个目标去安排当下的行动相关项。

即使对于低度复杂性和低度不确定性条件下的行动而言，目的也是不同于目标的。具体地说，与目的不同，目标没有性质。如果认为目标是与目的相关的，那么应当将目标视为目的的形式，而目的则是目标的本质。一种目的可以有多种显现形式，这就意味着目标具有多样性、具体性和易变性。其实，这种情况只是在社会低度复杂性和低度不确定性条件下才呈现在分析视界中的目标与目的的关系。在社会高度复杂性和高度不确定性条件下，如果我们将视线放在目标上的话，就会发现目标的多样性、具体性和易变性都会达到不可捉摸的程度，以至于我们无法在将目的转化为目标方面有所作为。因此，我们在谈论社会高度复杂性和高度不确定性条件下的合作行动时，更加关注的是行动与目的间的直接性关系，而不是通过目标去理解目的。

"行动"与"行为"是人们很少加以区分的两个概念。在工业社会的个人主义语境下，的确没有必要对它们进行严格区分。不过，它们之间的差异还是比较明显的。一般说来，在社会生活的意义上，使用行动的概念时，主要是指组织的活动，意指组织是行动者。在使用行为的概念时，主要是把个人作为行为主体。当然，个人的行为流也构成了行动，但那只是理论上的一种想象，实践中是不存在个人的行动的。工业社会个人主义语境下的组织及其管理所持有的主要是个人的视角，所看到的是个人的行为，所要控制和规范的也是作为组织成员的个人的行为，组织目标的实现也要落实到个人行为上，即通过对组织成员个人行为的规范、控制、引导而汇聚成组织的行动，并通过这种行动去实现组织目标。总之，组织的管理活动是围绕着个人的行为展开的。

在风险社会及其高度复杂性和高度不确定性条件下，如果说还存在着组织管理的话，那么管理者与其说斤斤计较于组织成员的行为目标，倒不如把精力用于帮助组织成员确立正确的理念和价值观。所以，我们认为合作制组织将会致力于组织成员的理念和价值观的建构。当然，这并不意味着组织成员行为目标的消失。在某种意义上，理念和价值观中是包含着行为目标的，只不过这种行为目标是模糊的，也可以说是具有弹性的，有着随机调整的张力。

就合作制组织是适应于在高度复杂性和高度不确定性条件下开展集体行动的组织而言，组织目标本身是模糊的，组织所拥有的是为了人的共生共在的目的。在承担具体任务时，这一目的会表现为任务目标，即以具体目标的形式出现。但是，任务的不确定性又意味着目标是变动着的，是行动者需要随时加以调整的。假如说合作制组织还存在着组织目标与组织成员目标之间的关系问题的话，也会统一到为了人的共生共在的目的中，会基于这一目的来处理目标间的关系。或者说，人的共生共在会表现为一个基本的标准，组织会用这一标准衡量其成员的行为和行动。组织成员也会按照这一标准检验自己的行为选择、行动方向及行为方式，从而使具体的行为选择和所开展的行动增益于人的共生共在。

具体说来，官僚制组织如何协调组织成员个人的行为目标与组织的行动目标的关系，这本身就是最为繁重的管理工作。与官僚制组织不同，在合作制组织这里，在围绕着任务而开展行动时，合作行动的性质决定了对任务的承担本身就是行动的目标。在组织成员个人这里，是把对任务的承担内化为目标的。对于作为行动者的合作制组织而言，并不会为承担任务的行动确立一个目标，而是会将全部精力都放在如何承担任务上来。事实上，在风险社会及其高度复杂性和高度不确定性条件下，确立目标也是没有意义的。因为，行动所面对的是当下的任务，至于下一刻会发生什么情况则是不得而知的。如果在这种条件下确立了某个目标并达成了那个目标，那也只能说是运气好而已，并不意味着行动路线以及方式、方法是正确的。因而，也就不可能模式化，更不意味着具有推广的价值。

斯科特等人认为，组织"目标来自所求之结果。目标的精确度和具体化程度取决于对所求结果的判断准则。具体化程度高的目标为在不同备选方案中选择行动提供明确的准则"。[1] 应当承认，作为技术理性系统的组织也会根据组织的环境和社会定位去确立组织目标。就此而言，目标是具有客观性内容的。但是，组织目标确立的过程取决于组织所拥有的认识水平、领导者的智慧以及组织文化、意识形态等因素，特别是对组织目标确立有较高影响能力的组织成员，其主观因素也发挥着非常重要的作用。所以，在组织的实际运行中，组织中的主观因素对组织目标的确立会有着更大的影响作用。在低度复杂性和低度不确定性条件下，只要这种主观因素的影响被控制在某个临界点之下，是不会导致组织衰败的。在某种意义上，可以认为，组织间生命力状况上的差异，恰恰是由这些主观因素带来的。

既然组织目标更多地取决于主观因素，那么组织目标本身的科学性、合理性等就会成为非常可疑的问题。如果组织目标存在着这些问题，实现目标的行动体系又是一个技术理性系统，那么实现目标的行动越是高效，其社会危害就越大。关键的问题是，当组织是一个技术理性系统时，其价值判断能力是很弱的，往往不能在组织目标出现了科学

---

[1] ［美］W. 理查德·斯科特、杰拉尔德·F. 戴维斯：《组织理论：理性、自然与开放系统的视角》，高俊山译，中国人民大学出版社 2011 年版，第 40 页。

性、合理性方面的问题时而及时地作出矫正。结果，在组织无法为社会所包容时，在组织自身陷入危机状态时，才会提起调整组织目标的问题。这个时候，组织给社会带来的消极影响已经显现了出来，甚至可能是非常大的。也就是说，组织在错误的道路上已经走得很远了。

合作制组织是直接在任务的前提下开展行动的，它不会刻意地设立组织目标，更不会根据组织目标去选择任务，因为，没有组织目标，也就不会遇到组织目标的科学性、合理性缺失带来的那些问题。合作制组织即便在具体的行动中确立起了某项目标，也会随时得到价值审查，而且组织以及组织成员所拥有的价值也是能够保证随时随地对行动目标作出价值判断的。在合作制组织这里，是任务引起了行动目标，而不是因为组织目标而去寻找任务和选择任务。这意味着行动目标紧随任务而变化，因而不会出现目标与任务间的裂隙。

从事团队研究的贝尔雷等人提出了"合作型组织"的概念，认为他们所研究的团队属于这类组织。其实，就20世纪后期得到广泛应用的团队这一组织现象来看，完全是发生在官僚制组织内部的，所以他们才会说："上层管理者通过战略性计划和结构的进化引导着合作型组织的发展，支持企业目标并建构资源来源。"[1] 尽管如此，团队的行动已经表现出某些进步的迹象。其实，从团队的计划目标确立的实际情况看，往往是根源于对历史以及现实的认识，而不是按照所确立的目标去搜肠刮肚地制作实施方案，尽管会受到团队所归属的组织目标的影响和限制。毋宁说团队的行动目标本身在很大程度上反映了当前的客观实际，而不像官僚制组织那样基于组织本位主义制定目标并保证组织目标长期稳定。所以，团队行动虽然在总体上从属于它所归属的组织的目标，但就团队的设立来看，它本身就说明组织目标与现实的冲突已经显现了出来，是为了解决那些现实问题才设立了团队。正

---

[1] ［美］迈克尔·贝尔雷等：《超越团队：构建合作型组织的十大原则》，王晓玲、李琳莎译，华夏出版社2005年版，第65页。

是这一点，决定了团队的行动目标就是为了解决实际问题，而不是它所归属的组织目标的具体化。

二 行动目标的异化

在组织行为学中，用组织目标代替组织成员个人目标的做法往往能够营造出"组织认同"。组织认同首先表现为组织成员的组织忠诚，会反映到组织凝聚力的增强上来。从官僚制组织的管理实践看，组织认同、组织忠诚以及组织凝聚力都是处在较低水平的，只有在一些特殊情况下才显得较高。如果组织的领导者、管理者通过"洗脑"、意识形态控制等方式去将这些方面维持在较高水平上的话，在公共部门的任期制条件下是可以尝试的，但它也必然会将认同和忠诚疲劳留给下一任。

合作制组织将彻底改变这一点，它任何时候都不谋求组织认同、组织忠诚等，反而时刻提防组织认同、组织忠诚迹象的出现，将其作为腐蚀合作的有害因素看待。这是因为，组织认同、组织忠诚的另一面就是排斥性，会倾向于使组织面向合作场域而封闭自我。结果就会是，即使表现出自我孤立化或进行有选择性的合作，在组织内部也会排斥差异，最终会使组织背弃其应有的合作性质。这种情况可以解读为组织目标的异化，即相对于目的的异化，表现为组织忘记了其应有的目的，或者，目标与目的陷入了相冲突的状态中。

就工业社会的组织存在形式来看，尽管"所有的组织都是开放系统，都由各种不同的人组成，每个人都有自己独特的历史和利益团体归属，但是不同组织认识和认可这些差异并在组织过程中给予考虑的程度却相差极大"。[①] 在一般意义上，我们说所有组织都包含着官僚制组织的基线，但在表现上，却是千差万别的。组织所在的领域、为了实现组织目标而承担的任务、环境的复杂性和不确定性程度等，决定

---

① ［美］W. 理查德·斯科特、杰拉尔德·F. 戴维斯：《组织理论：理性、自然与开放系统的视角》，高俊山译，中国人民大学出版社2011年版，第246页。

了组织会以什么样的具体形式出现。不过，我们在组织形式差异化的背后，所看到唯一不变的灵魂却是"组织本位主义"。正因为所有组织都秉持着组织本位主义这一根本性的要求，才会努力在多样化的条件下选择属于自己的存在和发展道路。

组织本位主义是近代以来个人主义文化的殊相，是在个人主义的文化中生成了组织本位主义。或者说，在组织这里，个人主义文化是表现为组织本位主义的。因为，在近代以来的这个社会中，组织是拟人化的，就一个组织作为整体而言，在人的观念中是被假定为个人的。由于组织所持有的是组织本位主义文化，也就会与作为组织成员的个体的人之间产生矛盾。从个人主义的角度看，组织是个人的需求、欲望等个人利益实现的工具；在组织本位主义的立场上，作为组织成员的个人是组织存在和发展的工具，而且是组织工具系统中的一个必要的构成部分。

如果组织能够通过机器、智能系统等替代人的工作，就会毫不犹豫地加以替代。也就是说，被当作工具的组织成员虽然在抽象的意义上是必要的，却又是可以压缩的，也是可以用其他同样可以帮助实现组织目标的因素去加以替代的。同样，作为组织成员的"个体拥有多种归属和身份，他们根据讨价还价的结果决定是加入还是离开，决定是否保持与组织现有的交换——保持这种关系还是中止这种关系更有好处"。[1] 所以，组织成员不一定与组织之间拥有共同的目标，而且也很难判断组织成员会有着为了组织的生存和发展而作出自己的那一份贡献的意愿。实际上，如果组织成员有着明确的个人主义观念和意识，并把组织作为个人利益实现的工具，那么他就不会产生为了组织的生存和发展作出贡献的意愿，他的工作只从属于交换的目的。

组织理论总是希望组织有着明确的目标，而且总是努力为组织提供

---

[1] [美] W. 理查德·斯科特、杰拉尔德·F. 戴维斯：《组织理论：理性、自然与开放系统的视角》，高俊山译，中国人民大学出版社2011年版，第34页。

某种理论上以及方法上的指导，从而帮助组织去确立长期目标和短期目标、战略性目标和战术性目标等。组织理论往往没有注意到，恰恰是在目标的问题上，使组织经常性地陷入诸多矛盾和冲突之中。正是有鉴于此，关于合作制组织的理论构想并不刻意关注组织目标，更不会去主动地确立组织目标，而是让组织目标自动地在任务承担的过程中生成。

在合作制组织这里，如果说依然有着组织目标的话，那么组织目标也只是组织成员的共识。为了这个目标的实现，组织的每一个成员都会拥有强烈的作出贡献的意愿。这样一来，专门的服务于组织目标的"组织工作"也就没有存在的意义了。因为，组织不需要通过宣教、思想控制以及刻意的联络感情等方式去取得组织成员对组织目标的认同。其实，对于组织的运营而言，组织工作消耗的资源也必然是要计入成本的。一旦组织工作被取缔，这部分消耗就能够节约下来。

在组织本位主义的影响下，即使组织的社会功能为其确立起适切的社会地位，使其在社会大分工中能够起到应有的作用，但它在获得了组织成员的组织认同时，也必然会面对着组织成员个人要求与社会价值的关系问题。如果组织成员的个人要求与社会价值不一致，甚至相冲突，组织以向其成员妥协的方式去谋求组织认同，就会立即使组织的社会角色发生偏离。因此，西蒙指出："建立对社会有利的组织，需要公正地评价所有相关价值。如果评价者的判断被他的认同感歪曲了，就必然会出现偏见。因此，个人对组织目标的忠诚，一般对组织行为有利，但在创造性和创建工作方面，也就是在高级管理者的个人风格方面，却有相应的害处。"[①] 事实上，因组织认同、组织忠诚而引发的组织社会功能偏离和异化等问题，都是俯拾皆是的。

霍耐特认为，在认识和实践过程中，由于注意力弱化，的确会出现似乎"承认遗忘"的问题。如果对这个问题进行具体分析的话，就

---

① ［美］赫伯特·A. 西蒙：《管理行为》，詹正茂译，机械工业出版社 2004 年版，第 256 页。

能够看到，既有客观方面的原因也有主观方面的原因。就客观方面的原因看，"我们在实践的过程中太过偏狭地专注于一个单一目标，以至于我们不再注意到其他的、或许更原初的动机与目标"。① 实践中出现的这种现象应当说是非常普遍的，几乎所有行动者都经历过或感受到目标异位的问题，用一句流行的话说就是"走着走着就忘记了"。所以，有一句相应的箴言就叫作"不忘初心"。

目标异位就是目标发生了变化，或者不自觉地用一种目标置换了原先的目标，或者不自觉地对原先的目标作出限定而使目标变得狭窄了。按照霍耐特的思路，这两种情况都可以看作因为前提承认遭受遗忘而显现出来的状态。应当说，目标具有主观性，但霍耐特是把这种情况归类到"承认遗忘"的客观原因中的。"之所以我们会不再注意到承认先在这一事实，是因为在实践的过程中，观察及认识周遭这一目的被过分地单独强化，使得既与情境中所有的其他要素皆退出了视线之外。"②

关于"承认遗忘"的主观原因，霍耐特认为是不能看作行动者的内在条件的，反而是那些外在于行动者的条件构成了"承认遗忘"的主观原因。具体地说，就是行动者的思考范式出现了僵化，而这种思考范式则是由理论、思想等给予行动者的。由于"这些思考范式对社会事实有某种选择性的诠释倾向，它们会导致我们在相当程度上，对某一处境中具有重要意义的因素失去关注……我们之所以会在实践的过程中失去承认先在这一事实的关注，是因为我们受到僵化的思考范式跟偏见所影响，其认知内容与承认优位之事实互不相容。在此种意义上，或许我们用'否认'或'抗拒'会比'遗忘'更为贴切"。③ 这两个方面导致的"承认遗忘"实际上就是卢卡奇所说的"物化"。

---

① ［德］阿克塞尔·霍耐特：《物化：承认理论探析》，罗名珍译，华东师范大学出版社2018年版，第92页。
② ［德］阿克塞尔·霍耐特：《物化：承认理论探析》，罗名珍译，华东师范大学出版社2018年版，第93页。
③ ［德］阿克塞尔·霍耐特：《物化：承认理论探析》，罗名珍译，华东师范大学出版社2018年版，第93页。

也就是说，霍耐特认为物化是由承认遗忘引起的，而承认遗忘既可能由客观原因引起也可能由主观原因引起。

当组织失去了目的而仅仅为了组织自身的存在而行动时，就会出现一些怪异的现象。我们看到，一些综合性组织为了维护内部平衡而采取的许多做法都有可能使组织陷入一种内部的全面失衡境地。因为，所有关于维护平衡的做法都会倾向于抑制组织的核心部门及其人群，即增强辅助部门及其人群的话语权和其他各项权益。比如，在拥有规模庞大的辅助职能部门及其人群的高等学校中，出于平衡各部门、各群体的考虑，在收益分配上就必须剥夺教学群体的收益。这样的话，教学人员就会将此感知为他们是大学里可有可无的人。

在工业社会分工—协作的语境下，围绕着一项行动的展开，会根据意义和重要性等方面的考量而把涉入者区分为不同类型。比如，领导者、顾问或咨询专家、服务或保障人员，这些都是我们常见的类型。在作出这种静态的类型区分后，没有被归入其中的就是直接承担任务工作意向的人，他们是行动者。这种区分，决定了整个行动系统中每一类型的构成要素都有着自己的行动目标以及对行动意义的理解。事实上，一种部门化意识会在这种区分中生成，从而引发各自强调自己部门的重要性进而引发资源争夺和业绩认定等方面的不同主张。不同的主张还有可能引发矛盾和冲突，以至于必须分出人员和精力去加以协调。如此往复和循环升级，导致了组织目标异位问题的出现。

还以中国的大学为例，管理人员担负着大学的运营并掌握着几乎全部资源，后勤人员需要对全体人员的"吃喝拉撒"等几乎全部生活事项负责，办公室工作人员则负责全部教学、科研工作的安排和调度，图书资料人员经营着知识库……唯有教授，在很大程度上是可有可无的。事实也的确如此。对于中国的大学来说，只不过是把一群青年人圈在一起学习而已，有无教授其实是没有什么关系的。只是因为从西方引进了那种大学模式，而且也一时无法抛弃西方大学看重教授的观念，才在可有可无的情况下保留了教授。正是因为教授在中国大学中是可有可无的，也就决定了中国大学无法反映出其目的，无法承担起大学对于一个社会而言应当承担的职责。在某种意义上，中国的大学只是盗用了"大学"的名称而已，它其实并不是大学。所以，如果不解决大学组织的目标异化问题，如果大学不找回自己的目的，那么所有关于教育改革的方案，都不可能取得实效。

我们从上述关于中国大学的例子中所看到的是大学的管理者往往基于目标而平衡这个组织中的各个群体，而大学的目的却消失不见了。这也说明，组织本位主义要求把组织的生存和存续放在首位，很多时候，组织目标可能会异化为组织的生存问题。那样的话，所有的组织构成要素都是被作为组织生存下去的手段对待的，会为了组织生存的需要而对其构成要素进行排位，分出轻重缓急。因而，组织的辅助部门也许被认为比核心部门更加重要，它们在组织资源的消耗上无论占了多大的比重，都会被认为是合理的。相应的，面向环境输出的产品、服务等所需的资源则被挤占，受到压缩再压缩。扩大而言，工业社会中的几乎所有组织都存在着类似的问题，只不过程度不同而已。也就是说，由于组织的管理者关注的是组织目标实现的问题，因而会将大量的组织资源用于指向组织目标的行动所需要的辅助和保障方面，而组织的核心部门得到的资源可能会变得很少。因为根据组织目的而定的所谓核心部门在组织的运行中逐渐地被置换，以至于组织的管理者忘记了哪个部门才是组织的核心部门。显然，中国的大学中哪个部门或群体属于核心部门和核心人群，就是一个无法分辨清楚的问题。也许有人会说行政部门是大学的核心部门，但学生则会首先想到"第几食堂办得不错"。

现代组织之所以看重组织目标，是因为"特定的目标不仅为组织的行动选择提供准则，而且指导组织结构的设计。这些目标指出需要完成哪些任务，雇佣哪类人员，以及如何在不同参与者之间分配资源"。[1] 目

---

[1] [美] W. 理查德·斯科特、杰拉尔德·F. 戴维斯：《组织理论：理性、自然与开放系统的视角》，高俊山译，中国人民大学出版社2011年版，第41页。

标是组织自身建设的准则，也是行动的指南，没有目标也就意味着没有方向。但是，在风险社会及其高度复杂性和高度不确定性条件下，环境的迅速变动性又如何让组织在一个静态坐标中去确立目标呢？

当我们把合作制组织当作高度复杂性和高度不确定性条件下的行动者时，是将其看作一个动态系统的，它所处的环境也在迅速变动中，以至于合作制组织无法确立起静态的组织目标。因此，我们认为合作制组织是直接基于任务要求而开展行动的。对于合作行动而言，由于行动者处在合作场域的网络结构中，合作行动的意向性是明确的，不会发生变异，所有涉入合作行动之中的人都会明确地意识到行动意向的重要性所在。这种意向是指向目的的，或者说它本身就是目的。

三 以任务代替目标

对于一个组织来说，目标上的具体性和清晰度决定了它能够选择什么样的管理方法。就20世纪后期开始流行起来的绩效管理而言，显然最适应于组织目标具体、清晰的组织管理。因为，这类组织的目标是可以被转化为具体的行为标准的。有了这些标准以及以数字的形式表现出来的量化指标，绩效管理就变得具有很强的实用性和可操作性。至于那些目标较为模糊的组织，可能在各个方面都难以实现标准化，更无法以量化的指标体系来衡量组织成员的行为，在这类组织中使用绩效管理的方法，显然是比较困难的。

一般说来，公共组织的目标都具有模糊性的特征，政府更是如此。在政府组织中，只有极少的部门，而且往往是内部的服务部门，其任务以及目标较为明确，工作弹性较低，因而可以使用一些量化指标来确定它的工作内容。对于一切需要向社会提供服务的部门，其任务、工作内容都直接受到外部环境因素的影响，它所能确立的可能就是"让公众满意"这样一种极其模糊的目标。事实上，不做事，公众肯定不满意；做了事，公众也许更不满意。也许在某种特殊情况下或就某一具体事项，公众表达了满意，但就政府直接为社会服务的部门而言,或就政府整体上的行动来看,永远都无法达到公众满意的目标。如果报纸以及其他新闻媒体提供了关于公众满意的报道的话,在很多情况下,都可能属于假新闻。显然,"让公众满意"这样一种不能再模糊的目标都无法勉强实现,又如何对政府以及几乎所有公共组织目标进行量化并通过定量化的标准进行管理呢?

由于政府目标的模糊性、非具体性,由于政府目标无法以量化的标准、指标出现,以至于绩效管理的方法在政府中可以说基本上是不适用的。但是,这样一种并不适用于政府以及公共组织的管理方法为什么会被那么多官员所热衷呢?

其一,由于政府中处于领导岗位上的官员有着明确的任职期限,从而决定了他们总会谋求任内的绩效,对有较长期影响的战略性任务缺乏热情。为了谋求任内绩效,绩效管理就成了目前为止最能实现"短、平、快"的管理方法,至于它在一个较长时期内会产生什么样的消极效应,则是官员们所不予关心的。

其二,管理科学化的传统决定了政府官员的思维定式。自泰勒、韦伯以来,整个20世纪都陷入管理科学化运动的鼓噪之中,政府也被这场运动席卷。在20世纪中成长起来的几代人,一旦进入管理过程,自然而然地就会被管理科学化的思维定式征服。就绩效管理方法产生于20世纪后期而言,是管理科学化运动的最新成果。对于一切拥有管理科学化思维定式的人来说,绩效管理都有着无穷的魅力。所以,才会热衷于尝试绩效管理。

其三,现代组织的运行一直追求非人格化管理。在工厂作业中,生产流水线较好地用机械化代替了人的监工,但在政府部门中,直接的权力行使一直是管理的基本特征。结果,在权力的行使中经常性地产生上级与下级、领导与部属之间的矛盾和冲突。对此,绩效管理成了一个极好的替代方式,它以绩效指标的非人格化代替了权力的行使,使人与人的冲突大幅减少。或者说,用绩效指标对人的压迫取代了权力持有者对人的压迫。这恰恰是组织领导岗位上的官员所乐见其成的。

所以，绩效管理成了最受追捧、最流行的管理方式。

然而，正是这一管理方式，完全用目标置换了目的，让包括组织领导在内的所有组织成员都忘记了组织的目的是什么。而且，事先确立起来的量化指标也让组织成员乃至整个组织都拒绝任何没有列入计划之中的任务。当然，我们并不一概地否定绩效管理这一新的管理方式，但当我们在宏观历史的视野中去观察人的行动目标与目的间的关系时，则清晰地看到，确立目标本身就是一个非常复杂和容许做出多重解读的事项。一般说来，如果人们对于生活或活动于其中的群体所拥有的目标确立、实现等过程参与程度越低，就越会全方位地承受更多的强制；相反，当一个人总能参与到群体目标确立的过程中，就越少受到强制。如果一个人能够把自己的意志贯彻到他的群体目标中去，则不受任何强制，或者说会拥有一种随心所欲的自由。如果绩效管理中所应用的全部指标都是在全体组织成员参与的过程中制定的，那么在逻辑上，也就不可能有绩效管理这种管理方式了。

在这里，我们又遭遇了一个悖论：全体组织成员参与到绩效指标的确立过程中来本身就是一个无法用绩效指标来衡量的事件。这是因为，一旦考虑到绩效指标的制定问题，其实是把组织管理的问题转化成了政治问题，还会引发组织中是否存在着"上帝"的问题。如果由个人拍板确立绩效指标，尽管那个指标体系是由专家设计的，那么他在拍板的时候也无疑是扮演了组织中的"上帝"角色。当他成了"上帝"时，他在管理组织的时候还会讲求管理方式的科学性吗？姑且不论用指标来控制组织成员以及整个组织的方式属于什么性质，单就绩效指标的制定这个问题看，就存在着逻辑上的自我否定问题。所以，当组织目标转化为指标并用指标来进行组织管理时，就在管理上走到了一个极其荒唐的地步。

如果不是出于组织本位主义的要求，如果不是将关注重心放到组织自身的存在上来，也就无法设计出绩效指标，也就无法进行绩效管理。我们所构想的组织属于任务关注型的组织，所关注的是变动中的、具有不确定性的任务，因而无法对任务进行分析、分解而获得指标项。当然，一切组织都承担着任务，就任务与组织目标的关系来看，大致有三种情况：其一，组织的任务即目标，它是客观的，平等地施加于每一个组织成员的；其二，组织任务是可选择的，必须将其中的某项任务确立为组织目标，组织成员在选择的过程中平等地参与其中；其三，组织有着不受任务决定的目标，组织任务只是组织用以实现目标的工具，组织成员在组织目标确立和变动中都能够充分地参与其中。

原则上讲，这三种情况都意味着组织管理中的强制性控制的消除。但是，这三种情况的具体表现又是有所不同的。第一种情况是，纯粹客观性的因素迫使组织不可能或不需要对其成员施予强制。第二种情况是，需要通过组织的制度和体制来提供保障本身就具有弱强制和隐蔽强制的内涵，但在组织目标实现过程中，并不会使强制得到增强，反而有可能呈现出减弱强制的趋势。第三种情况是，因为存在着组织目标与组织任务分离的问题，进而，也必然会表现出组织目标与组织成员个人目标的分离，虽然可以通过充分的参与去尽可能地弥合组织目标与组织个人目标间的裂痕，但无法从根本上消除那些裂隙。而且，组织成员的参与必然会更多地流于形式，以至于需要通过强制来巩固组织目标，防止组织成员个人目标对组织目标造成冲击。

经过这一分析，我们也就可以确认风险社会及其高度复杂性和高度不确定性条件下的合作制组织目标确立的过程了，那就是，在任何时候都必须避免组织目标与任务的分离。也就是说，任何时候，合作制组织都是以所承担的任务为目标的。这样的话，合作制组织就能够成为不施予组织成员以强制的组织。即使存在着弱强制和隐蔽性强制，一经发现，也会及时得到纠正。总之，合作制组织是组织目标与任务统一的组织。组织目标与任务的统一也可以说就是组织目标与社会目标的统一。

在某个视角中，组织是属于社会的，组织作为一个行动系统的出现和存在是为了实现某种社会目标。在另一个视角中，社会是存在于组织之中的，组织的一切活动也都是社会活动。从这两个视角的任意一个视角出发，都能够清晰地看到组织目标与社会目标是可以统一起来的。不过，在工业社会的组织实践中，组织目标可能有多个向度，会表现为组织目标的多元化。其中，组织自身的存在与发展就会成为重要的组织目标，它就是我们所说的由组织本位主义形塑出来的组织目标。尽管组织这一目标的实现也需要在指向社会目标的方向上开展行动，但组织在多元目标中的选择却有所不同，往往不会将社会目标作为优先目标。

对于合作制组织而言，由于告别了组织本位主义，就不会再出现可以进行观察的、稳定地与组织联系在一起的、属于组织排他性占有的目标，而是在每一项针对任务的行动中都把承担任务和完成任务作为组织目标。这就是目标与任务相统一的状态。由于任务不是由组织选择的，更不是由组织创造出来的，而是来自社会的，在很大程度上是一种遭遇，也就使组织承担任务的过程成了实现社会目标的过程。因而，也就是组织目标与社会目标的统一。

在风险社会及其高度复杂性和高度不确定性条件下，社会所拥有的只是人的共生共在这一目的，任何形式的所谓社会目标都不可能在这一条件下得以确立。另外，就工业社会已经实现了社会组织化而言，意味着社会是存在于组织之中的。风险社会继承了工业社会的这一成果，因而意味着对这个社会的认识和把握也需要到合作制组织中去找寻其踪迹。当然，这并不是说在合作制组织中存在着风险社会，而是说作为风险社会中的人的共生共在这一社会主题是存在于合作制组织之中的，是由合作行动去加以诠释的。所以，这也就是我们一再强调指出的：合作制组织在行动上并不刻意关注组织目标，而是集中全部注意力于任务上，通过任务凝聚共识和安排合作行动。

对于风险社会及其高度复杂性和高度不确定性条件下的合作行动而言，是无法预先确立起明确目标的。事实上，在这种情况下，确立行动目标也是没有意义的。因为，即便有了目标，在高度复杂性和高度不确定性条件下也无法保证它能够得到实现,或者说,实现那个确立起来的目标的概率是很低的。而且,如果存在着某个(些)事先设立的目标,也必然会对行动造成制约,致使行动无法根据情境的变化而变化,从而使行动脱离所承担的任务,即无法满足承担任务的要求。总之,风险社会及其高度复杂性和高度不确定性条件下的合作行动是任务导向的,承担任务并完成任务本身就是目标。在此之外,并无目标。由于任务是处于变动之中的,就任务是合作行动的目标而言,也是变动的。在此意义上,其实是很难将其认定为组织目标的。

在哲学上,我们关于组织目标与目的关系问题的讨论,是与近代以来的认识论哲学直接相关的,无非是认识论哲学观念在组织实践中的应用和体现。如果我们不是单就组织来看目标,而是扩大到人的认识这一普遍性的行为、行动去看目标的话,也会看到认识论以及在认识论的基础上发展起来的科学都是把达致真理作为目标的。然而,真理之于人的价值却成了另一个问题,是认识论不再考虑的问题。或者说,真理的价值是一个实践论的问题。但是,认识如果脱离了实践的话,也就失去了意义。

从实践的角度看,直指意义会显得更有意义,而真理在实践中的价值其实也是一个意义的问题。所以,如果实践论不是作为认识论的一个部分,或者说,如果实践论不是从属于认识论的,就会把对真理的陈述转化为对意义的关注。这在工业社会的认识论语境下是一个不可能实现的空想。但是,在人类告别了工业社会并进入一个新的历史阶段时,却又是一个必须认真对待的问题。事实上,社会的发展已经将行动的问题推到了前台,基于行动的要求去直接地把捉意义已经成为一项合理的要求。这样一来,也许就需要绕开认识论经行的路径。一旦我们有了绕开认识论所指示的路径这样一项要求,就会发现,胡塞尔的现象学探索在这方面是具有非常积极的意义的。

胡塞尔所开辟的是一条体验"所与物"的路径。这种体验既是直观本质的,又是包含着意向性的。正是因为意向性,在直观本质时所获得的就是意义。胡塞尔说，意向性体验的"本质正在于在自身内包含某种像'意义'或多重意义的东西，并依据此意义给与作用以及与此一致地实行其他功能，这些功能正因此意义给与作用而成为'充满意义的'"。① 在这样一条不同于认识论的路线上，胡塞尔希望我们看到的是一种直接把捉意义的运行方式："纯粹自我的目光指向针对着由于意义给与作用而被自我'意指的'对象，针对着对自我来说'内在于意义'的对象；还有，把握此对象，当目光转向在'意指过程'出现的其他对象时紧握住它；同样的情况是有关说明、相关、包含、多重信念态度的采取、猜测、评价等等行为的功能。"② 在这里，主客体都模糊了，都因为对方的参与、嵌入而不再是主体或客体。所以，这个过程也就不再是认识过程，或者说，无法将其纳入认识论的认识图式之中了。

在逻辑的理解中，认识论的认识路径被认为是能够达致真理的，但对于意义的把握，认识论却是无能为力的。与之不同，胡塞尔的现象学体验路径并不关注真理的问题，而是直接地指向意义。也许胡塞尔的体验路径包含着一个未及言明的判断，那就是，相对真理包含在对意义的把捉的过程中，因为其价值微不足道而不值得给予关注。的确，在今天这样一个风险社会及其高度复杂性和高度不确定性条件下，在达致真理的可能性日渐降低的情况下，在行动所表达出的对意义的关切中，废弃认识论模式而寻求意义把握的路径，是一项必须认真对待的科学事业。

因是之故，是需要对胡塞尔所做的工作给予足够重视的，尽可能到胡塞尔的现象学中去寻找那些可能对我们有启发意义的观点和见解等，这也许是当前非常需要重视的一项工作。可以认为，从胡塞尔那

---

① ［德］胡塞尔：《纯粹现象学通论——纯粹现象学和现象哲学的观念》第 1 卷，李幼蒸译，中国人民大学出版社 2014 年版，第 170 页。
② ［德］胡塞尔：《纯粹现象学通论——纯粹现象学和现象哲学的观念》第 1 卷，李幼蒸译，中国人民大学出版社 2014 年版，第 170 页。

里出发，能够找到一条在这种极端情况下认识已经变得不再可能的替代方案。什么样的行动才是最有意义的？显然，那就是承担任务的行动。在承担任务的行动中，也许会制定一个目标，但那个目标只是临时性的，是用来激发合作力量和协调合作关系的。虽然它具有相对于任务的意义，但是对于行动者通过合作而达成作为社会主题的目的而言，并不是必要的。

当我们回到组织实践的话题上来，不得不说，如果在农业社会和工业社会中的一切集体行动都追求行为上的一致性，那么在风险社会及其高度复杂性和高度不确定性条件下，合作制组织将会表现为两种新的趋势：第一，作为组织成员的人的行为一致性既不能归结为权力意志，也不应归结为规则体系，而是因为组织成员共有了合作理念而使行为获得了一致性；第二，出于走向合作的要求，组织成员行为的一致性是不需要用物化的标准来加以确认的，而是组织成员自我感知和理解了的一致性，是在组织成员理性判断的基础上所把握的实质性的一致性。

这样一来，我们就会提出一个问题：什么因素可以保障组织成员的内在力量必然促进他们在行为上是具有一致性的呢？显然是目的。风险社会中的目的不是由人单方面确立的，而是在人与风险社会的"交感"（卢卡奇语）中生成的。所以，只有当人们拥有了为了人的共生共在的目的而开展行动时，才会自觉地调整自己的行为，以保证人们在合作行动中达到行为的一致性。虽然人们在专业技能以及角色扮演上都是具有差异性的，但在合作行动中，他们的行为却是高度协调的，他们能够相互配合，从而表现出某种默契的一致性。

在风险社会及其高度复杂性和高度不确定性条件下，每一项承担任务的行动都会对行动者提出这样的要求：行动者需要具有较高的聚焦能力。显然，在低度复杂性和低度不确定性条件下，行动在任务聚焦方面是通过计划等管理手段实现的，但在高度复杂性和高度不确定性条件下，任务聚焦则更多地取决于行动者。虽然任务聚焦在时间上是非常短暂的，且在空间上是不断移动的，但行动者的聚焦能力和注意力状况会对任务的承担产生重要影响。在行动有着任务聚焦的要求时，从任务中派生出目标并对目标进行分解而制定指标，就是多余的了。事实上，一切被投向合作制组织的任务都是与人的共生共在相关联的，只要承担了这些任务，也就将人的共生共在的目的贯穿于行动之中了。这就是一种直接依据目的而行动的状况。

第三节　直接从目的出发的行动

在关于人的行动是否合乎目的的问题上形成了一个哲学概念——"合目的性"，可见，这是一个非常重要的问题。因为，一个问题能够以一个哲学概念出现，就意味着这个问题进入了哲学思考的视野，是人类社会生活中的一个非常重要的基础性问题。其实，人的行动的合目的性问题又包含着自觉与不自觉的问题。自觉的行动往往具有合目的性，而不自觉的行动是被动的，虽然也会通向目的和包含着目的，但其性质却是工具性的，是被赋予了目的的，也可能是被强加了目的。总之，不是自我的而是他人的目的。

还有一种情况：行动的结果可能反映了行动的目的，也可能不是行动的目的。尽管不是行动的目的，却是行动的结果，这个结果的出现就不是合目的性的，属于行动的不自觉结果。当我们沿着这个思路去思考，就会遇到"理性化"的问题。合目的性的行动及其结果是理性化的，或者说，被证明是理性化的。否则，是不合乎理性的，或者说，理性化程度不足。在现代性的视野中，要求一切行动具备合目的性也是理性的标志。为了保证行动走在合目的性的道路上，更是在科学理性、技术理性的引领下发展出了一系列方式、方法和可供遵循的行动原则。

就工业社会的历史而言，经历了启蒙运动人们变得踌躇满志地面对现实、面对未来，似乎只要确定目标就能将之实现，而通向目标的行动就是走在合目的性的道路上。然而，从整个工业社会的行进过程看，人的行动的物化能够表现出合目的性的却是极少的，大量的不合目的性的行动后果则是人的行动中的不自觉的结果。在这些不自觉的结果中，有一些对于人来说是有用的，甚至会有一些具有极高的价值，引发了或促进了社会变革，给人带来了意外的惊喜；有一些则似乎成了人们遭遇的问题，如果被人觉察和意识到的话，就需要纳入自觉行动的范畴，去加以应对和克服；也有许多没有被人意识到的和难以为人觉察的因素，这些因素因为没有被列入问题阈而积累了下来，发生某种"化学"反应，并成为社会风险。

我们今天遭遇的风险社会，在某种意义上就是这个历史过程的结果。在整个工业社会中开展过行动的每一个人可能都是风险社会的责任者。可是，在人类的任何一种责任追究机制中，又都无法追究任何一个人的责任。这说明，人的行动的合目的性是一个非常复杂的问题，一旦涉及具体问题，就难以作出适切的判断。因此，在风险社会及其高度复杂性和高度不确定性条件下，我们更应在行动的合目的性问题上作一些思考。这对于理解风险社会中行动的性质以及以什么样的方式开展行动，都是必要的。

一　行动的目的及其功能

人的行动是由多重要素构成的一个综合性的过程，人们往往会因行动发生的领域不同而使用一个定语来加以界定，从而表明行动的性质和形式。关于行动的主体，从理论上说，可以分为个体和集体。在工业社会中，虽然个人的行为具有社会价值，从对个人行为的分析中可以形成社会治理的方案，但个人的行动却并不具有多大的社会价值，不值得去作研究。人们在这个社会中所关注的是以组织形式出现的行动。我们经常使用的"行动者"这个概念，其实所指的就是组织。当然，在我们使用行动者这个概念的时候，主要是要强调组织的行动这一过程性特征，是要与作为静态实体看待的组织区别开来的。

依据历史经验以及对现实政治的观察，阿伦特概括性地指出："所有政治行动都具有三种要素：政治行动所追求的目的、政治行动所牢记于心并为自身标定方向的目标，以及在行动过程中展现出来的意义。此外，还有第四种要素，尽管它从来都不是行动的直接原因，却发起了行动。"① 阿伦特认为这第四种要素是"行动原则"。阿伦特说，这种"行动原则""以心理学的术语来讲，可以说它是一群人所共享的基本信念"。②

在不同的政体中，在人类历史的不同阶段中，"行动原则"是不同的。但是，所有构成了行动原则的因素都有着"非凡意义"，"不仅在于它们推动人类去行动，更在于它们为人类行动提供源源不断的滋养。"③ 在历史的嬗变中，不仅"激发人类行动的原则会随着不同政体以及不同的历史时期而变化"，而且行动原则会实现向行动目标的转化，"一个时期的行动原则在另一个时期可能变成行动标定自身方向的目标甚或行动所追求的目标"。④ 目标无非是目的的具体化，是将包含在行动中的目的具象化并放置在了行动所指向的未来，认为达到了目标也就实现了目的。

在工业社会领域分离的背景下，组织所在的领域决定了其目的是不同的，反映在目标上也会有着清晰与模糊的差异。就组织目标的表现来看，是非常复杂和多样的，不同组织在目标上是清晰还是模糊的，表现各异。如上所说，私人部门中的组织往往有着明确的目标，而公共领域中的组织目标往往显得模糊得多。或者说，组织的属性决定了组织目标的清晰度，组织的公共性程度越高，往往目标也就越模糊。

---

① ［美］汉娜·阿伦特：《政治的应许》，张琳译，上海人民出版社2016年版，第163—164页。
② ［美］汉娜·阿伦特：《政治的应许》，张琳译，上海人民出版社2016年版，第164页。
③ ［美］汉娜·阿伦特：《政治的应许》，张琳译，上海人民出版社2016年版，第164页。
④ ［美］汉娜·阿伦特：《政治的应许》，张琳译，上海人民出版社2016年版，第164页。

这主要是就组织的总目标而言的,在组织的具体部门的具体目标方面,一般都有着目标清晰化的追求。

这就是斯科特等人所看到的,"虽然有些组织的总目标非常模糊和一般化,但是在实际的日常运行中却有相当具体的目标,为组织行动选择和组织结构设计提供了准则。以教育为例,虽然教育者和普通百姓之间在关于教育的真正功能、人文科目与实用技能科目的比例等问题上始终存在无休止的争论,但是具体到每一所学校,对于不同背景教师的比例,修完哪些课程(或至少谁有权作出这样的决策)以及学生必须修满多少学分才能毕业这些问题的认识通常都高度一致"。[1] 这是现代组织目标表现上的基本情况,其中却包含目标与目的之间的复杂关系。

在工业社会,组织的目的与目标的关系问题是一个形而上学问题。不过,指出组织目标与目的间的不同以及它们之间关系上的差异与一致性,对于理解组织建构以及管理而言,既具有理论意义也具有实践意义。在我们当前所在的全球化、后工业化运动中,回望历史,看到的是工业社会的组织社会背景,前瞻未来,看到的则是后工业社会的组织社会背景。在这两种不同的社会背景下,把握组织目的与目标的关系,可以为组织行动方式的选择提供理论前提。大致上说来,组织的目的与目标之间的关系有着以下几个方面的内容。

第一,当组织目标不甚清晰的时候,其目的往往是明确的。组织内的各部门会根据组织明确的目的而去制定该部门的目标,并使其尽可能做到清晰。公共性较强的组织一般来说就反映出这种状况,组织目的与目标在清晰度方面呈现出差异。虽然组织的目的是清晰的,但有些机构基本上无法制定明确的目标。

第二,私人部门的组织目的是利益性的,目标是其实现目的的手

---

[1] [美] W. 理查德·斯科特、杰拉尔德·F. 戴维斯:《组织理论:理性、自然与开放系统的视角》,高俊山译,中国人民大学出版社2011年版,第41页。

段，会表现出很高的一致性，而且都是非常明确和清晰的。在私人部门，如果一个组织的目的和目标不清晰，很快就会陷入危机状态，甚至会被淘汰。

第三，组织的目的一般都是较稳定的，显现为组织存在的价值，决定了组织的社会定位。一经确立，就会在一个很长的时期内不发生变化，除非环境发生了巨大变化以及组织的属性发生了根本性的变化。比较而言，组织目标更多地与具体的事项联系在一起。在时间的意义上，也是具有阶段性的。

第四，组织的目的是由组织的战略决策确立的，而其目标则更多地生成于管理过程中。虽然组织的目的和目标都需要在管理过程中去加以实现，但管理者较多关注的是目标的实现，而领导者则会将视线放在组织是否行进在实现目的的道路上。如果管理过程中出现了目的偏差，领导者就有可能现身去纠正这种偏差。组织中的领导者与管理者的分工，应当是领导者关注组织的目的，而管理者关注组织的目标。如果关注重心发生了偏离，组织就会陷入混乱。

第五，组织的目的派生了目标却又包含在目标之中，目的的实现必须借助于目标。目标在时间意义上是暂时的，在空间的意义上存在于行动所指向的终点，而目的则与组织共在，贯穿于组织的所有行动以及行动过程之中。组织一旦失去了目的，也就丧失了存在的合理性。用通俗的话说，组织的目的也就是组织存在的"初心"。

应当说，组织的性质决定了目标的清晰度。一般说来，具有公共性的组织在目标上往往都是较为模糊的。"大多数战略管理程序都要求有明晰的目标，而能够高效地运行则被认为是这一目标的底线。但这些原则运用于公共组织时，却会产生意想不到的后果。……所以，公共组织的目标经常是模糊不清的。组织的公共性越高，其目标也越模糊不清。在目标模糊不清的环境中制定战略，即使不是一件不可能的事，也是一件非常困难的事。这种模糊不清使公共组织的战略管理截然不同于私人组织的战略管理。"①

应当说，在工业社会的历史条件下，公共组织与私人组织都属于官僚制组织的范畴。不过，公共组织是因其公共性的原因而造成了组织目标的模糊化。这样一来，在思考战略管理的问题时也同样会表现出与私人组织间的不同。现今，我们业已进入了风险社会，在这个社会的高度复杂性和高度不确定性条件下，作为行动者的组织正在演化为合作制组织。对于合作制组织来说，目标的模糊性程度会进一步地得到强化。在某种意义上，合作制组织是没有战略管理的项目的。这在逻辑上会倾向于形成一种观点：合作制组织并无组织目标的问题，与它相联系的仅是目的。当然，就合作制组织总是与具体的任务联系在一起而言，它有着任务目标，这种任务目标也可以看作组织目标。不过，高度复杂性和高度不确定性意味着任务目标也是处在变动中的，是具有不确定性的。

在将工业社会的组织区分为公共组织和私人组织的情况下，可以看到，公共组织会将公共利益的实现作为组织的价值。也就是说，公共组织存在的目的就是公共利益。但是，公共利益往往是模糊的、抽象的，更多地显现为一种意识形态宣示。在将公共利益落实到行动上来时，往往需要做一些具象化的工作，以求使其能够反映到各个部门的具体目标上来。这样一来，公共组织在某个阶段对公共利益的理解和阐释、部门领导人对公共利益的理解以及如何将其转化为行动等，就会在公共利益的实现中发挥举足轻重的作用。

比较而言，私人组织在组织目标上要简单明确得多。因为，私人组织无非要体现出构成组织的各方利益分配的平衡问题，这些问题包括资本增殖的需要、受雇员工的利益等问题。如果这些问题能够在组织目标的设立中得到清楚的表达，就能使组织在运行中避免诸多冲突。

---

① [美] 保罗·C. 纳特、罗伯特·W. 巴可夫：《公共和第三部门组织的战略管理：领导手册》，陈振明译，中国人民大学出版社2001年版，第36页。

至于利用目标去激励员工的工作积极性，那是体现在管理手段和领导艺术之中的。如果取得了成功，则属于组织的额外收益。在私人组织这里，组织目的与目标的偏离主要发生在战略管理方面。比如，当一个企业去做慈善，显然是为了组织的目的服务的，但慈善行为所要达到的目标却是较为模糊的。当然，通过慈善行为去避税的问题在组织目的和目标方面都要复杂一些，那往往是利用了国家税制中的某些漏洞。

官僚制组织自身的工具性定位使它仅仅成为组织成员工作的场所而不是生活的场所，虽然人们在官僚制组织中的工作是为了支持生活，但他们不会把这种工作作为生活的一部分；虽然组织成员会在官僚制组织的运行中表现出强烈的事业追求，但这种事业追求也更多的是为了获得更充分、更坚实的生活保障，是不会变成生活的一部分的。所以，官僚制组织的工具性定位导致了组织成员工作与生活的分离。鉴于此，作为风险社会及其高度复杂性和高度不确定性条件下的行动者的合作制组织，必须在工作与生活的"合一化"方面取得积极进展。

合作制组织的工作与生活的"合一化"意味着其成员的一切活动都既属于工作又属于生活，在工作中享受生活，也在生活中创造性地开展工作。这样一来，工作就不再是合作制组织成员的负担，而是他们乐于追求的目标。当然，工作与生活的"合一化"如果不是一种空想的话，就必然取决于合作制组织的合作性质。也就是说，合作制组织在根本性质上不是工具定位的。当然，合作制组织也不可能是完全的目的定位的组织。因为，合作制组织本身就是一种社会形态，是人的社会生活的形式和内容的统一。借助于这种组织，所要实现的是一种创造性的生活。同时，合作制组织在动态的意义上也是人的生活的基本内容。对于生活，也需要有着不同于工业社会对生活的理解。因为，在风险社会及其高度复杂性和高度不确定性条件下，人的共生共在是生活的首要问题，所以，合作制组织的目的也可以表述为人的共生共在。

官僚制组织会根据目的而制定目标，目标又会在组织的运行中根据组织结构而层层分解。与之不同，合作制组织基本上没有总目标与部门目标、具体目标的区分。合作制组织结构上的简单化和弹性化意味着，它并无明确的和稳定的部门划分。就合作制组织处于一个广泛的合作体系中而言，它本身就是一个专业化的行动体系，不会拥有分工—协作体系中的那种部门划分。所以，如果说存在着组织目标的话，也是由具体的组织任务派生出来的，是承担任务时才会出现的目标，会随着任务的消失或完成而消失。而当新的任务出现后，又会有着新的目标。也就是说，合作制组织的目标是在变动中的。再者，由于合作制组织是专业化很强的、不作部门划分的组织，它的目标也不会有总目标和具体目标的区别，而是简单的、具体性的目标。

在这里，我们对目的与目标进行了区分，并指出社会高度复杂性和高度不确定性条件下的行动只有目的而没有目标。这不仅是对客观现实的描述，也是要把行动更加明确地纳入意义理解的范畴之中。其实，一切行动都是发生在某个特定的意义领域中的，但当行动从属于目标时，就会对意义造成阉割。从属于目标的行动往往被限定在科学理解的路线中。比如，扩建北京城的行动有了某个目标，就不会注意到保护城墙这类文物的问题，反而会把拆下城墙的砖建职工宿舍看作是经济、节约、效益最大化等废物再利用的良好做法，是达到目标的科学手段。但是，当行动不是从属于目标而是从属于意义的理解时，就会更多地关注行动的多重影响和综合效用。

总的来说，人的行为通常并不是无的放矢的，组织行为不可能出现泰戈尔所描绘的那个误入天国的人的行为。也就是说，组织所开展的行动不同于个人行为，都是有目的的，而且这种目的会反映在具体的行动目标上。对于官僚制组织而言，其主要任务就是使组织成员的行为目标明晰化，即通过系统的外在性设置而使组织成员行为目标明晰化且可控制。可是，在这样做的时候，却导致了组织成员目标选择自主性的丧失。这就带来了一个问题：组织为其成员确定的目标必然是正确的吗？即便这种目标合乎组织整体目标并有助于组织整体目标的实现，是否就有利于人的共生共在？

在低度复杂性与低度不确定性条件下，这类问题也许具有理论价值而不具有现实意义。事实上，组织理论研究也很少关注这类问题。但是，当人类社会呈现出高度复杂性和高度不确定性时，这类问题的实际意义就显得非常重要了。因为，在高度复杂性和高度不确定性条件下，组织去帮助其成员廓清行为目标而使其清晰化可能是不可取的。而且，组织也未必拥有这种能力。我们认为，在高度复杂性和高度不确定性条件下，组织会遭遇"去功能化"的问题。其实，"去功能化"所指的就是组织不去为其成员确立行为目标。对于合作制组织而言，显然不应该将更多的精力放在对其成员行为目标的关注上，不应时时处处致力于其成员行为目标的明晰化，更不应去建构服务于这一目的的刚性设置。如果合作制组织因为官僚制组织的管理惯性而去做了这种追求的话，那也是不可能做到的。

合作制组织所应关注的是其成员行为中所包含的价值理念而不是具体目标，更不应用组织目标去压制组织成员的行为目标，不会把组织成员行为目标看作组织目标的分解，或者说，组织成员行为目标不一定是组织目标。合作制组织将把组织成员行为目标选择的自主性交还给他们自己，让他们自己根据任务的需要去选择行为目标并随机调整行为目标。合作制组织一旦在为组织成员行为确立目标方面实现了"去功能化"，将功能转移到为组织成员确立价值理念而不是具体行为目标上来，也就能从根本上改变工业社会中的组织集权状态，从而在组织的运行中实现真正的民主。

总之，就组织成员作为个体性的行动者而言，他的行为是有目标的。或者说，一切行动者只要是以一个独立性单元的形式出现，就有着行为目标。但是，在高度复杂性和高度不确定性条件下，组织应当把行动者具体行为目标选择和调整权交给行动者自己，组织所要坚守的是行动的目的。这样一来，组织所拥有的是目的而不是目标，只有在组织成员个人那里才会有行为目标。不过，这绝不是目的与目标的分离状态。因为组织与其成员共享人的共生共在的理念，从而使组织成员个人的行为目标也合于组织的目的。

二 考量行动目的的合理性

在一般的意义上，人们会从理性的角度审视组织的目的和目标，可是，如果考虑到理性具有多种类型的话，那么组织的目的应当被理解成从属于实践理性，而组织目标则应被放在科学理性、技术理性的天平上加以衡量。

列斐伏尔在描述了德国集中营的各种荒诞的、无法解释的现象后，对造成了非理性事件的理性作了拷问，认为"人类理性仅仅表现为一种可怕的、遥远的、去人性化的理性：科学的野蛮暴行。因为我们说出了理性这个词，所以，我们对理性是有把握的，或者，我们能够像一些廉价的神那样使用理性，如果我们不是愚蠢地去相信这些的话，我们了解我们自己理性的唯一时间是，理性抬起它的头，激起一种荒谬的感觉，并提出一个一般答不上来的问题：'为什么'在表现出具有人的理性的那些事物背后，有着一个不合理的现实，当然，在表现为荒谬的事物背后，摆着一个去人性化的合理性"。[①]

纳粹德国建立集中营的做法无处不透露着理性，但其目的却因为希特勒的死亡而无法为人所知晓。显然，那不仅仅是为了屠杀，因为将数千万人集中起来所耗费的人力、物力成本是巨大的。与之相比，就地屠杀并掩埋的成本要小得多。更何况，在这数千万被屠杀在集中营中的死难者中间，可以作为兵源和被训练成"杀人机器"的人肯定不在少数。从关于纳粹集中营的所有描述中我们都可以看到一点，那就是德国人的天性严谨、认真的态度被用于经营集中营，他们运用了

---

① [法] 亨利·列斐伏尔：《日常生活批判》，叶齐茂等译，社会科学文献出版社 2018 年版，第 225 页。

那个时代最高超的技术和组织方式,许多包括心理学在内的社会科学的最新成果也得到了娴熟的应用。他们不仅拥有一个从肉体上大规模屠杀的系统,而且有着完整的摧毁人的精神、瓦解人的灵魂的成熟做法。所有这些,都不是单个纳粹分子的行为表现,而是系统性的和组织化的,反映了科学理性。所以,它不能不让人们以为每一项行为都是具有合理性的。

然而,就集中营的建立和整体运营而言,因为目的不明而无法用理性与非理性去对这种行为进行判断。列斐伏尔在谈到这个问题时认为,只能用现代社会的"矛盾"来加以解释,并引申说:"荒谬和理性之间的矛盾,荒谬和理性都是非人性的,荒谬和理性不可分割地统一在一起,荒谬和理性悲剧性地控制着现代城镇和工厂宿舍区里'现代'人的日常生活……"① 实际上,关于人的行为以及行动的理性与非理性的判断,取决于目的和目标的明确性。有着明确的目的和目标,就能够检验行动过程中的每一项行为的理性化程度。相反,则无法作出判断。

以此看来,在风险社会中,在社会高度复杂性和高度不确定性条件下,在目的无法具象化的情况下,即在无法确立明确的行动目标的情况下,如果搬弄理性与非理性的判断标准,并要求行为以及行动遵循理性的原则,可能恰恰是非理性的做法,而且有可能显得非常荒谬。如果去观察一些组织化程度不高的行动,还会发现,理性与非理性的问题更是难解的死结。我们看到,20 世纪 60 年代开始迭次出现的诸多新社会运动大都具有"反生产力"的特征,特别是女性主义、同性恋运动所包含的反生产力隐喻是非常明显的。的确,工业社会把促进生产力的发展放在了太过突出的位置上,对人构成了太大的压力。特别是生产力发展推动的社会加速化,使社会存在的各个方面都处在濒

---

① [法]亨利·列斐伏尔:《日常生活批判》,叶齐茂等译,社会科学文献出版社 2018 年版,第 225—226 页。

于失衡的状态。

在这种情况下，发出"反生产力"的呼声和以一些行动去表达"反生产力"的主张，是可以理解的。但是，在"可以理解"的方向上最多也只能走向对这些"反生产力"的声音和行动的正当性的确认，却不能够证明其合理性。显然，通过制度安排、制定政策等方式确认同性恋是正当的和合法的，但绝不意味着它是合理的。因为，生产的概念本身包含着人的生产，这是人类繁衍不绝的条件，人的生产本身就是一个健康的人对人类的责任。人的生产的生产力过强导致了人口爆炸，那显然是一个问题。而且，"罗马俱乐部"也是将其作为一个非常重要的"全球问题"提出来的。但是，这绝不意味着人的生产可以废止，因为人的繁衍仍然是必要的。当然，在人的生产的问题上，替代性的技术已经问世。不过，这些技术能否真正替代人自身的人的生产，还是一个需要做出认真审查的问题。而且，人的生产能否接受动物养殖业中的那种动物繁衍方式，可能也是一个会引发讨论的问题。所以，无论采用什么样的证明方式，都无法证明同性恋的合理性。不合理的却可以是正当的，只要得到心理上的认同和政策、制度的确认，就具有了正当性。

作为一位试图为新社会运动提供理论支持的学者，弗雷泽在为同性恋运动进行理论辩护时是这样处理它的"反生产力"隐喻的。"在资本主义社会中，性行为规则的模式与专门化的经济关系之间的联系被削弱了……在前资本主义社会、前国家社会中，经济关系在很大程度上是由血缘关系的机制勾画的，并直接与性行为相互重叠。而且，在20世纪晚期资本主义社会中，性行为与剩余价值积累的联系被……'个人生活'进一步削弱了，个人生活是一种亲密关系的空间，包括性行为、友谊和爱，不再与家庭一致，并与生产和再生产的责任相脱节。那么，一般而言，当代资本主义社会包含了各种鸿沟：经济秩序与血缘秩序的鸿沟；家庭与个人生活之间的鸿沟；地位秩序与阶级等级的鸿沟。对我来说，在这种高度分化的社会中，把性行为规则的模式仅仅视为经济结构的一部分是毫无意义的。同样，把同性恋对差异承认的要求视为错置的再分配要求亦是毫无意义的。"①

新社会运动所关涉的基本上都是具体的、特殊的领域中的问题，但当弗雷泽希望通过"再分配"的方式去解决新社会运动所指出的那些社会不正义的问题时，又是在社会结构中去认识那些问题的，是要求通过制度安排去解决那些问题。这样一来，就是在把经济、生产等涵括于其中的社会系统的整体上去解读那些问题并寻求解决途径的，以求对新社会运动的价值作出肯定。正是这样一个思路，反而将新社会运动"反生产力"的隐喻揭示了出来，令它们显现出与整个社会系统的性质上的冲突。

当然，社会是一直变化着的。从工业社会后期的情况看，人际关系以及生活方式出现了越来越多不从属于目的论的以及功能主义解释的现象。我们知道，并不是全部社会生活都具有经济属性和围绕着生产展开，而是允许人们做出自己的选择，即根据自己的偏好、兴趣以及观念等做出选择。在此意义上，诸多新社会运动要求打破传统之中的一些长期存在的歧视，并将这种歧视宣布为不公正、非正义，这是可以理解和值得赞赏的。但是，以过激的方式表达不满，并以所谓运动的方式去造成冲击，也许并不是需要得到理论证明来加以支持的社会事项，更不应以其为标准来判别什么是政治正确的。

其实，新社会运动所提出的问题应当归属于实践问题，一些学者试图围绕着那些问题进行理论建构，在必要性上，这样做也许是非常可疑的。当然，如果出于宣传鼓劲的目的的话，那样做就另当别论了。即便从实践的角度看，新社会运动及其行动目标也具有很强的历史性，更准确地说，具有临时性。当我们在全球化、后工业化中感知新的社会主题时，当我们在风险社会中思考人的共生共在问题时，就会强烈

---

① [美]凯文·奥尔森编：《伤害+侮辱——争论中的再分配、承认和代表权》，高静宇译，上海人民出版社2009年版，第62—63页。

地感受到，20世纪后期的诸多新社会运动宣称的所谓使命其实都类似于某种无病呻吟。这也许是因为到了工业社会的发达阶段，人们在有了富足的生活之后更愿意创设一些事项去宣泄激情，才制造出了一场又一场新社会运动。另一方面，也许由于工业社会的形式化而使得社会变得死板僵化，致使人们不得不通过新社会运动的方式去宣泄积郁。在南美等狂欢节日较多的地方，可能就不会有类似于新社会运动的行动。特别是当人类陷入风险社会后，再来审视20世纪的一些新社会运动，就会产生诸多疑问。事实上，我们也看到，在风险社会及其高度复杂性和高度不确定性条件下，诸多新社会运动的余脉支流所显现出的是更多的破坏性，徒增诸多社会风险。

最近一段时期，出现了许多对中国高等教育的批评声音，认为中国的高等教育存在着严重的人才成长和科研管理体制方面的问题。的确，中国高等教育问题的根子在科研管理体制上，更准确地说，还不仅反映在科研体制上，在所有的方面都存在着目的与目标相混淆的问题。或者说，中国的高等教育在整体上用目标代替了目的、驱逐了目的。就科研管理体制的问题看，在对所谓科研成果的认识上（至少在人文社会科学的科研管理上），存在着严重的问题。我们认为，现在的所谓科研成果是以公开发表的作品为主的，而这些作品并不完全是科研的产出，或者说，只有极少一部分能够称得上科研成果。在科研考核中，往往只关注发表而不关注发表的是不是科研成果。这样一来，人们也就聚焦到了发表的环节，而正是在这个环节上，出了很多问题。最为重要的是，当对刊物进行分级后，对发表作品的学术评价就由刊物来执行了。在中国的社会科学研究中，是编辑执掌了学术评价的权力，而大学以及其他学术机构却逃避了学术评价的责任。

就发表来看，虽然它们都是作品，是写作出来的，但写作可以分为两种类型：一种是作为任务的写作；另一种是作为研究的写作。这两种类型的写作产出的作品在性质上存在着根本性的不同。作为研究的写作，因研究状况而定。研究取得了进展，才会写作并发表；作为任务的写作是首先定了发表目标，然后才会去写作。当然，作为任务的写作也会有一定的研究做支撑，但出于写作目的的研究是不能称得上科学研究的。即使强行地将其称为科学研究，也是低层次的。事实上，为了发表而写作和通过发表去完成任务这样一种致学导向生成后，助长了大量没有经过研究而写作的作品问世，甚至出现了一些较为极端的情况。

对于作为研究的写作来说，因为没有发表目标而在研究没有取得进展的情况下是不会写作和发表的。在为了任务的写作中，主要有两个方面的任务：其一，是对高等学校教师的科研考核，要求教师发表却不关注教师的研究；其二，是名目繁多的课题，从国家到每一个学校，都试图通过设立课题、提供资助来促进科学研究，实际上，恰恰是这些课题对研究形成了极大的干扰。当高校把教师承担课题当作科研考核的一项指标时，更加破坏了科学研究的氛围，陷入了片面促进作为任务写作的陷阱之中，而对作为科研的写作却造成了毁灭性的冲击。所以，课题可以说是重发表、轻研究的科研体制形成的元凶。对于高等教育而言，在专业上缺乏研究的教师肯定属于不合格之列，而科研考核和加予他们的课题要求恰恰抑制了他们的科学研究。这就是中国高等学校缺乏创新性成果的原因，也是人才成长悲观状况生成的原因。

当然，我们指出课题是破坏科学研究的元凶，并不是说不要课题。相反，我们认为国家与社会的更多机构设立课题和提供更多资助是必要的，但这些资助必须是促进科学研究而不是抑制和破坏科学研究。这一点需要从高等学校以及其他科研机构做起。首先，高等学校不应将教师承担课题作为考核指标。其次，对于承担课题的教师，可以用课题经费换取影响单位教学以及其他工作的工作量。原则上，所有承担了课题的教师和研究人员，都应按一定比例向学校等机构交纳部分课题经费以作为使用单位资源的补偿。最后，应帮助承担课题的教师、研究人员树立科学研究意识，将任务转化为科学研究的动力。

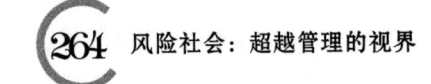

总之，只有当中国高等学校中的科研管理确立起研究导向而不是任务导向的管理体制，才能使人才培养和科学创新走出当前的困境。这实际上是一个廓清高等学校的目的与目标的问题。如果忘记了目的而围绕着目标去经营高等教育，什么样的怪异现象都可能出现。

根据米尔斯的意见，"对于一位社会科学家来说，最糟糕的事情之一就是：仅仅在为了某个研究项目或课题而申请经费时，才感到有必要制定'计划'。大多数情况是，计划被制定出来或至少有了些详细的书面文字，仅仅是为了申请到资金。无论这种计划的制定过程多么合乎标准，都是非常糟糕的。在某种意义上，这是十足的推销术，并且，一般说来很有可能煞费苦心地炮制出虚张声势的文章来；课题也许被'展示'出来……所谓课题，纯属虚构而已，目标只是为了某种隐秘的意图获取资金——却不论这个意图连同上报的研究项目有无价值"。[①]

米尔斯所谈论的是美国的情况。在中国，课题以及经费的多少竟然堂而皇之地成为科研考核指标。不仅一些从事社会科学研究的人，还有许多根本不从事社会科学研究的科研部门领导，成功获得课题资助。由于课题本身成了学者的标志，这些并不从事社会科学研究的人也就成了著名学者和社会科学家。这就是目标代替了目的的一种典型情况，课题不是用来资助科学研究，而是成了造就学者的光明大道。显然，对于高等学校、研究机构而言，课题的获得应当成为目标而不是目的，或者说，在这种目标中只应当包含非常淡薄的目的。但是，当高等学校、研究机构将注意力放在了目标上而忘却了目的，也就使自身的社会价值降到了非常低的地步。或者说，大学以及科研机构因为课题而造就了大批学者，唯独没有造就出从事科学研究的人。不仅如此，真正从事科学研究的人反而因为申请不到课题而受到体制性的排斥。由此可见，当目标代替了目的后，其危害性是非常大的。

---

① [美] C. 赖特·米尔斯：《社会学的想象力》，陈强等译，生活·读书·新知三联书店2016年版，第219页。

西蒙在谈到决策如何反映了理性和反映了什么样的理性时说:"如果某项决策确实能在给定的情况下实现给定价值的最大化,就可以称之为'客观'理性决策;如果这只是相对于决策者对主题的实际了解而言,这项决策就是'主观'理性的。手段对目的的适应过程只要是自觉进行的,就是'自觉'理性的;手段对目的的适应过程如果是个人或组织刻意进行的,就是'刻意'理性的。决策如果以组织目标为指导,就是'组织'理性的;如果以个人目标为指导,就是'个人'理性的。"[①]不仅是决策,乃至所有行动,都面对着在各个方面以及多个维度上去作决定和作选择的问题,至于能不能在各个方面以及多个维度上都做到理性,并综合成为全面的、充分的理性,则是很难得到保证的。因为,没有任何一种制度、行动者以及方法可以提供这样的保证。

西蒙之所以要在诸多维度上去谈论理性,目的就是要说明理性的相对性。在工业社会的低度复杂性和低度不确定性条件下,西蒙能够认识到这一点是非常可贵的,但也正是对这种条件下行动理性问题的思考,使他提出了"有限理性"的概念,希望人们能够对理性这个概念作出审慎的、有节制的使用。在风险社会及其高度复杂性和高度不确定性条件下,为了保证行动是理性的,就需要更多地关注目的而不是目标。虽然对行动目标的关注会显得更加容易达成合理性,但那是表面情况,其实质方面可能恰恰是不具有合理性的。所以,当我们思考风险社会及其高度复杂性和高度不确定性条件下的行动问题时,需要将关注点放在行动的合目的性上来,无论在行动中是否存在着目标,都不允许目标代替目的的情况出现。

三 合作行动的合目的性

在风险社会及其高度复杂性和高度不确定性条件下,整个社会在

---

① [美]赫伯特·A. 西蒙:《管理行为》,詹正茂译,机械工业出版社 2004 年版,第 75—76 页。

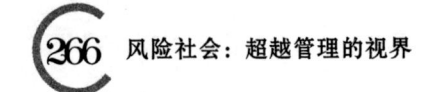

行动的意义上构成了一个完整的合作场域。在合作场域中，在人的多任务承担能力增强的情况下，如果某人专注于一项行动，那必然是一项基础性的行动。可以认为，这项行动对合作行动具有基础性支撑的价值，至少在该行动者的自我判断中是这样的。

当人专注于一项行动时，我们不要指望那项行动能够取得即时效果，而是要把希望指向某个遥远的结果。经验告诉我们，而且我们从无数的历史事例中也可以看到，"如果我们从行动的最遥远的结果出发回溯，我们总是会遇上那些我们知道做的事情，因为我们能做这些事情。如果行动在本质上就是使某事发生；或者，为了这件事情，我做了别的事情；或者我只做这件事而不绕弯去做别的事情。最后的这种行动就与我们所谓的'基础行动'相对应"。[①] 行动必然会产生某个（些）结果，区别只在于那个显性为主导性结果的事实是否合乎目的，或者，是否符合虽然想到但未敢列入目标的目的，从而带来了惊喜。

那些与目的相悖的，或者，那些未能达到目的预期之结果的，也许会被用来作为评价行动失败的依据，但是，如果带着乐观主义的态度去看行动的话，却能够从中发现经验和教训。那样的话，就会从结果以及产生结果的过程中获得积极因素，从而不会因被认定为失败的行动而沮丧。在风险社会及其高度复杂性和高度不确定性条件下，积极乐观的态度可以构成人们生存和生活的支柱，促使人们从各种失败的废墟中重新站起来。在某种意义上，可以把人积极乐观的态度看作人的道德素养。在这个时期，至少在行动主义的主张中，是把积极乐观的态度视作人的优秀品质的。有了这种品质，人在行动中就能够无所畏惧。特别是对于选择了基础性行动的行动者来说，在看到自己的长期努力无果的时候，也仍然能够继续走下去。

管理学中的效率概念是由"目标"派生出来的。如果没有目标，

[①] [法] 保罗·利科：《从文本到行动》，夏小燕译，华东师范大学出版社 2015 年版，第 187—188 页。

对于效率就无从理解。或者说，如果没有目标，效率本身有可能意味着麻烦。在我们指出合作行动是直接依据目的进行行动时，也就意味着淡化了对效率的关注。不过，就合作行动也会有具体的任务目标而言，也会存在着某种效率追求，而且这种效率追求是内在于行动者的，而不是可以通过外在于行动者的客观性社会设置来加以评定的。

我们更倾向于认为，合作行动是不存在效率问题的，至于合作行动是否高效，取决于合作行动的机制以及合作场域的状况。合作行动的机制以及场域决定了这种行动是高效的，但人们却不会关注效率的问题。合作机制和合作场域这两个方面是在合作理念下得以建构的，而且需要在合作的理念下得到不断的优化。这意味着，它们是能够为合作行动提供良好支持的。其中，也包括了对合作行动的高效提供充分支持的内容，更何况行动者有着内在于他的效率追求，会在一切需要的时刻及时响应合作机制和合作场域所提供的支持，实现对效率追求的超越。所以，只要合作行动是为了人的共生共在这一目的展开的，就不需要确立效率目标。

效率以及效益的评价都包含着价值的问题，即从属于什么样的视角和达到了什么样的目的。只要涉及评价，就会有着评价标准的数字化表述方式的问题。单从数字形式看，对效率以及效益进行评价是不会产生争议的。但是，数字又必然是基于某种价值而提出的要求。一般情况下，由于是从行动的直接目标出发去看效率的，即使效益的概念要求在直接目标之外再增加一些评价指标，也仍然意味着价值的单一性。这样的话，在价值多元化的境况中，效率以及效益都变得可争议了。考虑到效率主要定位在对目标价值的实现方面，将效率和效益作为管理手段是有着很强的可操作性的，但在某些方面，又是不合适的。比如，要求消防部门、殡仪部门增强效率意识并落实在行动中，就会受到很多限制。同样，要求医疗部门提高运营效益，不仅带来了医患矛盾，也增强了医院与殡仪馆的潜在同盟关系。

绩效管理实际上就是从效率和效益追求中发展出来的一套管理实

践，如果用于消防部门、医院和殡仪馆会产生什么效果？那是不敢想象的。我们不可能让消防部门为了绩效而去放火，更不能让医院把健康的人变成病人，也不允许殡仪馆为了提升绩效而把活人变成尸体。其实，对于所有服务型组织来说，当人们把视线投向了活动的形式方面，只关注那些可以计量的形式方面的因素，都会引发极其荒唐的后果。甚至在诸如学校这样的传统教育部门，当绩效管理把人们的视线引向了教学时数、发表篇数，也会造成教育和人才评价的目标异化。当学校为了满足教师教学时数的考核需要而缩减学制，而将学生读书的事情推到了参加工作之后，能否培养出真正满足社会要求的"合格产品"，都需要打上一个问号。

　　如上所述，在低度复杂性和低度不确定条件下，我们甚至就已经可以看到，从效率和效益的概念中发展出来的绩效管理是存在着诸多不当的。在风险社会及其高度复杂性和高度不确定性条件下，绩效管理的适应性也许就更加无法得到乐观估计了。其实，即便在工业社会这个普遍重视效率的社会中，阿马蒂亚·森也认为，从经济学的角度证明效率目标以及从属于效率目标的工具理性在社会发展的指标体系中并不是最重要的因素，与作为社会目的的正义、自由等相比，它反而处于从属的地位。

　　在风险社会及其高度复杂性和高度不确定性条件下，面对危机事件的应对行动如何在绩效管理的框架下展开，也许是一个需要人们再作思考的问题。显而易见，在风险社会及其高度复杂性和高度不确定性条件下，存在着一些无法让行动者收获绩效的事项，而这些事项也许会对一个社会造成极大影响。如果我们广泛地推行绩效模式，这些事项可能就不会成为人们愿意承担的行动任务了。也就是说，如果我们要求把行动纳入绩效管理的框架之中，谁会愿意在那些付出心血却无绩效的事项上开展行动呢？事实上，高度复杂性和高度不确定性本身就意味着需要行动的事项是无法获得可计量绩效的，而这些事项在应对风险以及危机事件方面又具有关键性的地位。这个时候，难道人类愿意为了绩效管理而毁灭于风险和危机事件之中吗?

在风险社会及其高度复杂性和高度不确定性条件下,重新对组织加以审视时,就会真切地体会到,官僚制组织是一个科学理性、技术理性系统,而合作制组织则是一个价值理性、经验理性系统。正是因为合作制组织是价值理性、经验理性系统,才能够成为实现人的共生共在的途径。或者说,人的共生共在是包含在合作制组织及其行动之中的,是合作行动的目的,也可以说合作制组织是人的共生共在的一种表现形式。所以,对于合作制组织,我们是不能够在工具的意义上去加以理解的。

就人的共生共在是合作制组织的目的而言,这一目的的实现是要表现在对任务的承担上的,是对那些转化为任务的事件的响应,而不是由组织自身确立的目标。与组织目标相比,任务既可以成为组织目标,同时又有着更为具体和丰富的内涵。任务是与组织环境密切地关联在一起的,虽然任务总是某个具体的事项,却具有社会的总体性,不会陷入组织目标的狭隘性和片面性的窠臼中去。

在组织目标的问题上,斯科特和戴维斯也引用了希特勒大屠杀的案例,"希特勒动用了诸多高效的手段来实现其灭绝欧洲犹太人的罪恶目的,包括艾希曼这样的人物,他们视目标为天定,理性地忠实执行实现目标的任务,即阿伦特所说的'平庸中的罪恶'"。[①] 的确,在理性化的语境中,组织目标是凭着科学理性而确立起来的。虽然在确立组织目标时会尽可能充分地通过预测等方式而将影响因素(变量)考虑进来,但这个过程仍然是一个主观过程,而且,目标本身也是具有主观属性的。与之不同,任务是客观情势派生出来的,对任务的承担表现为一种响应,而且会以即时行动的形式出现。

当然,在工业社会,对于作为技术理性系统的组织而言,也是基

---

① [美] W. 理查德·斯科特、杰拉尔德·F. 戴维斯:《组织理论:理性、自然与开放系统的视角》,高俊山译,中国人民大学出版社 2011 年版,第 40 页。

于任务而开展行动的。不过，这种任务是由组织目标派生的，而组织目标则可能是完全凭着主观意志确立的。所以，工业社会的组织虽然也是以承担任务的形式出现的，但任务却是从属于组织目标的，是因为有了组织目标，才会按照组织目标的要求而选择任务，才会根据技术理性的原则对任务进行分析分解，以确定任务的承担方式。合作制组织的任务则是完全客观的任务，其中不包含主观意志的因素。

当合作制组织把任务承担起来并转化为行动时，任务的客观性也就转化为了行动的价值。也许人们会按照工业社会的思维惯性而在合作制组织承担任务时联想到组织目标，但这个目标是模糊的，而且在高度复杂性和高度不确定性条件下即便把任务转化为目标意识，也是具有不确定性的。就合作制组织是一个任务导向的行动体系而言，任务与作为组织环境的整个世界的关联性是以价值的形式出现的，这也决定了合作制组织是一个价值体系。

即便是在官僚制组织中，深受个人主义文化影响的组织成员也不仅仅是根据个人的短期利益谋划而行事。诚如西蒙所指出的："支配我们所有组织员工行为的因素，不仅包括个人短期利益的目标，而且在相当程度上还包括为实现组织目标做贡献的意图。组织成功运作的必要条件是，在绝大部分时间里，大多数员工处理问题、制定决策时，不只考虑到个人目标，还会考虑到组织目标。无论组织成员的最终动机是什么，组织目标都必须在员工和经理的目标规划中占据重要地位。"[1] 这一点也许是人的社会性的表现。也就是说，在人的漫长的进化过程中演化出了社会性的内容。即使个人主义、利己主义的文化对人进行了熏染，但人的社会性方面并未完全泯灭。因而，人能够为了群体利益而开展活动。在组织中，则表现为把组织目标的实现作为优先选项。

人的这一点是可贵的，也是可以在价值理性的意义上得到合理性

---

[1] ［美］赫伯特·A. 西蒙：《管理行为》，詹正茂译，机械工业出版社2004年版，第17页。

证明的，只不过工业社会中的个人主义、利己主义文化压抑了人的这种社会性。如果个人主义、利己主义文化得到了扬弃，那么受到压抑的人的社会性就会释放出来，人们就会更愿意从社会的角度看问题，就会更自觉地根据人们的共同追求和公共利益去开展活动。有了这一点，人们也就更加容易接受人的共生共在的理念了，并能够为新型的合作文化的生成提供极大的助力。

如果说合作制组织中仍然存在着组织决策和组织成员个人决策这两个方面，那么由于决策理念以及目的都是指向人的共生共在的，都是为了人的共生共在而对如何开展合作行动所进行的决策，也就不可能在合作行动中产生原则性的冲突。这与官僚制组织中的状况是完全相反的。因为，官僚制组织的组织本位主义不仅是外向意义的，在内向的意义上，也需要防止和杜绝来自组织成员的冲击，即要求组织成员的行动必须统一到组织目标的实现上来。然而，对于组织成员而言，组织只不过是个人利益实现的工具、手段。在个人利益追求中，组织本位主义的观念并不是可以被无条件接受的。所以，在个人决策与组织决策之间出现矛盾也就难以避免。

在官僚制组织这里，管理者、领导者在何种意义上能够赋予管理以及领导以艺术品质，主要表现在他们能否平衡组织本位主义与组织成员的个人中心主义上。具体地说，处理好组织利益与个人利益的关系，努力去把组织成员的个人决策有可能对组织目标构成的挑战和造成的冲击降到最低点，并在理想的意义上化解这种挑战和冲击，甚至化组织成员个人决策相对于组织的消极性为积极性，就是领导者与管理者的核心使命。或者说，这些是官僚制组织运行中的管理以及领导的基本内容，至于环境因素和组织社会功能的实现，则被放在了次要的地位上了。如果组织的管理者、领导者颠倒了这种主次关系，那么很快就会看到组织走在了衰败的道路上。合作制组织由于人的共生共在的理念而从根本上消除了组织与其成员决策上的矛盾，因而不再有组织内部的这种协调利益冲突的管理问题了。

总之，如我们一再重复申述的，当我们指出风险社会中的一切行动都应指向人的共生共在时，是将人的共生共在设定为这个社会的基本目的的。这个目的并不像目标那样存在于行动的未来，而是存在于行动中的。作为一个基本的社会目的，人的共生共在并不是能够在任何一个方面的任何一种分析中获知的认识，而是在对风险社会的本质直观中确立起来的认知。所以，在表现上，人的共生共在不是需要进行论证的，而是以一个判断的形式出现的。

在风险社会及其高度复杂性和高度不确定性条件下，人的共生共在是基本的社会目的。为了这一目的，每一项具体行动都会有着自己的目标。但是，高度复杂性和高度不确定性的条件决定了行动目标都是与具体的任务联系在一起的，并且是处于变化之中的，甚至是模糊的。或者说，在高度复杂性和高度不确定性条件下，清晰、明确的目标将会僵化，会对行动形成误导，只有当行动者坚守人的共生共在这一目的，并在行动中随时因势调整目标，才能使行动者在合作行动中始终沿着正确的方向前行。

第五章

预测与决策的问题

人们有着强烈的认知和预测风险的愿望，自从关于风险的研究进入了人们的视野，认知和预测风险就一直是人们进行研究和探讨的中心课题。从理论上说，风险认知和预测本来是个悖论，因为人们一旦实现了风险认知和预测，那个被认为是风险的东西也就不再是风险了。不过，就实际情况来看，在社会低度复杂性和低度不确定性条件下，运用科学方法去认知和预测风险又是可能的，而且实证研究在这方面也有着积极表现。但是，风险认知和预测大都限于微观领域中的风险，而在宏观的社会运行和社会变化中，科学的风险认知和预测都变得非常困难。基于既有的科学理论及其方法，按照分析性思维的套路，是不可能实现对高度复杂性和高度不确定性条件下的风险认知的，更不用说预测了。因此，我们构想了基于相似性思维的行动中的风险认知方式，希望这能够有助于人们应对风险的行动。

在20世纪，科学决策与民主决策是在所有决策理论中都得到了充分讨论的决策途径。民主是一种决策手段，但在近代以来一个很长的历史时期中，人们更多的是把民主理解成一种政治生活方式，只是到了20世纪，人们才越来越多的从决策的角度去看民主。从民主理论的发展来看，经历过一个关注民主制度到关注民主行动过程的演进过程，协商民主理论可以说将民主是一种行动方式的内涵充分地揭示了出来。即使民主理论实现了这种转变，依然存在着在风险社会中能否成为决策手段的问题。

就民主政治本身来看，长期以来未能解决的就是结构性不平等的问题，可以说这是民主理想与实践的冲突，也是民主政治固有的缺陷。既然民主政治存在着这种缺陷，那么将其应用于风险社会中的决策，会不会成为制造社会风险的机制，都是值得研究的问题，更不用说运用民主决策的方式去应对社会风险以及危机事件了。风险社会的实质是社会的高度复杂性和高度不确定性，也是以社会运行和社会变化加速化的形式出现的，这意味着风险社会中的所有决策都受到时间的规定。就此而言，民主过程对时间的耗费也决定了它不可能被作为一种决策手段而在风险社会中得到应用。

工业文明的一项伟大成就是将人的行动建立在合理决策的基础上，这大大地增强了行动的自觉性。但是，我们现在进入了风险社会，工业社会中所形成的决策模式不再适用，科学决策正在受到挑战。科学决策是在20世纪成型的，是人的行动理性化的标志，但它是在社会低度复杂性和低度不确定性条件下发展起来的，也是启蒙时代开启的社会理性化所取得的成果。在风险社会中，科学决策赖以成立的条件消失了，以至于必须让位于行动中的决策。

其实，关于科学决策的问题，在20世纪一直存在着立场、出发点和决策方式等方面的争论，理性主义与经验主义构成了决策科学的两大传统。这说明科学决策本身就存在着诸多问题。即使不去关注科学决策的内部争论，就其结构而言，它的决策与执行相分离也引发了诸多问题。特别是在社会的高度复杂性和高度不确定性条件下，这种决策与执行的分离会使脱离实际、时间迟滞等问题显得更加严重。在风险社会中，我们认为解释学的一些观点也许能给予我们一定启发。因为解释学中包含着给予行动者更多自主权的思想线索，对于我们如何在行动中根据具体情况进行即时决策，是有启发意义的。

第一节　风险认知与预测

虽然人类已经陷入风险社会，但若人们基于工业社会的观念，也许会认为采取积极行动才是最佳选择。也就是说，不应被动地等待突发性事件到来后再采取行动，而是应当拥有某些主动性。显然，因为认识论哲学及其科学观念的熏染，使得在工业社会中成长起来的人们是有理想、有信心的人，他们会表现出积极行动的冲动。其中，最为突出的表现就是，希望把未来拉入当下之中。不过，我们必须指出，这只是一种良好的主观愿望。从工业社会中的人们面向未来发挥主动性的行动模式看，是将行动建立在科学预测的基础上的。如果风险社会及其高度复杂性和高度不确定性意味着一切对未来的预测都不可能的话，那么这种主动性就不是建立在预测的基础上的了，也不是表现在逻辑推断上的主动性。没有预测，没有逻辑推断，怎么会有针对未来行动的主动性呢？这显然是一个令人困惑的问题。

杜威描述了一种情况："如果我们能够把判断一些事情当作是预示另一些事情的征兆，我们便能够在任何情况之下准备着我们所预期的事情的到来。在某种情况之下，我们还可以先下手预行促使某一事情的发生；即当我们宁愿某一事情发生而不愿另一事情发生时，我们便可以有意地安排一些变化，而这些变化是我们根据我们最好的知识认识到与我们所追求的结果相联系着的。"[1] 这代表了一种通过行动创造未来的关于人的主动性的观点。根据这一观点，首先，判断是基于智慧做出的，或者说是包含着智慧的；其次，判断本身已经包含着某种能动的选择，这种选择是要引起或激活本应属于未来的因素，并用

---

[1] ［美］约翰·杜威：《确定性的寻求：关于知行关系的研究》，傅统先译，上海人民出版社 2005 年版，第 164—165 页。

之来应对当前要承担的事项，即解决当下的问题；最后，所要解决的问题、所要达成的目标和所要实现的目的，都统一在当下的行动之中，而不是属于过去或未来。在某种意义上，过去和未来的东西属于"知"的范畴。当过去和未来都被拉到当下的行动之中时，其实也就是"知行合一"的状态。

一 风险认知的要求

确如杜威所说："人生活在危险的世界之中，便不得不寻求安全。"[①] 在生产力较低的情况下，寻求安全的方式是向危险妥协，通过祈祷、献祭、礼仪和巫祀等方式，去发现和得到自己认为能够获得的安全。随着生产力水平的提升，随着人的能动性的增强，则有了征服危险的冲动。其中，认识外在世界的运行规律、发展科学技术以及对人自身的组织化，是抵御危险的基本途径。虽然风险不一定是危险，但人们处置危险的那种愿望和行动方式，对于应对风险来说，是具有积极意义的。

无论是农业社会的那种神秘主义的方式，还是工业社会的征服冲动，在风险社会及其高度复杂性和高度不确定性条件下，都变得不适应了。当人类陷入风险社会，科学认识以及人的组织化等这些用来抵御危险和应对风险的方式就需要实现功能上的转向，即不再被赋予征服风险、战胜危险的功能。在这种情况下，科学认识需要在风险和危险中去寻求人的生机。这是因为，风险社会中的风险是不可消除的，我们的所有努力都只能期望尽可能避免风险转化为危险。尽管如此，并不能以为我们有着避免所有危险的能力，而是要在任何危险到来之时有效地处置危险，即以"即时行动"的方式应对风险和危机事件。

在认识与实践相分离的认识论语境下，杜威所表达的是他对实践

[①] [美]约翰·杜威：《确定性的寻求：关于知行关系的研究》，傅统先译，上海人民出版社 2005 年版，第 1 页。

的偏爱。他批评"人们把纯理智和理智活动提升到实际事务之上",认为这种做法是与"寻求绝对不变的确定性根本联系着的"[①]。在他看来,并不存在着什么绝对不变的确定性,而实践所面对的处处都是不确定性。"实践活动有一个内在而不能排除的显著特征,那就是与它俱在的不确定性。因而我们不得不说,行动:但须冒着危险行动。关于所作行动的判断和信仰都不能超过不确定性的概率。"[②]

杜威也承认,在思维中是可以获得确定性的,但那无助于实践逃避危险。在杜威思考不确定性问题的时候,其社会背景所呈现的还是低度复杂性和低度不确定性的特征。人们在这种条件下表现出了对不确定性的厌恶,并在思维上寻求确定性,这是可以理解的。因为,在面对低度复杂性和低度不确定性时,人们因为有了建立在认识论哲学以及现代科学上的信心,是可以想象确定性的,即通过征服不确定性而营造确定性。不过,杜威以实践为理由要求正视不确定性,表现出了一种现实主义的态度。只是在他的这种现实主义态度中,是包含着实用主义精神的。

在人类进入风险社会后,人们对所有可能产生的风险都显现出高度的敏感性。比如,近些年来,人工智能会不会带来风险,就是一个引起人们高度关注的问题。的确,在人工智能的发展已经是一个具有趋势性意义的现实条件下,我们的社会治理必然要面对着人们关于人工智能的不同态度问题。举例来说,在产业方面,是为了增进人工智能网络的便利还是确保既有的公平竞争原则得到恪守;在应用方面,是为了减少人工智能网络可能带来的风险和损失还是保证法律制度以及与权利相关的规定得到实施……总之,会遭遇许许多多在目的上不同甚至对立的问题,而且需要在不同的目的间做出选择。

[①] [美]约翰·杜威:《确定性的寻求:关于知行关系的研究》,傅统先译,上海人民出版社2005年版,第3页。

[②] [美]约翰·杜威:《确定性的寻求:关于知行关系的研究》,傅统先译,上海人民出版社2005年版,第3—4页。

抽象地说，社会治理应当在不同目的及其行动方面保持某种平衡。然而，这种平衡却是很难实现的。即使实现了某种平衡，也立即就会发现，社会治理对技术进步形成了某些阻碍。显然，面对人工智能大发展的趋势，社会治理需要告别既有的观念，通过创新去超越或克服目的不同带来的问题。正如每一项新技术的应用一样，对人工智能技术的应用，也需要建立在风险评估的前提下。事实上，在人工智能大发展以及社会应用前景无限广阔的背景下，对人工智能应用的风险预先评估更应受到重视。

虽然风险评估不可能杜绝风险，但在减少可预测风险方面则是具有积极性的做法。总体看来，通过风险评估来减少社会风险，所代表的是一种传统思路，属于保守的范畴，但对于我们所提出的即时响应行动的主张来说，又是必要的补充手段。问题的关键在于，我们不应将全部希望寄托于风险评估，更不应让风险评估成为人工智能技术发展以及应用的障碍，而是要将更多的注意力放在风险即时响应行动的建构方面。另一方面，虽然人工智能是人的创新的结果，但在风险社会中，我们不能寄望于人工智能替代人的创新。人在行动中的创新是不可缺失的，而且，唯有人能够在面对风险时通过创新去赢得人的共生共在。

技术在化解不确定性方面发挥了巨大作用。比如，由概率论发展出来的各种方法就可以将不确定性转化为客观的、定量的、确定的概率，大数据也可以在信息海洋中为我们捕捉靶向。但是，对于我们正在遭遇的高度复杂性和高度不确定性，目前看来，很难设想发明出一种技术去把它转化为确定性，除非出现奇迹。在高度复杂性和高度不确定性条件下，我们发现，技术变革已经显现出一种思维路线变革的征候，即不是在工业社会既定的消除复杂性和不确定性的思路上改进技术。这说明，在无法对复杂性进行"化简"和无法实现不确定性向确定性转化的情况下，技术变革的背后隐含着一种适应复杂性和不确定性的思路。

其实，社会建构也同样需要采取这种思路，即适应复杂性和不确定性。也就是说，我们需要承认高度复杂性和高度不确定性是我们已经遭遇和必须直面的现实，我们需要改变的是我们自己的生产、生活和交往方式，而不是去改变高度复杂性和高度不确定性这一条件。我们关于"德制"、合作行动、服务型政府等几乎所有构想，都是在这一思路中提出的。

法默尔认为，现代性公共行政"对认识对象的结构、对实用的和可预测的结构有着特别的偏爱——对现代性有着特别的偏爱"。[①] 这种对结构的偏爱一旦落实到建构行动中，就会建构出一种刚性极强的组织结构。结果就是结构失去了弹性，在组织面对的问题复杂化的条件下，这种结构就会显现出僵化的一面。事实上，在整个现代化的过程中，也就是在工业社会这个历史阶段中，社会处在低度复杂性和低度不确定性的条件下，具有刚性特征的结构能够在实现"以不变应万变"的过程中成为坚定的依托。随着社会复杂性和不确定性程度的提升，这种刚性结构也就越来越不能适应组织职能实现的要求，因而陷入了危机事件频发的困扰之中。

在低度复杂性和低度不确定性条件下，人们拥有着必然性的信念，而且这种必然性信念是可以得到验证的。"一个人自命能够肯定地指出遵循哪条道路这一事实，有时能使他不仅影响个人，而且还影响广大群众，其态度在紧要的形式下是决定性的。在这样行事的时候，一个人不仅预言历史，而且还部分地创造历史。"[②] 一方面，必然性信念驱使人们去发现规律，从而把一些被认为是规律的东西找出来，并加以强化。这样做，也许压制了一些可能是真正规律的东西，使历史的轨迹发生改变。另一方面，有了必然性信念，也就会根据这种信念去开展行动，

[①] ［美］戴维·约翰·法默尔：《公共行政的语言——官僚制、现代性和后现代性》，中国人民大学出版社2005年版，第301页。

[②] ［德］卡尔·曼海姆：《重建时代的人与社会：现代社会结构的研究》，张旅平译，生活·读书·新知三联书店2002年版，第170页。

去证明这种信念,从而使原先不可能的历史走向显现出了可能性,即变得可能了。有了可能性,再加以征服,就化可能性为必然性了。

所以,必然性的信念不仅没有让人们遵循历史发展的规律,反而为人们创造历史提供了合理性证明。也可以说,它是乐观主义者在理论上找到的一种根据。人类在工业社会中所取得的令人赞叹的成就,可以说是得益于必然性信念对人的激励。因为有了这种激励,才创造出了那些伟大的成就。不过,当社会呈现出高度复杂性和高度不确定性的时候,必然性的信念立马就受到了毁灭性的冲击,以至于人们无法再在对未来的预测方面抱有信心,而是不得不将视线投向当下,随时准备迎接突发事件的到来。

在高度复杂性和高度不确定性条件下,在对风险的认知方面提出了思维创新的要求。这是因为,风险社会及其高度复杂性和高度不确定性条件下的行动意味着,过去的知识无论多么重要,都不可能与行动的境遇有着实质性的一致性。杜威说:"过去知识的结论是进行新的探究的工具,而不是决定它们的有效性的准绳。过去知识的对象为新的情境提供了有用的假设,它们是暗示进行新的操作的源泉,它们指导着探究活动。但是,这些过去的知识对象之所以参与到了认知之中,并不是由于在逻辑的意义上为它们提供了前提。"[1]

的确,过去的知识在行动中只是一种材料,就像建筑材料一样,它并不决定建筑物的形状、功能甚至性质。当然,正如砖瓦不会用来建筑摩天大厦一样,也不是所有过去的知识都将进入行动过程中。那些过去的知识之所以能够进入行动过程之中,也是由行动的性质决定的。过去的知识只是一种存在物,它的生命是由行动赋予的,只有当过去的知识进入行动之中并成为行动中的知识,才获得了价值。

需要指出的是,当我们立足于行动去为知识赋值时,并不意味着

---

[1] [美]约翰·杜威:《确定性的寻求:关于知行关系的研究》,傅统先译,上海人民出版社 2005 年版,第 143 页。

对过去的知识的任何轻视。特别是在诸如教育等对社会进步有意义的事业上，对过去的知识的习得也是非常重要的。但是，无论是教育者还是受教育者，都不要以为接受了过去的知识就能够完全胜任行动，即成为合格的行动者。合格的行动者完全是在行动中成长起来的。当人类进入了风险社会，在面对社会的高度复杂性和高度不确定性而开展行动时，我们更应带着"知行合一"的观念去对待过去的知识以及正在开展的行动。事实上，也只有在行动中，人们才能认识到需要应对的风险，才能发现过去的知识在应对风险的行动中的价值，即发现过去的知识对于正在应对风险的行动能够发挥什么样的作用。可以说，行动既实现了对过去的知识的检验，也能够为过去的知识赋值，从而使死去了的过去的知识重新有了生命。这就是一种"实践出真知"的主张，或者说是它的真实含义。

如果关于风险社会的研究属于社会科学研究的范畴，那么在这种研究中，我们更应承认人类心智的不完美和认知能力的有限性，即接受"有限理性"的判断。哈耶克说："人类心智无可避免的不完美，在这里不仅成了一个与解释对象有关的基本素材；并且由于这种不完美也适用于观察者本身，所以也限制了他努力解释被观察的事实所能取得的成就。在一切社会现象中，决定着具体变化之结果的分散的变数，其数量通常极为庞大，不是任何人类心智所能实际掌握或操纵的。因此，我们有关这些现象的产生所遵循之原理的知识，几乎不可能使我们预测任何特定状况的确切结果。我们能够解释某些现象的产生所遵循的原理，能够根据这种知识排除某些结果，例如某些事件一起出现的可能，然而我们的知识从某种意义上说只能是消极的知识；也就是说，它只能让我们排除某些结果，而不能使我们把可能性的范围缩小到只剩下一种可能。"[1]

---

[1]　[英] 弗里德里希·A. 哈耶克：《科学的反革命：理性滥用之研究》，冯克利译，译林出版社2019年版，第40页。

在决策活动中，尤其需要清醒地意识到人的"有限理性"，即认识到我们的知识的局限性。可以成为我们行动依据的知识，其实只能帮助我们排除某些结果，并不能帮助我们获得正确的行动方案，甚至不能帮助我们确立正确的行动方向。虽然我们通过那些属于过去的知识去对行动中的一些方面做出排除，然后剩下了有限几种可能性，从而使人们决策活动中的抉择变得简单了，但在进行抉择的时候，我们仍然不能指望遵循科学的原则。那是因为，在决策的最后"拍板"时刻，显然是无法奢望作出科学判断的，而是需要在科学思维之外去寻找某种决策灵感。

我们不难发现，"仅仅对一种现象的发生作出原理性的解释，与能够使我们预测确切结果的解释，它们之间的不同对于理解社会科学的理论方法极为重要"。[①] 无论对于研究者还是对于行动者，"预测确切结果的解释"都更具有诱惑力。当社会科学朝着这个方向发展时，也就带来了实证研究的繁荣，而且开拓出了似乎无限广阔的市场。结果，实证研究与理论研究者的命运也就像"算命先生"与"修道者"的对比一样。算命先生凭三寸不烂之舌能够端稳饭碗，而修道者则需要托钵行乞。

二 风险能否量化

经济学家眼中的价值是可以量化的，但在量化中会失去一些意义。无论是使用价值还是交换价值，能够被量化的方面都是从属于如何在社会中进行分配以及占有的。而且，这种分配和占有只对社会的制度以及运行方式有意义，对人则没有直接意义，只有不能被量化的方面才对人有意义。社会价值则不同，它是与意义联系在一起的。在某种意义上，社会价值是以其意义而为人所把握和拥有的。无论是伦理价

---

① [英] 弗里德里希·A. 哈耶克：《科学的反革命：理性滥用之研究》，冯克利译，译林出版社2019年版，第40页。

值、文化价值还是包含在人的目的之中的诸多价值，都以意义的形式而为人所把握和拥有。

其实，风险也是可以作为一种社会价值看待的，只不过风险是负价值，是反目的性的价值。人们不想拥有风险，但必须面对风险；人们希望认识和把握风险，但那是非常困难的。因为，能够得到认识和把握的风险也就不再是风险了，或者说，那是可以化解的风险。在社会的高度复杂性和高度不确定性条件下，风险的可认识、可把握程度更低，更不用说幻想着对其进行量化了。面对风险，如果希望进行量化的把握，"不但个人没法这么做或并无成效，而且在那些有人承担负有理性责任的角色，并期待着以特别的谨慎与担当和风险打交道的地方，组织管理也没法量化地计算风险，或者无论如何都不是以常规的决策论来拟定对策"。[1]

所以，从既有的科学观念的角度看，"不存在能够满足科学要求的风险概念"[2]。即使退一步说，关于风险，是不支持对它进行技术性的把握的。不仅风险无法被量化，即使从外缘的角度对风险的程度进行测量，也无法做到准确，至多得出"大概率""小概率"的结论。而且，"小概率"的风险也许会因为没有引起人们的足够重视而演化成危机事件，继而造成大面积的灾难。所以，如果按照风险认识量化的思路，在无法精确获得量值的情况下使用了概率统计的方式，形成"大概率""小概率"的认识结果，也同样是不可取的。这是因为，在风险社会及其高度复杂性和高度不确定性条件下，什么样的风险在什么样的地方会以突发性的危机事件的形式出现，并不接受概率统计所作出的预测。

对任何一种现象进行量化，在目的上都是要将其纳入理性计算之

---

[1] ［德］尼克拉斯·卢曼：《风险社会学》，孙一洲译，广西人民出版社2020年版，第15页。

[2] ［德］尼克拉斯·卢曼：《风险社会学》，孙一洲译，广西人民出版社2020年版，第20页。

中，并对其运行轨迹和发展方向作出准确预测。可是，在风险社会中能不能对风险作出准确预测，显然是无法给出肯定答案的。卢曼对当前的风险研究提出了批评。在卢曼看来，"当风险研究一如既往地、即使只是部分地关注风险的理性计算时，现实早已展现出其他特征。风险自身已变成自反的，因而也变成普遍的"。[①]

对行动所涉及的一切都进行理性计算，是工业社会发展中的一项成果。这种做法的确可以大大地提升行动的理性品质，也确实能够更为经济地达成行动的目的。不过，这仅限于低度复杂性和低度不确定性条件下的行动。在风险社会的高度复杂性和高度不确定性条件下，不仅对于风险，而且对于行动涉及的几乎所有事项，都难以做出理性计算。即使强行去做出理性的计算，也是没有意义的。事实上，理性计算还会遇到一个时间是否容许的问题，更不用说那些希望被纳入理性计算中来的各种要素能安静地等待人的计算了。也就是说，社会所有要素的高流动性，都使传统的理性计算无法实施。

风险社会中的行动也是需要对所涉及的各个方面进行评估的，但这种评估是由行动者自己作出的，而且更多地表现为一种感性的评估，所依靠的是具有经验理性属性的直觉。卢曼显然是反对关于风险的理性计算的。在他看来，"拒绝接受风险或要求拒绝风险甚至都变成一种冒险的行为。而每当人们认为冒险行为可能导致灾难时，便以拒绝计算作为回应。争论的焦点几乎都是灾难的阈值何在。无论如何，这个焦点都难以达成共识"。[②] 显而易见的是，在一切具有高度复杂性和高度不确定性的行动事项上，人们都是无法达成共识的，也没有以共识的形式出现的原则和方法供人计算风险。即便在"什么是理性的计算""什么不是理性的计算"这种问题上，人们也有可能产生分歧。

[①] [德] 尼克拉斯·卢曼：《风险社会学》，孙一洲译，广西人民出版社2020年版，第8页。

[②] [德] 尼克拉斯·卢曼：《风险社会学》，孙一洲译，广西人民出版社2020年版，第8页。

面对风险，与其谋求共识，不如将全部精力放在准备行动和开展行动上来。因而，现代理性语境下的计算冲动是应当收回的，以求避免在理性计算如何可能以及如何进行的问题上开展争论耗去精力并耽搁行动。

　　当然，对于一个严谨的学者来说，卢曼并不截然排斥对风险的理性计算。在我们上述所引用卢曼的论述中，他在脚注中表现出某种退后一步的态度，但仍然是作了限制。卢曼说："对合理计算的妥协当然只限于依赖语境的'有限理性'；或当人类吸取教训之后，知道在计算他者时实现被建立的模型并不能抱以过高的期望。"① 不仅是理性计算，而且，既有的科学理论以及研究方法都是在工业社会低度复杂性和低度不确定性条件下成长起来和发明出来的，在人类陷入风险社会并遭遇了高度复杂性和高度不确定性时，运用那一套理论和方法去框定现实，遭遇尴尬也就是难免的了。人类进入21世纪以来的许多应对危机事件的经验都让我们充分地体验到所有的量化、建模的做法都不甚适用。相反，依据"实事求是""一切从实际出发"的原则开展行动却能够收获良好的效果。如果说在行动中出现了局部性和阶段性的"波动"，那也是因为受到了"专家"意见的干扰而付出的代价。

　　基于理性的观念，任何不可预测的事项都是因为没有掌握相应的变量所致。一旦所有的变量都得到掌握，预测就不会遭遇任何困难。这一点的确是正确的观点，而且也是一项不可否认的原理，但在实践中却是不可行的。在高度复杂性和高度不确定性条件下，我们如何根据理性的方式去掌握所有变量？这是理性遭遇的一个显然不可逾越的问题。如果仅仅凭着某种信心而去穷究所有变量的话，那也许恰恰是"不理性"的。因为，人们在高度复杂性和高度不确定性条件下所要应对的大多数事项都是突发性的，受到了时间的规定。无论我们的计

---

① ［德］尼克拉斯·卢曼：《风险社会学》，孙一洲译，广西人民出版社2020年版，第8页（脚注）。

算技术发展到了什么样的程度,在这种时间规定中,去意图预测事项的所有变量也是不可能的。

在考虑行动的可行性的问题时,曼海姆说:"在每一点上,社会都不得不这样发挥作用,因为,显然不管怎样被人为地产生和智力上过分地强调,只有这些部分真实、既定的相似性才给予人们解决具体困难的机会。如果人们总是面临新的问题,并对其新奇性详尽认识,他们便只会感到困难。"① 曼海姆在这样说的时候,肯定没有考虑到风险社会及其高度复杂性和高度不确定性的情境,不过,他显然是在历史的比较中发现了"二战"后的社会比起农业社会以及工业社会早期都更加复杂和更具有不确定性,因而提出了自己对这种情境下的行动的思考。特别是他提出要求把握相似性的主张,可以说是非常有价值的灵感。

社会科学与自然科学研究对象上的不同,决定了自然科学的方法不能简单地移植到社会科学研究中。如果说实证研究有着典型的唯科学主义特征的话,那么我们所看到的却是从事实证研究的人所迷信的研究方法与研究目的之间存在着背离。正如哈耶克所指出的:"唯科学主义的立场因为不敢把决定着个人行为的主观观念作为起点,所以正如我们这里所看到的,它经常陷入一种它试图避免的错误,即把那些只不过是普遍的、经过概括了的集合体当成事实。在可以清楚辨识个人所持的观念并明确按其原样加以引介的地方,受唯科学主义观点培养的人,却试图避免把这些观念当作素材,于是,他们经常幼稚地把民众惯用的推测性观念,当作他们所熟悉的那类明确的事实而加以接受。"②

对于科学研究来说,一方面,把自我以及观察到的个人所持有的

---

① [德]卡尔·曼海姆:《重建时代的人与社会:现代社会结构的研究》,张旅平译,生活·读书·新知三联书店 2002 年版,第 279 页。
② [英]弗里德里希·A. 哈耶克:《科学的反革命:理性滥用之研究》,冯克利译,译林出版社 2019 年版,第 35 页。

观念当作具有普遍性的观念，甚至把自己的某种晦暗心理当作人人都有的心理状态，认为那是一种具有普遍性的事实；另一方面，把某种推测中才会有的东西当作事实，具体表现在提出假设，然后加以验证。在这样做的时候，又必须排除现实中的一切干扰。也就是说，不是让科学适应现实，而是表现出了要在阉割现实中让唯科学主义的要求得到满足。这就是提出假设然后验证假设的所有研究都有的通病。如果科学研究不是为了解决现实问题，而是让现实问题被用来证明其科学研究，那肯定不是一种科学的态度。我们相信，一些从事实证研究的社会科学家是严肃认真的，他们真诚地信仰科学，与那些利用实证研究这种科学"快餐"博取名利的人是有所不同的。

社会科学研究所应关注的恰恰是人的自觉行为和行动背后的不自觉的因素。也就是哈耶克所说的，"社会科学试图回答的问题之所以出现，仅仅是因为许多人的自觉行为造成了未经设计的后果，是因为可以观察到不属于任何人的设计结果的规则"。[1] 当然，那个东西能否构成"规则"，也是一个很难作出肯定判断的问题。如果我们不是使用"规则"一词，而是使用"不确定性"的概念，也许更加准确一些。这样一来，我们也就可以说，社会科学所要研究的正是确定性背后的不确定性。因而，表现为确定性形态的"规则"、规律等只是研究不确定性时的必要参照物，而不是研究对象。这就要求社会科学研究不仅需要将不确定性作为对象，而且应接受研究过程以及研究结果的不确定性。

三 能否实现风险预测

名之为科学预测的追求往往要求通过定量分析的方法去实现，但预测并不一定必须通过定量分析的手段。一种总体性的观念也许可以

---

[1] ［英］弗里德里希·A. 哈耶克：《科学的反革命：理性滥用之研究》，冯克利译，译林出版社2019年版，第37页。

在预测中发挥良好的作用。比如,你的胃痛,那可能是胃出了问题,但那个痛是"胃"还是作为个体整体的"你"的痛?显然,胃并不知道它的痛,是作为个体整体的你才知道它痛。而且,就胃出了毛病来看,也是在与其他器官的交互作用中出的问题,而不是它自己作为独立的存在物出了问题。运用分析的方法,可以认为胃痛是胃出现了问题反映在了意识之中有了痛的感觉,但这只是一个痛点定位的问题。即便是这个痛点定位,也是机体中的一个复杂过程,意味着多个器官、神经元素的参与并交互作用。另外,你为什么恰好是胃痛而不是其他的部位痛,如果按照分析的方法去寻求原因的话,可能是非常困难的。但是,根据所谓"五行"学说,只要点明胃的属性是"土",就可以作出解释了。而且,这个解释中包含着"金""木""水""火""土"的运行以及交互作用的观念。依据这种传统的观念,也许可以从一个人的胃痛而在两个方向上联想到下一个痛点的位置,即可能发生在哪个器官上。

　　不过,这不是在推理中得到的预测,而是在中国人的观念中获得的一种推测,是在"循道"中发生的联想。虽然这种联想也似乎表现出某种逻辑,但它不是线性的。其实,它并不是逻辑,而是直观,是以联想的形式出现的直观,包含着经验理性。如果说社会与人的关系就像人与其胃的关系一样的话,那么在我们对社会运行和变化进行预测时,就不应使用分析的方法。也就是说,即便我们承认社会预测是可能的,在宏观的社会发展方面,对未来社会的预测,也是在经验描述中去寻求社会发展路线的。至于技术理性以及定量的方法,只有在一些微观的社会领域中才可以加以应用。

　　吉登斯的结构化理论通过"再生产"的概念而给出了连续性的隐喻,从而把"结构化"描述成一个绵延的过程。吉登斯深切地感受到了20世纪的现实中存在着这样一种行动逻辑,那就是,每一次行动都会产生超出了行动者意图的后果,并引发再度针对这种后果而展开的行动,从而使行动持续地展开。根据吉登斯的表述,"行动持续不断地产生出行动者意图之外的后果,这些意外后果又可能以某种合乎意图的筹划;它总是顽固地躲开人们将其置于自觉意识指引之下的努力。虽说如此,人类还是始终不断地作着这样的尝试"。①

按照结构主义的理解,在一项行动和接下来的另一项行动之间出现了间断,或者说,出现了"结构性断裂"。但是,在"结构化"理论看来,这恰恰是连续性的,是一项行动的后果引发了另一项行动。就此而言,可以认为结构化理论源于结构主义又超越了结构主义,也更贴近20世纪社会发展的真实情景。在结构主义的结构性断裂后的重建中,那个重建的起点是不可预测的。在结构化理论中,结构的更新显现出了渐进模式。虽然其中也包含着许多偶然性因素,但基本方向是可以预测的。

不难看出,无论是结构主义的结构断裂后重建的不可预测,还是结构化理论的结构渐变的可以预测,都默认了基本背景的低度复杂性和低度不确定性。然而,在风险社会及其高度复杂性和高度不确定性条件下,行动所承担的任务往往属于偶发事件,可能是一次性的。其一,无法知道更无法认定此一行动的任务是由哪项或哪些任务造成的后果;其二,无法预测也无法知道此项行动将会产生什么样的后果和由谁来面对其后果。所以,每一项行动在历史的维度上看都是独立的事件,尽管此时的行动是在合作场域中展开的合作行动。所以,合作行动既不从属于结构主义的理解,也无法纳入结构化理论的图式之中。

在可以严格定义边界的微观领域中,社会科学研究是能够发现更多可以验证理性的自觉行为和行动的,能够发现行动结果的合目的性,也能够收获更多预测成功的喜悦。但是,一旦超出了某个微观领域的边界,就会发现理性的、自觉的行动造成了非预期的后果。在宏观视野中,这种情况会显得更加严重,甚至可以说宏观视野中的社会运行

---

① [英]安东尼·吉登斯:《社会的构成:结构化理论纲要》,李康等译,中国人民大学出版社2016年版,第25页。

和社会变化更多地从属于哲学的把握而不是科学的认识，更不用说能够去作出准确的预测。社会科学研究总希望在各个方面去进行预测，即以此来证明社会科学能够把握社会运行和社会变化的规律，能够参与其中发挥能动作用。然而，这种追求却经常性地遇到一些困难，其中最为明显的一点就是，无法将其在微观研究中行之有效的方法以及形成的结论运用到宏观社会运行和发展的规律中去。

如果社会科学无法把握宏观的社会运行和社会变化规律的话，那么在微观研究中所形成的行动方案就可能面对失灵的问题，或者，解决了某些问题却可能引发更多的问题，甚至是表面上解决了某些问题而实际上却没有从根本上解决那些问题。这是因为，基于微观研究制定的行动方案无论看起来作出了多么科学的预测，也不管行动路径的设计多么完善，一旦与社会运行和社会变化的方向相左，就会遭遇失败。至少，作为环境的宏观社会中包含着诸多对于行动而言的不确定性，对行动形成干扰，使行动无法按照方案中所描述的路径前行。当我们说计量的方法适用于微观领域的研究时，也许一些热衷于实证研究的学者会争辩说，定量研究在社会科学中的广泛应用恰恰是与凯恩斯主义的广泛传播同步的。如果提出这种争辩的话，那其实是被一种假象蒙蔽了。你可以为"美联储"加息或降息的经济效应制作模型，但在加息和降息多少这个问题上，肯定是基于某种直觉判断做出的。

其实，在自然科学研究中也同样存在着这个问题。一般说来，自然科学的研究是用逻辑来补救实验科学的。自然科学的理论层面的研究基本上是用逻辑代替了科学实验。久而久之，人们也不再在逻辑和科学之间进行区分了。可以认为，20世纪中的几乎所有重大科学发现都是首先在逻辑路径而不是实验过程中取得的。可见，无论是社会科学还是自然科学，在微观的问题上可以进行实证研究和实验研究，而在宏观的问题上则需要求助于逻辑。如果考虑研究对象的复杂性和不确定性的话，又会使逻辑失去了方向。也就是说，不再有明晰的逻辑线索可循，逻辑本身就变成了一团乱麻。当然，社会科学中的实证研究与自然科学中的实验研究还不是对等的概念。因为，实证研究有着更为现代化的哲学基础，而实验研究的哲学基础还停留在近代较早的时期。

在描述从微观研究向宏观理论建构的转换过程时，哈耶克指出，对于社会科学的研究者来说更需要求助于逻辑，除非放弃对宏观社会的任何思考，即满足于就事论事的所谓实证研究。无论田野调查多么重要，也不能代替逻辑思考，而且田野调查本身也是在逻辑的支配下进行的，并贯穿着逻辑。哈耶克说，社会科学研究者如果希望"从自己的微观知识中能够推导出来宏观规律，永远只是'演绎的'；由于他对复杂状况的知识有限，这些规律几乎不可能使他预测特定状况的确切产物；他也不能通过可控实验去证实它们——虽然有可能由于观察到按其理论不可能出现的事件而否定它们"。[①]

虽然社会科学在从形而上学的母体中分娩而出后是被统称为"实证科学"的，但哈耶克并不认为实证科学应当归结为实证研究，他更愿意推荐的还是逻辑的路径。这倒不是哈耶克对形而上学的那种借用逻辑而开展思维游戏的做法有什么偏好，而是因为今天的社会科学的研究者已经无法像近代早期的研究者那样把研究对象从社会中隔离出来，即通过这种隔离而制造出孤立的、不发生变化的研究对象。而且，社会科学研究甚至不能像自然科学研究那样面对纯粹的客观存在，因为社会科学涉及的人毕竟不同于原子。也就是说，作为社会科学研究对象的人与物、人与人的关系不同于原子之间的关系。至于所谓"社会试验""思想实验"，更多地属于某种比喻，并不是自然科学研究中的实验或试验。出于这种考虑，要求社会科学研究重视逻辑的路径是可以理解和可以接受的。

从思想史来看，哈耶克在此问题上并未提出什么创新性的观点，因

---

① ［英］弗里德里希·A. 哈耶克：《科学的反革命：理性滥用之研究》，冯克利译，译林出版社 2019 年版，第 39—40 页。

为在大陆理性主义与英国经验主义的一个多世纪的争论中，这一观点得到了无数次的阐述，哈耶克无非是将一个陈词滥调重新搬了出来。我们需要指出的是，哈耶克依然是在现代性的语境下去阐述他关于社会科学研究方面的主张，他所默认的前提就是工业社会的低度复杂性和低度不确定性。在我们陷入风险社会及其高度复杂性和高度不确定性中的时候，哈耶克关于求助于逻辑的设想也变得不可行了。因为，任何一种逻辑，都必然有可循的线索，而高度复杂性和高度不确定性则意味着不再有可循的线索，这就是风险认知所遭遇的最大问题。或者说，在风险认知的问题上，不管是实证的方法，还是逻辑的方法，都无法对研究者形成支持，致使我们不得不提出在行动中认知风险的主张。

四　风险认知中的思维方式

预测与预期是不同的，预测是行动，而预期则是一种心理期待。也许预测可以成为证明预期的途径，但是，一旦科学预测变成了对期待的证明或证伪，就意味着包含着人们欲将现实或现在的观念、心理取向、情感好恶等强加于未来的冲动，就会脱离客观实际，甚至会对历史过程加以干预。在低度复杂性和低度不确定性条件下，在微观的、具体的事项上，运用科学技术手段进行干预，往往被证明是可行的。实际情况也证明，在工业社会的发展历程中，时时处处都可以看到这种干预，但是人们没有意识到这种干预将人类领进了风险社会。在人类已经走进了风险社会，面对着社会的高度复杂性和高度不确定性，不仅在宏观的社会事项上无法将预期付诸实现，而且在微观的、具体的事项上也同样无法将预期带入行动之中。可以认为，如果强行那样做的话就会产生更多的风险。当预期都无法如愿时，何谈预测的意义！在预测的问题上，即便打上科学的名义，也可能与科学的本义相反。

对未来的想象是具有预测功能的，只要这种想象是合理的，就能够实现预测。当然，认识论及其科学所讲的合理性是一种形式合理性。在形式合理性的追求中，想象是受到排斥的，被认为不具有合理性。

但是，想象却是可以超越形式合理性的，能够以直观的方式直指实质合理性。对于行动而言，具有实质合理性的想象也能够像那些在科学预测基础上制作的行动方案一样，从属于动机，承载着目的，或者说，表现出从动机、目的出发。所以说，"想象是在动机这一步骤本身中形成的。正是想象提供了场地、明亮的林中空地。是在这片空地上，各种动机（它们就像欲望一样各不相同）与伦理要求（它们和职业规划一样多种多样）、生活习俗或者非常个人化的价值才可以互相比较，互相衡量"。①

如果我们通过预测等理性分析制定了行动方案，让行动依据方案展开，那么方案就会如"灯笼"一样被行动者挑在前方，用来照明道路。想象之于行动却有所不同，它不是一个用来指引方向的"灯笼"，而是包含在行动之中的，可以比喻为人的一种夜视能力，但需要通过行动去加以验证。或者说，在通过行动去验证想象的过程中，想象的意义被逐渐发掘出来，想象的价值不断地得到提升。一旦想象得到了验证，行动者回过头来，才发现想象在行动者的行动轨迹中是以一个方案的形式出现的。表面上看，想象为行动勾画出了一个虚拟性的未来，而实际上，想象所发挥的是全方位的综合作用。"想象为各种不同的项目——诸如从后面推的力量、从前面牵引的引力、合法而且在下面奠定的理由——提供了比较和中介的共同空间。正是在想象物的形式中，共同'配置'的元素才具体地得以呈现。一方面，这种元素可以区分物理上的强制原因与动机；另一方面，它也可以区分动机与逻辑上的强制理由。"②

其实，想象更加自由，不像分析、推理的主体那样似乎患上了心理"强迫症"或显得"神经质"，因为想象会让人获得某种轻松愉快的感

---

① ［法］保罗·利科：《从文本到行动》，夏小燕译，华东师范大学出版社 2015 年版，第 244 页。
② ［法］保罗·利科：《从文本到行动》，夏小燕译，华东师范大学出版社 2015 年版，第 244 页。

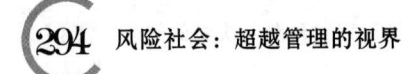

觉。所以，虽然想象根源于动机，却不会受到动机的强制。如果我们再对想象付诸实施过程中的各种"物理上的强制""动机与逻辑上的强制"等作出区分的话，还能够使想象获得某种现实主义的品质。因为，想象在行动中得到验证的过程，会遭遇各种各样的物理上的强制，却不会受到动机与逻辑上的强制。可以认为，想象是人的本能，每个人都具有想象能力，而且时时刻刻都在运用这种能力。"每个人都可以想象事物，我们可以听到大脑里的字词或短语；我们勾勒出并不存在的环境，并借助这些形象来预测未来行动可能带来的影响。人类的大部分只能来源于对物体、事件或概念的精神表征的处理能力。"①

近代以来的思维演进过程，或者说，在现代性的哲学以及科学发展进程中，分析性思维一直极力贬低人的大脑中的"精神表征"，并通过这种贬低抑制人的想象，目的是要把思维引向对客观存在的关注，从而保证对客观存在所进行的合理性分析能够得以顺利进行。但是，即便在分析性思维中，想象也是必要的，无法被完全排除。在无法排除想象的情况下，分析性思维往往是借用合理性去规范想象的，或者说，只允许那些被认为是具有合理性的想象在思维展开的过程中发挥作用。至于这种"合理性"，又是由目标界定的，属于合乎理性目标的想象。这样一来，更多的想象受到排斥，以至于创新变得无比艰难。

相似性思维对想象也会作出一定的约束，不会让漫无目的的想象泛滥，还会表达出对明显毫无意义的想象的轻视。但是，与分析性思维相比，相似性思维会要求将关注点从客观存在转移到头脑中的精神表征上来，表现出对人的头脑中的"造境"的重视。人的头脑中的精神表征是"指存在于大脑内的任何结构，它可以用来回答问题。只有当表征和所谈论的物体相似时，这些答案才有意义"。② 也就是说，当

---

① ［美］马文·明斯基：《情感机器》，王文革等译，浙江人民出版社2016年版，第287页。
② ［美］马文·明斯基：《情感机器》，王文革等译，浙江人民出版社2016年版，第287页。

相似性思维把关注点转移到人脑中的"精神表征"上来的时候,并未排除客观存在。但是,相似性思维所追求的是表征与客观存在之间的相似性,而不像分析性思维那样,要求想象与客观存在之间具有一致性。这样一来,就实现了对想象的赋值,使想象的"造境"功能得到大幅提升,落实在行动上,就是创新能力的爆发性展现。

"表征"是分析性思维和相似性思维都会应用的手段,就这两种类型的思维都必须求助于语言、符号、图形等去表征事物而言,是一致的。也正是因为这两种类型的思维方式都需要表征,所以都需要想象的介入。在某种意义上,这也是思维不得不接受的客观现实。比如,当思维中呈现出"山"的时候,并不能把一座山搬到面前,而是必须用"山"的概念来加以表征。就"山"是一个概念而言,显然是由思维对许许多多的具体的山的共性或相似性的把握。不过,同样是山的概念,在分析性思维那里是许许多多的山的共性,以抽象的形式出现。在相似性思维那里,将会以精神造境的形式出现。这样一来,山的概念用于表征的时候,在两种思维方式那里其实是有着不同属性的,即表征性不同。

就表征是与想象联系在一起的而言,就表征必然要得到想象的支持来说,是分析性思维和相似性思维共有的和共享的。但是,在功能上和具体表现上,两种思维方式对表征的应用又是不同的:分析性思维用表征指称客观存在的形式、属性等,要求获得尽可能严格的一致性和经验的可验证性;相似性思维则要求应用表征去在人脑中进行精神造境,并保证这种造境与客观存在之间建立起联系,即运用表征指涉精神造境与客观存在的相似性。更为重要的是,相似性思维并不要求表征必须清晰,而是对模糊的表征也给予承认,甚至是更愿意发掘那些模糊的表征所具有的价值,会表现出对转瞬即逝的表征更加重视的情况,将其看作无比珍贵的"灵感",认为那是重大创新的引信。

关于想象普遍存在于分析性思维和相似性思维的判断不仅在表征与客观存在的关系中能够得到证明,而且就表征的应用来看,绝不存

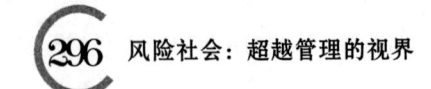

在通过某个单一的字、词、符号、图形去单独表征某个单一的客观存在或主观存在的情况。一切表征及其活动都是在某种联系网络中进行的,有着复杂的机制。这就是明斯基所说:"为了创造并使用新的概念,我们必须使用存储在大脑网络里的结构形式来表达这些新的想法,因为任何细小的知识碎片都没有任何意义,除非这些细小的知识碎片是大型化框架中的一部分,且大型化框架与大脑知识网中的其他部位相联系。"[1]

如果没有想象的话,知识碎片如何相互影响甚至耦合起来,是不可想象的。进而,如果表征的应用不是由个人做出的,而是社会性的,就需要人们各自运用想象达成表征的一致性或相似性理解。还有,表征本身也是多元的,可能是对语言、符号、图形等的综合应用,也可能是语言、符号、图形等无法表现的。即使是无法得到静态的语言、符号、图形的表现,我们也能够轻易地感知到,由这些要素构成的动态的综合性图景中,是可以将相似性传达出来的。

在对分析性思维与相似性思维的这一比较中,可以看到,想象以及对想象的表征,无论在表现形式上还是在功能上,不同之处都显现了出来。如果说在分析性思维中也存在着想象,那么它是受到主客体的关系以及认识活动及其方法规约的,想象者与想象物之间是分离的,想象活动也要合乎认识活动的程式,需要经得起公认的认识方法的检验,想象的价值也需要付诸行动和在行动中加以验证。在相似性思维这里,主客体已经融合为行动者,想象是发生在行动过程中的,想象者也就是行动者;想象物不是存在于行动之先的,也不是独立于行动之外的,而是想象与行动合而为一的过程。或者说,在相似性思维这里,想象构成了行动的一部分。这样一来,在想象与行动的统一中,功能上的表现也就不同于分析性思维中的想象了。

---

[1] [美]马文·明斯基:《情感机器》,王文革等译,浙江人民出版社2016年版,第288页。

当然，分析性思维是天然地排斥想象的，即便在分析性思维中存在着想象，由于存在于行动之先，因而是以预测的形式出现的。在相似性思维这里，由于想象存在于行动之中，无论在时间上还是逻辑上，都不属于预测。如果人们在这里还认为想象具有预测的功能，那无疑是退回到了分析性思维中了。总之，分析性思维中的想象与相似性思维中的想象的不同意味着，分析性思维的想象适用于社会低度复杂性和低度不确定性条件下的预测活动，而相似性思维中的想象则适用于高度复杂性和高度不确定性条件下的风险认知。

显然，在风险社会及其高度复杂性和高度不确定性条件下，一切行动都包含着风险认知的需要。我们上述已经列举了许多关于工业社会的科学无法在这一条件下发挥认知风险的作用这一问题，之所以科学丧失了在高度复杂性和高度不确定性认知风险的功能，是由其思维方式决定的。因而，在人类陷入风险社会时，需要首先实现思维方式的变革，即建构起相似性思维。其中，通过对相似性思维中的想象这一要素或环节的考察，可以发现，它正是在高度复杂性和高度不确定性条件下进行风险认知的最佳途径。

第二节 探讨民主决策的可行性

在工业社会的语境下，存在着"目的民主"与"手段民主"的争议。也就是说，在把民主作为目的还是手段的问题上是存在着争议的。昂格尔所持的是一种目的民主观，他认为："目的民主的原则为有机群体提供了一个表达共享价值的途径，并且确保它们相对于社群生活的优越性。通过扩展政治选择的范围，它们将政治变成了日常生活中最为主要的活动，每个普通人的骄傲与希望以及他的爱与其智力的结合。与此同时，它促进了共同目标的发展与对它们的阐明，它为克服支配做出了贡献。它是在一个间接的意味上，也即是通过削弱天赋对权力分配的重要性来这样做的。通过帮助创设一种情形，在这个情形之中所有等级制都越来越清晰地表现为一种政治选择而非技术性的指定，它也是以一种一般性的方式而这样做的。通过对支配的削弱，共享价值可能会变成人类种群性更为可靠的标记。"①

不过，更多的人对民主的认识不同于昂格尔，他们将民主看作一种手段，认为民主是人们为了实现"共同善"的手段。其实，从历史演进的状况看，在工业社会前期，当人们从神的阴影下走出来的时候，更多地体验到了民主政治生活所带来的解放的感受，但在后来的历史进程中，在时间的流逝中，逐渐的和越来越多的把民主作为一种手段对待了。当然，社会的基本状况也决定了民主是应当被作为目的还是手段来看待。

在社会的低度复杂性和低度不确定性条件下，在种群稳定的条件下，民主的效应的确表现出作为人的政治生活形式的状况，民主让人们形成共识以及共享目标，还可以让社会治理表现出更多自治的内涵。然而，在风险社会及其高度复杂性和高度不确定性的条件下，民主秩序以及建立在这种秩序基础上的民主程序有可能陷入失灵的境地。而且，在社会的流动性增强并使人的种群处在随机变动之中时，对民主效应的任何一种上述预期都不可能转化为现实。在某种意义上，民主恰恰不是服务于谋求共识和形成共享目标的需要，而是以对话的形式辩明差异以便开展合作的基本途径。这意味着，在社会的高度复杂性和高度不确定性与社会的低度复杂性和低度不确定性这两种不同的条件下，民主是不同的。这种不同就是，从一种政治生活的形式转化为广泛的社会生活的手段。甚至可以认为，在风险社会及其高度复杂性和高度不确定性条件下，民主能不能作为一种有效决策和开展行动的手段，也是可疑的。

如果撇开社会条件，从人在社会中的各种各样的行动来看的话，则会发现，任何时候，民主都是决策的手段。人们为了行动而进行决

---

① ［美］昂格尔：《知识与政治》，支振峰译，中国政法大学出版社 2009 年版，第 385 页。

策时，可以选择民主的手段，也可以使用其他手段。所以，在决策的意义上去谈论民主的问题，就只能将民主作为一种手段对待。只有在确定了这一点之后，才能再去讨论决策的环境问题，即根据环境的状况来决定是否使用民主决策的手段。这就是我们所要探讨的问题：在风险社会的环境和条件下能否选择民主决策的手段？

一　从制度向行动的转变

艾丽斯·杨认为："在当代政治理论中，有两种民主模式处在非常重要的位置上，它们通常被称为聚合型民主与协商民主。这两种模式都共享着下列某些关于民主制度的基本框架的假设，即，民主需要法治，在不可能实现一致同意或者实现一致同意成本过高的情况下，投票是做出决策的方式，民主过程需要言论自由、集会自由、结社自由等。这些模式很少将注意力集中在民主的制度框架上，而更多地集中在那种民主理念所涉及的决策制定过程上。"[1] 艾丽斯·杨尤其关注协商民主理论，她在上述引文页的一个脚注中，引用了詹姆斯·鲍曼对协商民主的评论，"那种关于协商民主模式的系统化的陈述并不总是会接受自由主义和代议制体制的制度性的假设，同时近来更多的理论在这些方面接近于那些自由多元主义的设想"[2]。通过这种引述，艾丽斯·杨清晰地展示了20世纪后期民主理论的特点，那就是，更多地关注民主的行动，对民主的制度框架则不予思考。

从对制度的关注转向对行动的关注，也就使民主的决策功能更加凸显了出来。民主本身就是一个行动过程，这个过程是出于决策的需要，即为更广泛的政治以及社会行动提供可以执行的方案。如果把这些行动看作社会治理活动的话，就会看到，艾丽斯·杨对民主的这一

---

[1] ［美］艾丽斯·M. 杨：《包容与民主》，彭斌等译，江苏人民出版社2013年版，第22页。

[2] ［美］艾丽斯·M. 杨：《包容与民主》，彭斌等译，江苏人民出版社2013年版，第22页注①。

定义反映了一个新的思路。事实上，在社会的高度复杂性和高度不确定性条件下，人们也必须把视线更多地投向行动而不是制度、程序等方面。特别是在风险社会中，在危机事件频发的情况下，如果我们计较于制度而不是行动，无异于一种坐以待毙的态度。

显然，当人们关注民主的制度方面时，所看到的就是民主的程序、规则等。的确，民主政治的保障来源于其程序、规则等。所以，在表象的意义上，民主是以制度的形式展现出来的。正是这个原因，我们经常看到人们使用"民主制度"这个提法。艾丽斯·杨认为，与这种关注制度的民主不同，协商民主则把重心放在了协商过程上，从而把民主付诸行动，或者说，通过行动来诠释民主。

艾丽斯·杨说："政治体是这样一种集合体，其成员认为他们自己是由各种共同的规则制定与协商的程序来治理的集合体。协商民主的理想模式认为，所有那些其基本利益会受到某项决策影响的人都应当被包括在那种协商性的民主过程中。民主理论通常不会提出下述问题：如果那些讨论将包括所有受到决策影响的人，那么，那种涉及各种特殊问题的现实的政治体的范围与成员资格是否就相当于政治体应当存在的范围。"[1] 作为制度的程序、规则等，无疑是一种框架和规范。其对这个框架中的所有活动，都能够形成限制、约束等。当程序、规则等受到淡化而将行动凸显出来，那么行动是不是也有着规范的问题？

艾丽斯·杨将自己的思考投向了道德方面，并首先想到了正义问题，并且分析了正义是否具有规范功能。艾丽斯·杨认为，在协商对话过程中，正义的问题是一个标准或道德界限，但协商对话并不是为了解决正义的问题。在协商的过程中，应当看到由正义所构成的道德界限，却不能突破它。"对于面临着共同的问题或者冲突的人而言，在处理那些问题的方式上达成某种特定的看法，通常比让他们自己提

---

[1] [美]艾丽斯·M. 杨：《包容与民主》，彭斌等译，江苏人民出版社 2013 年版，第 33 页。

出一系列适用于他们正在处理的所有的集体行为的普遍原则更加容易。当各种关于正义的考量在政治决策制定过程中几乎总是因道德因素而被涉及时，正义'在本质上'就是一种限制性的概念——我们总是将这种概念作为我们的政治行为的道德界限。"①

就实践来看，触碰这种道德界限的情况也许并不会成为一个普遍性的问题，那是因为，"在政治互动过程中，除了许多正义理论所归因于它们的功能之外，那种对正义原则的诉诸还具有一种更加注重实际效果的功能。那些讨论者致力于实现的结果往往是做出各种注重实效的判断。在这种情况下，诉诸各项正义原则也就成为在各种关于应当做什么的论证过程中的步骤了"。② 显然，正义的问题是一个非常复杂的社会问题，即便是理论探讨，也会经常性地陷入困境。在实践中，更是出现了各种各样永远无法调和的主张。如果协商对话将此作为议题而纠缠于正义的问题，根本就无法取得什么成果。所以，协商对话必须在注重实效的原则下避免就那些不能达成结果的问题进行讨论。

正是看到了这一点，艾丽斯·杨才会要求把正义作为一种规范对待。事实上，这也可以说是协商民主的一种理论特征。对正义规范的进级思考，就会走到对民主行动的目的的探讨方面。艾丽斯·杨指出，"对于许多协商民主的理论家而言，公共讨论的对象是共同善……共同善的观念能够被简单化地解释为致力于处理人们共同面对的各种问题，它不需要假设这些人具有共同的利益或者共同的生活方式，也不需要假设他们必须服从或者超越那些使他们区别开来的特殊利益和价值。然而，许多理论家采用了更加强势的关于共同善观念的传统解释，用来表示政治体的成员在各项原则和政策上具有各种共同的利益与协议"。③ 艾

---

① ［美］艾丽斯·M. 杨：《包容与民主》，彭斌等译，江苏人民出版社2013年版，第35—36页。
② ［美］艾丽斯·M. 杨：《包容与民主》，彭斌等译，江苏人民出版社2013年版，第35页。
③ ［美］艾丽斯·M. 杨：《包容与民主》，彭斌等译，江苏人民出版社2013年版，第49—50页。

丽斯·杨认为这是很成问题的。因为，在多元社会中，这种要求把协商民主建立在人们拥有共同善的共识基础上是非常不现实的。

在艾丽斯·杨看来，"在多元社会中，我们不能认为，我们在许多有关冲突和解决集体问题的情境中拥有足够多的可以诉诸的共同见解。即使在地方层面上，大多数政治单位也是具有多元文化的。每一个政治单位都会存在着性别差异，而且，这些差异是各种不同的社会经历的来源，同时通常也是各种不同利益的来源。在大部分社会中，各种阶级或职业方面的差异对于经历与文化作出了重要的区别与分类。一方面，在多元主义的环境中，诉诸某些在想象中共享的见解可能是完全合理的；另一方面，那些在想象中共享的见解有可能会排斥某些人或群体，或者使之边缘化"。①

基于共同善的设想来构建协商民主，实际上是建构起了封闭性的政治群体，或者说，是假设在一个封闭性群体中进行协商的情况。艾丽斯·杨认为，这与民主的基本精神是不一致的。"如果一种政治理论能够更加有益于多元和结构性差异的社会的现实，并且促进某种由尊重与合作所组成的规范，那么，它应当对于差异所具有的开放的作用与实践进行解释。"② 根据这一意见，那种试图将协商民主建立在共同善基础上的主张就显得不可取了。根据艾丽斯·杨的看法，那种希望把协商民主建立在共同善基础上的主张犯下了一个逻辑上经不起推敲的错误。因为，协商民主之所以要求通过协商对话达成决策，目的是要在协商对话的过程中实现对利己主义思维的转化。如果说有一个共同善先在地存在于协商对话中，成为政治沟通的条件，那么协商对话也就变得没有必要了。

所以，艾丽斯·杨说："如果当对话诉诸那些参与者完全共享的

---

① ［美］艾丽斯·M. 杨：《包容与民主》，彭斌等译，江苏人民出版社2013年版，第50—51页。

② ［美］艾丽斯·M. 杨：《包容与民主》，彭斌等译，江苏人民出版社2013年版，第51页。

理解的时候，马上就能取得成功，那么，没有任何人需要为了考虑其他人的利益、意见或者视角而运用某些严肃的方式来修正他们的观点或者意见。除此之外，即使我们认识到我们需要其他人理解我们完全共享的东西，然而，下述情形也可能是非常容易发生的，即我们中的每个人都会在另一个人那里发现某种关于我们自己的镜像。"① 因此，协商对话也就失去了意义。总之，在艾丽斯·杨看来，协商民主与以往所有民主理论所描述的民主都不同，它应当是一种行动，而且是不设前提的行动，完全直面所要解决的问题，并作出所有参与协商的人都满意的决策。这一点如果在工业社会常态运行的情况下表现得不是很清楚的话，那么在风险社会中就会变得非常清楚了。也就是说，在风险社会中，除了社会风险，没有什么可以作为先在性的条件被接受。

艾丽斯·杨需要解决的问题是，为了作决策的协商行动过程会不会因为意见不合而中止，由协商参与者构成的政治体会不会因为分歧而解体。为了解决这些问题，艾丽斯·杨引入了"包容"的概念，这也就是她所建构的所谓"包容性民主"。艾丽斯·杨在谈到她所提出的包容性民主与协商民主的区别时指出："虽然我的理论起点是这种协商民主的模式，但是，我在某些关于这种民主模式的系统化的陈述中发现，它存在着几种缺点。有些协商民主模式的倡导者倾向于认为那种面对面的状况是真正的协商环境，而其他人则专注于将论证作为主要的政治沟通形式。而且，有些协商过程的倡导者认为，民主的承诺只需要关注某种共同善，而另外一些倡导者则采用那些在我看来可能会具有排斥性的秩序井然的规范。"②

也就是说，协商民主作为一种民主理论并不具有一种理论体系应有的统一性，各种标榜或被认为是协商民主理论的理论家及其拥趸，

---

① ［美］艾丽斯·M. 杨：《包容与民主》，彭斌等译，江苏人民出版社2013年版，第51页。
② ［美］艾丽斯·M. 杨：《包容与民主》，彭斌等译，江苏人民出版社2013年版，第21页。

对协商民主自身的理解并不相同,他们观点上的差异甚至是很大的。无论是把协商民主理解成面对面的商谈,还是将其理解成一种强调政治沟通而不是动辄票决的方式;无论是将协商民主看作实现共同善的更好途径,还是将其视为一种更有效的达成秩序目的的手段,都没有从根本上解决传统的各种民主类型似乎存在天然的排斥性的问题。所以,艾丽斯·杨为自己确立的任务就是解决这个"排斥性"问题。

艾丽斯·杨是这样描述自己的包容性民主的:"我主张,一种关于包容性民主的决策制定与互动的理论,应当关注各种除了论证之外的沟通形式有时候会发挥的重要功能。而且,这种民主模式应当适用于大规模的社会,这就意味着需要对具有包容性的代表制的内涵与意义进行理论化。最后,在我的设想中,民主包容的沟通模式将会对遇到差异时彼此斗争与冲突的不同社会阶层加以理论化,而不是将那些差异搁置一边,以召唤出共同善。"[1] 显然,艾丽斯·杨认为,源于密尔设计的代表制是具有包容性的,而其后的各种修正方案都造成了包容性的流失。

实际上,即使在密尔那里,代表制也已经有了政治领域中的工程技术特征,即便是经历了几个世纪的发展,也大都仅反映在技术上的调整和改进。看到这一点也就明白了,艾丽斯·杨希望做的其实是将代表制加以理论化的工作,而包容性就是她所希望理论化的支点。在她看来,一旦在包容性的支点上对代表制加以理论重塑,就可以把因为逐级代表而忽视了的或者抹杀掉了的差异重新找回来,并被包容到民主过程之中。应当说,艾丽斯·杨的包容性民主所代表的是协商民主一派的主张,依然属于协商民主理论的范畴。在民主理论的演进中,协商民主理论意味着对传统的制度民主的逃离,即将视线投向了行动。就艾丽斯·杨的包容性民主而言,恰恰是在这一点上将民主是行动的

---

[1] [美]艾丽斯·M. 杨:《包容与民主》,彭斌等译,江苏人民出版社2013年版,第21—22页。

内涵充分地阐释了出来。因为，正是由于民主是一个为了决策而行动的过程，才需要用包容代替程序、规则等，尽可能地摆脱所有先在性的因素对行动可能构成的束缚。

如果考虑协商民主理论产生的背景的话，就可以看到，是因为社会开始走向了高度复杂性和高度不确定性的状态，使得传统的制度民主显现出了与现实的脱节，所以才呼唤出了协商民主理论。艾丽斯·杨的包容性民主则可以看作对协商民主理论的进一步完善。尽管民主理论的发展取得了这一重大进步，但能否满足风险社会中的决策需要？以及在更广泛的意义上，民主能否成为社会高度复杂性和高度不确定性条件下的决策机制？则是需要认真思考的问题。

二 民主决策的结构性问题

根据佩特曼的考察："在民主制下，决策过程中的控制和参与是紧密联系在一起的，如果一个人受到决策结果的控制，他就应当参与到直接影响到他的决策中去。"[①] 在风险社会中，显而易见的是，风险与每个人都是相关的，即影响到每个人的生活和生存，这就意味着每个人都应当参与到决策之中去。可是，如何让每个人都参与呢？一是有一个时间容许的问题；二是会遇到设施等条件限制。即便在虚拟空间中展开这种参与活动，也同样会遇到很多条件限制，以至于参与的理想变得很难实现。所以，自从民主进入民族国家的政治实践以来，一直是以代表制的形式出现的。

即便20世纪后期以来积极倡导的参与式民主，也更多地具有仪式的意蕴，甚至远未达到协商民主的愿景。上述关于协商民主对行动的突出强调，也因为无法满足民族国家重大决策而无法付诸实施，一直是以理论的形式出现而未渗入实践之中。因此，在民主决策中，必然

---

① ［美］卡罗尔·佩特曼：《参与和民主理论》，陈尧译，上海人民出版社2006年版，第53页。

会陷入代表与被代表、精英与公众关系的讨论中。就民主作为决策的手段而言，是汇聚认知、淬炼认知和达成共识的过程。显然，协商民主所考虑的不是个人的独立行动，事实上，"民主"一词本身就排除了任何一种形式的独立行动。

传统的民主理论假定参与到民主过程中的每一个人都是自私的，关注自我利益的实现。为了让个人在民主的途径中追求个人利益变得理性，就必须通过规则、法律、程序等对他们的行为进行规范，使每个人在行动的时候都以理性人的形式出现。这就是传统民主过程所呈现出来的基本结构。最为关键的是，在民主的决策程序中，无论是代表还是作为参与者的公民，都有可能拿出谁也无法与之争辩的理由而迫使他人就范。在此过程中，实施道德绑架就是常见的伎俩。我们经常看到，在一些征集签名的活动中，往往用了一些"高尚"的口号，就达到了令公众不得不就范的目的。也许这些"高尚"的口号背后空洞无物，却在征集到了法定人数签名后提交到政策制定部门，迫使立法者就范。正是这类道德绑架的小伎俩，总是能够成功地在合乎民主的逻辑中一步步走下去，并以政策的形式出台和付诸执行。结果，就有可能消耗了那些本来可以用来处理更重要、更迫切的社会问题的资源。

协商民主为了将自己与传统民主理论区别开来，所强调的是集体智慧。也就是说，参与到协商对话中的个人因为拥有了正义观念、道德意识而构成了公共群体。作为公共群体的成员，每个人都将自己的经验、知识等带入协商对话的过程中，从而使公共群体拥有"集体判断的智慧"。对此，艾丽斯·杨是这样描述的，"协商民主的结构与规范为下述集体知识提供了认识上的先决条件，即那种关于哪些提议事实上最有可能促进各种明智的、公正的结果的集体知识。如果讨论体现了所有人的社会经历，并且，每个人都能够自由地言说与批判，那么，各位讨论的参与者将能够形成一种关于他们想要解决的问题的来源的集体性解释，同时，也将获得对于预测想要解决这些问题的可供选择的行动路线的可能结果所必需的社会知识。他们集体评判的智慧因而使他们能够达成某种不仅在规范上大体正确而且在认识上与理论上合理的判断"。[1]

不难想象,进入协商对话过程中的个人在经验、知识、受教育程度、判断能力等诸多方面是不同的。也许因为共有的正义观念、道德意识,决定了他们是政治上平等的,每个人都拥有不受支配的自由。但协商民主依然会遇到这样的问题,经验、知识、受教育程度以及判断能力上的差异,会不会导致一部分人在整个协商对话的过程中处于说服、引导其他人的地位上,而另一些人则处在被说服、被引导的地位上,还有一些人在被说服后而被引导上了去做说服者和引导者的道路上。

如果是这样的话,协商民主理论也就重新遭遇了话语不平等的问题。即便表面上看到的是平等协商对话,但那也只是形式上的表现,在实质上则是不平等的。只要存在着不平等,所作出的决策就有可能只反映了部分人的意志,另一些人的同意也只是说服的结果。虽然每一个人都拥有不受支配的自由,他们对决策的同意、认同也是自由的,但在不受支配的自由背后,显然存在着非常隐蔽却又确定无疑的话语支配。这样一来,协商民主的优势也就仅仅表现在抹平分歧、化解矛盾的功能上,即不像传统民主模式那样在求助于规则、法律和程序等时而让人生成受到限制的感受。

协商民主理论相信,"对于那些相对而言规模较小或者处于弱势地位的社会阶层而言,在下述两种过程中,它们在前者中将会比在后者中拥有更多的机会影响政治结果,即,一种是人们可能会被期待着证明其意见与行动的正当性并且倾听他人的过程,另一种是聚合预先存在的偏好而发生竞争的过程。各种不断增加的关于严肃的和多样的

---

[1] [美] 艾丽斯·M. 杨:《包容与民主》,彭斌等译,江苏人民出版社 2013 年版,第 37 页。

公共辩论的机会既会让有权有势的行动者承担起责任,同时又会与制度或者政策的结果联系起来。在具有结构性的社会与经济不平等的社会中,它们可能成为民主过程用来纠正某些社会不正义的方式。"① 既然存在着结构性的社会与经济不平等,而且所有的非正义都产生于这种结构性的社会与经济不平等之中,或者说,结构性的社会与经济不平等源源不断地生产着各种各样的不正义,那么,仅仅通过协商民主的方式去"纠正某些社会不正义",是不是对民主政治的功能所抱的期望过低了呢?显然如此。

其实,民主过程之中本来就存在着不平等和非正义的问题。我们看到,通过协商民主的方式去进行决策,只要是以一个围绕着某个决策事项而形成的系统,就会于其中客观地存在着中心—边缘结构。不仅传统民主模式中的代表与被代表之间形成了中心—边缘结构,而且协商民主也会因为知识、话语、经验以及人的聪慧程度等差异而形成中心—边缘结构。这是民主过程不可避免的,也是工业社会的基本社会结构在民主决策过程中的反映。虽然所有的民主理论家都主张民主政治应当是去中心化的,协商民主理论也更加强调民主政治中的去中心化、分散化、地方化,但是,即使消除了制度化的中心—边缘结构,也无法避免因具体的单一性事项而形成的中心—边缘结构,并通过人们之间的不平等表现出来。

就民主政治演进所呈现的足迹看,虽然因为具体性的问题呈现加速增长的态势,致使普适性的民主政治呈现出了空洞化的趋势,而且,以普遍主义形式出现的民主政治会更多地具有仪式化的功能,但协商民主理论所表现出来的积极性则在于它走在了否定普遍主义的道路上。这无疑是一个代表了民主政治发展趋势的新进展。就协商民主关注具体决策过程中的协商对话而言,是合乎民主政治的演进方向的。尽管

---

① [美]艾丽斯·M.杨:《包容与民主》,彭斌等译,江苏人民出版社2013年版,第43—44页。

如此，协商民主理论依然面对着人在决策过程中的不平等问题。可以认为，艾丽斯·杨正是在承认民主过程中存在着不平等问题的前提下引入了"包容"的概念，并提出了"包容性民主"的构想，以求通过包容去化解民主过程中的不平等。

艾丽斯·杨对民主的包容性问题作了这样的阐释："民主必然需要政治平等，也就是说，政治体的所有成员都应当被平等地包容到决策制定的过程中，并且拥有平等的机会影响决策制定的结果。因为那些提出建议的人必须倾听具有不同立场的其他人的观点——他们也对其他人负有责任，所以，包容使他们更有可能将其立场从最初的利己主义观点转化为更加客观的诉诸正义的方式。"① 在艾丽斯·杨看来，包容本来就应当是民主的基本特征，"各种民主规范都将包容看做一种关于各种结果的政治正当性标准"。② 虽然民主有了包容性也无法达到人人满意的决策结果，即不可能使每一种利益诉求都得到照顾，但这种包容性却可以使民主决策获得正当性。

根据艾丽斯·杨的看法，"如果某项决策是通过一种具有包容性的公共讨论过程实现的，那么，即使政治行动者不赞成结果，他们也必须承认它是具有正当性的。所以，那种关于包容的规范也就成为批评那些有名无实的民主过程与决策的正当性的有效方式"。③ 我们需要指出，论证包容之于民主政治的重要意义是没有问题的，但是，如果把包容说成是民主本身就有的特征，则属于对近代以来民主理论及其实践的一种新解读，尽管这种解读的根据是非常不稳固的。就民主理论的发展看，如果说在19世纪以及20世纪前期都出现过一大批致力于消除结构性的社会与经济不平等的仁人志士，那么到了20世纪后

---

① ［美］艾丽斯·M. 杨：《包容与民主》，彭斌等译，江苏人民出版社2013年版，第64页。
② ［美］艾丽斯·M. 杨：《包容与民主》，彭斌等译，江苏人民出版社2013年版，第64页。
③ ［美］艾丽斯·M. 杨：《包容与民主》，彭斌等译，江苏人民出版社2013年版，第64页。

期，人们已经失去了消除不正义产生之根源的热情，而是默认了结构性的社会与经济不平等这种事实，仅仅是在这种不平等的前提下去寻求补救措施。从罗尔斯的"最少受惠者的最大利益"到协商民主的公共辩论的平等权利，都属于这一类无奈选择。

这也说明，民主政治已经失去了近代早期的那种野心勃勃和雄心壮志的豪情，不断地收缩自己的防线，退缩到了在微观的、具体的事项上去为某些正义的实现做些小打小闹的工作。事实上，民主理论家们更多地陷入了对民主自为形态的思考，而不是对民主的功能给予更多的期许。比如，艾丽斯·杨所表达的就是这样一种认识，"在现存的民主政体中，人们更有可能就那些包容性的民主的规范达成协议，而不是就各种社会与经济安排是否公正的问题取得一致意见"。[1] 那是因为，一方面，结构性的社会与经济不平等似乎是不可改变的；另一方面，并不是所有人都会认为结构性的社会与经济不平等是不公正的，许多人会把那种不平等作为自然而然的事而加以接受。所以，协商民主只要求通过协商对话去尽可能地防止有权有势的人滥用权力、独断专行和独自作出决策。

根据协商民主理论的自我评估，决策过程中的协商对话能够使政策更具包容性，"各种对于排斥或者边缘化的谴责通常会使政治领导人与政治运动竞相日趋具有包容性，或者至少是看起来更加具有包容性"。[2] 其实，这仅仅是一种静坐书斋中的想象。在社会结构不发生改变的情况下，如果为了某项具体决策而开展的协商对话过程能够达到理想的平等状态的话，就必须是完全封闭的，甚至需要把所有参与到协商对话过程中的人都封闭在一个具体的场所，使他们与社会完全隔离。如果这样做的话，就必须借助于某种反民主的力量。

---

[1] [美]艾丽斯·M. 杨：《包容与民主》，彭斌等译，江苏人民出版社2013年版，第44页。

[2] [美]艾丽斯·M. 杨：《包容与民主》，彭斌等译，江苏人民出版社2013年版，第44页。

也许我们可以设想参与协商对话的人们是自愿被隔离起来的，但是，即便所有参与协商对话的人都同意或愿意接受这种隔离，那么在协商对话过程中，这个被隔离的群体中会不会产生破坏平等的因素？比如，在拆除了一切可能会被用来破坏平等的设置后，这个封闭的群体不再接受所有社会规范了，那么人的体力是否会在辩论过程中的某个节点上突然爆发出来，开始用拳头说话了。因为所有的社会规范不再被遵守的时候，人们就只剩下最为原始的身体因素了。那样的话，决策的正当性程度又有多大。当然，协商民主理论并未去考虑这种与世隔绝的群体进行协商对话的情形，而是自然而然的把协商对话的过程看作开放的。

的确，参与协商对话的人也是与社会联系在一起的，或者说，必然与社会保持着密切联系。这样一来，结构化的社会与经济不平等就必然会被带入协商对话的过程中，从而影响决策。一旦看到了协商对话过程中的人是与社会联系在一起的，协商民主理论也就在逻辑上遭遇了无法解决的问题。因为，在默认结构性社会与经济不平等的前提下，出于纠正的要求而通过协商进行决策的整个过程肯定都会受到不平等的困扰，所形成的决策也就不可能在纠正正义方面发挥所期望的效果。

对民主的理想状态的追求，是必须建立在对工业社会的现实所作出的这样一种思考中的，那就是，"在存在着各种特权与不利地位所带来的结构性差异的情况下，并且在这些结构性差异已经成为那些关于被普遍接受的知识的对话的条件的情况下，那些来自多种立场的明确意见以及它们彼此之间的批评与肯定对于客观性而言是必不可少的"。[1] 也许正是这样一种思索，使理论家们构想出了协商民主模式，要求把真理、公平、正义等都寄托于协商对话。但是，即使每一次协

---

[1] [美]艾丽斯·M. 杨：《包容与民主》，彭斌等译，江苏人民出版社2013年版，第144页。

商对话都取得了预期成果,每一个协商对话过程都达致某种包含了客观性的决策,也只是在微观的、具体的事项上取得了成功,仅仅是实现了对民主政治体制的某种补救。

其实,在协商民主理论兴起的时候,人类社会的全球化、后工业化迹象已经显露了出来,社会的开放性和流动性都处在迅速增长的过程中。更为重要的是,在全球化、后工业化进程中,社会呈现出了高度复杂性和高度不确定性的特征,并宣告人类进入了风险社会。在风险社会中,也许政治生活、经济生活等领域中的特权结构和人际不平等仍然是不可否认的事实,但风险却是平等地作用于人的。可以说,风险社会使人平等了,但这是一种"消极平等"。这种消极平等无疑是社会结构上的新变动。可是,工业社会中的所有民主决策的理论都没有对这种情况作过思考,更不用说将理论建立在这一前提下了。

另外,我们还需要指出,协商民主依然是在默认了民族国家的条件下提出了民主理论构想。虽然它更多关注的是微观层面的决策问题,但也有许多协商民主理论家试图将这一理论推展到国家层面的决策上来。比如,在艾丽斯·杨对代表制问题的讨论中,就对协商民主在国家决策上的适应性问题作了许多阐述。我们知道,霍耐特在概述哈贝马斯交往行动理论时是这样描述其思想的:"由于导控媒介的制度化,有两个行动领域从交往的生活世界中摆脱出来。它们是经济生产和行政管理的领域。从此,经济系统和国家行动领域不再依赖于交往地理解的过程而整合起来。在现代社会,它作为非规范地调节的系统而与仍然交往地组织的行动领域相对立。"[1]

当协商民主理论把哈贝马斯的交往行动理论作为其哲学基础的时候,也许忽视了交往行动理论对自身适用领域的这种限制。显然,协商民主理论关注的是政策发生中的政治过程,而政策无非是国家行动

---

[1] [德]阿克塞尔·霍耐特:《分裂的社会世界》,王晓升译,社会科学文献出版社 2011 年版,第 51 页。

的产物，也是国家行动的依据。在哈贝马斯那里，政治决策是被作为从交往的生活世界中脱离出来的领域看待的，即不适宜于用交往行动理论来作出理解。然而，协商民主理论恰恰强行地运用交往行动理论来解决决策过程问题，并要求根据交往行动理论来规划协商对话的过程。对此，我们不认为是协商民主理论对交往行动理论的一种发展，也不是交往行动理论适用面的拓展，而是一种不对症的药方。也正是这个原因，注定了协商民主理论不可能转化为一种成功的民主实践模式。

现在，我们已经置身于风险社会，这是一个基本的社会环境。也就是说，工业社会低度复杂性和低度不确定性的社会环境已经离我们而去。在此条件下进行决策，肯定在任何一个方面都不同于工业社会中的决策，更不用说在工业社会中本就存在有着各种各样问题的民主决策了。所以，我们认为，协商民主并不适用于风险社会中的决策，更不用说传统民主政治模式了。

三 民主决策的时间容许问题

在按照协商民主理论的要求而展开的协商对话中，"人们往往会听到各种试图在政治讨论中提出主张与论证的群体或个人的抱怨——他们被忽视了，或者，更为糟糕的是，他们在被他人讨论的时候仿佛就像他们在那里不存在一样，他们被蔑视，被模式化，不然就是被侮辱"。① 对于这种内部排斥的问题，艾丽斯·杨希望通过增强协商民主的包容性去加以解决。在艾丽斯·杨看来，协商民主中的包容首先表现为承认，只要"当他认识他人的时候，他就会对他人做出回应，同时也会承认他对于他人具有一种伦理上的责任关系"。②

---

① ［美］艾丽斯·M. 杨：《包容与民主》，彭斌等译，江苏人民出版社 2013 年版，第 70 页。
② ［美］艾丽斯·M. 杨：《包容与民主》，彭斌等译，江苏人民出版社 2013 年版，第 72 页。

应当说，在协商对话的过程中，对他人的承认是包容的前提。甚至可以认为，承认已经属于包容的范畴了。艾丽斯·杨引述列维纳斯的观点说："承认另一个人，就是发现自我已经依据他人潜在的需要来提出主张。那种与他或她的身体需要在感官与肉体上的亲近感以及遭受痛苦的可能性对我提出了无法回避的主张，也就是，我成为了他人的人质。"[1] 因为对他人的承认感同身受，也就会有我们常说的换位思考。一旦我们能够做到换位思考，也就会重新对自我的意见和主张进行审查，去考虑是否坚持提出自己的意见、主张以及采用什么样的表达方式。即便认为自己的意见和主张对于决策至关重要，也会在提出之前先进行更多的倾听，并同时根据收获而对自己准备提出的意见和主张进行反复修正和不断调整。这个时候，准备提出自己的意见和主张的人就会在对他人的承认中增强自己的责任感，就会把他人的意见和主张也包容到自己的意见和主张之中。但是，这将是一个漫长的过程，需要得到时间的支持。

就民主决策而言，必然会在风险社会中遇到时间容许的问题，而且，这个时间容许的问题可能会冲淡民主原本就存在着的某种悖论，也可能使那种悖论更加凸显出来。我们看到，出于一种良好的愿望，艾丽斯·杨要求"包容性的民主沟通应当警惕下述可能性，即某种看起来具有各种共同见解的公共群体可能会排斥在那些共同见解中没有得到表达的某些需要。但是，在对某种需要或不正义作出论证时缺乏共同的前提或论证框架，并不意味着不存在任何与其他人交流和沟通那种需要或者不正义的方式"。[2] 也就是说，合乎逻辑的论证不能代替沟通，更不能成为消除协商对话的理由。不仅是因为在决策过程中存在着对某些问题或者经历保持沉默的危险，而且论证本身就有可能在

---

[1] [美] 艾丽斯·M. 杨：《包容与民主》，彭斌等译，江苏人民出版社2013年版，第72页。

[2] [美] 艾丽斯·M. 杨：《包容与民主》，彭斌等译，江苏人民出版社2013年版，第46页。

某些彼此接受的前提和框架下排除某些需要、利益和由不公正带来的痛苦与损害。

论证可以予议题及其展开以合理性，却不能保证决策具有正当性。所以，通过协商对话进行的沟通是必不可少的。然而，在沟通中会遭遇远比"依据各种可能存在的共同前提进行论证具有更多的特殊性"。[1] 所有的论证都可以使围绕议题展开的观点显得理性，但在危机事件面前，如果沉湎于论证会有什么样的结果呢？显而易见，无论采用什么样的方式进行论证，都需要花费时间，而突发性的危机事件可能并不愿意等待你拿出一个论证结果。

我们已经指出，协商民主要求否定普遍主义的民主理论，并提出关注特殊性。这是因为，当特殊性被揭示出来并在协商对话中得到考虑时，就能够保证决策不是建立在论证所揭示的普遍性的基础上的。在协商民主理论看来，这样做也就不会使任何一项特殊的利益、需要等被遗漏在决策之外。做到了这一点，民主政治也就具有了充分的包容性。这可以说是协商民主所追求的理想状态。不过，需要追问的是，如果整个社会都陷入了对这种状态的追求中，即便我们不去考虑能否取得结果，那么我们是否还应分出一些精力或时间去从事生产、商业活动等其他事情呢？

我们知道，对于人的生活目的的实现而言，民主永远都是一种政治手段。虽然有些人或有的时候也会把民主理解为人的政治生活形态，即便如此，也只能说民主构成了人的生活的一部分，不可能代替人的全部生活。我们不可能把全部精力和时间都投注民主的过程中去，更不可能让我们全体社会成员都为了协商民主的执念而全部献身于协商对话。因此，关注特殊性是非常重要的，特别是在高度复杂性和高度不确定性条件下，几乎没有什么普遍性的东西值得我们去关注。在风

---

[1] ［美］艾丽斯·M. 杨：《包容与民主》，彭斌等译，江苏人民出版社 2013 年版，第 46 页。

险社会中,每一个有可能演化为危机事件的因素都是特殊的。但是,对这些特殊性的因素的认识是否采用民主的方式,而且,能否通过协商的方式形成特殊性因素的共识,则是值得怀疑的。因为,即便从表达的角度看,对特殊性的因素达成共识这样一种想法或说法也是不合形式逻辑的,更不用说去考虑时间容许的问题了。

就现实来看,社会运行和社会变化的加速化,造成了时间的紧张,对人的心灵构成了冲击。萨弗兰斯基借用了齐美尔的一个观点来说明社会加速化在人的时间意识上造成的冲击,"加速的结果是,我们没有足够的实践去习惯加速的转变,灵魂无法跟上,因为它跟随一种缓慢的时间节奏"。① 然而,社会加速化是具有趋势性的客观事实,无论人们在心理上如何不适应,也不得不置身其中。

由此看来,协商民主理论所存在的问题是,没有看到社会的复杂性和不确定性处在迅速增长的进程中,没有看到社会运行速度的迅速加快,而是假设了需要决策的事项静止地悬置在人们面前,等待着人们慢条斯理的为了那个事项进行协商对话,直至最终作出决策。所以,在协商民主的适应性问题上,我们产生疑虑的主要是一个时间问题。也就是说,在社会高度复杂性和高度不确定条件下,在危机事件频发的风险社会中,能否根据协商民主的做法去处理问题,显然是一个令人生疑的问题。即使有这类问题,人们是否有时间去协商如何处理这些问题,也同样是一个令人生疑的问题。

一些日常经验可以证明,社会运行和社会变化的加速化必然在人的心理方面有所反映。而且,这种心理上所发生的变异也会带来一定的社会风险。比如,"路怒症"就是一个很有趣的现象,它明确地告诉我们速度会对人的心理造成影响。同样,在社会运行和社会变化加速化的过程中,抑郁症患者的数量也迅速攀升。这说明,速度可能与

---

① [德]吕迪格尔·萨弗兰斯基:《时间——它对我们做什么和我们用它做什么》,卫茂平译,社会科学文献出版社2018年版,第122页。

人的心理之间具有某种相关性。不过，就社会运行和社会变化的加速化在人这里的反映看，引发抑郁症并不是主要的后果，而是使人普遍地变得浅薄。因为，在任何一个时代，具有思想潜质的人都是少数，而在我们这个社会运行和社会变化加速化的时代，具有思想潜质的人极易患上抑郁症。既然这类人是社会中的少数，也就是说，按人口比例看，我们这个时代具有思想潜质的人不会多于以往的时代。所以，即便这类人无一遗漏地患上了抑郁症，也是社会的少数。一旦达到了所有有思想的人都患上了抑郁症的限度，也就意味着发病率不再会因为社会运行和社会变化速率的提升而增长。但是，社会的庸俗化和人的浅薄化却是无止境的，会一直进行下去。即便是堕落到了动物的水平（考虑到动物也有高等和低等之分），人的堕落也还会行进。

在这个问题上，是有着认识上的原因的。比如，当你静观某物时，你会要求透过表象而认识其内部、深层甚至实质；如果你驾车疾行时，车窗外部的所有疾行后退的事物映现给你的都是表象，甚至是模糊的表象。当这种认识形成了思维定式后，也就完成了认识重心的转移，开始变得对色彩较为敏感，至于色彩背后的因素，则不去追究了。这种认识上的特征投射在社会上，就会让社会弥漫着日益增强的和变得浓厚的庸俗气息，让除了那些已经患上和有可能患上抑郁症的人之外的所有人都走在浅薄化的路上。往往表现出对高分贝音乐和色彩对比强烈绘画的痴迷，会在饮食上表现出"重口味"。若干年后，如果在代际变换时偶尔出现了"返祖"现象，即某个会思考的人偶然出生了，那么他因为有着思考的冲动而研究了历史，想必会发现，在我们这个时代曾经存在过少量的真正的人，他会把这种人称作人的典范，是最为理想的和完美的人，可惜的是，在他那个时代已经消失了。这种人就是在我们这个时代患上了抑郁症的人。

也许读书是千古难事，所以古人才会倡导"坐冷板凳"。不过，我们可以相信，最难的事还是让我们现今大学里攻读学位的人读书。不用说让他们去读理论书籍，即使让他们去读古典时代的文学作品，也是不可能的。因为他们要在网络冲浪中、在田野中去写他们的学位论文，为了逃避读书而声称做实证研究。的确，由于社会运行和社会变化的加速化，把人们置于紧张的生活节奏中，而"紧张的生活节奏与过度劳累会大大缩短人们的注意力集中时间，这可能导致人们无法投入认真讨论，即'智能'概念变得越来越肤浅，即人类认知变成低微生物般的有限认知"。[1] 这个时候，人们在遇到一切问题时总是急于寻找答案，通过移动设备和搜索引擎获得一个令自己满意的解释，而自己却不愿意再做细致的观察，不再去思考。久而久之，人变得不再能够思考了。让不再能够思考的人参与民主过程中来作决策，是否对民主构成极大的讽刺？

民主决策是建立在利益追求和利益主张的差异性的基础上的，每个人都为了自我的利益而开展活动，因为自我的利益而参与到民主决策的过程中来。基于利益的考量而开展行动，势必表现出反复权衡并加以精确计算的状况。这在任何一种形式的危机关头，都会表现出优柔寡断、犹疑不决。事实上，在高度复杂性和高度不确定性条件下开展行动，需要的是大量的随机性决策，需要在任务出现时当机立断。如果先进行利益权衡然后再开展行动的话，那些急迫的任务就有可能转化为危机事件，而且随着事态的急剧扩大，会造成失控的局面。我们认为，在高度复杂性和高度不确定性的条件下，利益考量并不是行动的首要原则，而是需要追求对包括协商民主在内的一切民主决策机制的超越，需要准备在任何情况下都立即行动，而且这种行动无论在形式上还是性质上，都是合作行动。

当我们认为合作行动中也存在着制度时，必须改变我们头脑中原本所拥有的关于制度的映像。也就是说，不应把合作行动中的制度理解成规则及其结构的集合形态，而是应当理解成各种关系的互动和联

---

[1] [美]皮埃罗·斯加鲁菲：《智能的本质：人工智能与机器人领域的64个大问题》，任莉等译，人民邮电出版社2017年版，第104页。

动模式。对于合作行动而言，规则会成为这种制度中的一种构成要素。但是，此时的规则不是独立的和可以被当作独立的要素，而是在互动和联动关系中不断重塑的。或者说，规则既不是某种静态的文本，也不可以作出固定的释义。合作行动中的规则是行动者互动、联动关系中的合作要素，也是在合作行动的具体情境中的合作方法和路径。也就是说，规则不再指向制度，不再具有制度规范的功能，而是从属于和服务于合作行动的社会资源。

鉴于"民主"一词的神圣性，而且资产阶级学者已经通过塑造一个古希腊的民主模式而证明了民主的普遍适应性。这就意味着我们在未来，即在全球化、后工业化运动造就的后工业社会中——这个社会已经显现为风险社会——也必须坚守民主。但是，可以认为，虽然我们仍然使用民主这个概念，但民主的内容和形式都将不同。无论我们在风险社会中拥有什么样的民主，但在决策过程中，我们不认为会援用民主决策的形式。事实上，资产阶级民主在工业社会的各个阶段中的各种表现形式都不可能原封不动地被移植到风险社会中来。

第三节 能否实现科学决策

民主决策与科学决策是两大基本的决策模式。如果说民主决策是与整个工业社会的历史相伴的，那么科学决策的问题则是在管理自觉的过程中出现的。在20世纪，可能是因为管理学的兴起而开始让人们关注行动的各环节，使近代以来的理性追求落实到行动上来。把握人们所面临的问题、对人的行为进行分析、为了行动而进行规划等，都被纳入了自觉掌控之中，成了人的追求。科学决策就是在此过程中逐渐地得到认识和实践的。大致是在"二战"前后，决策的问题已经引起了人们的广泛关注，在学术界展开了持续的讨论，科学决策也得益于这种讨论而走上了理论化建构的进程，并且取得了极大的成功，甚至出现了专门探讨科学决策问题的所谓"决策科学"。

可以认为，科学决策是近代以来社会理性化的一项成果。正如吉登斯所说："我们时代的发展起源于 17 和 18 世纪的欧洲科学、技术和理性思维。通过那些反对宗教及其教义的影响并希望用更理性的方法对待现实生活来取代他们的思想家的著作，启蒙运动对西方工业文化产生了决定性影响。"① 但是，吉登斯所说的作为"我们时代"的这个现实却呈现出了二重性，一方面，它是来源于启蒙的方案，持续地按照这个方案进行建构；另一方面，它又是如此远地脱离开了正典，正走在对现代性的否定和扬弃过程中。正是后一个方面，表明它是吉登斯所说的"失控的世界"。

贝克认为，"科学的理性与非理性绝不仅仅是有关过去和现在的问题，同样也是可能的未来的问题"。② 回望工业社会走过的历程，正是走在理性化的道路上的，理性的行动为我们带来了发展和繁荣以及生活的富足。其实，无论是理性还是非理性的问题，都更多地关涉到未来，即便对过去与现在行为的审视，也是指向未来的，至少潜含着对发生在未来的某种后果的关心。不管是在社会整体的意义上，还是在每一个微观的具体事项上，都有着未来的问题，都是在时间轴线上展开的。可是，未来越来越显现出了不确定性，历史每一步的前进都意味着未来的不确定性的增长。

理性主义者把不确定性归于认知的原因，认为是人们对于不熟悉的事项、领域等生成了不确定性，即因为人的认知上的原因而引发了不确定性，从而否认不确定性的客观性。我们承认，不熟悉会带来相对于人的不确定性，但那其实并不是真实的不确定性，而是人的认知方面的不足所致。科学所要研究和探讨的不确定性是指客观的不确定性，是需要人去认识并加以征服的。然而，在不确定性达到了非常高的水平时，人们不再具有征服它的能力。这个时候，同样需要通过认

---

① [英] 安东尼·吉登斯：《失控的世界——全球化如何重塑我们的生活》，周红云译，江西人民出版社 2001 年版，引言，第 2 页。
② [德] 乌尔里希·贝克：《风险社会》，何博闻译，译林出版社 2004 年版，第 222 页。

识去适应它,并积极地采取回应性的行动。

从不确定性的角度去看决策,就会看到,在 20 世纪成长起来的科学决策模式受到了不确定性的挑战,科学决策的结构、过程和方法都不再能够实现对不确定性的认识和控制,反而在几乎所有控制不确定性的努力中都会制造出风险。高度复杂性和高度不确定性就是风险社会的特征,我们今天正处在风险社会中,当我们坚持带着科学的态度在风险社会中开展行动时,首先要做的工作就是对既成的科学决策的套路进行再审视,即用科学的态度去反思、扬弃和超越它。

一 科学决策与行动的理性化

西蒙认为,对于决策而言,"知识就是发现某行为的哪种结果确实会发生的手段。知识只要属于抉择过程的一部分,其最终宗旨就是发现每种行为备选方案的唯一可能结果,当然,实际上人们都只能部分地实现这种宗旨"。[①] 知识从属于价值也从属于理性,知识作为手段能够发挥什么样的作用,受到价值和理性的限定。反过来说也是成立的,那就是,知识能够对理性形成支持,有助于价值的实现。这就是西蒙所说的,"关于行为结果的知识是抉择的第一大影响因素。其第二大影响因素就在于行为个体对结果的偏好。所以抉择的问题就是对结果进行描述、评价,并将结果与行为备选方案联系起来的过程"。[②]

在这个过程中,描述与评价等都要求助于知识,事实上,知识构成了针对多个备选方案而作出抉择的路径。实际上西蒙在此绘出了低度复杂性和低度不确定性条件下的决策图谱,在知识、理性、事实、价值之间勾画出了交错互嵌的线索,然后将它们整合到手段—目的链上。显然,对于人们在低度复杂性和低度不确定性条件下的决策而言,

---

① [美] 赫伯特·A. 西蒙:《管理行为》,詹正茂译,机械工业出版社 2004 年版,第 76 页。
② [美] 赫伯特·A. 西蒙:《管理行为》,詹正茂译,机械工业出版社 2004 年版,第 76 页。

根据这幅图,就能找到正确的决策路径。但是,在高度复杂性和高度不确定性条件下,随着这幅图上标注的所有要素都流动起来,在人们需要更多地依赖于经验理性去开展行动时,也就无法再在西蒙提供的这幅决策图谱上进行决策。所以,如果说西蒙所提供的是一幅理性决策图谱的话,那么在高度复杂性和高度不确定性条件下,更多的决策应当归入经验决策的范畴。

社会的高度复杂性和高度不确定性本身就意味着决策活动必须在信息不充分的条件下进行。在风险社会中,各种各样的社会风险都是隐蔽的,在何时何地以危机事件的形式出现是不可预知的。因而,一旦面对风险,遭遇危机事件,就必须立即开展行动,任何拖延都会造成无法估量的损失。在表现上,我们将看到的是,绝大多数决策都必然是在行动过程中做出的。从现实来看,信息技术的发展使决策所需信息的获取更加便捷,在有了大数据处理技术的情况下,人们可以更准确地让决策锁定靶向。

在社会的高度复杂性和高度不确定性面前,我们不敢断定信息技术等能够对决策提供充分的支持,即提供充分完全的信息。假如提供了充分完全的信息,并且也借助于大数据方面的技术对信息作出准确分类,那么决策同样会遇到面对着海量信息去作出决断和选择的困难。那些通过大数据技术而被认定为不甚重要的信息,也许正是至关重要的信息。因为,数据处理技术只能帮助我们解决量的方面的问题,至于质的方面的问题是无从着手的,所以会受到有意识的忽视。受到忽视的也许正是有可能引起量的方面爆炸性巨变的因素。对这种因素的把握,也许人们基于经验理性的判断会显现出更大的优势。

在谈论社会的高度复杂性和高度不确定性时,在已经置身于风险社会时,我们不应视任何一项引起行动的事项为可以加以静态把握的事项。即使把信息技术、大数据等看作能够对我们的决策提供支持的因素,也仍然需要看到它们恰恰是社会高度复杂性和高度不确定性的推动因素之一,它也同样在源源不断地生产社会风险。甚至可以认为,信息技术、大数据等在一定程度上把我们的社会推上了高度复杂性和高度不确定性的状态。在我们的决策活动中，一方面，信息技术、大数据可以为我们提供信息方面的支持，为我们在风险社会中的行动提供助力；另一方面，由于信息技术、大数据等也是社会高度复杂性和高度不确定性的助推因素，在得到应用的过程中制造了我们无法预知的社会风险，从而强化了风险社会。

信息技术、大数据等甚至会对我们获取决策必需的准确和正确信息造成干扰。就此而言，信息技术、大数据等对于我们的决策活动也会产生正负两个方面的影响，以至于任何对技术的依赖都会犯错误。我们认为，人的行动是不可替代的，那些认为技术可以替代人的行动的人也许只适合去写科幻小说，如果去谈论科学技术的话，则是不合格、不胜任的。在风险社会中，亦如以往，不可能存在着脱离开行动的科学技术。如果把决策看作行动之外的独立的过程，认为科学技术能够满足科学决策的要求，那么所作出的决策即使具有理性的特征也是不适宜于付诸行动的，因为它有可能对行动形成误导。

在科学决策问题的研究和讨论中，存在着理性主义与经验主义两种主张。我们看到，虽然科学决策的问题在20世纪才出现于文献中，但就思想根源来看，显然深受启蒙时期的思想影响。当然，在科学发展的意义上，也一直存在着某些试图对启蒙时期的抽象建构和"理想国"图式加以批判的冲动，越是到了晚近时期，学者或思想家们就越是要求把现实中更多的维度引入理论思考中来，反对来自启蒙时期的单一维度的思考，不同意抽象地表述现实。"库恩和拉图尔等也建构了类似的质疑，挑战启蒙运动中建立的、作为科学典范的主导知识学科。特别是他们辩论了科学本身如何作为一个社会建构，由传统、共识和偏见决定其存在。"[1]

---

[1] ［美］劳尔·雷加诺：《政策分析框架——融合文本与语境》，周靖婕等译，清华大学出版社2017年版，第57页。

其实，在 20 世纪稍早的时期，"以维特根斯坦的论述为主的反对思潮体系，便质疑了'逻辑'这一概念，事实上是对最基本的'字面意义'概念本身的质疑。通过任何知识都是一个语言游戏的论述，他与同流派的哲学家们开启了一扇大门，得以通向实证主义者——理性主义者典范外的新建构。毕竟，若所有事物都是一个语言游戏，那所有不同的建构都将同等有效。这一思潮矛头直指启蒙运动的核心概念——理性（认知主体）和知觉（经验主义者的求知途径）的首因性"。[①] 我们将此现象理解成"非正典化"。

在维特根斯坦的旗帜下，形成了一波用经验主义去反对理性主义的思潮，他们所做的是要对笛卡尔以来的理性主义传统作出否定，在科学的名义下把英国的经验主义传统改写成一套认识以及社会科学研究的方法。应当说，在长达数百年的经验主义与理性主义之争中，维特根斯坦成功地使经验主义一度占了上风。但是，我们也认为，维特根斯坦让他的天才服务于狭隘的心胸了，他从未想过包容性的问题，没有准备去将理性主义与经验主义统合到实证研究之中。在科学发展史上，如果说早期的社会科学家曾经拥有的理论抱负到了 20 世纪后期都沦丧了，那么"二战"后的社会科学家们在貌似科学的活动中就更加不再有对知识生产的追求了。对此，维特根斯坦是应当负有主要责任的。其实，这并不难理解，实证研究的出现，让整个实证主义思潮都暴露出了心胸狭隘的特点。实证研究不仅不事知识生产，而且在征服了学术界的时候，会让整个民族放弃阅读图书，变得"低智纪"。

在社会低度复杂性和低度不确定性条件下，也就是说，在社会处于常态运行的状况时，尽管经验主义的做法有着"唯科学主义"的狭隘性，却也能在决策科学中使决策显得非常科学，具有了科学决策的品质。但是，在社会的高度复杂性和高度不确定性条件下，在风险社

[①] ［美］劳尔·雷加诺：《政策分析框架——融合文本与语境》，周靖婕等译，清华大学出版社 2017 年版，第 57 页。

会中，经验主义的这种缺乏宽容的品性就作为科学决策的缺陷暴露了出来，使科学决策无法满足风险社会中的行动要求。

鉴于此，我们在科学决策改进的思路中所获得的是一种能够包容理性主义与经验主义的设想。对经验主义和理性主义的包容也就是对它们的否定，既扬弃没有经验理性内涵的经验主义，也抛弃缺乏价值理性性质的理性主义。而且重要的是提出了"经验理性"的概念。当然，并不是因为提出了一个把"经验"与"理性"结合到一起的概念，就能够终结科学决策中的理性主义与经验主义的争执，而是当这个概念代表了一种新的决策思路和决策属性的时候，就会有益于我们去破解风险社会中的决策问题。

在20世纪，出于科学决策的追求，也生成了一门被称作"决策科学"的学问。根据雷加诺的看法，"我们必须谨记决策科学只是围绕着源自启蒙运动思潮的理性主义传统而产生的理论分支"。[1] 其实，这并不是雷加诺的发现，整个现代性的各种理论和各门学科都无非是启蒙的分支，都是源于启蒙的，因而决策科学源于18世纪的启蒙也是自然而然的事了。这也说明，这门科学因为启蒙赋予它的基因而决定了它仅仅适用于这场启蒙所开辟的这个时代、这个社会。当启蒙开拓的这个时代逝去时，这门科学要么随之消失，要么在思维方式等最根本之处实现彻底的转变。现实情况是，当我们被抛进了风险社会的时候，18世纪启蒙所开启的时代也就走向了终结。一个新的时代开始了，我们面对的是社会的高度复杂性和高度不确定性，风险社会随时随地都可能用危机事件袭扰我们。

从历史进步的轨迹看，人的创造力处在不断变强的状态中，人的创造力正是由社会当下的复杂性和未来的不确定性激发出来的。任何一种为人们所意识到的复杂性和不确定性都会激发出人的创造冲动，

---

[1] ［美］劳尔·雷加诺：《政策分析框架——融合文本与语境》，周靖婕等译，清华大学出版社2017年版，第9页。

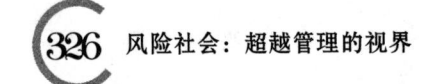

人类的历史正是在复杂性和不确定性中获得人的创造力量的。在今天，我们的社会呈现出来的是高度复杂性和高度不确定性，并以风险社会的形式加予我们。在这一条件下，人的创造力也会被极大地激发出来。正是基于这一点，我们认为人类社会将进入一个创新的时代，在人的一切活动中，都会反映出创新的热情。

正如波拉克所说："许多科学的成功正是由于科学家在追求知识的过程中学会了利用不确定性。不确定性非但不是阻碍科学前行的障碍，而且是推动科学进步的动力。科学是靠不确定性而繁荣的。"[1] 在风险社会中，我们每一次遭遇的危机事件都是不同的，需要我们在每一次应对危机事件的时候都展现出创造力。可以肯定地说，这种创造力并不是在理性追求中获得的，而是更多地得益于行动的经验。如果说科学决策给予行动的是一种模式化的框架，那么，当我们将视线转向人的创造力的时候，其实所表达的就是对注重理性的科学决策的怀疑甚至否定。我们认为，人的创造力是来源于经验理性的。

我们并不一概地否定理性，但我们是在对理性概念加以扩展的意义上主张理性的，只是要求对传统上的那种狭隘意义上的理性加以否定。我们主张的理性是经验理性，把经验理性看作内涵最为丰富的综合了其他所有形式的理性之核心内容的理性。我们将经验理性归入实践理性的范畴，认为经验理性在远比康德的"实践"内涵更为宽广的意义上代表了实践理性。因而，也实现了对康德"实践理性"概念的超越。这样一来，经验理性所提供的就不仅是理解现实的伦理视角，更是提供了一种得到了价值统摄的科学视角。

如果我们意识到了"现实决策者并不简单，比理论所要求的更复杂"，[2] 那么，即使从完全理性退缩到了"有限理性"也远远不能满足

---

[1] [美]亨利·N. 波拉克：《不确定的科学与不确定的世界》，李萍萍译，上海科技教育出版社2005年版，第6页。

[2] [美]劳尔·雷加诺：《政策分析框架——融合文本与语境》，周靖婕等译，清华大学出版社2017年版，第53页。

决策实践的要求。所以,我们需要在对理性的探寻中形成经验理性的概念,并努力去把握、获得和拥有这种经验理性,进而基于经验理性去开展包括决策活动在内的各种行动。如果说科学决策意味着理性决策,反映了理性并让行动具有理性的属性,那么在风险社会中,科学决策就只能在对经验理性的应用中去维持自身的科学性。

奈特通过对企业家决策行为的研究得出的是这样一个结论:"人们借助经验,根据他们自己做出正确判断的能力,甚至针对别人此方面的能力,确实能够做出大致合理的判断。"[①] 应当承认,在工业社会低度复杂性和低度不确定性条件下,企业家所面对的市场是整个社会中风险和不确定性相对较高的一方土地。奈特在上述考察企业家决策行为时形成的看法,对我们思考社会高度复杂性和高度不确定性条件下的决策问题,是有着启发和借鉴意义的。

可以认为,奈特正确地指出了经验在决策中的意义,而不是像一些带着启蒙以来的理性主义观念去想象决策过程的人那样透着某种教条气息,奈特是正确的。就西蒙提出"有限理性"而言,已经是一种从启蒙以来的完全理性的理想向后退缩的表现。也就是说,当有限理性被作为一个原则引入决策领域时,已经不再像近代早期的人们那样拥有雄心壮志,而是变得现实了,看到了人的脆弱性和不完美,没有能力去获得完全信息,不求最好,只求"满意"。

尽管如此,人们也一直努力与复杂性和不确定性开展斗争,试图征服复杂性和不确定性。应当说,在此过程中发展出了诸多得到改进的理论模型,促进了技术水平的大幅提升。但是,这不仅没有实现对复杂性和不确定性的征服,反而陷入不得不在高度复杂性和高度不确定性条件下开展行动的处境之中,让我们不得不去品尝风险社会的苦果。在这种情况下,我们必须去做的就是致力于探讨如何在风险社会

[①] [美]弗兰克·H. 奈特:《风险、不确定性与利润》,郭武军、刘亮译,华夏出版社2011年版,第173页。

中进行决策和开展行动的问题。

二 科学决策中的话语权

在决策科学的领域中,话语权之争在实质上是一个如何决策和如何行动的问题。从理论上看,政策分析的文本模型对意义建构的描述远比理性主义模型对"事实"的追寻更具有信服力。对于政策实践中的行动者来说,他们每日接触到的都是大量无法认定的"事实"。或者说,是那些被实证研究的学者、权威机构强行指认的"事实"。他们会表现出对理性主义模型的霸权的深恶痛绝,并因而更愿意接受文本模型所提供的意义建构观。但是,这并不意味着他们可以在实践中这样去做。因为,近代以来的理性主义已经凝结成为一种文化模式,人们被这种文化所格式化,除了"事实"之外,不愿意相信其他,哪怕"事实"是建构性的,甚至是虚假的,也能满足科学信仰的要求。

雷加诺说,对于政策实践者来说,"他们面对的是更复杂的公众、机构和社群,而这些对象中有一些对主观性抱持着很深的质疑。对很多人来说,一个研究者的工作便是将事实和价值剥离开来,如此为诠释提供客观的基础。人们会坚持看到'事实',除此之外别无其他',而政策实践者却没有能力排除人们内心的隐忧。但是,从社会建构主义者的认知架构看来,事实并不存在……存在的只是建构起来的意义。对此,一名经验丰富的政策实践者可能会表态,承认无懈可击的真相确实是很难实现的"。[①] 在政治的场域中,很多情况下,"事实上根本不存在事实,而只有话语竞争的最终结果"。[②]

总体看来,在低度复杂性和低度不确定性条件下,人们是可以探求真相和确认事实的,至少在多数情况下是可以这样做和能够这样做

---

① [美]劳尔·雷加诺:《政策分析框架——融合文本与语境》,周靖婕等译,清华大学出版社2017年版,第74页。
② [美]劳尔·雷加诺:《政策分析框架——融合文本与语境》,周靖婕等译,清华大学出版社2017年版,第75页。

的。然而，在高度复杂性和高度不确定性条件下，既无法探求真相也无法认定事实，以至于人的行动只能致力于意义建构。这样一来，在政策过程中，就会要求人们在赋予整个政策过程以开放性的条件下去形成关于意义的共识。对于行动者而言，则需要一系列的道德支持去把握意义，避免在任何意义建构过程带入自己的偏见和偏好。

雷加诺所提出的要求是："我们需要更密切地留意意义建构的过程，并注意不同的权力是如何影响这些过程的，这可能解放了为了公众审议而改革制度的想法。这为我们将过程公之于众打开了道路，使得意义和意义建构的过程更加透明，有助于意义形成的必要过程。"[1]当政策过程转化为意义建构过程时，对政策分析者的要求将"不再是科学地测量客观价值，去为社会的最佳行动方案寻求普遍的结论；而是更接近于作为一个调解员，让利益相关者参与到过程和议论中，聆听他们是如何理解自身情境的意义的，并协助他们共同建构意义。在一些情况下，分析者只充当一名诠释者的角色，令曾经隐藏的意义浮出水面"[2]。

在高度复杂性和高度不确定性条件下的合作行动中，虽然权力结构意义上的中心—边缘结构已经不再是政策过程中的主导性和支配性的结构，但专业化的要求却仍然会倾向于保留专门的政策分析角色，让他们去对意义进行专门性的诠释。在某种意义上，这种诠释也具有建构的内涵。但是，意义建构更多的是由直接承担任务的行动者作出的。因此，政策分析者在通过诠释而努力建构意义的追求中，就会产生一种进入直接承担任务的合作行动过程中，而不是在这个行动过程之外去为行动者提供意义诠释的服务。这样一来，政策分析者实际上是带着自己的专业性诠释能力参与到合作行为之中，从而成为直接承

---

[1] ［美］劳尔·雷加诺：《政策分析框架——融合文本与语境》，周靖婕等译，清华大学出版社2017年版，第76页。

[2] ［美］劳尔·雷加诺：《政策分析框架——融合文本与语境》，周靖婕等译，清华大学出版社2017年版，第76页。

担任务的行动者。

在对理性决策模型的缺陷进行分析时，雷加诺指出，"理性决策模型不可能理解社会现象的原因在于，分析家无法将社会的多个层面成功化约为单一均匀的效用，从而将社会现象诠释为单维运动"。[①] 事实上，从现代性的决策实践来看，一切模型的建立都必须得到理想条件的支持，必须对复杂的对象化简，或者，从中抽象出一些被认定是关键变量的因素，才有可能获得貌似科学合理的模型，并拥有某种理论上的解释力。然而，现实是复杂的，哪怕最成功的建模也只能达成解释的目的。如果据此而制定政策，就有可能对实践造成误导。

当然，在低度复杂性和低度不确定性条件下，基于模型的分析结论，或者，在决策模型中所作出的决策，即使引发了某种恶果，也会因为其解释力而让公众相信决策本身是没有问题的，而且社会也能够承受决策失败带来的损失。然而，在高度复杂性和高度不确定性条件下，反映在决策上的所有上述认知和行为模式以及社会对决策失败的容忍度，都将完全不同。也就是说，高度复杂性和高度不确定性条件下的决策必须祛除理想，不允许对决策面对的问题以及整个决策事项进行抽象，而是应当原原本本地反映现实及其要求，作出合乎实情的决策。

服务于科学决策的科学研究在"二战"后走上了实证研究的道路，或者说，是把科学决策建立在某些实证研究的基础上的。在实证研究中，建模是最为通行的做法，而研究者在建模时也是首先形成某个判断，然后，在对判断的验证中开展建模行动。虽然判断具有主观性，但在决策理论中，则在建模时把判断作为一个变量纳入模型中。这在思维上，显然是把判断作为一种客观性的因素看待的，或者说，在建模的思维中将判断客观化了。"冯·诺伊曼和摩根斯坦将'判断'建模为一个不可避免的通过比较可选项作出的决策。个人需要判断每一个可选项并

[①] ［美］劳尔·雷加诺：《政策分析框架——融合文本与语境》，周靖婕等译，清华大学出版社2017年版，第30页。

为它们赋值，表明它们的效用水平。因此个人在评估了每一个可选项后为它们评分（效用），从中选出了在个人计算中获得最高分选项。这是边沁的功利主义数学表现，而推广至多人情形时，其运算与边沁的相同。在计算了对每一个人来说一个行动的效用后，我们将所有个人效用简单相加，并选用具有最高综合效用的选项。"[1]

的确，在多人的判断中找出一个平均值，似乎具有客观性而不再是个人的主观性。也就是说，把个人的偏见、认知局限等都成功地撇除了。但是，在这样做的时候，其实是默认了所有参与其中的人是在同一条件下作出判断的。只有这样，个人的差异才能在取值时得到抹除，从而在多人的主观判断中获得具有客观性的判断。问题是，所默认的这种理想的客观条件如果不具备的话，那么这个作为平均值的判断就无法获得。比如，出现了如下三种情况就会使这一决策模型失去"客观判断"这个变量：其一，决策环境的高度复杂性和高度不确定性，人们无法在这种环境中作出可以从中获得平均值的近似判断；其二，人的流动性较大，客观上造成了人们可能缺席的问题，可能对需要作出判断的决策事项认识或熟悉程度差异巨大等问题；其三，受决策影响的人群中只有较少数人关注决策事项和愿意贡献自己的判断，或者，受到决策影响的人中有少数极端主义者、狂热分子，这就使得人们在需要去作出判断时出现了诸多干扰事项。当然，还有许多影响判断的因素，但这几种情况可能是主要的，会使判断失去价值。由此看来，建立在模型基础上的理性决策是有条件的。

总体上说，只有在工业社会低度复杂性和低度不确定性条件下，建模可以成为一种对科学决策提供支持的手段。一旦社会进入高度复杂性和高度不确定性的状态，如果想要去建模的话，就会发现失去了判断均值这个变量。在失去了判断均值的情况下，如何去进行决策呢？

---

[1] ［美］劳尔·雷加诺：《政策分析框架——融合文本与语境》，周靖婕等译，清华大学出版社2017年版，第8页。

显然就会陷入政治争论中去了。那样的话，就不再是科学的问题了，也就谈不上科学决策了。如果还想赋予决策以理性的性质，就只有回归到民主决策上来。

当然，在实证研究掌握了话语权的情况下，也存在着"实证主义的分析与解释学的分析之间的区别，实证主义分析强烈要求可验证性和可重复性，而解释学分析则追寻比实证主义更深入的意义"。[①] 从行动者的角度看，这两种分析之间的区别意味着面对不同的任务时可以在两者之间作出选择。也就是说，当行动者面对的是常规性的、模式化的、结构性程度较强的任务时，采用实证主义的分析显然非常简便。因为，只要将一些变量代入，就能够轻而易举地廓清事实和作出决策。在面对非常规的、非模式化、非结构性的问题时，运用解释学的分析去形成意义，也许能够获得关于行动的方向性指导意见。因为，在这种情况下，实证主义的分析也是无能为力的。如果在这个时候还要在这两种分析类型中进行选择的话，也就不得不选择解释学的分析了。这是因为，分析结果的不可验证性和非重复性决定了参与决策过程中来的人不得不按照解释学的分析去建构意义并建构行动方向。

如果说实证主义的分析因为追求科学性、客观性而要求分析者及行动者价值中立，那么在解释学对意义的追寻中，恰恰提出了相反的要求。因为，一切意义都是相对于行动者而言的，是属于行动者的意义。如果说真理、真相、事实等具有意义属性的话，那也只能说是属于行动者的意义。所以，对于行动者来说，根本就不存在什么价值中立的问题，或者说，超越了价值中立的规定。

雷加诺在概述解释学与实证主义分析间的这种区别时指出，在伽达默尔那里，"无论作者赋予文本的意义是什么，他都不再是意义的唯一解释者。无论这项措施的制定者想借此表达什么意义，如果你，

[①] [美] 劳尔·雷加诺：《政策分析框架——融合文本与语境》，周靖婕等译，清华大学出版社2017年版，第71页。

作为读者，读到了'语言'这个单词而又进一步将其意味解读为'种族'的话，那么这就是这一文本对你而言所携带的意义。你大可肯定这就是这项措施'对你而言'所意味着的。正如伽达默尔所提示的，它便是正确有效的。同时，请注意这也与实证主义者将分析者视为中心的观察者的原型分道扬镳。在解释学分析中，分析者无可避免地将其历史、理解方式和主观偏好带入分析中。分析的任务同时也要求分析者秉持开放的态度接纳新的意义、新鲜的假设和惊喜"。[①]

从认识论的角度看，也许会将解释学的意义建构斥之为主观主义、唯心主义等，并因为解释学的解释者的立场、观念、偏见等对意义建构的社会性表示怀疑。但是，如果放在开放的社会语境之中，放在流动不息的社会互动体系及其过程中，那么多元化的而不是唯一性的解释者、分析者就会在平等的意义上进行意义的建构。而且，会在相互激荡的互动过程中不停息地进行再建构。这样一来，基于认识论视角所能提出的一切批评意见就都会显得太过浅薄和粗糙了。

从现实的需要看，行动是风险社会状态中最为直接的处置风险的方式，在行动之外去争论决策如何进行和秉持什么样的理念，不仅没有意义，而且是有害的。显而易见，在风险社会中，对于风险的定义权是应当交给行动者的，行动者之外的任何人都不可能对风险作出准确定义，更不用说能够判断出什么样的风险在什么时候会以危机事件的形式出现。风险社会中的风险可能有无限多种形式，在任何地点和任何时点上，风险都具有不同的性质和表现特征，只有置身于具体场景之中的行动者，才有权对他所面对的风险作出解释和定义。所以，也只有在他掌握了决策权的时候，才能开展正确的、适当的行动。

三 决策与执行：从分化到重合

就决策科学的研究倾向看，给予我们的指示是，科学决策越来

[①] ［美］劳尔·雷加诺：《政策分析框架——融合文本与语境》，周靖婕等译，清华大学出版社2017年版，第71页。

注重追求细节上的精确性,这让科学及其技术渗透到决策所涉及的每一个方面和每一个角落。雷加诺认为,在冯·诺伊曼和摩根斯坦效用函数以及边沁的政策分析模型中,决策所面对的事实被简化了。"在这个模型中,过去被归为纯粹的沉没成本。一个乘客是否应该继续等待公交车的到来只取决于公交车在数分钟后到达的可能性和其对该乘客而言的效用(或更准确地说,其非效用),而已经'投资'进去的等候时间与是否继续等候的决策没有丝毫关联。也就是说,要作出一个决策,只需要考虑将来可能发生的所有后果和随之而来的效用,一条路到底,看向未来就足够了。然而试想一个要求历史上有过斗争的派系(无论是部落还是现代社会)联合起来促进区域合作发展的政策情形,便不可能避开过去而直接推动政策。原因很简单,历史并不是被埋葬在遥远过去的存在,事实是,历史作为构成当下社会现实的一部分存在着。欲推行(不仅仅是选择)政策,便需要能置身于过去—现在的结构视野中间进行设计和探索。"①

从雷加诺的论述中,我们联想到一个问题,那就是,在风险社会中,我们并不知道下一次危机事件究竟在何时到来,也不知道其会在哪个地点出现。我们可以煞费苦心地去把各种变量都考虑进来,但我们所考虑到的各种变量可能恰恰与突然袭来的危机事件没有任何关系。凡是在我们建构起了效用函数的地方,危机事件都让我们失望了,因为它并不会如期拜访我们。我们将所有的物力、财力、人力都集中在了巴黎,但危机事件却在纽约造访;我们预计危机事件会在今年冬季,但它让我们等得心烦意乱,千呼万唤也不出来。在我们并不知道变量也没有建立起效用函数的地方,危机事件却总是让我们措手不及。

在进入新世纪后,一门被称为危机管理的学问热络起来,风险决策也是其中非常重要的部分,因而,关于应急决策的探讨也变得热火

---

① [美] 劳尔·雷加诺:《政策分析框架——融合文本与语境》,周靖婕等译,清华大学出版社2017年版,第29页。

朝天。但是，20世纪的决策与执行相分离的基本思路没有改变，依然是让决策独立于执行之外，把决策者视为掌握了各种各样科学的决策工具的精英，而应急行动则交给了那些生性鲁莽、命不值钱的人。无论成功与失败，决策者都不需要承担什么责任。在风险社会中，如果沿用决策与执行相分离的结构和思路，决策者可以逃避一切责任，甚至能够在社会的巨大损失中捞取更多的"好处"。

我们知道，与理性主义和经验主义之间的争执相关但又有所不同的是，也同时存在着科学主义与历史主义之间长期以来的争论。雷加诺在对决策中的科学主义思路作出批评时，其实是要为历史主义进行一些辩护。雷加诺的目的是要提醒决策者充分考虑历史即过去的价值及其影响，在历史与未来的交汇点上进行决策。在雷加诺这样做的时候，他依然是默认了社会低度复杂性和低度不确定性的背景，而且默认了决策与执行的分离。我们认为，在高度复杂性和高度不确定性条件下，并无可以分开考察的决策与执行，此时的决策与执行都是统一于行动之中的。

在风险社会中，关于行动所承担的任务，既无法确认其源头在何处，也无法预测行为干预后必然达成某个结果。也就是说，无论历史还是未来，都是不确定的。同样，行动者的历史与未来也有着很大的不确定性，至少也是模糊的。这就说明，在高度复杂性和高度不确定性条件下，在风险社会中，雷加诺为之辩护的历史主义决策构想也是不能成立的。同样，雷加诺提出批评的效用函数分析和功利主义模型，也因为其现实的复杂性和未来的不可预测性而丧失了科学价值。高度复杂性和高度不确定性条件下的行动者，既不背负过去的包袱，也不把未来搬到当下而为自己增设一道障碍；既不迷信普遍适应的理性模型，也不盲目行动或手足无措，而是在经验理性的引导下开展行动。在所遭遇的每一次危机事件中，行动者都积极地承担和谨慎地应对当下的任务，根据任务、环境、行动者的具体情况作出具有直觉性质的综合判断、随机决策和即时行动。

我们承认，决策与执行的分离是合乎近代以来的社会大分工的精神的。事实上，在作为分工—协作体系的组织这里，决策者在进行决策的时候，需要"首先确定提供各种决策实施前提的知识的所在位置。然后再确定，能可靠地向哪些职位分配责任，确定该组织要实现的目标以及决策必须满足的约束条件和边界条件等"。① 然而，在高度复杂性和高度不确定性条件下，或者说，一旦适应风险社会的社会建构取得了进展，组织的约束条件就会变得不明了，组织边界就会显得不确定了。此时，组织结构的不稳定性也决定了它很难设立固定的职位，更不用说去为职位分配责任。这样一来，组织任务的复杂性和不确定性也就意味着决策并无确定的事实前提，也没有已经放在某个位置等待决策去加以利用的知识。总之，高度复杂性和高度不确定性条件下的组织是不能以分工—协作体系的形式出现的。这样一来，也就不会再有决策与执行的分工了。

之所以我们今天在每一次危机事件的造访中都不得不付出极大的代价，是因为我们的社会建构是在工业社会的低复杂性和低度不确定性条件下完成的，当我们走进了风险社会的时候仍然在沿用这个体系。如果这种情况不改变的话，也许要不了多久，人类就可能在风险社会中遭遇毁灭性的灾难。所以，我们认为，人类在风险社会中首先需要解决的是根据社会的高度复杂性和高度不确定性去进行重构的问题。在这个问题的解决中，所建构起来的行动体系应当是合作行动体系，也可以根据既有的组织印象而将其称作合作制组织。这种组织应当适应于在高度复杂性和高度不确定性条件下承担任务，它在决策方面并无固定的程式。或者说，作为合作行动体系的组织更多地依赖于组织成员根据具体情况而进行决策，而不是由组织决策，更不是组织为其成员决策和让其成员仅仅执行决策。组织的决策是在决策与执行分离的结构中展开的，而行动

---

① ［美］赫伯特·A. 西蒙：《管理行为》，詹正茂译，机械工业出版社2004年版，第19页。

中的决策则是以一种即时反应机制的形式出现的，是行动者为了自己的行动而决策。

在决策与执行相分离的语境中，无论是民主决策还是科学决策，在付诸执行的时候都有可能出现目标异位、目标置换的问题。在政策执行的过程中出现了目标异位、目标置换的问题，可能意味着政策执行者为了适应所要解决的问题的具体性而采用了一种灵活性的方式。在高度复杂性和高度不确定性条件下，由于决策赖以建立的信息等因素不足，会要求政策执行对政策目标作出适当的调整。但是，从既有的情况看，存在于政策过程中的大量目标异位、目标置换往往并不是因为复杂条件对政策提出的要求，而是由于"潜规则"造成了歪曲政策或使政策执行走偏的问题。所以，对于政策执行过程中的目标异位、目标置换，我们需要加以甄别。

一般说来，在低度复杂性和低度不确定性条件下，目标异位、目标置换的问题大都是由于政策执行者的个人利益要求以及"潜规则"的因素引发的；在高度复杂性和高度不确定性条件下，特别是在人的共生共在理念已经深入人心的情况下，政策执行中的目标异位、目标置换就必须从所要解决问题的具体性方面来加以理解了。可以说，在高度复杂性和高度不确定性条件下，政策本身就应当拒绝提供具体目标，而是应当将一些原则性的方向而不是目标确立在政策中。不难想象，在风险社会中，我们没有理由要求政策执行者无视具体情况而忠实于政策文本。当然，在决策的时候是可以解决这个问题的，那就是，尽可能地让政策本身具有弹性，成为行动者开展行动的基本框架，而不是让行动者受到政策目标的束缚。即便如此，决策与执行的分离仍然是一个很大的障碍，会使行动受到不必要的制约，以致束手束脚和脱离实际。所以，我们主张决策与执行的一体化。这种一体化意味着行动者既是决策者也是执行者。

在决策与执行相分离的条件下，从解释学的角度看执行，"行政人员……不是简单地把组织政策应用于现有的情况，而是根据对现有及未来可能出现的情况的解释来解释政策的意义。因此,政策的意义和特定情况的意义是在解释的参照性过程中共同确定的。"① 通过把握参照物,或者,在相互参照中使相似性的方面呈现出来,然后对相似性与差异性的比重作出权衡,也就达到了解释的效果。

只要存在着解释的需要,就意味着有一个需要通过解释填充的空间。在这个空间中,解释者所拥有的那些可以影响解释的因素都会被调动起来,过往的经验会成为解释的重要参照物。解释者在文本所提供的解释空间中把当下遇到的问题与过往经验联系起来并进行比较,所获得的相似性就能够决定他作出什么样的决策和采取什么样的行动。我们认为,在风险社会中,只要决策与执行分离的格局不变,无论赋予执行者多大的自主解释权,都依然会感受到决策所提供的文本是一种束缚,而且是脱离实际的,至少也是在时间上明显滞后的。

单纯就时间滞后这一点来看,我们也能够体会到,在高度复杂性和高度不确定性条件下,行动者在决策之前几乎没有时间去谋划或精心组合和评估有关信息。因而,各种理性模型是无法派上用场的,致使行动者只能凭着经验而开展活动。也就是说,在高度复杂性和高度不确定性条件下,经验的价值远高于任何理性模型。所以,我们在希望吸纳解释学的观点时,并不是要让执行者拥有更多的解释权,而是希望执行者蜕变为行动者,他所要解释的不是政策文本,而是面对着那些需要他去加以解决的问题。

只要涉及任务的具体性,人们就会对科学决策的真实效用表示怀疑。其实,20世纪后期的一些关于团队的研究就已经发现了科学决策的思路存在着一些实践上的困难。"伴随着合作变得越来越复杂,决策制定和经验测试之间的时间差越来越大,管理分散和集中方法变得更具有挑战性……然而,正是这种发生在组织的,团队的以及个人层

---

① [美]杰·怀特:《公共行政研究的叙事基础》,胡辉华译,中央编译出版社2011年版,第66页。

次的管理取得了极大的合作成功。这两种方法中的些许的不精密都会导致差的成果，使参与者觉得沮丧。"①

风险社会以及这个社会所具有的高度复杂性和高度不确定性，对决策与执行上的分工模式形成了冲击。按照现代决策与执行分工的模式，一旦一项决策以政策的形式确立起来，就应得到严格执行，最理想的执行就是原原本本不走样的执行，不存在政策执行阻滞，更不应"上有政策，下有对策"。然而，高度复杂性和高度不确定性意味着，也许一项决策出台的时候，政策靶向已经移动、变化甚至消失了，而且执行的条件也发生了变化。

在决策与执行分工的模式中，存在着从决策到执行的时间差，这是难以避免的，也是无法克服的。正是在这个时间差中，可能一切都发生了变化。这一点决定了决策与执行分工的模式无法适应于高度复杂性和高度不确定性条件下开展行动的要求。所以，在高度复杂性和高度不确定性条件下，行动者的专业化并不反映在决策与执行的分工上，反而需要尽可能地让决策者和执行者统一起来。行动者既是决策者也是执行者。这样一来，作为集体行动体系的组织，也就不能按照决策与执行分立的思路去安排其结构。在社会治理体系的建构上，这一点也同样是适用的。所以，在风险社会中，我们必须对20世纪中有着优异表现的科学决策进行重新审查，这是我们寻求风险社会中的行动模式时必须做的功课。

---

① ［美］迈克尔·贝尔雷等：《超越团队：构建合作型组织的十大原则》，王晓玲、李琳莎译，华夏出版社2005年版，第29页。

第六章

财产、财富与资源

在科学分工的条件下，人们往往把财产、财富、资源的问题归入经济学的视角中。但是，对财产、财富、资源的占有、分配以及关系建构，也需要从政治学和管理学的角度去思考和进行安排。恩格斯在《家庭、私有制和国家的起源》中描述了财产私人占有的历史演变过程，分析了这种占有在社会以及国家建构中的决定性作用。在人类已经进入风险社会的时候，工业社会的占有方式及其社会系统都对风险社会中的人的共生共在进行否定，成为妨碍人类命运共同体建构的深层次障碍。可以认为，正是工业社会的资本主义占有方式，把人类推入了风险社会，造成了人类整体上的全面异化。

个人对财产的占有，组织对资源的占有，使人与自然、人与人相分离，无处不构造出边界并开展竞争、斗争，将人性中最为阴暗的一面激发了出来，源源不断地生产出社会风险，并将这些社会风险积累了起来，笼罩在了整个人类头上，让人类陷落于风险社会之中。风险社会意味着一场深刻的社会变革，而这一变革的着手处，恰恰是解决资本主义占有方式的问题。事实上，风险社会中的流动性也在客观上构成了对资本主义占有方式的否定。

财产、财富、资源都会随着社会的变迁而发生变化，不仅在形式上，而且在内容上和种类上都会发生变化。当制作"短视频"可以在用户点击中得到不菲的收入，那么造谣就不仅是人的恶趣，还可以使财产增殖；当一项社会技术被发明了出来，公路上设置了收费站，那么道路就成了财富；一旦人们发现时间就是金钱，那么时间就成了资源。随着社会运行和社会变化的加速化，时间资源甚至变得越来越稀缺。就时间资源而言，在工业社会中，我们经历了一个持续的时间资源稀缺化的过程。

自从工业化、城市化以及资本主义制度的确立把自然时间转化成了社会时间，实现了时间的资源化，也就开始了对时间资源的开发和利用过程，并使人类进入了时间资源开发和时间资源稀缺化的轮番升级之中。不过，时间资源稀缺化是在20世纪后期才开始变得越来越紧张的，并对社会治理构成了挑战。虽然在今天我们所看到的是社会生活以及各种各样的社会活动正在与时间资源的稀缺化进行艰苦的斗争，而社会治理却并未在这方面开展有意义的行动。在很大程度上，我们今天所运用的社会治理模式，仍然是缺失了时间之维的，并未对时间资源稀缺化的现实作出响应。

人的一切活动都肯定会造成相应的消耗，这其实是一个机械力学的问题。所以，在工业社会中，人们往往表现出了对所有经济活动成本的关注。但是，关于社会运行的成本问题，人们好像仍然停留在了农业社会一样，并未给予充分的关注，事实上，担负社会治理职责的人并未去考虑社会运行的成本。特别是对于政治生活来说，往往是不计成本的。比如，为了一场选举战，可以投入巨量的人力、物力、财力。从工业社会的发展史来看，社会运行成本一直处在不断增长的过程中。在某种意义上，社会运行成本的增长也是风险社会降临的原因之一。

造成社会运行成本持续增长的原因是多样的，可以计入社会运行成本中的因素也是多样的，虽然在每一个微观系统中所产生的成本都会在社会中进行分配或转移，但当这些成本汇总在一起的时候，必然要由与人类相关联在一起的自然界来承受。因而，一方面，是社会因为运行成本的增长而出现了成本分配不公平的问题，并导致了矛盾和冲突；另一方面，是自然界将无法消化的社会运行成本重新反作用于社会，从而使人类陷入了风险社会。在人类堕入风险社会的时候，降低社会运行成本就应当成为社会建构的一个重要维度。

第一节　财产以及资源的占有

人为什么会有占有欲？特别是在工业社会中，人以及作为人的放大形态的组织都会有着强烈的占有冲动，这显然是与利益观念联系在一起的。因为，只有你有所占有，才能获取更大、更多的利益；当你一无所有时，什么利益都与你无缘。在工业社会，利益的概念是具有建构性功能的，利益界定了几乎自我所拥有的和所追求的一切，也界定了人们之间的关系。所以，工业社会需要通过制度以及系统化的规则设置为利益提供保障和确立实现方式、路径等，并在展开中形成了一幅完整的围绕着利益这个中心的社会构图。在工业社会中，处处都有利益的问题。只要存在着利益的问题，不同的利益群体就会倾向于对风险作出有利于自己的评估，并尽可能地让自己避免风险或尽可能地把风险转嫁给他人。

就工业社会是一个竞争的社会而言，将风险转嫁给他人，不仅可以使自己避免风险，还有可能在他人面对风险时使竞争力量不再平衡，从而使自己在这种力量失衡中获得竞争优势。"每一个利益团体都试图通过风险的界定来保护自己，并通过这种方式去规避可能影响到它们利益的风险……在这种为了最有利的风险界定而进行的所有人反对所有人的斗争中占有一个特殊的位置，在这种意义上，它表现了共同利益和那些自己没有选举权和发言权的人的选择。"[①] 利益争夺中的这

---

① ［德］乌尔里希·贝克：《风险社会》，何博闻译，译林出版社2004年版，第31页。

种风险转嫁如何实现？取决于你的势能和力量，而你的势能和力量如果不是合法性的权力，那就肯定是由你的占有状况决定的。

在工业社会的发展行程中，越来越能够清晰地看到，当弱势群体承受了更多、更大的风险时，却总是看到强势利益群体能够将风险转嫁给他人，从而使自己承受较少的风险，甚至从风险状态中脱身而出。在风险社会学的研究中，学者们是用"风险分配"这个概念来解释这一现象的。表面看来，这种风险分配是让不同的群体承受不同的风险，而且也是与工业社会的资本主义结构相一致的。然而，风险分配的结果却让整个社会的风险度呈现出几何级数增长的趋势。正是这种做法的持续积累制造出了风险社会，也正是因为人类走进了风险社会，让我们看到了社会风险显示出对人的利益界限的蔑视，一切利益主张和利益实现的方式都不仅发挥着增强风险的作用，而且人的利益主张、利益诉求以及利益边界在风险面前也都受到了忽视、轻视。因为，所有人都走进了风险社会并平等地面对社会风险。

风险社会意味着风险是系统性的，如果人是原子化的个人，如果组织以及任何形式的集合体能够归结为个人，就会是一种"风险面前，人人平等"的状况。所以，只有当个人利益、群体利益具有了这个社会的总体性的时候，才称得上是实实在在的利益，而不是一种虚幻的利益错觉。这显然是一个需要人的利益观念变革的问题。但是，这种变革的突破口在哪里？我们认为，既然人的利益观念根源于占有欲以及占有欲的理性化实现方式，那么利益观念的变革也就需要从解决占有问题着手。

一　财产是对财富的占有

财富与人的利益意识有关，因为人的利益意识引发了财产占有。同时，财产占有又反过来激发出了人的利益意识，人因为有了利益意识就会为了利益而谋划和行动，从而促进了财富增殖。人类可能在很早的历史阶段中就生成了利益意识，但能够理性地看待利益和实现利益，则得益于利益概念的生成。正是在工业社会这个历史阶段中，思想和理论建构提供了利益的概念，从而使人的利益意识获得了理性的内涵。

利益的概念有着多重含义，反映在物质的和精神的多个层面上，表现形式也是多种多样的。只要人们生活在社会中并与他人发生关系，就会出现利益的问题。在人所有可以归入利益范畴的东西中，对财富的占有而使其转化为财产，是最为显著的形式，似乎以其他形式出现的利益也都会被换算成财产占有和归结为财产占有。比如，人的荣誉代表了一种利益，但若荣誉不能转化为财富并被占有的话，那往往被称作"虚荣"，或者表现为"虚荣"的心理状态。当然，"虚荣"一词也被用来指对假的荣誉的追求。为什么人们会用不正当的方式去获取被称为"虚荣"的假荣誉呢，也是因为有着利益期待，希望那种假的荣誉能够带来作为实利的财产增益。

事物只有在具有可转换性时才能成为财富，事物的可转化性越强，意味着它作为财富的价值越高。比如，在不能对道路通行收费的时候，资本就不会被引入到修路上来，如果似山贼一样强说"此路是我开，留下买路钱"，就有可能断绝了行人。但是，当可以对道路通行收费时，里程就可以转换成金钱，并再度转化为财产。这时，资本家才有可能竞标修路，并把竞标成功看作获得了一个发财的机会。可见，并不是所有供人通行的道路都是财富，只有在人通行的时候必须交出"买路钱"的时候，那条道路才具有了财富的性质，才可以进一步占有并转化为财产。再如，当信号能够转化为信息时，电讯运营商就可以将信号的传输转化为财产。在某种意义上，如果说财富与财产有所区别的话，那么财产意味着占有，而财富则有着转化为财产的可能性。比如，收藏家拍得一幅画，经鉴定是赝品，对于他将之作为财产占有这幅画而言没有丝毫损失，但对于他的财富来说，可能是巨额财富蒸发不知去了哪里。原因就是这幅画落在了他的手里，因为失去可交换性而不再能够转化为财富了。

关于这个问题，吉登斯的论述是："尽管无论从哪方面来说私有财产不是只有在现代资本主义社会才变得突出，私有财产的某些特定形式的可转换性却的确如此（当然，也与私有财产的重要意义联系在一起）……货币作为'万能妓女'为纯粹交换价值提供了媒介，（在总体背景下）货币为财产权利转换成资本提供了可转换性。货币经济的普遍化是资本主义社会兴起的条件，这种经济与农业生产体系中存在的资本主义领域相对立。作为交换价值的普遍标准，货币既允许将私有财产转换成资本，与这一点相关联，也促使工资收入者将拥有的唯一'财产'——劳动力——商品化。反过来，作为资本存在的财产或者货币也为资本转化成利润（通过吸取剩余价值）提供了可转换性。"[1]

亚当·斯密在其讨论市场经济的著作最醒目的位置上提示我们的是"国民财富"，他显然是要说明，在交换、交易这些标志着可转换性的概念中，蕴藏着国民财富而不是诸如国王财产的秘密。可转换性是流动性的一种形式或模态，财富生成于财产的流动之中，一旦财富流动到了某处而为人所占有，就变成了财产。就如一条河流中流经的水，一旦被某人舀取一勺，那一勺就归他所有了，属于他占有的那一勺水。财产是财富的静止状态，或者是想象中的静止状态。如果你的财产流向了其他地方，在流动的过程中，可能是以财富的形式出现的，但当他人捕捉到了因为你不再占有而流动了起来的财富并加以占有，他就将其变成了他的财产。

财产意味着占有，在工业社会中，特别是在这个时期的人的观念和思维方式中，往往只能把静态的和可想象为静态的存在物视为能够占有的。不过，按照这种观念及思维逻辑，当人类社会进入高度复杂性和高度不确定性的状态，事物处于高流动性之中，私人占有就变得

---

[1] [英]安东尼·吉登斯：《社会理论的核心问题》，郭忠华等译，上海译文出版社2015年版，第115页。

不可实现了。因为，在高流动性条件下，财富的形态会发生巨大变化，致使对财富的占有并将其转化为财产的条件时刻处在变动中，即使你此刻占有了某种财富，下一刻也许就失去了它，以至于财富并不停留下来凝聚成你的财产。

这个时候，甚至会在是否保留"财产"这一概念的问题上，也变得非常可疑。也许这个时候我们仍然可以将某些东西识别为财富，但它不会与具体的人稳定地联系在一起，而是属于社会的。比如，在工业社会，知识可以构成财富，在那个拥有了某类知识（比如关于《论语》的知识）的人去实现知识转换（四处演讲）的时候，也许用这笔财富的一小部分换回了以货币或实物形式出现的财产，从而成为无数男人心中仰慕的"富婆"。但是，在高度复杂性和高度不确定性条件下，知识能否构成财富，知识能否通过转换而获得一笔可占有的财产，目前看来，是难以预断的。

表面看来，在整个工业社会这个历史阶段中，多数人生产的财富大于其所消费的财富，特别是那些做出发明而为社会贡献了新技术的人，以及那些提出新的制度构想和集体行动改进方案的人，他们使得社会生产力水平大幅地提升到了新的水平，间接地创造出了不可计量的财富。可是，将之放在社会与自然的关系中看，所有这些，都无非意味着征服自然的能力得到了提升，是把更多的自然因素转化成了社会财富。如果在未来一个较长的时期，地球的自然依然具有唯一性，或者说，人类未能将自然转化为一个开放系统，就必然会遇到征服对象日益萎缩的问题，可以向社会财富转化的自然因素就会越来越少。那个时候，也就达到了社会财富增长的极限。如果人的欲望的增长以及多样化还不就此止步的话，用来满足欲望的财富就会越来越少。结果就是，整个人类会面临一种无法破解的难题，至少是没有可以再行转化为财产的财富了，人们最多只能在财产分配上使之从此人手中转移到他人手中，没有了财富来保证财产的增量。

假如我们所描绘的这样一种状态必然出现的话，就意味着我们不应等待那个早晚会出现的结局,而是需要改变工业社会征服自然这一基本思路,转而在自然友好的追求中去善待自然,将社会财富的拥有和消费财富的总体数量控制在自然能够得以恢复和自愈的限度之内。其实,更为理性的目标应当放在财富观念的取缔上,首当其冲的就是,应消除人的财产占有欲望。当人们不再有占有冲动,就不会要求把财富转化为财产,也就不再会为了财富的增殖而向自然索取。

如果自然界是一个开放系统,人类能够加入宇宙文明,即发展达到所谓"一级宇宙文明",那么走出地球去开发星系资源,并将那些资源转化为财富,也许资本主义的生命力就会得到延续,甚至得到提升。关键的问题是,目前人类所拥有的资本主义似乎并未展现出将地球文明转化为宇宙文明的迹象。就资本主义是建立在自我中心主义的基础上来看,它恰恰是地球文明的限度,只能将人类引向毁灭的宇宙节点,而不会再给予我们以发展出宇宙文明的希望。当然,如果地球文明出现了一次转型,从以自我为中心转向为了人的共生共在而行动,在行动上从竞争转向合作,也许就能够打破文明的限度。

马克思在分析资本主义社会的时候,认为这个社会的基本矛盾是"财产的私人占有"与"生产的社会化"的矛盾。解决这一矛盾的实践应当是取消私人占有的形式。因为社会化大生产是不可取消的,所以只能选择取消私人占有。但是,在20世纪中,经历了几十年的试验之后,发现这种做法也没有达到预期的效果。有些地区终止了这种试验,退回到了原处,发现比原来更糟;有些地区采取较为保守的做法,即作了某些妥协性的调整,变占有方式为混合占有,却取得了很大成功。当然,这种成功能否得到理论上的证明,尚不得而知。我们认为,如果得不到理论证明的话,也许那种成功就是暂时性的。

我们在此所要表述的是,马克思的发现是真切的,但在如何解决这种矛盾的问题上,则不能采取简单粗暴的做法。其实,当人类进入21世纪后,答案已经出现了,那就是任何仅仅希望消灭资本主义而不打算终结工业社会的做法都不可能取得成功;简单地改变财产占有主体并不能终结资本主义。工业社会在经济制度和政治制度上可以有多种表现形式，孰优孰劣也许需要在长期的多轮竞赛、竞争中去判断。但是，就它们都属于工业社会而言，必然随着工业社会的终结而消亡。即便人们所认为的那个社会化大生产模式作出改变也不是不可能的，因为，后工业社会的科学技术发展状况，风险社会的高度复杂性和高度不确定性，都意味着那种社会化大生产的方式既是难以为继的也是可以超越的。所以，终结资本主义的思路应当同时包含着终结工业社会。

在财产占有的问题上，马克思不满足于在资本主义框架不变的情况下将财产的私人占有改变成其他人的占有，马克思所推荐的是通过资本主义社会的根本性终结去废除财产的任何一种形式的占有这样一条道路。现在看来，只有资本主义与工业社会这两个方面同时得到终结，诸如财产占有等问题才能得到根本性的解决。

财产的极端化形态是因"知识产权"这个概念的出现而得到充分表现的。本来，知识应是人类共有和共享的。也许知识是由个人生产的，但在人类历史上，生产知识的人并不占有知识，而是希望将知识奉献给所有人，甚至会对那些不愿意接受他所生产的知识的人表示不满。然而，在工业社会这个财产占有成了风气的历史阶段中，知识被视为一种类型的财产，并以私人占有的形式出现。甚至，还通过相关的立法去为所谓知识产权提供保障。

关于知识产权的问题，阿明在批评关贸总协定（WTO）时有过一段精彩的评论："关贸总协定——世贸组织力图在此条款下列入的'商业秘密'，难道不是将我们带回到300年前的重商主义的贸易垄断时代吗？甚至讨论这一主题的语言也不是中性的。我们不再说知识是人类的共同财富，而是当有人获取知识时却说他是'盗窃'！这种政策有时近乎无赖：例如，关贸总协定为保护医药部门垄断者的巨额利润，企图禁止第三世界国家生产便宜的药品，但这些药品对许多人来说是生死攸关的。"① 环境污染、全球变暖、食品短缺等问题都正在对全人类的生存构成威胁，而西方国家却封锁了解决这些问题的相关技术，或者在转移这些技术时索价高昂，以至于令许多渴望这些技术并希望通过这些技术的应用去改善全人类生存条件的发展中国家望而却步。

现在，当人类进入风险社会时，人的共生共在已经成为一个必须予以关注的问题，所谓知识产权以及其他对人类共有财产的私人占有，已经成为源源不断地制造出问题和生产出危机的原因。对此，如果不加以改变，也许距离上演一出人类共同悲剧将不会遥远。从21世纪20年代的"新冠病毒"大流行期间的情况看，唯有中国基于人类命运共同体的理念宣布"新冠疫苗"是全球公共产品。在疫苗分配的问题上，西方国家不仅设置各种各样的障碍，还采用造谣、诋毁等诸多卑劣的手段破坏中国疫苗产品的全球派发。他们所想的不是如何挽救人的生命，而是防范着中国因疫苗而提升所谓影响力。在更直接的意义上，希望制止中国疫苗的派发，因为这种派发使他们失去了市场。

在知识产权的问题上，默顿曾表达了这样一种看法：科研成果是公共产品，是不属于科学家自己的，"科学上的重大发现都是社会协作的产物，因此它们属于社会所有。它们构成了共同的遗产，发现者个人对这类遗产的权利是极其有限的"。② 这还只是一个理由。从功能的角度看，如果一项发现或发明秘而不宣的话，那也仍然是一项科学成果，只要这项科学成果出现了，它就属于社会。虽然这项成果由于秘而未宣而成为一项历史遗产，不为它出现的那个时代的人们共享，但作为一项历史遗产却自然而然地成了社会的财富而不是个人所据有的财产。

---

① ［埃及］萨米尔·阿明：《全球化时代的资本主义——对当代社会的管理》，丁开杰等译，中国人民大学出版社2013年版，第27页。

② ［美］R. K. 默顿：《科学社会学》，上册，鲁旭东译，商务印书馆2003年版，第369—370页。

在私有观念起决定作用的社会中，人们斤斤计较于所谓知识产权的问题，这对社会的公共利益怎能不构成侵害呢？所以，对私有观念的批判并未因马克思的努力而结束。事实上，正是私有观念以及建立在私有观念基础上的法律制度体系，成了社会发展的障碍。工业社会中的这种法律制度在名义上声言维护了科学家对其科研成果的所有权，实际上维护的是资本的利益。尽管如此，我们仍然承认对知识产权的维护表现出了对人的劳动成果的尊重。可是，在风险社会中，有益于人类命运共同体的任何知识被垄断和被私人占有，都是非常有害的。

比知识产权更为极端的是"时间就是金钱"这个提法，或者说，这个提法最为典型地反映了资本主义观念，也证明了时间社会化达到了较为纯粹的地步，即褪去了时间原有的自然色彩。从近代以来市场经济的发展史看，"在资本主义制度下，时间与金钱越来越成为可交换的商品；时间是一种手段，只有通过这种手段才能占有金钱，同样，金钱也可以被用来购买时间；随着时间的推移，金钱会增殖，同时，现在投资时间，旨在将来赚取金钱"。[①] 现代服务业中的许多项目都是用时间量度来计价的，比如律师的收费标准就会选择依据办案所耗费的时间来计算。所以，上述时间社会学的观点是可信的，在时间与金钱之间是可以进行转换的，但时间与财产间的直接关系还是难以把握。因为，人们往往需要借助于某种（些）中介因素才能将时间与财产联系起来，至于财产在时间的绵延中增殖或贬损则是另一回事了。

对时间的占有而使之成为财产也会遭遇时间的相对性问题，这种相对性甚至会导致财产标准的失衡。也就是说，时间的相对性可能会对人的观念形成某种冲击，致使人们在什么是财产以及以什么来度量财产的问题上产生相对性的意识。一旦财产不是恒定的而是相对的，那么占有的可能性和合理性都会变得值得怀疑了。不过，我们这里要

[①] ［英］约翰·哈萨德编：《时间社会学》，朱红文等译，北京师范大学出版社2009年版，导论，第15页。

指出的却是，工业社会中的这种占有模式已经发展到了可以对一切都加以占有的地步，通过占有将所有的东西都转化为财产似乎形成了惯性，甚至可以产生出一种"出卖月球土地"的妄想。在人类走进了风险社会的时候，这种占有冲动带来的消极影响可能是人类无法承受的。

二 组织的资源占有

在竞争的社会中，资源稀缺对每一个组织构成的压力是不均等的。也恰恰是因为资源的稀缺，激发了组织占有资源的欲望，从而进一步加剧了资源的稀缺。强势组织有可能拥有更多的资源，使许多资源闲置在那里，而另一些急需资源的组织却陷入困境，或者选择被强势组织控制的出路。在风险社会中，资源稀缺的状况依然存在，甚至会显得更加严重，但这个社会最为急迫的要求是，应将资源稀缺造成的压力均衡地分配给每一个行动者，即由需求此类资源的组织共同承担资源稀缺的压力。

我们知道，工业社会因其资本主义性质而表现为竞争的社会。在这个竞争的社会中，每一个涉入社会实践中的行动者都倾向于占有资源，即便那些资源是当下的行动所不需要的，也会出于储备的动机而加以占有，甚至期待着那些资源的可计算价格不断地提升，从而使自己在对那些资源的占有中获利。即使那些资源不会因为价格变动而使组织从中有所收益，那么对其占有本身也是一种竞争优势的获得。这是因为，一旦实现了对某类资源的占有，面对缺少这类资源的竞争对手时，就能够在对其竞争力量的削弱中使自己获得优势。也许因为诸如某项新技术的出现而使这些资源成了垃圾，但组织往往会因为谋求竞争优势的心理期待仍加以占有。如果因此而击败了竞争对手，那么在那些资源成了垃圾的过程中却得到了极大的回报，至于所造成的资源浪费，则可以列入经营成本之中。

正是对资源的占有，致使大量本应在提高生产力、改善人们生活、促进社会繁荣中发挥作用的资源被浪费掉了。即使那些资源是长期有效的，也会因为出于占有的目的对它们的封存造成时间成本。这同样是一种因资源闲置而造成浪费的状况。在风险社会中，这种状况显然是不合乎人的共生共在的理念的。我们认为，在风险社会中，应当取缔一切非利用目的的资源占有。而且，在信息技术、大数据等的支持下，让每一个行动者都能够对所需资源进行随取随用，也完全是可能的。

在近代以来的社会组织化过程中出现的一切组织都有着组织本位主义的倾向，这是个人主义、自我中心主义在组织那里的映射。组织本位主义使得它倾向于占有更多的资源，努力在扩张中去实现利益最大化。不过，这也同时引发了"消化不良"的问题，以至于组织在经历过某个鼎盛期后就会走向衰落。一旦进入衰落期，组织往往有两条积极行动的路线。一条是走持续扩张之路，即通过扩张去冲淡组织衰落的危机。不过，这条路会有较大风险，极有可能把危机推后发生，而推后爆发的危机一旦到来，往往是致命的。这就是组织本位主义的悖论。另一条路是对组织的各个方面进行收缩，以保证组织的核心职能和生命力。这样做应当说是明智的，但操作起来却非常困难。因为，虽然组织的收缩本身也是一种积极行动，但呈现出来的却是保守的形象，很难得到组织成员的理解和认同，反而会让组织成员误以为是因为组织危机的到来而采取的收缩策略。一旦出现了这种情况，那些拥有专业技术和求职优势的组织成员，就会谋求流动出组织，从而导致优质人力资源的流失。

一般来说，组织的收缩必然伴随着裁员，从而导致某些心理恐慌。这样的话，就会迅速燃爆某些积弊，使得组织陷入真正的危机之中。这也同样是组织本位主义的结果。很多遭遇了这种情况的组织，基本上都是因为组织对资源的不当占有而陷入资源冗余而带来的危机。人们往往会在对陷入危机的组织进行诊断时指出诸如经营不善、管理不当或环境变动等问题，但其具体表现是什么？其实大都反映在资源占有方面出了问题。

在农业社会，资源的分布存在着地域分割的问题。而且，这一社会在资源开发和利用方面表现得并不显著，主要表现在粮食等有限几种资源在地域持有上有所差异。工业社会打破了地域边界，由于市场以及社会化大生产而使资源被分成不同的类型，并由各领域所持有。这样，造成了资源的领域分割。在每一个领域中，又都进一步表现为组织化的占有，甚至出现组织垄断资源的状况。与地域化的资源占有相比，组织化的资源占有呈现给人们的是一种普遍性地分割资源然后再分别占有的状况，加上信息不畅，大量资源闲置、浪费的问题就显得格外突出。

风险社会应当首先解决资源分割的问题，其出发点就是打破组织的资源占有，废止任何不以利用为目的的资源占有。在此问题上，我们需要认识到的是，之所以在政治上和法律上支持资源的组织占有，主要是为了实现某种关于"所有权"的理念，而不是为了保证资源的社会效益最大化。组织对资源的占有肯定会造成资源的空置和自然损耗，虽然组织可以通过调整价格等方式而把损失转嫁给其他组织或个人，但对于社会而言，这种损失却是不可挽回的。在风险社会中，在人类命运共同体的理念提出后，废除组织对资源的占有也许可以成为制度建设的一项目标。只有这样，浪费资源的现象才能从根本上得到杜绝。

人力资源组织占有的消极效应是综合性和系统性的。我们知道，在组织有着自己的边界的时候，而且，在组织具有一定的封闭性的时候，环境对组织的影响可能更多地以压力的形式出现。比如，官僚制组织在20世纪后期基本上都拥有了成熟的人力资源策略，但劳动力市场中的价格状况却有可能打乱它的人力资源规划。组织成员中的某些成员可能属于珍稀类人力资源，这些人在劳动力市场上有着很高的定价，但在组织管理中，却需要考虑其他成员的公平感受问题，甚至对人的嫉妒等劣根性也不能置若罔闻。因而，是不能给予那些所谓"人才"以更多报酬的。这样的话，那些人就有可能受到市场定价的吸引，从而离开组织。这有可能关乎组织的社会形象，甚至会对组织的兴衰造成一定的影响。当一个国家中的人们意识到人才大量流失到了国际市场上，那么它也许需要检视自己在公平、公正问题的处理上是否存在着不当。

　　工业社会的所有组织都存在着"劣币驱逐良币"的问题，而且这似乎是工业社会的一种普遍性的人际关系形态。组织珍稀类人力资源如果陷入了来自组织四面八方的"羡慕嫉妒恨"的话，就不得不到劳动力市场中去寻求一线喘息的空间，尽管那个空间是逼仄的。在风险社会中，人际关系中的嫉妒、怨恨依然会存在。目前看来，我们已经走进了风险社会，人对人的嫉妒、怨恨不仅没有减弱反而变得更加狂躁，甚至转化成弥漫整个社会的戾气。即便我们确立了人类命运共同体的理念，也无法改变人的这种"羡慕嫉妒恨"。鉴于人际关系中的这类消极因素的破坏性极大，有可能在风险社会中随时把风险引爆为危机事件。所以，这是一个不能不引起重视并加以解决的问题。出路显然就要落实到人力资源组织占有的问题上，如果组织成员能够自由流动的话，就能够扫除"羡慕嫉妒恨"产生的土壤，就能做到"人尽其才，才尽其用"，从而在风险社会中呼唤出巨大的力量。

　　占有的观念在组织结构方面也会经常性地造成某种裂隙，使组织各部门间陷入矛盾境地。比如，官僚制组织是由核心职能部门和辅助性职能部门构成的自足体系。就部门设置看，一般来说，辅助性部门的数量都会多于核心职能部门。这就意味着辅助性部门需要占有大量组织资源，甚至会出现与核心部门争夺资源的状况。在私人部门，由于组织对成本问题较为敏感，往往会时时检视并控制辅助性部门对资源的大量消耗。在非私人部门那里，组织辅助性部门占用组织资源的问题基本上是不受控制的，甚至会经常出现核心职能部门成了组织中的"弱势群体"的状况。在这方面，中国的大学就是一个非常典型的案例，我们已经剖析过这个案例。

　　从世界通行的做法看，大学是需要教授的，但在中国，食堂一日出了问题，就会造成灾难性的后果；医院关门一天，就有可能出现生命灭失的问题；没有一支稳定强大的后勤队伍，宿舍断水、断电会带来什么影响；没有图书馆的话，学生可能也就没有了去处……在所有的中国大学中，我们都可以看到，最有代表性的所谓标志性建筑肯定是属于行政部门的。至于教授，其实是可有可无的，与行政部门的每一个工作人员都有自己的工作地点不同，许多大学的教授可能是需要到教室或图书馆里去与学生争座位的，只不过按照世界上的通行做法，才需要用一些教授来装点门面而已。既然教授只是一个大学的标识，那么一个大学拥有的是真教授还是假教授，都不再重要。这样一来，有真才实学的人遭受排挤而在职称等各个方面不得寸进，而善于经营者哪怕胸无点墨也可以成为知名教授。特别是当国家用承担课题来评定人才时，更加为此提供了捷径。

在中国的大学中，教授就是广告中的一些符号，没有教授，相信大学会办得更好。在我们所做的这一描述中，能够理解大学中的行政工作是如何艰难。在每一所大学中，行政人员的比例往往占三分之一甚至更多，都是非常必要的。因为行政人员负责资源的分配，需要有更多的人、更强大的力量去做好资源分配的工作，以保证大学的顺畅运行。问题是行政人员是否会占用资源？这就是一个无须回答的问题了。而且，掌握分配资源权力的人更多地占用资源，也是可以理解的。谈到大学，人们肯定会以为这个组织的核心部门是从事教学与科研的部门，也就是说，由教师构成的部门是大学的核心部门。然而，在中国的所谓大学中，它其实是一个可有可无的部门。也正是因为教授是大学里可有可无的摆设，所以，发生在大学里的几乎所有改革，都不断地折腾占人数比例不足三分之一的教学科研人员。因为，无论怎样折腾这个人群，对大学都不会产生什么影响。正是这一点，说明中国的大学只是用这个部门来证明自己是大学组织，实际上，它们根本就不是大学。

近代哲学在对人的认识上存在着诸多分歧，但在人是一种社会性

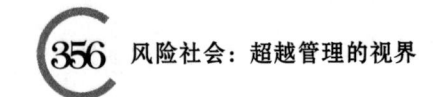

存在的问题上,却形成了一致性的意见。即使那些更多地关注人的自然属性的哲学家,也不得不承认人的自然属性与动物是不同的。这无疑是向"人是一种社会性存在"的观点作了妥协。然而,在组织的视角中,人只是组织的一个方面的构成要素。与环境、战略与目标、工作与技术、正式组织、非正式组织等一样,是作为组织的构成部分而存在的。这显然是在对组织的静态观察中所形成的分析性认识,是把组织作为一个静态的实体而对它进行分析、分解而获得的认识。

如果将组织当作一个系统而不是实体来看的话,结论又会有所不同。如斯科特和戴维斯所指出的那样:"组织首先是一个系统,其中的每个要素都影响着其他要素,并受到其他要素的影响。单从战略、人员、正式结构或技术都无从理解组织的本质。对任何组织的解释都离不开更大的环境。忽略其他要素,只关注某一方面的特征,是无法把握组织的实质的。"① 如果再进一步,将组织看作行动系统,就必须更多地关注其动态特征。在系统的各构成要素中,唯有人直接地反映了组织的行动者属性,是可以和组织一样都用"行动者"一词来进行命名的,而组织的其他要素,或者说,组织的其他绝大多数要素,都不一定成为组织必须占有的东西,也可以说不是组织需要刻意关注和花大力气去进行经营的要素。

在工业社会竞争的环境下,我们所指出的这一点也许是不敢想象的。但是,在风险社会中,却必须考虑是什么构成了组织。一旦提出了这个问题并进行了认真的思考,就会对组织的诸多占有表示怀疑。也许人们会说一些保障因素是组织所需要的,可是,倘若组织能够方便地从社会中获得那些保障因素,它又有什么理由去加以占有呢?在20世纪80年代出现的一波"新公共管理运动"中,要求将组织中绝大多数服务于本组织的部门加以切除,实现服务市场化、社会化。从

---

① [美] W. 理查德·斯科特、杰拉尔德·F. 戴维斯:《组织理论:理性、自然与开放系统的视角》,高俊山译,中国人民大学出版社 2011 年版,第 27 页。

西方国家来看，虽然这种改革并不像在中国那样成功，但是，如果从社会感知的角度看，是应当给予肯定的。不过，这里需要指出的是，新公共管理运动所推荐的是服务外包，而在中国政府中却大量地使用了职能外包。

三 由占有造成的异化

社会的高度复杂性和高度不确定性是历史性地生成的，是历史前进的脚步将人类带入这种状态。当社会的高度复杂性和高度不确定性表现为风险社会时，我们思考其原因，认为以风险社会的形式出现的这种状态是工业社会的人的行为以及理性化行动的结果，但我们却无法确切地指出是哪一种行为和哪一项行动引发了风险社会，只能将风险社会看作一种综合性的后果，同时将风险社会定义为系统性的风险状态。

大体说来，在社会演进过程中，首先是人与自然的分离，而后是人与人的分离，不断地生产出了社会风险，并将社会风险积累了起来，最终使我们的社会以风险社会的形式出现。社会的高度复杂性和高度不确定性是风险社会的基本特征，它意味着人类的一种新的境遇，是人的社会存在方式的新形态。列斐伏尔认为，社会的发展走到了这一步，完全是一个异化的过程。"人一直都没有能力避免这种异化。异化已经影响到了日常生活，与血缘的社会关系和原始经济的社会关系相比，在异化条件下产生的社会关系要复杂得多。经过社会—经济拜物教和自我异化，人已经发展了，已经把自己提高到了原始动物和生物条件之上。人一直都没有其他的路可走。辩证地讲，人一直以来都是通过去人性化而形成的。如同人与自然的分割一样，人与人自己的分割曾经是而且依然是深刻的、悲剧性的和必然的。人与自然的分割必然导致人与人自己的分割。"[①]

---

① ［法］亨利·列斐伏尔：《日常生活批判》，叶齐茂等译，社会科学文献出版社 2018 年版，第 166 页。

人通过与自然的分割去改变人在自然中的地位，以为这样做可以独立于自然并凌驾于自然之上。表现在行动上，也就是征服自然、驾驭自然，做自然的主宰，占有自然存在，使之成为财产。结果，如果说恩格斯在《自然辩证法》中谈到土地荒漠化的问题时还是一种灵感的话，那么到了20世纪70年代，随着《增长的极限》这份研究报告的发表，人类才自觉地意识到正在遭遇自然的回击，变成自然的奴隶，受到自然的压迫。

人与自然的分割并不是孤立的事件，而是同人与人的分割联系在一起的。人与人的分割表面看来是一个纯粹的社会问题，也确实是在社会过程中实现了人与人的分割。然而，考虑到人本身也是一种自然存在，具有自然属性，就可以看到人作为自然的生物属性从最初级的原始占有开始而开拓出了一条使人分割开来、对立起来的道路，逐步地发展出人与人竞争、斗争的策略和技巧等，制造了无穷无尽的社会风险。应当说，"人是一个自然的存在，他事实上永远不可能与大自然分割开，然而，人却总是在与大自然作对。人支配大自然，人想象他是可以从大自然中分离出来的，他通过抽象，通过自我意识，通过痛苦的努力，而实现与大自然的分割。所以，正是通过（神学的和形而上学的）异化，人相信，他自己在大自然之外，在世界之外……认为他自己已经成功地主宰了大自然。正是在这个矛盾和痛苦的分割中，在与大自然的抗争中，在与自己的斗争中，人变成了他所能够变成的"。[①]

当然，就人类社会发展过程而言，是可以作多种解释的，人们更多地看到了历史进步这一积极的方面，而且看到在这一积极方面中所包含的逻辑可以予人以对未来的无限憧憬。可是，在每一代人的现实生活中，又都存在着给人带来痛苦、灾难和危机的因素。这些因素往往是人们不愿看到和不愿接受却又无法作出选择的。正是因为现实中

---

① ［法］亨利·列斐伏尔：《日常生活批判》，叶齐茂等译，社会科学文献出版社2018年版，第166页。

的这一方面，把人们导向寻求历史根源的解释路径上去了。

马克思的早期著作所关注的就是历史和现实的这一方面，继承并发展了自卢梭以来的异化理论。列斐伏尔在运用马克思的早期思想去审视晚期资本主义的现实时，发现异化的问题变得空前严重，在范围上，远远超出了马克思在那些领域所揭示的劳动异化，已经成了渗透到社会生活和活动的所有方面的异化。因而，列斐伏尔提出了一个设想：逆转人类历史的"分割"，启动"统一"的进程。列斐伏尔说："现在，重新发现、认识到统一的时代正在开始，当然，这种对统一的发现和认识都上升到了一个较高的层面。人再次认识到，他自己是大自然中的一个存在，不过，现在他拥有了人力和意识，这是通过巨大和痛苦的努力而取得的。分割、异化—拜物教、神秘事物、剥夺—完整的人的形成，这些哲学的观念组成了一个有机的、与时俱进的整体。"[①]

列斐伏尔运用了黑格尔的概念，称这项任务是一个"统一"的过程，将分割开来的一切重新统一为整体。不过，我们认为，就"统一"这个概念的内涵而言，其实是将人类应当采取的行动简单化了，是仅仅关注了即将开启的历史进程的形式一面。再者，"统一"的要求也包含着对分割开来的部分的独立性的不承认，假设分割之前有一个先在性的整体，分割开来的部分只是那个先在性整体的碎片。所谓"统一"，无非是要将这些碎片重新拼接起来，还原整体。这种想法在实质上仍然是一种形而上学的思路。即便从"实证"的角度看，古代东方诸宗教中的修炼体系所追求的那种人与自然的统一难道可以再搬过来吗？这也同样是列斐伏尔想到的吧。

就现实表现而言，人与自然的分离、人与人的分离、社会的领域分离所造成的是具有相对独立性的部分，新的历史进程应当是一个对

[①] [法]亨利·列斐伏尔：《日常生活批判》，叶齐茂等译，社会科学文献出版社2018年版，第166页。

所有这些分离进行融合的选择。社会各领域的融合、人与人的融合、人与自然的融合体现了黑格尔所说的"否定之否定",也是列宁所说的"螺旋式上升"的历史进步过程。欲达融合之境,就需要弄清究竟是什么原因使人与自然、人与人分离的,其答案显然是人的占有。在对自然的占有中,将占有物从自然界中剥离了出来;在所有占有物以财产的形式出现的时候,则在人与人之间划定了边界,使人分离并成为不同的阶级、人群等,而且产生冲突、斗争和竞争。

卢卡奇对异化的概念加以拓展,形成了"物化"的概念,并认为一切物化都包含着异化的内容。通过对卢卡奇物化概念的解读,霍耐特领悟出了两种形式的物化:一种是对人的物化;另一种是对客观世界的物化。"对人的物化指的是,遗忘了先行的承认关系;对客观世界的物化则指,遗忘了各种事物对于曾经被我承认的他人而言,有着多样的意义与重要性。在此,使用物化概念的两种方式乃是不对称的,其不对称性在于,'承认'是我们认识他人的必要前提,但并非认识自然的必要前提——我们可以怀着一种物化的态度面对客观世界,而无损于我们以智力把握客观世界的可能性。与此相反,若遗忘了先在的承认,我们则根本无法认识到他人是'具有人格特质者'。因此,不论是无生命之物还是人以外的其他生物,物化既与自然并不会毁损社会生活世界再生产的必要先决条件,相反地,若我们对其他人采取物化态度则会导致此结果。"[1]

在人与人之间,承认是可以得到呼应的,会形成相互承认的情势。而在人与自然、客观世界的关系中,承认是单向的。尽管基于承认的行动会在自然、客观世界那里产生某种结果,而在承认这个环节中,则不存在相互承认的问题。所以,如果自然、客观世界并不属于人,那么当不同的人面对同一个自然、客观世界时,对自然、客观世界的

---

[1] [德]阿克塞尔·霍耐特:《物化:承认理论探析》,罗名珍译,华东师范大学出版社2018年版,第104页。

承认上的一致性或差异性既是人的态度同时也会影响到所采取的行动。那样的话，物化虽然反映在自然、客观世界那里，而根源却是包含在人与人的关系之中的。

当然，经历了资本主义的私有制，自然、客观世界中的那些所有可以分割的东西都实现了私人占有。因而，在承认的问题上，也就有了为之提供保障的制度化方案及其执行机构。既然被私人占有的自然、客观世界是需要在承认的问题上得到制度化的方案来提供保障的，它本身就说明"承认遗忘"是一个必然要发生的问题，即具有物化之必然性。也许霍耐特会认为制度化的保障防止了"承认遗忘"，但在卢卡奇看来，具有资本主义属性的制度等恰恰是物化的根源。所以，卢卡奇的物化概念是属于革命理论的哲学基础，而霍耐特则不是。或者说，霍耐特有意识地忽略了卢卡奇物化概念的革命理论属性。

财产的私人占有以及由此带来的财富分配的不平等，极易在日常生活中产生以嫉妒的形式出现的破坏性因素。在重回"羡慕嫉妒恨"这一话题时，我们需要指出，它根源于占有上的心理挫折，是占有上的心理挫折以情感、情绪的形式表现出来，并反映在言说和行动上。也只有当它反映在了言说和行动上时才能被识知。嫉妒若指向他人的财物，也许可以通过偷盗、抢劫等方式去占有他人的财物，或者，通过某种破坏性的计谋令他人失去财物，从而变得不如自己。但是，如果嫉妒所指向的是他人的才智，往往是没有办法直接对其才智进行破坏性攻击的。即便作出了攻击，也是针对才智拥有者的身体或名誉进行的。一般来说，更多的时候是针对他的利益方面采取行动。

在中国，几乎所有的单位里同事间的矛盾大都由嫉妒引起，而且主要是因为嫉妒他人的才智而引起的。从现实表现看，手中有点权力的小领导、直接上司等往往会利用权力在资源分配上采取行动；如果是一般性的同事，往往通过拉帮结派而共同采取行动。这两种情况在表现上都是排斥、抢夺属于那人的机会等，在实质上，都是针对利益而采取的破坏性行动，指向了那些拥有才智的人的占有。他们在这些行动中往往更多的只是实现了损人不利己的结果，可以归入单纯破坏的范畴。

　　人们常说，有中国人的地方就有"内耗"，其实际根源就是嫉妒，是嫉妒引发了矛盾，无谓地消耗了能量。实际上，不仅是有中国人的地方就有内耗，而是在每一个国家都这样，只不过在程度上有所差别而已。嫉妒是最容易引发阴恶行为的，因为这种恶是"阴"的，所以是说不清、道不明的，致使处理起来也非常棘手。由于嫉妒引发的阴恶行为非常普遍，致使中国人习以为常，甚至互以运用阴恶手段开展斗争为乐。当然，一些智者也因此而领悟出诸多人生哲学箴言，用以劝诫后人。特别是佛家，提供了系统化的思想和操作方式，但它给出的却是一条自我自觉放弃占有的出路。

四　流动性对占有模式的冲击

　　工业社会的竞争和利益冲突模式在时间的维度上是不可持续的，当我们陷落风险社会时，对此有着更为深切的感受，所以，它必须得到改变。当提出这个问题时，人们首先想到的就是消除权力对组织的支持。应当说，近代以来在解决这一问题方面作了诸多努力，但仅仅是在限制和防范国家及其政府权力介入到组织的竞争和利益冲突这一方面起到了实际效果，而在资本权力方面，却从未采取过任何限制和防范的行动。因而，并没有改变组织占有和浪费资源的状况，甚至没有产生任何缓和的迹象；也没有使人从占有冲突以及"羡慕嫉妒恨"中走出来，反而是陷得更深了。事实上，造成这一问题的根本原因还是竞争行为模式和利益观念，因而必须针对这一占有模式开展行动，才能赢得现状的改变。

　　工业社会的组织基本上是一个封闭系统，或者说，是相对封闭的系统。在一个相对封闭的系统中往往会产生所谓"二八"现象，也有人将此称为"二八"定律。比如，这个地区百分之二十的人口占有了该地区百分之八十的财富。但是，开放性、流动性却可以立即使之瓦解。其实，在财产私人占有的社会中，是不可能实现均富的，财产本身就是拒绝均富的，财富也因为具有向财产的可转化性而没有均富的能力。也就是说，财富不像水那样流向低处，反而是向财富"高地"集中，变成财产。

也许财富的积聚就像天体物理学所描述的"黑洞"对物质的吸引一样，在少数人那里成为致密度极高的财产。在这种条件下，均富、共同富裕只能是一种理想。社会治理机构可以为了这个理想而行动，但很快就会发现，均富是不可能的。如果强行均富的话，所取得的可能就是"均贫"的结果。马克思意识到了这一点，所以他所指示的是一条解决财产私人占有问题的路径。当我们在流动性、开放性很强的社会中看这一问题时，就会发现，财产的私人（个人）占有并不必然是稳定的，其不会因为财富转化为财产并得到了资本主义制度以及行动的保护而静止下来，而是处在不断转移的变动状态中。

在今天，之所以我们感受到的依然是因为财产的私人占有带来的社会不公平、非正义等问题，那是因为资本主义的制度、观念等还在极力抵抗社会的流动性、开放性，拼命维护财产的私人占有。一旦社会的流动性、开放性积聚起了彻底瓦解这种制度、观念的力量，关于财产的私人占有问题也许就不再是值得关注的问题了。风险社会意味着人们的关注点发生了转移。在整个工业社会中，人们的关注重点一直放在财产的占有和占有方式上。比如，无产阶级、资产阶级等许多概念都表明，财产是将人们区分为不同群体和阶级的标准。如果资产阶级窃取了社会财富和剥夺了无产阶级的财产，那么将其所窃取的那些被他认为是他自己的财产的东西还给社会，将其从无产阶级那里剥夺的财产重新剥夺，从而改变占有者，被认为是一条出路。但是，从实践来看，单单是占有者的变化并未终止社会风险的生产。

在人类走进风险社会的一个较长的时期，可以相信，人们关于财富及其占有方式的关注都依然会以一种惯性而存在，但人的生存、人的共生共在的价值，会越来越明显地进入人们的视野中，成为人的关注重点。那样的话，作为人的关注点的关于财产及其占有方式的问题，也就会成为日渐暗淡的"光点"了。在此意义上，一场社会变革运动带来的也许不是财产占有方式的改变，而是一个财产是否仍然会作为一种社会现象而存在的问题。列斐伏尔认为："在资产阶级社会没有生气的去人性化的生活中，财富标志了人与他自己的分离；财富不只是异化的标志，财富是人本身的异化，财富是人的'异化的本质'。在这个资产阶级的人那里，财富表现为全部（贯穿于创造性劳动或贯穿于休闲的）时间，不是贡献给生活，而是用来积累或'投机'。"① 虽然列斐伏尔在这里使用的是"财富"一词，实际上他所指的是财产，是由财富转化而来的为私人占有的财富——财产。

全球化、后工业化改变了社会条件，特别是作为人类整体上的异化以风险社会的形式出现后，那种从抽象个人的角度所看到的异化已经变得微不足道了。事实上，这种抽象个人意义上的异化被人类整体上的异化替代了，致使社会行动的主题发生了变化，即需要优先考虑如何去解决人类整体异化的问题，或者说，去解决这种人类整体异化条件下的人的存在问题。

在以往的社会中，财富意味着物质享受，财产意味着可以支配他人的能力，而站在财富和财产对立面的，则存在着痛苦、灾难等。在风险社会中，无论你是占有财富的人还是无产者，都必然处在随时准备分担人类不幸的状态中。人在风险社会中所面对的风险意味着一种消极平等，它不仅是人的关系的根本性变化，也是人的存在形态的变化，原先用来证明人、规定人的占有以及其他社会因素开始丧失其功能。也就是说，在风险社会中，无论财富和财产是人的异化还是规定了人的社会因素，都将丧失其原有的价值。哪怕你家财万贯，面对风险，在危机事件中，也可能一文不值。

---

① ［法］亨利·列斐伏尔：《日常生活批判》，叶齐茂等译，社会科学文献出版社2018年版，第146—147页。

在社会运行和社会变化加速化中,自我自身就处在不断的自我否定之中。过去的、现在的和未来的自我间的联系纽带,变得越来越松弛、越来越脆弱。在以往的社会中,自我的成长也就是在对社会存在中的某些因素的吸纳中以及对各种关系的构建中展开的,会表现为这些方面成果的积累。占有了这些成果,也就有了相应的社会地位。然而,风险社会中的流动性使这种积累失去了意义,因为你无法占有那些成果,也就不可能使其积累起来。

以人所拥有的知识为例,可以看到,知识在以往可以成为人在学习中积累起来并加以占有的成果,然而,流动的社会迫使人必须处在不断的学习之中。既已拥有的知识是需要加以淘汰的,因为,那些知识已经过时,如果继续持有的话,只能使人生成偏见。所以,必须注重当下习得的新知,只有这些新知,才能使人在行动中做出正确的行为选择。对于当下的这种自我拥有的知识,在走向未来的行程中又需要加以否定。所以,当自我处在流动之中时,并没有一个确定的既已存在且不再改变的自我。

当然,对于这种处于不断否定中的自我而言,唯有道德是属于他的存在。虽然道德本身也是变化着的,但不像知识那样处于时时更新的状态,也不像他所拥有的诸如财产等物质因素那样聚散不定。相较而言,道德是自我所拥有的最为稳定的属于自我的存在物。或者说,道德本身就是自我,因而不存在对道德的占有问题。正是因为拥有了道德,正是因为道德与自我是融合为一的,人才能够在流动的社会中不断地重构人与人、人与物以及自我与环境的关系,并通过行动而使自我的价值在这种不断重构的关系中彰显出来,即实现自我。

在风险社会及其高度复杂性和高度不确定性条件下,如果去评价社会治理的状况,一条最为基本的标准就是看它能否促进社会的流动性。能够促进人、物、财富流动的社会治理措施,就是积极的和反映了时代要求的,相反,就是消极的。水的流动会激起泡沫,但那是冲刷污浊之物而激起的泡沫,如果我们不愿意看到水流激起的泡沫而让水静止下来,那么水就会变成腐臭的死水。在风险社会中,以往在社会发展中积淀下来的许多消极因素都需要在社会流动性的增强中去加以解决。如果社会治理抵制、控制甚至试图消除社会流动性,无异于让那些旧的消极因素变为腐蚀社会的因素。比如,对于财产占有不均衡造成的社会不平等,如果不通过社会的流动性去加以解决的话,就会愈演愈烈,就会使人类在风险社会中陷得更深。

在感性的意义上,所有政府都会将社会的流动性解读为社会不安定状态的根源,特别是有着集权传统和控制追求的政府,总会极力抵制社会的流动性,以求获得社会稳定的暂时性假象。事实上,这是阻碍社会发展的做法,是拒绝按照高度复杂性和高度不确定性所包含的客观要求行事的做法。其结果,必然使其治下的社会失去活力,丧失历史性的发展机遇。

财产占有本身构成了边界,是因为财产占有而在人与人之间划定了边界,我所占有的财产就是对你的排除。其实,泛泛地说,有了你、我,也就意味着有了边界,财产占有使这种边界变得更加清晰了。正是工业社会通过系统性的社会设置建构来确认和维护财产的私人占有方式,才使得人的边界意识不断增强。边界意识的理性化过程在工业社会中表现得尤为显著。比如,就国家的边界来看,在农业社会的历史阶段中并不严格,只是在民族国家这一国家形式生成后,才得到了非常严格的维护。

在农业社会,族群间的边界也许是清晰的,但任何友好的表示都会立即将那种边界化为虚无。在工业化的进程中,在自我意识生成后,每个人都会自觉或不自觉地为自己确立起边界,不仅把陌生人挡在了边界之外,即使亲朋好友,也不允许逾越某个边界。在个人的扩大化的存在形式中,边界的设立和维护都包含着理性的规划。然而,随着信息技术的广泛应用,首先对个人的边界形成了冲击,使得个人的边界非常容易被突破,以至于人已经没有什么隐私可言了。

对于组织而言,开放性、流动性所构成的挑战,致使边界被冲击得七零八落。在一个流动的社会中,任何一处边界都会因为阻碍了流动而造成一个旋涡,并以社会问题的形式出现,从而使人们不得不立即行动起来去解决那个问题。在风险社会中,即便还存在着某些模糊的、随机变动着的边界,也将与我们在今天以及历史上所看到的边界完全不同。一旦人与人、组织与组织、群体与群体间的边界被流动性所冲决,那么任何形式的对财产、资源等的占有也就变得不再可能。

财产占有决定了人的群体归属,一个社会的成员被分成资产阶级、无产阶级等,是由财产占有的状况决定的。在风险社会及其高度复杂性和高度不确定性条件下,即便存在着群体,群体间的差异也不是结构性的。因为,群体本身就是变动着的而不是稳定的,群体自身不再拥有稳定的结构,群体之间的关系的流动性和不确定性也决定了,不再会有任何群体处在确定的社会位置上,不再会使群体间的差异固化为某种社会结构,甚至不再会出现因为占有上的差别而造成的人与人的差别。

在 20 世纪,"多元化"是一个使用频率很高的词语,并有着以"多元主义"命名的政治学理论。所谓多元主义,其实仍然是在静态观察中形成的看法。如果看到了社会的流动性,或者说,当社会呈现出高度流动性时,所有的群体都将不再是稳定地存在于某处的,即不在某个特定的社会位置上,因而,也就无法作为社会构成因素的"多元化"而存在了。一旦人流动了起来,他所占有的那些作为财产的因素又怎么能稳定地与他联系在一起呢?

总之,社会的流动性销蚀着一切稳固的存在,一切社会构成要素都会受到流动性的冲击而流动起来。这意味着多元主义以及基于社会多元化而作出的制度构想失去了理据,因财产占有带来的人群分化、阶级分化以及在这种分化中产生的公平、正义等问题,也都被流动性冲散。假如风险社会中还存在着公平、正义的问题,那也不再有结构性的原因了。事实上,这些问题也是不可能在社会的流动性中出现的。或者说,在一个高度流动的社会中,因为财产的私人占有不再可能,也就不再会产生公平、正义的问题。

第二节　时间资源的稀缺化

德国学者罗萨认为："现代的社会行动者越来越感觉到自己的时间常流逝殆尽，他们极度缺乏时间。时间仿佛像是石油一般被消耗的原材料，越来越珍贵，所以其短缺越来越让人感到恐慌。"[1] 之所以人们经常感到时间的匮乏，原因就是社会运行和社会变化的加速化，是社会运行和社会变化将人置于时间紧张的状态中了。也就是说，因为社会运行和社会变化的加速化，使人们"在一定时间单位当中行动事件量或体验事件量的增加。也就是说，这是因为想要或觉得必须在更少的时间内做更多事"。[2]

罗萨这里所描述的其实是社会时间与自然时间之间的矛盾和冲突的问题。因为，自然时间是一种不变的常量，而在社会运行和社会变化的加速化中则衍生出了更多维度的社会时间。多维度的社会时间的叠加和汇合虽然在量上大大地超出了自然时间，却也使自然时间的约束显得更为紧张。在这种情况下，需要再运用技术的手段或社会安排的方式去开发出更多的社会时间，以解决受自然时间约束的紧张状态。但是，社会时间的开发又同时推动了社会运行和社会变化的加速化，并再度导致自然时间约束的紧张化，从而陷入了一个循环升级的过程。

这就是我们的社会在当前显现出的一种非常显著的现象。在应对这一问题时，人类即便拥有历史上所积累下来的经验，仍旧显得束手无策。事实上，它首先对我们既有的社会治理体系及其方法构成了挑战，要求我们通过社会重构去适应这样一种时间资源稀缺的状况。其中，社会治理模式的重构是更为优先的事项，但目前看来，这是一个

---

[1] ［德］哈特穆特·罗萨：《新异化的诞生：社会加速批判理论大纲》，郑作彧译，上海人民出版社 2018 年版，第 21 页。
[2] ［德］哈特穆特·罗萨：《新异化的诞生：社会加速批判理论大纲》，郑作彧译，上海人民出版社 2018 年版，第 21 页。

有待探索的问题,我们在这里只是提出了这个问题,并未形成成熟的意见。

一 时间是一种社会资源

在表达对"时间"概念的认识时,吉登斯对农业社会和工业社会的情况进行了比较。他说:"就传统而言,从时间意识的角度看,'时间'并不是传统文化中的一个单独的'维度',社会生活的时间性体现在现在渗透在以传统为根基的过去当中,社会生活的循环性因此是其主要特征。当时间被看作是一种可以单独分离开来的现象而且可以被量化时,它也就变成了一种稀有和可以被剥夺的资源。马克思正确地把这一现象看作是现代资本主义社会的特征。使劳动力能够转变成为商品的东西,正是劳动时间的量化以及明确界定的'工作日'。"[1]

是因为时间被分离出来了,使时间管理技术得到发明,而且用于社会生活以及行动的各个方面,也出现在各种各样的评估和评价中,并被作为重要标准。对时间的利用和管理,也使人有了历时性、共时性等观念。也就是说,人拥有了系统化的时间意识和观念。经历了工业社会的历史阶段,人的时间意识已经牢固地树立起来,并依据时间去开展行动和协调、规范人们之间的交往关系。在某种意义上,时间也可以被看作社会运行中的"激素",在人们的不知不觉之中推动社会运行速度加快。今天,我们处在一个高速运行的社会中,在一定程度上,它正是由人的时间意识以及各种各样的时间管理技术推动的。正是这种时间意识以及时间技术的发明,使得时间成为一种资源,并在社会生活中发挥着越来越显著的作用。

时间的资源化是社会时间生成的标志。自然时间本身并不是资源,但当人意识到时间是一种有用的资源时,就为社会时间的生成确立了

---

[1] [英]安东尼·吉登斯:《社会理论的核心问题》,郭忠华等译,上海译文出版社 2015 年版,第 214—215 页。

一个起点。然后，通过人的活动，技术的应用等去进行社会时间建构。特别是在由各种社会技术凝结而成的管理活动中，表现出了对社会时间的积极建构、自觉开发和合理利用等状况。今天，在社会时间是一种资源的问题上不再会有人提出异议了。在资本主义条件下，时间是可以转化为金钱的。也正是因为社会时间是一种资源，才有了占有上的不平等问题。一些人不仅自己占有了更多的时间资源，还可以占有他人的时间和支配他人的时间。

时间资源的开发使得我们的社会在时间拥有量方面大幅增多了，然而，在社会时间资源总量不断增加的情况下，人们却越来越感受到时间资源的稀缺。越是在社会时间爆发性增多的条件下，人们也就越是感受到时间资源稀缺的压力。这个问题的解决与消除，与其他物性资源的私人占有又有所不同。19世纪以来的所有关于财富的公平分配的设想都无助于解决时间资源的私人占有问题，以至于我们需要在时间结构的变化中去寻求出路。可以相信，一旦建立起了社会时间的网络结构，时间资源的私人占有也就失去了根据，占有和支配他人时间资源的行为也就会变得不合理。

在自然时间向社会时间的转变中，人们悄悄地把时间意志塞入社会时间之中，或者说，在从自然时间转变为社会时间的过程中生成了时间意志，从而使人们可以在既定的社会结构的支持和配合下把时间意志施加于人，通过时间去实时控制和支配。这样一来，时间就具有了权威性，时间意志也表现出了命令—服从的性质。最为典型的就是火车时刻表，把乘客、司乘人员、调度、路辅人员等都纳入服从群体之中，认同、接受火车时刻表中所代表的时间意志。

由此可见，自然时间并无意志，只是在转变为社会时间时才有了时间意志。因为时间中有了人的意志，也就有了支配性，使人可以对时间进行支配和通过时间进行支配。比如，时间的资源化即社会时间的生成使得时间分配成为可能，人们可以把所需处理的事务排出一个先后次序，也可以同时处理若干事项。这都无非是不同的支配和分配时间资源的形式。也就是说，我们无法对自然时间进行支配和分配，我们所支配和分配的只是属于我们的社会时间。这也说明，当我们认识到社会时间是一种重要的资源，也许就需要对人的社会地位状况进行重新定义。尽管时间资源的拥有不像财富那样标志着人的富裕程度，却又是人的自主性程度的衡量指标。一个具有自主性的人应当首先反映在他能够自主地支配自己所拥有的时间，而不是任由外在于他的因素占用、支配或打碎他的时间。

因为时间中有了人的时间意志，也就使时间获得了质性。也就是说，自然时间只有形式，而社会时间则获得了质。所以，时间的质应被理解成时间被作为资源而得到了成功建构才获得的一种属性，也是时间被赋予价值的表现。因为时间获得了质的属性，所以，可以"把时间看作是一种有价值的商品的时间意象。通过技术和制造创新，时间概念已经与工业进步的观念密切地结合在一起。在联结着加速增长与积累这一关键的等式中，人的价值是依据时间来衡量的。可以通过从工人那里榨取更多的时间来获得剩余价值而并不是要求工人生产与其工资价值相当的商品"。[1]

总之，在时间的社会化中，当自然时间转化成社会时间，时间资源稀缺的问题也就开始出现了。这个时候，人们认识到"时间是一种资源，有一种被过多的活动消费掉的可能性；当潜在的需求增加的时候，时间的稀缺性会受到强化"。[2]也许近代早期第一批刚刚从农业社会中走出来的人只是稍微感受到了时间的稀缺性，而且他们可能并未意识到是因为自己的时间需求造成了这种状况，但在时间资源稀缺的压力下，要求扩大时间资源的冲动还是被激发了出来，并开始通过社会安排和技术进步去努力争取更多的时间资源。当他们这样做的时候，

---

[1] ［英］约翰·哈萨德编：《时间社会学》，朱红文等译，北京师范大学出版社2009年版，导论第14页。

[2] ［英］约翰·哈萨德编：《时间社会学》，朱红文等译，北京师范大学出版社2009年版，导论第14页。

就推动了社会运行和社会变化的加速化。然后,又反过来激发出了人的更多、更强烈的时间需求。如此循环升级,把时间资源的稀缺性推到了越来越紧张的方向。

整个工业社会的历史表现出了对时间资源的持续开发,甚至可以认为,这是近代以来整个历史过程的一个方面。正是对时间资源的开发,把我们的社会推向了持续的加速化进程之中,也使我们的社会呈现出了高度复杂性和高度不确定性。但是,时间的开发必然会遇到一个不可突破的阈限,而社会的复杂化却没有这样一个阈限,从而造成了时间资源开发与社会复杂化之间的矛盾和冲突。从另一个角度看,这又表现为社会的高度复杂性和高度不确定性。所以,当我们通过各种各样的技术去开发时间时,也同时促进了社会的复杂化。社会的复杂化使得时间总是作为一种稀缺资源示现于我们,以至于我们无法找到空闲时间。

自然时间是客观存在的常量。我们通过技术和时间管理的方式似乎节约了自然时间,实际上,所做的只是把自然时间转化为社会时间之事,是首先把自然时间转化为社会时间,然后再对社会时间进行开发和利用。或者说,这个把自然时间转化为社会时间的过程就是通过对时间的开发和利用而实现的。在我们把时间当作资源而去加以开发和利用的时候,它已经开始了向社会时间的转化,是以社会时间的形式出现的。就此而言,我们开发和利用的就是社会时间。

如果强行在线性思维的路线中将自然时间和社会时间安排一个包含时间隐喻的先后次序的话,那么我们就只能说对时间的开发和利用是塑就社会时间的过程。一旦我们摆脱了线性思维的纠缠,就会看到,自然时间实际上是在人开始意识到它的那个瞬间就转化成了社会时间。也正是在此意义上,我们说对时间的开发和利用其实只是对社会时间的干预过程。

时间不同于其他有形可见或可以想象为有形的自然资源,或者说,自然时间并不是一种资源,只有当自然时间被人们意识到而转化为社会时间，它才是资源，才可以得到开发和利用。所以，在作出自然时间与社会时间的区分后，也就可以看到，我们迄今为止的全部时间干预技术和管理手段都被错误地认为是针对自然时间做出的，以至于我们在一切涉及时间因素的事务上都谋求快者更快，与时间赛跑。如果不是这样，而是意识到我们所有争分夺秒的行动都是与社会时间而不是自然时间的斗争，也许就会生成另一种我们今天还很难想象的观念和行为模式、生活模式。而且，我们开发和利用时间的技术、方式等，也可能不是我们今天所看到的这样。

农业社会中的人的时间意识尚处在非常朦胧的状态，是非常淡薄的。即便生成了社会时间，也不是完整的，而是星星点点地存在于人的活动的具体方面。在某种意义上，我们是把钟表等计时工具的广泛应用看作社会时间觉醒的标志。也就是说，在每一个人都拥有时间意识的情况下，也就有了可以进行开发和利用的社会时间，人们也就可以根据时间去安排其生活和活动。当然，我们所说的社会时间不是个体性的，也不能在我们惯常使用的"社会心理"概念中去理解它，而是个体心理与社会发生共振的状态。这也是我们的社会时间概念所独具的特征。

二 时间资源稀缺化的问题

社会时间的发现，或者说，在人找到了把自然时间转化为社会时间的门径后，就开始了对时间资源的开发。在现代化的进程中，时间资源开发的加速也相应地导致了时间资源的紧张。到了20世纪后期，时间资源的稀缺化已经显现为一个几乎人人都能够感受到的严重问题。所以，时间资源稀缺化是与社会发展关联在一起的。

从科学技术的进步中，我们看到与时间有关的每一项技术的应用都能够为人们节省出大量的时间。既然节省出了时间，似乎也意味着我们有了更多的时间。然而，人们并未感受到时间更多了，反而越来越觉得时间资源的稀缺日益加剧。原因就在于社会运行和社会变化的加速化把更多的生活上的和社会活动上的任务施加于人了，从而造成了时间资源的稀缺化。

当然，人口也在增长，这似乎意味着我在承担任务事项时可以有更多的助手以及共事伙伴来帮助我工作或与我一起工作。也就是说，分担或承担了我的一部分工作量。这应当说使我个人的时间有了空余，但实情不是这样，而是恰恰相反。由此看来，不能静态地去看人口增长带来的生产力，因为人口的增长也同时带来了更多的需求、更复杂的人际关系和更多的交往、沟通途径的打开。也就是说，人不仅能够做事，也在制造更多的事情。这就决定了人必须面向更多的方面去分配时间，以至于感到时间资源的稀缺性。这是人口的两面性。

从时间、空间的相对性看，通讯、交通等技术的不断提升，一方面大大地节省了时间，另一方面又扩大了人的活动空间范围。数字化的通信技术更使人的活动不一定必须亲临现场，而是可以远距离实施。这样一来，也使人们倾向于承担更多的任务，即借助于技术及其设备同时处理多项任务。显然，在个人这里，意味着社会时间资源的最大化，但随着任务增量的不断刷新，又让人感觉到时间资源是稀缺的。所以，客观上讲，个人所承担的任务量与社会时间资源量之间呈现正相关关系，而时间资源的稀缺则属于主观感受，或者说，是由人的欲望以及行动上的追求所引发的。这也是社会时间不同于自然时间之处。可以认为，这是社会时间相对性的另一重表现形式，那就是，时间资源越是趋近于最大，便越被人感受为匮乏。而且，这种感受并不仅仅以一种主观形式出现，而是形成了一种客观压力，进一步地驱使着人们去寻求开发社会时间资源的方式和方法。

时间资源的稀缺化是通过技术的改进而扩散开来的，并促成了社会运行和社会变化的加速化。"时间资源的短缺将技术的和科技的革新过程塑造成了以加速为目标的过程。时间贫乏情况越严重，对更快的交通工具、更快的计算机和更短的等待时间的呼吁就越强烈，而放慢速度的要求就越显得厚颜无耻。"[1] 如此循环往复，转化成了社会运行和社会变化加速化的推动力。在时间资源的稀缺化压力下，对技术的需求日益增长，促使持续的技术更新也处在加速化的过程中。"以技术加速为目标的过程，以及尤其是对新的加速技术的引入，所带来的后果，不仅是实现它们所需要的时间资源的数量上的变化……它们也导致了我们与空间和时间的、与客观世界和社会世界的关系在某个转折点上发生了根本的质量上的改变，并且因此引起了生活方式的变革。"[2] 其实，这种变革正在发生。

在全球化、后工业化进程中，客观世界正在发生结构性的变化。比如，社会世界中的制度失灵、行为模式僵化、社会治理失序和忙乱等，都强烈地呼唤着替代模式的出现。人的生活方式和交往方式中越来越多地嵌入了匿名的因素，甚至共同生活的人，作为交往对象的人，也有可能是一种虚拟性的存在。不仅如此，人的精神世界也处在坍塌的过程中，具有标志性的事件就是抑郁症患者不仅在人口上的绝对值持续上升，而且相对值似乎也有着更快的上升趋势。在家庭关系上，稳定的夫妻制度似乎大有为"情侣制"所取代的趋势。

总体来看，社会运行和社会变化的加速化是造成时间资源稀缺的主要原因。由于社会运行和社会变化的加速化，"行为者感觉处于紧张和时间压力之下，他们必须要跟得上变化的步伐，不能因为自己的只是能力方面的老化而失去行为的选择和连接机会。对新的信息的文化上的处理，也就是说将它们植入系统的对世界的认识和记叙式的解释结构中，不可避免的是耗费大量时间。这是导致'时间压力'体验的最重要的原因，因为'在时间压力下，无论是个体还是机构，都会努力去对在很短的时间里出现的大量的更新进行文化上的处理'……

---

[1] ［德］哈尔特穆特·罗萨：《加速：现代社会中时间结构的改变》，董璐译，北京大学出版社2015年版，第180页。
[2] ［德］哈尔特穆特·罗萨：《加速：现代社会中时间结构的改变》，董璐译，北京大学出版社2015年版，第181页。

处理能力的速度极限会被社会变化所超越，因而紧随数量上的速度提高，会出现文化上和主体的自我关系的新的性质上的（'后现代'的）变化"。①

在社会运行和社会变化的加速化与时间资源的稀缺化之间，存在着循环升级的紧张化过程。一方面，社会运行和社会变化的加速化是时间资源稀缺化的原因；另一方面，时间资源的稀缺化又迫使人们在所有方面都试图用速度填补时间资源不足造成的空缺。"时间资源的短缺也必然且的的确确导致生活节奏的加快，也就是说，在时间压力的体验下，导致行为事件和体验时间变得稠密，加速的社会变化因此是生活节奏的加速的强有力的发条。面对这个'因为飞速变化而会失控的世界'，产生那种似乎总是已经太晚了而不能赶得上了的无处不在的感觉的基本根源，并不在于个体的或机构的时间浪费，或者是'懒散'，而是在于随着现代化的持续发展而出现的……结构上的不一致。由于时间的短缺而导致的生活节奏的加快，因此是社会变化加速的直接的（并且不可避免的）后果。"②

当然，在不同的领域中会有着不同的时间感受，虽然一种时间节省技术（如通信、交通）可以被所有领域同时引进和利用，但所节省下来的时间资源却是不一致的，并以社会发展不平衡的形式表现出来。即便是在经济领域中，希望保持各部类的同步发展和经济结构的平衡也非常不容易，往往会陷入矛盾并紧张状态。为了解决这种矛盾并消除紧张，又往往是通过加速去赶上前行较远的步伐，或者通过加速去缩短已经拉开了的距离。所以，就使社会在整体上处在持续加速的过程中。

在个人与社会之间，从理论上进行推断的话，可以认为，对加速技术以及工具的应用可以为个人节省下来许多时间，尽管实际情况不

---

① ［德］哈尔特穆特·罗萨：《加速：现代社会中时间结构的改变》，董璐译，北京大学出版社 2015 年版，第 139—140 页。
② ［德］哈尔特穆特·罗萨：《加速：现代社会中时间结构的改变》，董璐译，北京大学出版社 2015 年版，第 185 页。

能为此提供证明。事实上，社会不仅未能在缓解时间资源稀缺的问题上得益于个人所节省下来的时间，反而会使时间资源稀缺的问题变得更加严重。这种情况在微观社会与宏观社会的对比中也有相同的表现。"从微观社会的视角来看，解决时间紧张这个难题的方法似乎是以实现技术加速为目标的过程；在宏观社会的层面上，这个解决方案是导致时间紧张的原因中的重要因素。"[1]

也许人们会说，宏观社会并无时间感知功能，无法感受到时间紧张。如果这样认为的话，那只能说是在没有引入时间意识时看到的宏观社会。一旦引入时间意识的话，就会看到微观领域中所存在的时间紧张问题，在解决这个问题时，对技术的需求状况和使用技术的实际情况，在不同的微观系统之间，是存在着巨大差异的，而且这种差异会以宏观社会失衡的形式出现。就宏观社会的这种失衡是由时间资源获得和使用引发的而言，显然应作为一个时间资源问题对待。这样一来，时间管理也许就不仅仅是一种应当在微观系统中加以引入的社会技术，对于社会治理来说，也同样需要引入时间干预措施。如果说我们在宏观经济干预中已经发展出了利息、价格、税率等手段，那么在关涉社会宏观运行和变化的问题上也应努力去探索时间干预手段，即通过时间的维度而把微观社会层面上的各系统调整到时间资源相对平衡的状态。

总之，我们所在的全球化、后工业化时代也是一个社会运行和社会变化加速化与时间资源稀缺化循环升级的时代，这个时代同时又将风险社会展现给了我们，让我们处在高度复杂性和高度不确定性的社会环境之中。在这样一个时代，如果我们希望能有所作为的话，就需要将这个时代的上述各个方面的基本特征纳入社会治理的视野中，去积极探索相应的治理方式，以求化解这个过程的自然演进有可能造成

---

[1] ［德］哈尔特穆特·罗萨：《加速：现代社会中时间结构的改变》，董璐译，北京大学出版社2015年版，第185页。

的人类生存的更大危机。如果我们看到了时间资源稀缺化往往演化成社会面很大的"时间饥荒",就更应通过社会治理的变革去解决时间资源稀缺化的问题。

有人认为,我们这个时代中出现的"时间饥荒"引发了诸如抑郁症等多种精神疾病或生理疾患,但我们并不确定它们之间有着直接的联系,就社会影响来看,"时间饥荒"还不至于像食品短缺那样出现饿死人的问题。可是,有一点是确定无疑的,那就是,"时间饥荒"使人失去了生活。当然,生活并不等于时间,但时间却是生活的必要支撑因素。在某种意义上,没有了时间也就没有了生活。当一个社会处于时间饥荒状态时,人们失去了生活,而失去了生活的人在何种意义上还是人?显然是一个值得思考的问题。就人类的一切奋斗都是为了追求美好的生活而言,通过解决时间资源稀缺化的问题而去为人的生活提供时间支持,就是社会治理必须承担起来的任务。至少,社会治理不应成为制造出无数占用人的生活时间的行动,不应为了某种时过境迁的信念而实施对人的时间的剥夺,更不应在剥夺时间的过程中无意识地造成对人的奴役。

三 民主政治与时间资源

在探讨民主决策的问题时,我们已经就民主决策的时间允许问题作了分析。其实,不仅是在决策方面,在民主政治的整体上,随着人类陷入风险社会,面对社会的高度复杂性和高度不确定性,也会明显地感受到时间约束的问题。人类历史已经行进到了这样一个阶段,脱离开时间去进行观察、思考和行动变得不再可能,在思维以及行动的所有进程中,我们都需要引入时间的维度,才能避免犯下主观主义的错误。当然,进一步的分辨还需要像海德格尔那样区分出"在时间之中"还是"具有时间性"的问题。

吉登斯认为:"大部分探讨行动的英美哲学家都……不明智地把能动者从其所处的时间位置中抽象出来,从日常行为的时间性中抽象出来。这些文献所忽视的是关注和对话中产生的反思性时刻,这种反思性贯穿于构成人类主体日常活动的行为流中。这种反思性时刻甚至参与到构成生活绵延的'某一'行动或者'某一'行为的构成当中。"① 也就是说,这些哲学往往把行动当作静止的对象进行研究,假定这些对象是没有时间向度的,目的只是为了把观察对象纳入其静态分析的框架中。

这种哲学观的影响是非常广泛的,以至于我们的所有建构性行动都是基于某种静态框架展开的,社会治理也很少把时间的维度纳入考虑之列。吉登斯不同意这种做法,他要求把行动看作反思性时刻的绵延,认为行动是有着时间向度的行为流。这无疑是对行动的准确把握。如果放在高度复杂性和高度不确定性条件下,这一点就显得更为清晰了。高度复杂性和高度不确定条件下的行动不具有可复制的特征,不拥有稳定的结构,因而无法实现模式化,每一刻都不同于下一刻,以至于无法作为静止的对象而进行静态地考察。所以,我们更愿意接受吉登斯的说法,"我们使用的'行动'或者能动性并不是指结合在一起的一系列孤立的行为,而是指连绵不断的行为流,借用一个在我以前著作中提出的论断来说就是,'行动是作为肉体存在的人对世界中的事件过程进行的实际的或想象的因果性介入流'"。②

虽然在是否包含着"因果性"的问题上也许是可以存疑的,但吉登斯关于行动的这一认识基本上是正确的。当然,吉登斯所持的是把人看作能动的理性主体的观念,认为人对世界的介入是携带着知识的,是建立在对因果关系的把握的基础上的。就吉登斯考察和思考的是低度复杂性和低度不确定性条件下的行动而言,他的这种主张是完全可以理解的。但是,在高度复杂性和高度不确定性条件下,就行动作为人对世界的介入来看,可能并不是在对因果关系作了认识和把握的基

---

① [英]安东尼·吉登斯:《社会理论的核心问题》,郭忠华等译,上海译文出版社2015年版,第61—62页。
② [英]安东尼·吉登斯:《社会理论的核心问题》,郭忠华等译,上海译文出版社2015年版,第62页。

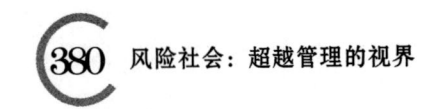

础上进行的。不过，这并不影响把行动作为人对世界的"介入流"来看。既然是一种"介入流"，也就包含了时间的内涵。

吉登斯所批评的缺乏时间意识的状况是普遍存在于工业社会的几乎所有社会行动之中的。明显可见的是，在社会治理领域中，传统的观念束缚了人们，让人不愿意去思考社会治理事实上包含着的时间，更不用说去主动地进行时间资源的开发和利用了。相反，我们满眼所见的都是，社会治理者总是在时间资源稀缺的条件下，或者在时间不允许的条件下，去坚守既成的做法。比如，关于民主政治的信仰，就把我们带入了一种非常尴尬的境地。虽然一些民主理论家甚至意识到了时间耗费的问题，却又强辩说：与时间的耗费相比，对民主的坚守是值得的。

艾丽斯·杨通过自身的一次亲身经历感受到通过民主的方式去决定一项政策会花费较长的时间，但她认为，与所花费的时间相比，所取得的结果能够具有的正当性更令人满意，因而是值得的。她说："通过民主决定的方式制定某项政策，政府可能会花费较长的时间，需要政策倡导者下定决心并且进行持续动员。那种过程可能是官僚政治的，并且在时间上是相当令人厌烦的。即使在各种原则正濒于险境的情况下，在民主的过程中达成某项决议也需要某种通常会导致妥协的意见交流。在这种情况下，即使处于辩论中的某方可能会'赢得胜利'，但是，很少有人会质疑那种结果的正当性，其原因在于这种过程是相对公开的、包容的，并且在程序上是合乎规则的。"[①] 重要的是，这种时间耗费在理论上虽然可以作出是否值得的评价，而在实践上，却是一个时间是否允许的问题。而且，在时间资源稀缺化的条件下，为了信念而去耗费时间是否具有正当性？

上述我们所引艾丽斯·杨的这段话，可以说是对民主的精要所做的典型化的描述。第一，花费时间要多，这在社会的低度复杂性和低度不确定性条件下，特别是对于那些并非刻不容缓的事件，是允许的；

---

① [美] 艾丽斯·M. 杨：《包容与民主》，彭斌等译，江苏人民出版社2013年版，第4页。

第二，同样，由于复杂性和不确定性程度较低，是可以按照既有的程序按部就班地进行的，而且整个决策程序也是能够做到公开的，也会表现出一定的包容性；第三，具有充分的时间去从容地开展广泛动员，即通过说理和晓之以利弊，从而尽可能地将更多的人动员起来；第四，即使结果并不令每个人都满意，但整个程序因为合理、合法而令其无话可说。我们还需要加上一点，那就是，这类决策所关乎的是普遍性的问题，与每个个人的具体利益关系指数较低，不管结果怎样，都不会招致激烈的反对，更不会因对结果不满而采取过激行动。但是，如果所有这些条件都不具备，如何通过这样一种民主的方式去制定政策呢？事实上，在时间资源稀缺化条件下，在高度复杂性与高度不确定性条件下，所有上述条件都将消失。这就是民主所面临的最大挑战。

在社会运行和社会变化加速化的视角中，罗萨看到，"现代的政治项目的时间的基本框架至少是变得可疑的，如果不是显而易见地失败了的话，无论是目前为止我们对政治在（历史的）时间中的角色的理解，还是在政治中或者在政治和社会的衔接处上的时间模式的经典现代的方案，看上去将它们作为最新一波社会加速浪潮的结果，都是站不住脚的"。[①] 对于工业社会而言，是得益于18世纪启蒙思想家所做出的伟大政治发明的。可以认为，正是因为启蒙思想家的贡献，才有了整个工业文明。然而，在今天，因为条件的变化，那些伟大思想的价值变得可疑了。这正如蒸汽机作为现代所有机器的原初模型一样，在今天这样一个电脑普及了的时代中，机器的高精密度、大功率都达到了非常高的程度，即便蒸汽机仍然是我们的社会所必需，但其社会价值也下降了。我们往往是在儿童游乐园里才能看到蒸汽机，那是出于教育的目的，即向儿童作出历史展示。随着人工智能的广泛应用，机器的概念已经发生的变化，还要再度发生变化。

[①] ［德］哈尔特穆特·罗萨：《加速：现代社会中时间结构的改变》，董璐译，北京大学出版社2015年版，第305页。

具体地说,今天的民主政治与18世纪的原初设计相比已经达到了非常完善的地步,它的每一个漏洞都被打上了严丝合缝的补丁。然而,在社会运行和社会变化加速化的量级持续增长的情况下,则因为时间上的非同步化而失去了往日的光彩。从20世纪后期开始,"施加于政治体系之上,迫使快速地产生决定的加速压力,首先是其他社会系统,特别是经济的流通和科学技术的革新的发展速度和变化速度的加速所带来的结果。其他社会系统的发展速度和变化速度使得用于政治上的控制决策或管理的时间资源不断地减少……"[①] 时间首先对民主的程序构成了挑战,紧接着,对整个民主政治的运行方式,都构成了挑战。如果我们希望像用人工智能改造机器一样而对民主加以改造的话,就必须充分地考虑到社会的加速化,注重民主政治的时间性。

当互联网被引入政治过程之后,许多政治事项可以在网上征求意见或进行表决。这似乎把更为广泛的公众纳入了政治行动之中,扩大了民主的范围,也使民主显得能够回归其本意,即不再是由少数精英去代表公众。从时间的角度看,网上征求意见和表决因为具有即时互动的特征而加快了程序所要求的那些必需的进程,"但是,令人担心的是,尽管这样做使得表决的过程加快了,但利益表达和利益组合以及审议过程却没有加快。将新媒体调查所得的'个人意见'的总和翻译成为真正的公众的政治的意见(也就是说合理的意见),在所呈现出来的政治的公共空间的模糊的环境下是要花费大量时间的,而且甚至是要花费越来越多的时间。这样的翻译转化可能由于它本身需要大量的时间而越来越频繁地根本就不能再加以尝试了,因而在对有理有据或者可以证明的论点进行讨论辩论的这个位置上,出现的是象征性的或者符号性的政治斗争"。[②]

---

① [德]哈尔特穆特·罗萨:《加速:现代社会中时间结构的改变》,董璐译,北京大学出版社2015年版,第309页。
② [德]哈尔特穆特·罗萨:《加速:现代社会中时间结构的改变》,董璐译,北京大学出版社2015年版,第314页。

从理论上说，互联网是自由的空间，每个人都有更大的自主性，能够真实地表达自己的意见。然而，实际情况恰恰相反，网络政治过程中的可操纵性达到了令人发指的地步。互联网上的网民是如此滥用民主的做法，使其成了一种游戏。在人们失去了民主信仰的情况下，往往是将意见表达和表决当作儿戏对待的，致使网上的表达和表决严重失真。也正因为如此，有着严肃生活态度的人往往并不参与到这一过程中来，真正活跃于网络政治过程中的主要是那些被称作"网虫"的人。对于那些人，即使作出最大程度的积极评价也是一种"伪公众"。实际上，可能很难在人这个概念的真实含义中去理解他们。如果将他们的表达和表决当作处理重大政治事项的依据，或者说，如果将民主政治的希望寄托在他们身上，注定要葬送民主政治。

所以说，民主政治正在受到致命的冲击。即便单单从时间的角度看，也让民主政治表现出了难以为继的状况。就如罗萨所指出的："政治上的时间危机的最严重的后果却是撤回政治上的构造要求，并且因而与之关联的是出现政治的地位的规划及其功能在历史中的根本性的变化……这样的变化意味着，同样也是根本地拒绝了现代性中的对历史的理解。"[①] 也许政治的历史在此中断。即使不会像阿伦特所说的那样出现政治终结的问题，人们也必须认识到，政治需要得到重建。那样的话，当现代性的政治在此画上了句号时，新型的政治也就开始了。我们将这种新型政治称作合作政治，也是真正意义上的实质性的民主政治。更为重要的是，它将管理融入了政治过程，或者说，将政治活动与管理活动统一到了行动之中。

总之，在高度复杂性和高度不确定性的条件下，民主所遇到的最大障碍就是时间问题。因为，"民主（审议）的意志形成过程与决策制定过程，需要按部就班地拟定，才能建立起集体意志，大家也才能

---

① ［德］哈尔特穆特·罗萨：《加速：现代社会中时间结构的改变》，董璐译，北京大学出版社2015年版，第315页。

在最后找出最好的论点……这样的过程更是需要耗费时间。相关的人物和团体更多了，可以毫无疑问地当作前提的事情越来越少，需要顾虑到的看法与需求却越来越多样。此外，决策的背景条件和后果同样变得越来越复杂。但是，随着上述的加速过程，能用于决策的时间资源却相反地并没有增长，反而还减少了"。[1] 我们知道，在民主模式的建构中，经过了几代人的探索，才把民主程序放在突出位置，而且在程序正义的名义下确立起不可置疑的政治正确的意识形态。然而，面对时间资源稀缺化的问题，恰恰是程序赖以展开的时间基础，却被抽空了。这对于民主而言，又怎能说不是一种致命的挑战呢？

在今天这样一个时间资源稀缺化的时代，当我们回过头来审视民主政治时，不能不认同罗萨所说的民主政治是一种"时间中的政治"。也就是说，"民主是一个需要耗费时间的过程。民主就是需要时间来组织公众、达到共识、评估商谈决策，更是必须依法执行"。[2] 在社会运行和社会变化加速化的条件下，绝大多数的社会事项都变得具有急迫性，除非人们能够开发出足够的社会时间去从容应对，否则，就会受制于自然时间的约束。然而，在偶发性、急迫性的社会事项大量涌现的情况下，对于政治生活而言，虽然能够得到社会时间开发的支持，但这种支持往往是外围方面的支持，是来自民主政治之外的支持，并不能在缓解自然时间约束方面发挥实质性的作用。

民主政治不仅需要耗费大量时间资源，而且没有开发社会时间的能力。虽然管理学在20世纪发展出了许多时间开发的社会性技术，民主理论家们也在某种科学追求中努力促进民主政治技术化，但所有与民主相关的技术都不具有时间开发功能。如果说一定要为民主政治的运行安排足够的时间，也就只能挤占其他社会活动的时间。然而，风

---

[1] ［德］哈特穆特·罗萨：《新异化的诞生：社会加速批判理论大纲》，郑作彧译，上海人民出版社2018年版，第74页。

[2] ［德］哈特穆特·罗萨：《新异化的诞生：社会加速批判理论大纲》，郑作彧译，上海人民出版社2018年版，第95页。

险社会及其高度复杂性和高度不确定性条件下的每一个方面的活动都存在着时间紧张的问题，从何处去为民主政治挪借时间，显然是一个难以解决的问题。所以，在时间资源稀缺的情况下，政治是需要转型的，即转化为一种尽可能少地花费时间的政治。在更为积极的设想中，希望政治能够成为开发出更多社会时间的政治。对于社会治理模式的重构而言，政治的转型应当是率先启动的必要事项。只有实现了政治的转型，整个社会治理模式的重构才不会遭遇来自政治方面的阻力。

第三节　资源利用与社会运行成本

就风险社会的生成而言，社会运行成本在工业社会中的持续增长于其中发挥了什么样的作用，往往并不为人们所关注。我们知道，任何一个物体在运动时都会有能量消耗，而人的活动以及与人相关的系统的运行所产生的消耗则被称为成本，至少是在工业社会的生产或资本运营过程中是被称为成本的，所代表的是一个经济学视角。作为成本的这种消耗不仅是能量，而且包括各种各样的物质形态的因素。其实，人类社会全部的历史进步都是需要付出成本的，无论是资源的消耗还是生命的代价，都是普遍存在于人类历史进步的轨迹中的。

当我们要求关注社会运行的成本时，不仅是要将它作为人类堕入风险社会的一个原因来看待，而且也迫使我们产生了探索如何降低社会运行成本的想法。也就是说，当我们关注社会运行成本时，所要思考的是如何在历史进步中让社会运行付出更少的代价，即尽可能避免那些无谓的消耗。在风险社会及其高度复杂性和高度不确定性条件下，这一点显得尤为重要。

当我们在从工业社会向后工业社会转型的过程中思考如何将更多的资源应用于人的共生共在这一社会目的的实现时，很自然的就会从历史上去揭示社会成本生成的原因，也就会发现，在工业社会这个历史阶段中，大量的社会运行成本是由人的竞争行为造成的，是由人们之间的竞争关系及其竞争行为衍生出了庞大繁杂的规范系统和社会治理体系，致使社会运行成本呈现了无限膨胀的趋势。在全球化、后工业化进程中，如果人际关系以及行为模式等方面都实现了从竞争向合作的转型；如果我们能够基于风险社会的要求而在所有的社会活动中实现信息以及资源的共享；如果我们能够基于社会的网络结构开展合作行动；如果我们能够将包括网络技术在内的各种各样新技术应用到社会运行的各个方面，那么社会运行以及历史进步的成本就会大大地降低。

总体看来，当人类走进风险社会，面对着社会的高度复杂性和高度不确定性，必须谋求根本性的社会变革。假如工业社会的运行模式不变的话，那么社会的复杂性和不确定性每增长一分，社会运行成本就会以很高的比例增长，甚至这种社会运行成本的增长会呈现出几何级数。所以，单从社会运行成本的角度看，在人类进入风险社会及其高度复杂性和高度不确定性状态时，也有充分理由要求实现全面的社会变革。否则，单单是社会运行成本，也是人类所不堪承受的。

一　社会运行是有成本的

在经济活动中，成本的问题是人们必须考虑的，因为成本意味着收益的状况。然而，社会运行的成本却很少为人们所关注，这是一个应当引起注意的问题。某一单项经济活动或其他社会活动的成本是较为容易把握的，而且这些活动中消耗的所有物品都可以计量，成本是可以换算为某个数值的。不过，社会运行的成本在构成上是非常复杂的，其中包括社会治理的消耗，但更主要的是产生于人的交往（交易）过程中的消耗。

社会治理过程中的消耗，特别是反映在公共部门中的消耗，是可以通过财政手段来加以衡量的，但超出了公共部门的那部分社会治理成本，即那些由非公共部门中的机构承担的社会治理任务产生的消耗，往往是很难把握的。更为重要的是，存在于人的交往过程中的消耗是完全不可量化的，往往需要通过直觉去加以感知。可以想象，人的交往过程中的消耗在社会运行成本中所占的比例是非常大的。通过机构改革等方式，能够降低公共部门在社会治理过程中的消耗，但对于人在交往活动中的消耗，却无法在行政改革中获得干预的效果。

20世纪80年代开始的全球性改革基本上是将关注点放在了减少政府运行成本上的，当然，不同国家采取的路径有所不同，有些国家将原先由政府承担的公共服务和社会治理的诸多事项批发或转移给了社会；有些国家通过引进新的技术手段、竞争机制和政府流程再造等方式去提高效率，从而达到降低成本的目的。的确，所有的尝试都使政府的运营成本明显下降了，但就社会治理的总体成本来看，其实是大幅上升了，只不过这些成本在被转移给社会分散承担的时候隐形了。也就是说，从20世纪后期全球范围的改革来看，特别是在"私有化"旗帜下所进行的改革，都是尽可能地把公共部门的社会治理成本转移给私人部门以及社会的，是把社会治理的显性成本变成了隐性成本。就社会治理的总成本来看，其实出现了大幅增长，只不过将社会治理的显性成本转化成了隐性成本，使得人们不再关注社会治理的成本问题了。

公共部门在履行社会治理职责时的消耗，往往会受到财政约束，若财政允许的话，社会治理者就不会对成本的问题给予过多关注。在社会运行成本中，社会治理成本只是其中的一部分，经济以及其他活动中溢出的那些无法在所在系统中加以分配和消化的消耗，也应归入社会运行成本中。其实，许多可以由组织或个人加以消化的消耗也是应当归入社会运行成本中的。比如，普遍存在的保安以及演艺明星雇用保镖等，虽然可以通过分配和交换等方式得以消化，但最终还是要算到社会运行成本中来的。

就人类社会的发展而言，存在着社会治理以及整个社会运行成本不断增长的趋势。从农业社会向工业社会的转变，主要是因为竞争文化和竞争行为模式的确立，使得社会治理和社会运行成本呈现几何级数增长的状况。就20世纪的情况来看，社会的复杂性和不确定性程度的不断提升，也反映到社会治理成本增长上来了。在风险社会及其高度复杂性和高度不确定性条件下，如果社会的运行仍然按照工业社会的模式进行的话，那么社会治理以及社会运行成本的增长就会达到一种让人不敢想象的地步。

无论这种社会治理成本是显性还是隐性，都必然是由社会来承担的，即使转移到了自然界，超出了自然界容纳能力的那部分也会再度投向社会，以自然界对人类的报复的形式而由社会承担。在环境治理的理念下，还是要打入社会成本中的。所以，如何降低社会治理以及社会运行成本，将是我们必须承担起来的一项重要课题。在某种意义上，降低社会治理以及社会运行成本，对于减少社会风险而言，也是一项积极举措。因为，社会治理以及社会运行成本过大，就意味着人的生活、生存所需要的资源被挤占，也意味着对生态、环境等施加了更大的压力。

在社会运行成本中，人们交往过程中的消耗构成了其中的主要部分。人的交往活动的成本可能并不从属于经济观察，或者说，它不是一个经济学的问题，而是一个社会学的问题。一个社会的文化心理状况、人际关系的性质、人的行为模式、人们间的信任关系以及诚信表现等所有社会因素，都会影响社会运行成本的状况。比如在中国，为了保障人们的出行安全，根据普遍性的守法意识不强的情况，设置了许许多多道路围栏，这是一种纯粹消耗。虽然这种消耗对于社会运行成本而言是微不足道的一点点开支，但相似的消耗在社会的几乎所有方面都有投入，从而增加了社会运行成本。

一般来说，人的交往成本是无法在人们之间进行分配的，也不能像经济活动中那样从经济主体的一方转移给另一方，而是由整个社会转嫁给了自然界。或者说，在终极的意义上，是要转嫁给自然界的。也就是说，经济运行的成本往往可以在社会系统中加以消化，但社会运行的成本却无法由社会自身来加以消化，因而必然会转嫁给自然界。

一切可以在社会系统中加以消化的人的活动成本都不会对社会构成威胁，在工业社会的运行模式中，反而会表现为促进了经济繁荣和社会发展。然而，所有无法在社会系统中加以消化的成本在转移到了自然界后，就会反过来对社会以及人的生存构成挑战。就风险社会的生成而言，可以说绝大多数来自自然界的风险都是因为将社会运行成本转移到自然界而造成的。

工业社会是以社会化大分工为标志的，社会分工并不仅仅意味着工作上的分工，也同时引发了工作场地与生活场所的分离。在前工业社会时期，"作坊"既是工作的场地也是生活的场所，工业化进程打破了工作与生活一体化的格局。由于工作场所与生活场所的分离，就需要在这两个场所间建立起交通。交通的消耗表面上被分配给了使用交通的人和组织，但与交通相关的公共设施的建设费用却分配给了纳税人。无论交通的成本由谁承担，最终是打入社会运行成本中的。同样，社会化大分工是与市场机制联系在一起的，因为只有市场机制能够在商品生产中合理地配置资源，但从属于分配、交换和消费的商品流通却需要得到交通以及相关设施的支持。所有因这些造成的消耗，最终都要归入社会运行成本之中。

在20世纪后期兴起的全球化、后工业化进程中，我们也发现工作与生活相分离的状态正在被重新打破。服务业的迅速成长以及网络的普及运用，使越来越多的工作可以在生活环境中进行。而且，许多服务行业中的工作恰恰是依托生活区展开的，直接地服务于生活的需要。即使那些服务于生产的服务型企业，为了吸纳低成本人力资源的需要，也无须刻意地避开生活区。事实上，物流业的发展已经可以在工作区域与生活区域间架设起桥梁，不仅使工作区与生活区联结到一起，并且还使它们之间的界限变得越来越模糊。这在一定程度上可以理解为包含着社会运行成本降低的可能性。但是，在商品生产方面，由于"供应链"机制的出现，对交通形成了更大的依赖，也意味着社会运行成本的增长迅速攀升。

人的交往成本是由人际关系的性质决定的。人与人之间所拥有的是竞争关系还是合作关系，都会反映在交往成本上，并以社会成本的形式出现。竞争必然导致社会运行成本趋向于最大化，而合作则会使社会运行成本朝着最小化的方向前进。在每一项实证分析中，我们都可以看到竞争在成本核算中表现为在各个方面实现了节约，并使成本最小化。但是，社会却要为所有竞争者付出交易成本，还需要付出其他的规范竞争和为了规范竞争需要的行动成本等。一旦人类实现了从竞争模式向合作模式的转变，这些由社会承担的运行成本就会节约下来。那样的话，计入整个社会运行中的成本将主要属于行动体承担任务过程中的消耗，至于合作场域中的协调成本，只是极少的一些消耗。

我们知道，在工业化、城市化进程中伴生着契约精神。正是因为契约精神的生成，使前近代社会中早已出现的和分散存在着的契约走上了系统化的道路。契约精神是契约的灵魂，也使社会有了筋骨。有了契约精神，契约以及与契约相关的各个方面也就有了将它们联结起来的逻辑链条，从而使契约实现了体系化。在此基础上，社会治理不仅建构起了物化的契约保障体系，而且将契约精神转化成了一种意识形态，使整个社会在拥有了这一意识形态的情况下开展社会交往以及各种各样的社会活动，承认社会治理的合法性并生成与契约相关联的道德。在建构起了一种契约型信任后，就能够使社会交往成本得到大大地节约，变得更加经济。但是，契约以及基于契约的全部社会建构都只在低度复杂性和低度不确定性条件下才能够使社会运行成本保持在一个较低的水平上。在高度复杂性和高度不确定性条件下，或者说，在社会的复杂性和不确定性达到某个临界点时，基于契约的社会就会在运行成本上有着完全相反的表现，会呈现出爆炸性增长的状况。

"社会"一词是包含着秩序的内涵的，而秩序的获得必然有着一定的消耗。无论是农业社会，还是工业社会，其发达形态都应在政治制度和社会制度之间具有一致性。如果政治制度与社会制度之间不具有一致性，甚至是矛盾的，就会在社会治理上造成巨大的成本负担，进而使整个社会出现发展动力不足的问题。而且，政治制度与社会制度的不一致本身，就会时时产生矛盾甚至冲突，导致社会失序。一旦社会失序，人的交往成本就会呈几何级数增长。

风险社会给我们呈现的也许首先就是社会秩序上的问题，即原先的秩序瓦解了。也就是说，我们在工业社会中所拥有的那种社会秩序不复存在了，但我们也可以想象，风险社会必然有着属于这种社会的秩序。在风险社会及其高度复杂性和高度不确定性条件下，如果说仍然存在着社会秩序的话，那么其形态也不再是以往我们所看到的那种秩序了，而是一种动态的秩序。风险社会及其高度复杂性和高度不确定性条件下的动态秩序并不是平衡的、稳定的秩序，反而恰恰表现为一种非平衡态。

在风险社会中，就秩序的性质来看，这种社会条件下的秩序既不是权力秩序也不能称为法律秩序，而是一种道德秩序。就秩序的生成以及表现而言，既不是自然秩序也不是创制秩序，而是合作秩序。对于有着道德属性的合作秩序，并不需要专门的社会力量来加以维护，因为这种秩序是在人的合作行动中生成的，与合作行动的目的是一致的。既然这种秩序不需要专门的力量来进行专门维护，也就不会在这种秩序的获得中存在强制、压迫等，也就不会有着力量上的较量和行为上的博弈。总之，不再有为了获得秩序而产生的消耗。这也会使社会运行中为了获得秩序而出现的消耗节省下来。也就是说，合作秩序的出现是不需要付出成本的，或者，其成本是极小的。

就行动体的规模与成本消耗的关系看，风险社会及其高度复杂性和高度不确定性条件下的行动体在规模上是小型的。行动体规模上的小型化，对于成本控制来说，有着关键性的影响。在风险社会中，行动体的规模越大，成本控制也就愈加困难。这与工业社会低度复杂性和低度不确定性条件下的情况恰恰相反。在低度复杂性和低度不确定性条件下，行动体的规模越大，越适合于开展制度化的成本控制，从而达到最大程度的成本削减效应。我们经常说的所谓规模效益（效应等），也包含着成本节约的内涵。然而，在风险社会及其高度复杂性和高度不确定性条件下，工业社会中那些行之有效的制度措施、技术手段等都无法用于大规模行动体的成本控制。

风险社会中的行动体的规模越小，往往成本控制越容易。而且，由于行动体是处于合作场域中的，也可以保证行动体不至于因为资源占有而生成无意义的成本。在风险社会及其高度复杂性和高度不确定性条件下，合作行动中产生的成本都是承担任务的必要消耗，不会因为浪费等无意义消耗而产生行动成本，也不会因为竞争以及出于竞争制胜的要求而造成不必要的成本。对于小规模的行动体来说，能够最大限度地实现成本节约。所有行动体的行动成本的普遍降低，也都会反映到社会运行的成本上来，从而表现为社会运行成本的降低。

道德带来的社会运行成本节约是显而易见的。比如在中国，为了人的出行方便，一些基于信息技术的"共享单车"运营企业提供了非常便利的服务，但在实际运营中，即使排除了竞争者的人为破坏因素，也可以看到大量不道德行为造成的运营成本增加。也许人们会认为那是企业的损失，实际上，这种损失最终还是要转嫁给整个社会的。正是道德缺失，让社会运行付出了巨大成本。总之，类似的问题是非常普遍的，而整个社会又总是默默地为不道德行为造成的损失"埋单"，这不能不说是非常令人痛心的事。

二 时间意识与决策成本

也许是在人类有了时间意识时就有了发明计时工具的要求，而钟表以及任何计时工具的发明，都使得自然时间可以计量了。不过，钟表除了可以用来计时之外，还有着另一重功能，那就是人们通过计时工具而对自然时间进行度量时能够促使自然时间向社会时间转化。可以认为，在工业化以及资本主义世界化的过程中，社会时间得到了持续建构，从而使社会时间成为一种重要的资源。

不过，由于迄今为止我们都没有作出如何计量社会时间的研究，更不用说去发明测量社会时间的工具了。所以，在社会时间的消耗方面，也就无法形成概念。但是，就社会时间是一种资源看，在人的一切活动中都会有时间消耗，社会运行不仅是经历了时间，即在时间长河中行进，而且也包含着对时间资源的消耗。对于自然时间，无论是人的活动还是社会运行都只是"经历过"而已，是不能视为一种消耗的，但社会时间作为资源就不同了，人的一切活动所耗费的社会时间都可以看作是成本，而且这种成本中的一部分也应作为社会运行成本看待，而且它并不是中介性的成本。

当马克思把商品的价值视作劳动力在时间中展开的工作量时，是以自然时间为标准的。为了解决同样的自然时间消耗造成的劳动上的质的不同，所引入的是简单劳动和复杂劳动两个概念。如果我们考虑到这个时间应当是社会时间的话，关于简单劳动与复杂劳动的区分是没有必要的。显然，直到今天，人们尚未找到合适的社会时间计量方式。也正是由于这一原因，以至于无法确定一个人的工作对社会的贡献度，无法在诸如平等、正义的名义下去安排与分配相关的事务，从而导致了诸多无谓的争论。

当我们有了社会时间意识，并将社会时间当作一种资源的时候，也许经济学中的生产资料概念就需要重新加以定义了。也就是说，应当把社会时间也纳入生产资料范畴中来。的确，在经济实践中，企业家们早已把时间当作生产资料看待了。虽然他们并不懂得自然时间与社会时间的不同，但他们的经验却告诉他们，时间是非常重要的成本，他们通过对自然时间的节省而能够获得被他们认为是超额利润的收益。其实，在这种对自然时间的节约中已经实现了对自然时间的转化，即把自然时间转化为社会时间并加以合理安排，并使社会时间这一资源得到较为充分的开发和利用。

相比于企业家们在生产过程中对时间的考虑，经济学理论则显得过于保守。经济学家们总是不愿放弃经典经济学的生产资料概念，把时间这一如此重要的资源排斥在了生产资料范畴之外。如果经济学家能够把时间计入生产资料之中的话，那么在应用经济学的研究中，就会自觉地去关注时间与其他生产资料要素间的组合方式的合理性问题。那样的话，经济的发展将会站在一个新的开启未来的起点上。而且，由贝克尔所创立的"时间经济学"也将不再仅仅奠基在人的注意力、价值偏好等基础上了，而是获得了更为坚实的客观性。这样一来，产业工人与金融从业人员、演艺明星等之间在价值计量方面所出现的极大不平衡，也就可以得到纠正了。因为，在社会时间的意义上，他们所耗费的时间成本是可以进行比较的。

当然，"时间经济学"已经把时间归入生产力的范畴，并在时序研究中提出了诸多积极意见。但是，它在很大程度上还是把时间归入作为生产力范畴的劳动者的，即把时间看作劳动者的劳动时间。而且，"时间经济学"中所使用的时间概念基本上还是自然时间。其实，如果把时间与劳动者分离开来，看作一种劳动者之外的生产资料，也许就会产生不同于现状的一种时间安排和管理思路。至少，会看到时间作为生产资料的属性，从而有可能突破经济学既有的经典框架。总体看来，"时间经济"的意识也许要早于"信息经济"的意识，但我们认为，在信息经济学得到了长足发展后，时间经济学将会在对信息经济学成果的吸收和借鉴中超越自我。其中，把时间列入生产资料的范畴，也许是时间经济学迎来大发展的重要一步。

时间是有价的。在服务业中，在时间与金钱之间进行交换，已经成为极具普遍性的做法。货币不仅能够在时间与金钱的交换中发挥一般等价物的作用，而且能够使货物之间的交换节约时间，降低交易成本，并变得更为高效。就时间与金钱间的交换而言，主要发生在服务业、付费教育和其他劳务等事项上，但在商品交换的贸易活动中，有了货币这种一般等价物，不仅能够体验到方便和自由，而且节约下了许多时间。在某种意义上，货币本身也拥有了时间转化的功能，即把自然时间转化为社会时间。我们所说的贸易互动中因为货币而节约了时间，实际上就是指参与到贸易过程中的人可以对时间进行调度和安排，这实际上所利用的已经是社会时间了。

"金钱从两个方面打开时间视野，返回以往和面对将来。借助完全是当下的金钱，一种以往被与一种将来一同结算。如此说来，金钱往来始终是一种借助时间的交易。"① 这意味着金钱为时间确立了某种社会性的节奏。比如，月末结算或年底结算。这个结算时间依人的需求而定，包含着人的谋划和安排，并在人们之间达成相互认同，所以是社会性的时间。当人们在交易以及其他的交往活动中关注这种时间时，就已经不自觉地将时间列入成本之中了。

由于时间更多地存在于管理学的视野而不是经济学的视野中，所以，时间也就更多的同效率的概念联系在了一起，而不是被作为成本看待。实际上，一旦我们对自然时间和社会时间作出区分，将社会时间作为资源，那么时间的经济属性也就显现了出来。这样一来，一切活动的时间资源消耗，也就应当计入成本之中。从理论上看，效率只存在于微观系统中，对于一个社会的运行没有意义。或者说，效率的意义在逻辑上是不能够延伸或传导到社会运行上来的。然而，现实经验却告诉我们，当构成一个社会的大多数微观系统普遍拥有高效率，其社会发展的成绩也就会很好。比如，中国改革开放后的经济社会发展成就是可以归结为微观系统的高效率的，而且从新闻报道等之中也可以看到这种暗示，但在理论上却无法作出这种证明。

理论之所以会陷入无法证明社会运行也有效率这样一种尴尬的境地，不只是因为社会无法被作为一架机器看待，还因为没有看到时间是一种资源。事实上，对时间资源的开发和利用，不仅在微观系统中会以效率的形式出现，而且在社会整体的发展和运行中也表现出高速度。一旦我们将时间看作资源，那么对这种资源的开发和利用，就不仅能创造出巨大的业绩，而且也意味着社会运行成本的下降。也就是

---

① ［德］吕迪格尔·萨弗兰斯基：《时间——它对我们做什么和我们用它做什么》，卫茂平译，社会科学文献出版社 2018 年版，第 95 页。

说，时间资源的消耗是可以计入成本的，既是微观系统运行的成本，也会传导到作为社会的宏观系统上来，成为社会运行的成本。关于这个问题的研究，也许会在未来一段时间为社会学打开一个新的视野。

在社会治理中，时间成本主要反映在决策过程中。对于现代社会治理而言，民主政治是一种宏观决策机制，诸如选举等，无非是从属于政治决策的需要。民主选举所选出来的代表的所谓"代议"，无非是一个决策过程。在低度复杂性和低度不确定性条件下，民主政治所作的决策往往并不考虑时间成本的投入，或者说，对时间耗费并不敏感。不仅传统的代议制民主没有考虑时间成本的问题，即便到了20世纪后期，在社会的复杂性和不确定性程度已经达到了很高的情况时出现的协商民主理论，也没有考虑时间成本的问题，即没有考虑到协商过程所耗费的大量时间能不能为社会所承受的问题。

就协商民主而言，诚如哈贝马斯所说："通常情况下可做的选择很少：简单的修复工作；将有争议的主张搁在一边，其结果是共享信念的基础缩小；过渡到代价高昂的商谈，但它的结局是不确定的，还会引起令人不安的种种疑问；打破交往，抽身而出；最后是转向策略性的、追求各自成功的行动。"[1] 因为协商民主淡化了共享信念，让参与其中的每一个人都基于自己的利益或者其他要求而进行商谈，势必导致达成共识的成本增长。其中，时间成本就是不可承受的。在风险社会及其高度复杂性和高度不确定性条件下，在应急反应中，时间起到了关键性的作用。如果不考虑时间的话，就有可能陷入极大的危机之中。

在狭义的决策意义上，雷加诺曾经对体验主义决策模型进行了评论。他说："在体验主义的模型中，知识的多重性本质使得我们需要对他们进行整合，而最终将其与行动相连接。"[2] 所以，这种政策分析

---

[1] ［德］尤尔根·哈贝马斯：《在事实与规范之间——关于法律和民主法治国的商谈伦理》，童世骏译，生活·读书·新知三联书店2003年版，第26页。

[2] ［美］劳尔·雷加诺：《政策分析框架——融合文本与语境》，周靖婕等译，清华大学出版社2017年版，第138页。

会把行动的——包括环境在内的——多种因素纳入体验之中。也就是说，尽可能地将所有与行动相关的影响因素都纳入体验之中。这样一来，分析者也就能够提出更加切实可行的行动策略。

不过，"对于体验主义过程来说，最重要的成果莫过于提出行动的方针策略，即提出一项具有多面性和相关性的政策建议"。[1] 对此，雷加诺评论道："体验主义模型为分析者提供了强有力的视角，使得分析者由此制定回应真实情况、可以即时应用及尊重在政策文本中发现的具体情形的政策。"[2] 在这一点上，体验主义的决策模型与协商民主是具有相通之处的。也就是说，与传统的任何一种理性决策模型相比，体验主义都更加贴近于行动者的实际情况，更加反映了行动过程的复杂性要求，能够综合实际情境而提出政策方案。

不过，雷加诺也指出了体验主义模型成本上的劣势，那就是，"一个运用体验元素的分析注定要比传统的模型需要更长的时间、更多的劳动力投入和更丰富的数据"。[3] 这样一来，体验主义模型肯定是不适宜在高度复杂性和高度不确定性条件下的行动中加以应用的。因为，高度复杂性和高度不确定性条件下的行动主要是以即时响应的形式出现的，不允许为了行动的分析耗费较长的时间和较多的其他资源。

我们认为，高度复杂性和高度不确定性条件下的行动会更多地倚重于体验，但那是行动者自己的体验，而不是在分工的意义上作为行动者之外的分析者的体验。或者说，行动者并不需要自外部输入行动方案，而是直接地在自己的体验中形成行动方案。当然，在合作行动中，会有某个或某些人具有较高的政策分析素养，他的体验会更敏感，直觉能力更强，从而提出了更优的和令合作行动者更加信服的行动方

---

[1] ［美］劳尔·雷加诺：《政策分析框架——融合文本与语境》，周靖婕等译，清华大学出版社2017年版，第138页。

[2] ［美］劳尔·雷加诺：《政策分析框架——融合文本与语境》，周靖婕等译，清华大学出版社2017年版，第139页。

[3] ［美］劳尔·雷加诺：《政策分析框架——融合文本与语境》，周靖婕等译，清华大学出版社2017年版，第140页。

案。但是,他是行动者的一员,而不是来自这个行动体之外的独立的观察者和专门从事体验的职业化的政策分析者。

就体验来看,在同样的场境中,面对同样的对象和行动事项,人们的体验会有所不同。因而,所把握的意义是存在着差别的。意义的差异性对于共同行动并不会形成干扰,反而要求共同行动必须采取合作的形式。因为,只有合作行动才能在尊重意义差异性的前提下实现对意义的整合,使不同的意义实现互补并汇聚成某种引导性力量。合作必然是建立在差异性的前提下的,其中,意义上的差异是差异性范畴中的重要组成部分。在某种意义上,合作行动正是由意义上的差异决定的。不难想象,如果人们只在专业、知识、能力等方面存在着差异而没有意义上的差异的话,所组织起来的极有可能就是协作行动体系而不是合作行动体系。

在工业社会,根据黑格尔的逻辑,差异会朝着矛盾、斗争和冲突的方向演化,但在风险社会及其高度复杂性和高度不确定性条件下,差异却是合作行动的前提,也是一种社会性的资源。如果说差异会转化为矛盾、斗争和冲突的话,就需要首先寻求共识,然后再行动。那样的话,就必然会耗费大量的时间以及其他资源。建立在差异前提下的合作行动则是即时响应的行动。在面对危机事件时,只有合作行动才会将时间耗费降低到最小的程度。

三 降低组织运行成本

工业社会中的组织的运行、组织间的互动等所造成的消耗,也构成了社会运行成本的重要部分。官僚制组织本来就是一个高运行成本的组织,其运行有着随环境的复杂化和不确定化的加速而使成本迅速增长的趋势。即使不考虑组织对现实的适应性问题,单纯从成本的角度看,也有理由提出组织模式变革的要求。

信息技术的发展也对组织模式变革提供了必要的技术支持。比如,信息技术的应用增强了组织间的相互依赖性。"在过去,一个组织能够在多大程度上依靠其他组织进行运营,会受到信息处理能力和实际距离的限制。随着通信技术的发展,这种相互依赖的运营方式成了更能减少成本的方式……尽管任何一种社会制度都具有依赖性,但人们普遍认为今天的依赖水平是前所未有的,并且还在不断提高。"[1] 组织间依赖性的增强大大地缓解了竞争关系,使原先的许多博弈消耗得到节约。

20 世纪 80 年代以来,在组织模式的变革方面,已经出现了许多积极探索。虽然绝大多数新的组织建构方案都是因为面对着新的现实和出于解决实际问题的需要,也有着适应社会结构的变化以及新技术涌现的需要,但大都包含着逃离官僚制组织的隐喻。面对环境复杂性迅速增长的现实,查尔德提出了这样一个问题:"是不是应当将复杂性'简化'为一种可以被组织曾尝试过、检验过的做法及常规有效掌控的形式?"[2] 对于这个问题,查尔德作了断然否定的回答。在他看来,"尽管这么做很划算,但却要承担因丢弃与现行做法不符的外部信息而产生的风险。尽管如此,这种做法还是有可能为组织该如何变化带来根本性的启示。这可能会是效率高但寿命短的做法。那么,是不是更应该通过有组织地考虑非常规信息及不和谐要素,开发出多种做法并尽可能大地拓展其空间来'吸收'复杂性呢,尽管这么做需要更高的成本和更多的时间?"[3]

在是否需要提出新的构想方面,查尔德表现得显然非常谨慎,甚至显得有些保守。但是,问题确实已摆在了那里。如果能彻底摆脱组织本位主义观念的纠缠,就会形成一种完全不同的应对复杂性的思路。那就是,既不试图将其"简化"也不将其"吸收",而是"顺应"复杂性。其实,在风险社会及其高度复杂性和高度不确定性条件下,也

---

[1] [英]约翰·查尔德:《组织:当代理论与实践》,刘勃译,华夏出版社 2009 年版,第 42 页。
[2] [英]约翰·查尔德:《组织:当代理论与实践》,刘勃译,华夏出版社 2009 年版,第 37 页。
[3] [英]约翰·查尔德:《组织:当代理论与实践》,刘勃译,华夏出版社 2009 年版,第 37 页。

唯有"顺应"复杂性和不确定性这一思路可行。

在组织环境以及组织承担的任务日益复杂化和不确定化的情况下，官僚制组织模式如果不变的话，留给我们的就是一种"吸收"的思路。那样的话，就会陷入与环境变动相对抗的境地。消除这种对抗，会以更多更大的消耗为代价。如果对复杂性进行"简化"的话，也就仍然是传统的组织本位主义思路。不用说复杂性能否"简化"是一个问题，即使实现了对复杂性的简化，也无疑是在主观的意义上改造了组织的环境和任务，而在客观状况方面并未有任何变化。结果，官僚制组织的行动就会成为无的放矢的。如果组织的行动没有什么功用，那么所有的消耗都是无意义的，徒然增加了组织运行成本，也在终极的意义上增加了社会运行成本。所以，唯一可行的选择就是"顺应"，即对组织模式加以变革而使其获得"顺应"的属性。20世纪后期以来组织模式方面发生的新的变动都可以说是走在了"顺应"这条路上的，这是一个应当被发现的进步趋势。

查尔德认为："面临很大不确定性的组织，经常会将整合机制结合到一起使用，这种很大的不确定性指的是各部门的多元化与部门之间的依赖性造成了一种极为紧张的局面。这种组织的管理层，特别是较为成功的管理层，会借助组合整合机制来确保整合，而不是简单地采用一种整合方式、放弃另一种。尽管在某些方面它们会借助位于横向协调阶梯上方的方法，但在其他方面，它们会借助位于阶梯下方的方法。"① 在具体用什么方法进行协调、整合的问题上，查尔德显然并未思考清楚。所以，他所提出的是要在增强组织横向协调的主线下开展综合协调。

查尔德认为，不拘形式的综合性协调可以整合出应对不确定性的力量。但是，如果这样的话，协调本身是否也需要协调，答案显然是

---

① ［英］约翰·查尔德：《组织：当代理论与实践》，刘勃译，华夏出版社2009年版，第120页。

肯定的。如果协调者以及协调方式多元化的话，那么协调行为自身就面临着陷入无序的可能性，协调成本也会急剧增长。对协调进行再协调，也会成为一种刚性要求。从实际情况来看，进入21世纪后，组织协调职能的快速成长就是一个令人吃惊的事实。如果把监察、督查等也纳入协调范畴，就会看到组织在协调方面的资源花费已经达到了非常夸张的地步，而且从属于协调目的的机构叠床架屋地设立了起来，分别担负协调、再协调的职能。从这个角度看，也可以看到官僚制组织陷入了恶性循环之中，并使组织运行成本呈现出无限增长的趋势，至少在逻辑上看是这样的。

不过，组织变革中的一个新的趋势展现出了一种积极的信号：当官僚制组织采用虚拟化策略时，不仅从中获得了灵活性，而且也打破了地理空间的限制，把触角延伸到了遥远的地区，能够开展跨越地理空间的活动，从而大大地节约了组织运营成本。可以说，在没有得到现代通信技术支持的条件下，在组织没有采用虚拟化策略的情况下，许多事项是组织可望而不可即的。然而，在有了这些条件和采取了这些策略后，所有能够想象到的而且合乎客观需求的事项，都能够做到了。就此而言，已经不仅是节约成本的问题了，而是在成本不增长的情况下实现了社会功能最大化。如查尔德评论道："以虚拟的形式进行组织是一种具有建设性的做法，是符合在全球范围内实施业务网络化这一趋势对协调和控制的要求的。"[1]

根据查尔德的意见，"组织不仅是获得良好经济效益的一个手段，还可以对我们生活的这个社会产生深远的影响。我们要时刻记住，我们所在的组织不仅能反映我们所在的社会，还能塑造我们所在的社会。我们的组织会将价值观带入社会，会告诉我们该如何对待他人。我们每天都在采用一些组织惯例，这会让我们觉得就应该这么做，而这会

---

[1] ［英］约翰·查尔德：《组织：当代理论与实践》，刘勃译，华夏出版社2009年版，第244页。

形成一种'传统'，所以才有了'传统'组织的说法。传统的东西会引发社会成本，所以打破传统对我们思维的限制极为重要"。①

我们一再地指出，如果说全球化、后工业化运动意味着人类社会的一场变革，那么与这场社会变革相伴随的也应当是组织模式的变革，即一种不同于工业社会官僚制组织的组织出现在新的社会中。所以，对于我们所在的这个时代来说，寻求一种新的组织形式并成功地实现对正在成为传统的官僚制组织的替代，是一项非常重要的任务。如果说这场伟大的历史性社会转型运动能够以和平的方式平稳地推进，也唯有组织模式的变革这样一条道路了。

官僚主义是官僚制组织中的一个似乎永远无法解决更无法杜绝的现象，无论是在公共部门还是私人部门，无论是政府还是企业，所有组织运行中的官僚主义问题都带来了巨大的行政成本。如果说在私人部门中，官僚主义造成的行政成本可以在企业经营过程中加以消化，那么在公共部门中，官僚主义引发的行政成本增长则直接地传导到了社会运行成本中来。就官僚主义而言，不仅会表现为"惰政"，也会以所谓"勤政"的形式出现。领导对部属、上级部门对下级部门事无巨细的操控和永无终止的反复核查，也是官僚主义的表现形式之一。从行政成本的角度看，事无巨细的控制、永无终止的反复核查造成的消耗可能会远高于腐败造成的消耗。"协同系统的许多例子证明，上级部门对下级部门办事方式的积极干预，可能导致混沌状态，也就是使它的实际功能与原来期望的功能不符。"②

已经有很多组织理论研究者指出，在官僚制组织的运行中，会因为生成了自为性的社会结构而出现运营成本持续增长的状况，各种各样的沉积成本会使组织变得负重难行。与之相比，我们所构想的适用

---

① ［英］约翰·查尔德：《组织：当代理论与实践》，刘勃译，华夏出版社2009年版，第356—357页。
② ［德］赫尔曼·哈肯：《协同学——大自然构成的奥秘》，凌复华译，上海译文出版社2015年版，第154页。

于风险社会及其高度复杂性和高度不确定性条件下开展行动的合作制组织,则会因为其开放性以及与组织环境的普遍合作关系而决定了它不会在运营中形成沉积成本。

对于合作制组织而言,由于它并不占有和囤积组织资源,由于它能够在任何需要的时候都可以随时在社会的巨系统中获得组织资源,也就使组织资源获取方面的成本最小化了。而且,在资源共享以及互补的合作关系中,在某个具体组织这里没有价值的或给组织造成负担的东西,在另一组织中可能恰恰是珍贵的和紧缺的资源。所以,合作制组织能够使组织资源流动起来,进而形成组织运营成本普遍最小化的局面。

总体看来,也许合作行动体在任务承担的过程中会因为任务的复杂性和不确定性而无法做到运行成本的最小化,但由于这种合作制组织并不以资源占有为目的,而是在合作场域中随时提取所需要的资源,从而可以保证整个合作场域在总体上实现运行成本最小化。实际上,合作制组织有着来自成员自觉节约资源和充分利用资源的动力,这也能够帮助实现运行成本的最小化。

对于合作制组织而言,借用克罗齐耶对一种理想组织模式的描述。"组织者所提供的,是一种组织的体系,还有一种推论的模式,这一模式简单又实用,但它代表着一种原创性的心智成果。与此同时,整个体系又是人性化的,行之有效的,成本异乎寻常的低廉,从诸种效果上看尤其是如此。"[①] 有了合作制组织,不仅会使微观系统运行的成本最小化,而且会使整个社会的运行成本最小化。

[①] [法] 米歇尔·克罗齐耶:《法令不能改变社会》,张月译,格致出版社、上海人民出版社 2007 年版,第 237 页。

主要参考文献

[埃及] 萨米尔·阿明：《全球化时代的资本主义——对当代社会的管理》，丁开杰等译，中国人民大学出版社 2013 年版。

[德] 阿克塞尔·霍耐特：《分裂的社会世界》，王晓升译，社会科学文献出版社 2011 年版。

[德] 阿克塞尔·霍耐特：《物化：承认理论探析》，罗名珍译，华东师范大学出版社 2018 年版。

[德] 哈尔特穆特·罗萨：《加速：现代社会中时间结构的改变》，董璐译，北京大学出版社 2015 年版。

[德] 哈尔特穆特·罗萨：《新异化的诞生：社会加速批判理论大纲》，郑作彧译，上海人民出版社 2018 年版。

[德] 赫伯特·马尔库塞：《单向度的人：发达工业社会意识形态研究》，刘继译，上海译文出版社 2014 年版。

[德] 赫尔曼·哈肯：《协同学——大自然构成的奥秘》，凌复华译，上海译文出版社 2015 年版。

[德] 胡塞尔：《纯粹现象学通论——纯粹现象学和现象哲学的观念》，李幼蒸译，中国人民大学出版社 2014 年版。

[德] 卡尔·曼海姆：《重建时代的人与社会：现代社会结构的研究》，张旅平译，生活·读书·新知三联书店 2002 年版。

[德] 吕迪格尔·萨弗兰斯基：《时间——它对我们做什么和我们用它做什么》，卫茂平译，社会科学文献出版社 2018 年版。

[德] 马丁·海德格尔：《存在与时间》，陈嘉映等译，生活·读书·新知三联书店 2014 年版。

[德] 弗里德里希·尼采：《权力意志——重估一切价值的尝试》，张念东等译，商务印书馆 1996 年版。

[德] 尼克拉斯·卢曼：《风险社会学》，孙一洲译，广西人民出版社 2020 年版。

[德] 乌尔里希·贝克：《风险社会》，何博闻译，译林出版社 2004 年版。

[德] 尤尔根·哈贝马斯：《合法化危机》，刘北成等译，上海人民出版社 2000 年版。

[德] 尤尔根·哈贝马斯：《后形而上学思想》，曹卫东等译，译林出版社 2001 年版。

[德] 尤尔根·哈贝马斯：《现代性的地平线——哈贝马斯访谈录》，李安东等译，上海人民出版社 1997 年版。

[德] 尤尔根·哈贝马斯：《在事实与规范之间——关于法律和民主法治国的商谈伦理》，童世骏译，生活·读书·新知三联书店 2003 年版。

[法] 保罗·利科：《从文本到行动》，夏小燕译，华东师范大学出版社 2015 年版。

[法] 古斯塔夫·勒庞：《乌合之众——大众心理研究》，冯克利译，广西师范大学出版社 2008 年版。

[法] 亨利·列斐伏尔：《日常生活批判》，叶齐茂等译，社会科学文献出版社 2018 年版。

[法] 米歇尔·克罗齐耶：《法令不能改变社会》，张月译，格致出版社、上海人民出版社 2007 年版。

[法] 米歇尔·克罗齐耶、埃哈尔·费埃德伯格：《行动者与系统——集体行动的政治学》，张月等译，上海人民出版社 2007 年版。

［法］乔治·古尔维奇：《社会时间的频谱》，朱红文等译，北京师范大学出版社 2010 年版。

［美］R. K. 默顿：《科学社会学》，鲁旭东译，商务印书馆 2003 年版。

［美］W. 理查德·斯科特、杰拉尔德·F. 戴维斯：《组织理论：理性、自然与开放系统的视角》，高俊山译，中国人民大学出版社 2011 年版。

［美］艾丽斯·M. 杨：《包容与民主》，彭斌等译，江苏人民出版社 2013 年版。

［美］安东尼·唐斯：《官僚制内幕》，郭小聪等译，中国人民大学出版社 2006 年版。

［美］昂格尔：《现代社会中的法律》，吴玉章等译，中国政法大学出版社 1994 年版。

［美］昂格尔：《知识与政治》，支振峰译，中国政法大学出版社 2009 年版。

［美］保罗·C. 莱特：《持续创新：打造自发创新的政府和非营利组织》，张秀琴译，中国人民大学出版社 2004 年版。

［美］查尔斯·J. 福克斯，休·T. 米勒：《后现代公共行政——话语指向》，楚艳红译，中国人民大学出版社 2002 年版。

［美］戴维·约翰·法默尔：《公共行政的语言——官僚制、现代性和后现代性》，中国人民大学出版社 2005 年版。

［美］丹尼尔·贝尔：《后工业社会的来临——对未来社会的一项预测》，高铦等译，新华出版社 1997 年版。

［美］弗兰克·H. 奈特：《风险、不确定性与利润》，郭武军、刘亮译，华夏出版社 2011 年版。

［美］格林伍德、［美］爱德华兹：《人类环境和自然系统》，化学工业出版社 1987 年版。

［美］汉娜·阿伦特：《政治的应许》，张琳译，上海人民出版社 2016 年版。

［美］赫伯特·A. 西蒙：《管理行为》，詹正茂译，机械工业出版社

2004年版。

［美］亨利·N.波拉克：《不确定的科学与不确定的世界》，李萍萍译，上海科技教育出版社2005年版。

［美］杰·怀特：《公共行政研究的叙事基础》，胡辉华译，中央编译出版社2011年版。

［美］卡罗尔·佩特曼：《参与和民主理论》，陈尧译，上海人民出版社2006年版。

［美］凯文·奥尔森编：《伤害+侮辱——争论中的再分配、承认和代表权》，高静宇译，上海人民出版社2009年版。

［美］拉尔夫·P.赫梅尔：《官僚经验：后现代主义的挑战》，韩红译，中国人民大学出版社2013年版。

［美］C.赖特·米尔斯：《社会学的想象力》，陈强等译，生活·读书·新知三联书店2016年版。

［美］劳尔·雷加诺：《政策分析框架——融合文本与语境》，周靖婕等译，清华大学出版社2017年版。

［美］理查·罗蒂：《哲学和自然之镜》，李幼蒸译，生活·读书·新知三联书店1987年版。

［美］罗伯特·阿克塞尔罗德：《合作的进化》，中文版前言，吴坚忠译，上海世纪出版集团2007年版。

［美］马文·明斯基：《情感机器》，王文革等译，浙江人民出版社2016年版。

［美］迈克尔·贝尔雷等：《超越团队：构建合作型组织的十大原则》，王晓玲、李琳莎译，华夏出版社2005年版。

［美］梅雷迪思·贝尔宾：《超越团队》，李丽林译，中信出版社2002年版。

［美］保罗·C.纳特、罗伯特·W.巴可夫：《公共和第三部门组织的战略管理：领导手册》，陈振明译，中国人民大学出版社2001年版。

［美］皮埃罗·斯加鲁菲：《智能的本质：人工智能与机器人领域的64

个大问题》，任莉等译，人民邮电出版社 2017 年版。

[美] 全钟燮：《公共行政的社会建构：解释与批判》，孙柏瑛等译，北京大学出版社 2008 年版。

[美] 约翰·杜威：《确定性的寻求：关于知行关系的研究》，傅统先译，上海人民出版社 2005 年版。

[美] 詹姆斯·汤普森：《行动中的组织——行政理论的社会科学基础》，敬义嘉译，上海人民出版社 2007 年版。

[瑞典] 马茨·阿尔维森、[英] 休·维尔莫特：《理解管理：一种批判性的导论》，戴黍译，中央编译出版社 2012 年版。

[英] 艾耶尔等：《哲学中的革命》，李步楼译，商务印书馆 1986 年版。

[英] 安东尼·吉登斯：《社会的构成：结构化理论纲要》，李康等译，中国人民大学出版社 2016 年版。

[英] 安东尼·吉登斯：《社会理论的核心问题》，郭忠华等译，上海译文出版社 2015 年版。

[英] 安东尼·吉登斯：《失控的世界——全球化如何重塑我们的生活》，周红云译，江西人民出版社 2001 年版。

[英] 查尔斯·汉迪：《超越确定性——组织变革的观念》，徐华等译，华夏出版社 2000 年版。

[英] 弗里德里希·A.哈耶克：《科学的反革命：理性滥用之研究》，冯克利译，译林出版社 2019 年版。

[英] 卡尔·波普尔：《通过知识获得解放》，范景中等译，中国美术学院出版社 1996 年版。

[英] 尼尔·保尔森、托·赫尼斯编：《组织边界管理：多元化观点》，佟博等译，经济管理出版社 2004 年版。

[英] 约翰·查尔德：《组织：当代理论与实践》，刘勃译，华夏出版社 2009 年版。

[英] 约翰·哈萨德编：《时间社会学》，朱红文等译，北京师范大学出版社 2009 年版。